比　較　法　文　化　論

　　　　　ベルンハルト・グロスフェルト 著

　　　　　　山　内　惟　介
　　　　　　　　　　　　　　訳
　　　　　　　浅　利　朋　香

　　　　　　　　中央大学出版部

Kernfragen der Rechtsvergleichung

von

Dr. Bernhard Großfeld

J.C.B. Mohr (Paul Siebeck) Verlag
Tübingen 1996

日本語版へのまえがき

　わたくしにとってたいへん喜ばしいことであるが、長年の友人である山内惟介教授が本書に意義を見出し、本書を日本の読者に紹介して下さることとなった。山内教授および共訳者の浅利朋香氏が本書の翻訳に際して払われたさまざまな御努力に対し、深く感謝したい。

　わたくしの日本との出会いはよい想い出に満ちたものであった。わたくし自身の日本との交流は、こんにちまで、さまざまなかたちで続けられている。わたくしの子供の頃からの夢を満たしてくれた日本との出会いは父母の家で始まったものである。1942年に、当時、父母がベントハイムで営んでいたホテルの一室に置かれていたある新聞に一団の日本人の写真が掲載されていた。「なんだ！　日本人って、みな同じじゃないか」と口に出したわたくしに対して、父はこう答えた。「彼らと知り合いになれば、みなそれぞれに違う人だと分かるよ。われわれドイツ人の場合だって同じことさ」。母も父の言葉に同意してうなずいていた。

　こうした父母の考えはむろん正しい。わたくしはこれまでに多くの日本人に出会ったが、彼らはみなまったく違う人たちであった。彼らによってわたくしは日本人や日本についてそのつど「新しい世界」を見出し、わたくしがそれまでに抱いていた法比較に対する見方を変えることになった。わたくしは、この点で、山内惟介教授に対してはむろんのこと、野田良之教授、久保欣哉教授、そして関英昭教授に対して特に感謝したいと思う。読者は、日本人がわたくしに対して与えた多くの影響を本書の随所において、とりわけ、地理、言葉および文字の各章で、感じ取られることであろう。

　数に関する章と時に関する章のそれぞれの書き出しの部分では、ミュンスターに滞在された日本人研究者が抱いた疑問が考慮されている。そのひとつは、

「権利能力を有する社団はドイツ法上なぜその設立の段階で七名の社員を揃えなければならないのか」という疑問である。この疑問からわたくしが連想したのは、「法における記号と数」というテーマであり、そして、法比較の視点からみた記号学という新しい分野での記号と数という問題であった。もう一人の客員研究者は、ドイツ民法典第130条第1項第1文における「時点」について説明するよう、わたくしに求めた。それは、「時」に点があるのかという疑問であった。この問題もわたくしを驚かせたものであり、わたくしはそれぞれの文化を形成する「時」の見方に違いがあることを教えられた。

　本書の翻訳は、わたくしが日本から学んできたことのすべてに対するわたくしの側からの感謝の意を体現したものとなるはずである。わたくしはこれまで日本人の同僚から、そして日本から学び得たものを決して忘れることはないであろう。

　　　　　　　　　　　2003年8月5日　ミュンスターにて
　　　　　　　　　　　　　　ベルンハルト・グロスフェルト

原著者まえがき

　本書を著すきっかけとなったのは、環境と言葉が法比較においてどのような意味を持つのかという点に関する研究であった。この研究は、その後、文字、数、時間、そして宗教にも拡大された。これらのテーマは、これまで法律学の文献ではほとんど論じられていなかったものである。それゆえ、著者が頻繁に利用したのは、詩や神学の分野におけるさまざまな資料であった。本書は、どこから法比較を始めなければならないかについて述べるものではあるけれども、法の比較だけでなく社会秩序の比較にまで対象を広げていくと、法比較が、いかに手に汗を握るような、面白い分野であるかという点をも示そうとするものである。わたくしはわたくしの秘書のグレッシュ夫人に対しても、この原稿を作成するために払われたその御助力に感謝したい。

　わたくしは本書を伯母アーデルハイト・グロスフェルト（1890年-1980年）と叔父ベルンハルト・ロットヘーゲ（1908年-1983年）に捧げることとしたい。それは、お二人がしばしば「神」と「神の世界」についてわたくしに話をして下さったことに対する、わたくしの感謝の気持を示そうと考えたからである。

　　　　　　　　　　　　　　　　　　ベルンハルト・グロスフェルト

目　　次

日本語版へのまえがき

原著者まえがき

第 1 章　序　　　章 …………………………………… *1*
　　Ⅰ　法比較を学ぶ意義　*1*
　　Ⅱ　ヨーロッパ大陸とイングランドの違い　*3*
　　Ⅲ　イングランドとアメリカ合衆国の違い　*5*
　　Ⅳ　ヨーロッパと日本の違い　*8*
　　Ⅴ　印象、イメージ、記号　*9*

第 2 章　方　　　法 …………………………………… *13*
　　Ⅰ　文化と社会秩序　*13*
　　Ⅱ　法を形成している文法　*15*
　　Ⅲ　何が法なのか　*16*
　　Ⅳ　用心深さ　*17*
　　Ⅴ　架　　橋　*19*
　　Ⅵ　法と文学　*22*
　　Ⅶ　善と公平の術　*24*

第 3 章　地　　　理 …………………………………… *27*
　　Ⅰ　序　　説　*27*
　　Ⅱ　歴　　史　*29*
　　Ⅲ　フォン・イェーリンク　*30*
　　Ⅳ　その他の見解　*32*
　　Ⅴ　大地との対話　*33*

Ⅵ　全般的な影響　*34*
　　　Ⅶ　個々の法制度　*36*
　　　Ⅷ　定住民と遊牧民の違い　*39*
　　　Ⅸ　ヨーロッパ　*41*
　　　Ⅹ　限　　界　*44*

第 4 章　地理と言葉 ……………………………………… *47*
　　　Ⅰ　地理が言葉に及ぼす影響　*47*
　　　Ⅱ　定住民と遊牧民の違い　*50*
　　　Ⅲ　言葉が占める位置　*51*
　　　Ⅳ　相違の拡大　*53*
　　　Ⅴ　地域的な言葉と普遍的な言葉の違い　*57*
　　　Ⅵ　模　　索　*57*

第 5 章　言　　葉 ………………………………………… *59*
　　　Ⅰ　導　　入　*59*
　　　Ⅱ　言葉の特徴　*61*
　　　Ⅲ　社会経験　*64*
　　　　1. 主観に基づく見方　*64*　　2. 言葉のイメージ　*66*
　　　　3. 共通の現実　*68*　　4. 社会構造　*69*

第 6 章　われわれの母国語 ……………………………… *71*
　　　Ⅰ　中心的な位置　*71*
　　　Ⅱ　話し手との関係　*74*
　　　Ⅲ　現実への接近　*77*
　　　Ⅳ　言葉の創造力　*78*
　　　Ⅴ　名前に関する神話　*80*
　　　Ⅵ　言葉に対する信頼　*83*
　　　Ⅶ　言葉に対する疑念　*85*
　　　Ⅷ　言葉の多義性　*87*
　　　Ⅸ　言葉の伝統　*90*

Ⅹ　警　　告　*91*
　　　Ⅺ　経　　験　*93*

第 7 章　法 律 用 語 ……………………………………… *97*
　　　Ⅰ　序　　説　*97*
　　　Ⅱ　言葉が及ぼす影響　*101*
　　　Ⅲ　詩 と 法　*102*
　　　Ⅳ　法の拘束力　*106*
　　　Ⅴ　概　　念　*108*
　　　Ⅵ　目　　的　*110*
　　　Ⅶ　現実との関連　*113*
　　　Ⅷ　沈　　黙　*116*
　　　Ⅸ　まとめ　*117*

第 8 章　法 の 比 較 ……………………………………… *119*
　　　Ⅰ　先 入 観　*119*
　　　Ⅱ　警　　告　*120*
　　　Ⅲ　言葉の独自性　*123*
　　　Ⅳ　現実との関連　*124*
　　　Ⅴ　同 一 性　*125*
　　　Ⅵ　抽象的表現と具体的表現　*128*
　　　Ⅶ　その他の記号システム　*129*
　　　Ⅷ　婉　　曲　*131*
　　　Ⅸ　法の内容の実現　*132*
　　　Ⅹ　翻　　訳　*133*
　　　Ⅺ　オーストラリアの先住民　*137*

第 9 章　激　　　励 ……………………………………… *141*
　　　Ⅰ　言葉と並列するもの　*141*
　　　Ⅱ　現実との結合　*142*
　　　Ⅲ　認識との結合　*143*

　　　　Ⅳ　ひとつの言語　*144*
　　　　Ⅴ　諸　事　例　*147*

第 10 章　言葉の傍らに身を置いて …………………………*151*

　　　　Ⅰ　序　　説　*151*
　　　　Ⅱ　言葉を用いない認識　*154*
　　　　Ⅲ　子　　供　*156*
　　　　Ⅳ　無知な者　*160*
　　　　Ⅴ　夢　*161*
　　　　Ⅵ　静　寂　*164*
　　　　Ⅶ　神秘主義　*166*
　　　　Ⅷ　直　観　*167*
　　　　Ⅸ　自然科学　*168*
　　　　Ⅹ　法の認識　*170*
　　　　Ⅺ　帰　結　*171*

第 11 章　新しい言葉 …………………………………………*175*

　　　　Ⅰ　序　　説　*175*
　　　　Ⅱ　新しい認識　*176*
　　　　Ⅲ　言葉の発生　*177*

第 12 章　文　　　字 …………………………………………*181*

　　　　Ⅰ　序　　論　*181*
　　　　Ⅱ　記　　号　*181*
　　　　Ⅲ　記号に対する意識　*184*

第 13 章　文字の魔術 …………………………………………*189*

　　　　Ⅰ　前　提　*189*
　　　　Ⅱ　旧約聖書　*192*
　　　　Ⅲ　新約聖書　*194*

第14章　律法の文字 …………………………………………… *197*

第15章　文字と言葉 …………………………………………… *203*
 Ⅰ　音声文字　*203*
 Ⅱ　歴　　史　*205*
 Ⅲ　独　自　性　*206*
 Ⅳ　抑　　制　*208*

第16章　文字と思考 …………………………………………… *211*
 Ⅰ　アルファベット　*212*
 Ⅱ　記号の移り変わり　*214*
 Ⅲ　アルファベット順　*215*
 Ⅳ　帰　　結　*217*

第17章　文字と解釈 …………………………………………… *219*
 Ⅰ　子　音　字　*219*
 Ⅱ　例　*221*

第18章　文字と法比較 ………………………………………… *223*
 Ⅰ　翻訳可能性　*223*
 Ⅱ　具　体　性　*226*
 Ⅲ　文字の不存在　*228*
 Ⅳ　置き換え　*228*
 Ⅴ　困　　難　*229*

第19章　数 ……………………………………………………… *233*
 Ⅰ　数の使用　*233*
 Ⅱ　文化と数　*235*
  1．神秘的な数　*235*　　2．秩　序　*237*
  3．限　界　*241*　　4．力　*242*

　　　　5. 言　葉　*243*　　　　6. 数と文字　　　*244*
　　　　7. 思　考　*246*　　　　8. 時　間　*246*
　Ⅲ　不正確な数　*248*
　Ⅳ　法　*248*
　Ⅴ　批　判　*250*

第20章　数と法比較 ……………………………………*255*
　Ⅰ　質と量との対決　*255*
　Ⅱ　翻訳可能性　*256*
　Ⅲ　機 能 性　*258*
　Ⅳ　置き換え　*259*
　Ⅴ　法の統一　*259*
　Ⅵ　記号の影響力　*260*

第21章　時 ……………………………………………………*263*
　Ⅰ　序　論　*263*
　Ⅱ　法と時との関連　*264*
　Ⅲ　時のイメージ　*265*
　Ⅳ　絶対的な時と相対的な時　*268*
　Ⅴ　客観的な時と主観的な時　*269*
　Ⅵ　アウグスティヌスとアクィノのトマス　*269*
　Ⅶ　宗　教　*271*
　Ⅷ　時に関する体験　*274*
　Ⅸ　時に関する見方の違い　*276*
　Ⅹ　文化的特色　*278*
　Ⅺ　同一集団への帰属意識　*280*
　Ⅻ　法規に示される時　*281*
　　　1. 概　説　*281*　　　　2. 諸事例　*283*
　ⅩⅢ　企業会計法　*286*
　　　1. 時の観点　*286*
　　　2. 世界的規模の経営を反映した決算書　*287*

　　　　3. 帰　結　*289*

第22章　宗　　　教 …………………………………………*291*
　　Ⅰ　概　説　*291*
　　Ⅱ　地理、言葉、文字、数、時　*293*
　　Ⅲ　課　題　*296*
　　　　1. 序　説　*296*　　2. 生活の助け　*296*
　　　　3. 治　療　*298*　　4. 死の克服　*299*
　　　　5. 最後の審判　*299*　　6. 混合物　*301*
　　　　7. 法の強化　*302*
　　Ⅳ　記号の操作　*303*
　　Ⅴ　法の比較　*305*

第23章　認識と置き換え …………………………………*309*
　　Ⅰ　好　機　*309*
　　Ⅱ　新たな接近方法　*310*
　　Ⅲ　差異のグラデーション　*312*
　　Ⅳ　置き換え　*313*

第24章　結　　　章 …………………………………………*317*
　　Ⅰ　法を比較する際の方法　*317*
　　Ⅱ　詩的な想像力　*317*
　　Ⅲ　辛抱強い楽観主義　*320*

　　参考文献リスト　*323*

　　解　説　*347*

　　訳者あとがき　*367*

　　索　引　*371*

> "社会のリーダーになろうとする者は、狭いところに閉じこもってばかりいては、立派な大人になることはできない。祖国と社会が君にきっとよい影響を及ぼすに違いない。"
> （ドイツの作家、ゲーテ『トルクヴァート・タッソー』
> 第一幕、第二部）
> "たとえ未知の世界へ旅立とうとしても、皆、結局は、自分が以前にいたところへ立ち戻ることになる。"

第1章 序　　章

I　法比較を学ぶ意義

　こんにち、法比較は隆盛期にある。その原因となったのは、ヨーロッパ連合であった。というのも、法の調整を求める委任条項（ヨーロッパ共同体条約第5条）があるため、統一や調整が行われた分野の加盟国国内法については、必然的に、比較法的解釈が行われたからである。ドイツ民法典施行法第36条は国際契約法についてこの比較法的解釈の原則を述べたものである。この原則がなければ、企業会計法における「真実と公正の観念 (true and fair view)」（ドイツ商法典第264条第2項第1文参照）の場合にも、解釈を行うことはできないであろう[1]。このように、法比較は多くの関心を呼んでいる。こうした状況はヨーロッパ以外にもみられる。それは、一般に、法比較が他の法文化を学ぶため、そして自国法を改良するために有効な方法だと考えられているからである。

　以上のうち、いくつかの点は正しい。たとえば、未知の法文化と対峙することはわれわれにとって重要である。というのは、自国の国境外で生じているさまざまな事象について閉鎖的な態度を取る法秩序は国際的規模で発展する機会を失うからである。そのような法秩序は硬直的であり、何ものも生み出すこと

---

1) Großfeld, Bilanzrecht, 2. Aufl., Heidelberg 1990, S. 164; ders., Bilanzziele und kulturelles Umfeld, WPg 1994, 795; ders., Vergleichendes Bilanzrecht, AG 1995, 112.

がないという意味で不毛である。その典型例は19世紀の中国や20世紀の「ドイツ民主共和国」(旧東ドイツ)であった。

ドイツ法は、これまでに、外国からさまざまな影響を受けてきた。そして、外国から影響を受けることによってわれわれの法文化は豊かなものになった。われわれの法文化は、ゲルマン、ローマ、北イタリア、フランス、オランダ、イングランド、そしてアメリカからさまざまな刺激を受けてきた。ドイツ法はいわば「借入金」によって成長してきたようなものである。それゆえ、ドイツ法にとって何がドイツ固有のものであるかを説明することは難しくなっている。それでも、さまざまな人々が交流するヨーロッパの中心部にドイツが位置しているというその地理的な環境がドイツに幸運と好機をもたらしたといえよう。

　　"東洋も西洋も同じように
　　君に純粋なものを味わわせてくれる。"
　　　　　(ドイツの作家、ゲーテ)

経済法の分野からいくつかの例を取り上げてみよう。たとえば、ドイツの所得税の起源は18世紀末のイングランドにあった(「この税はナポレオンにより課されたものであった。」)。所得税はその後すぐにプロイセンを経由してドイツに取り入れられた[2]。また、ドイツの株式会社は、オランダ、フランスおよびイングランドの「血筋を引いている」。ドイツのカルテル法はオーストリアとアメリカ合衆国から来たものである[3]。さらに、ドイツの企業会計法は北部イタリアとオランダのフランドル地方に起源を有する。最近の例では、ドイツの企業会計法はイギリスの影響を受けている[4]。

---

2) Großfeld, Die Einkommensteuer, Tübingen 1981, S. 8.
3) Großfeld, Zur Kartellrechtsdiskussion vor dem Ersten Weltkrieg, in: Wissenschaft und Kodifikation des Privatrechts im 19. Jahrhundert 4 (1978) 255.
4) Großfeld/Diekmann, Gemeinsame Grundlagen des europäischen Bilanzrechts, WPg 1988, 419, 420; Hans Diekmann, Die Geschichte des französischen Bilanzrechts, Diss. Münster 1991; Gabriele Post-Pawelleck, Die Geschichte des englischen Bilanzrechts, Diss. Münster 1991.

II　ヨーロッパ大陸とイングランドの違い

　これまでの経験によれば、われわれは法比較の将来を楽観視することができよう。特に、「大きくて広い世界が持っている雰囲気」を直接に感じ取ることによって、われわれは、物事を単純化しすぎたり、あたかもセルフサービスで買い物をする店舗のように世界を法文化的に完結したものとみなしたりする誤りを犯さないですむことができる。というのは、この小さなヨーロッパにおいてさえ、われわれは何度も大きな壁にぶつかることによって、われわれの行きすぎた行為に抑制を加えた経験を持っているからである。

　もう一度、企業会計法を例に取ろう。ドイツの企業会計法はドイツ商法典第264条第2項第1文でイングランドの「真実と公正の観念」を取り入れている。しかし、イングランドでは何が「真実と公正」にあたるのだろうか。イングランドにおける「公正」はヨーロッパ大陸におけるそれとまったく同じ内容を意味しているのだろうか。「公正」の定義は世界中どこでも変わらないのだろうか。「公正」という文言の内容をまったく変更せずに、この文言を異なる文化の間で互いに置き換えることができるのだろうか。ドイツの法律は、資本会社の年度末決算書に「実際の状況に適合した様子を反映すること」を求めている。ここでも、われわれにはすぐに、そうした置き換えが正しいか、もっと「適切な見方」があるのではないか、といった疑問が生じよう。われわれのみるところでは、法を比較する者は、ヨーロッパにおいてさえ、みずからが有する技法に限界があることを知り、いわば荒海に投げ出されることになろう。

　もうひとつの例は、保険監督法と国際会社法である。たとえばイングランド法が行っているように、こうした監督制度を採用することで、ドイツの被保険者、社員および債権者は十分に保護されるだろうか。ヨーロッパ共同体裁判所は、多くの問題点のうち保険法に関する部分については、限定を付しつつも「保護されている」と答え[5]、会社法に関する部分については「保護されていな

---

5) EuGHE 1986, 3793, Rs. 205/84, Kommission/Bundesrepublik Deutschland.

い」と答えた[6]。というのは、ヨーロッパにおいて国際会社法上伝統的に採用されている本拠地法説がヨーロッパ共同体条約に定められた自由移動の原則をまだ抑え込んでいたからである。

　それでは、われわれがヨーロッパのための基準としてイギリス法を採用しないのはなぜか。普通にみられる答えは、イギリス法がそれだけヨーロッパのものとは「別物」だというものである。しかし、イギリス法はそんなに違うのだろうか。確かに、「イギリスとヨーロッパ大陸との間にはドーヴァー海峡がある」とイギリス人は言うだろう。しかし、ヨーロッパの法的思考は海峡があったことから生じた諸問題を今ではすでに克服してしまっている。すなわち、かつては「channels」と複数形で示されるように複数の海峡があったが、今ではとうの昔に、単数の「channel」で表される「トンネル」（ドーヴァー海峡の下を通るトンネル）ができたことによって、これらの問題は解決されている。最近の研究によると、イギリスとヨーロッパ大陸との間には、共通の起源としてのキリスト教信仰という団結力があり、——イギリス法も含めて——われわれのヨーロッパ法に共通する教会法という団結力がある。ヨーロッパ人は、自分達が感じているよりもずっとお互いに似ている——この点はイギリス人についても同様にあてはまる。外見からみても、ヨーロッパ人がお互いにいかに似ているかは明らかである。それでも、われわれは、イギリス法をヨーロッパにとってのモデルだと考えることが難しいのだろうか。

　この点を肯定する立場からの第一の答えは、人々は自国に固有の法秩序に慣れ親しんでいるというものであろう。というのは、人々は、何を行動の基準として期待することができるか、またできないかという点について、漠然とした感触を得ているからである。しかし、そうした慣れや感触よりももっと重要なのは、社会的な事情であるように思われる。一目瞭然であるが、イングランドは島国である。島国という地理的な制約から生まれた、イングランドの文化が持っている性格、そして、以前からみられた、エリートがロンドンに集まるという中央志向、これらによって、ビジネスや法に関する共同体が小さくまとま

---

6) EuGHE 1988, 5505, Rs. 81/87 Ex Parte Daily Mail.

るという仕組み、つまり、閉鎖社会が生まれた。この閉鎖社会のメンバーはほぼ全員が同じような基礎教育を受けている（これを表すのが、オクスフォードとケンブリッジという二つの大学の名前から作られた合成語「Oxbridge」である）。さらに、イングランドは、幸いにして、約900年間にわたり比較的平穏な時期を過ごしていた——このことは、100年戦争を経験したフランスや30年戦争を経験したドイツと対比すれば、よく分かる。

　このように長い時間をかけて組み立てられてきた、密接な結び付きを持つ社会では、多くの事柄が、言葉を使わなくても、また「法」を用いなくても、もっぱら暗黙の了解と社会的コントロールによって、解決されている。それゆえ、「公正」という言い回しをいまさら書き換える必要がない。というのは、誰もがその内容を十分に承知しているからである。何をしなければならないか、何をさせられるのかという問題を考えるときでも、そこでは、ヨーロッパ大陸諸国、たとえばドイツにおけるように、多くの言葉を用いて抽象的に表現されたルールは必要ではない。このように、イギリスが島国である状態がこのような体制を補っているのである。

　このような社会秩序を簡単に他の文化や他の人々に転用することはできないであろう。というのは、他の人々は、ゲームの細かいルールを定めたり、タブーを犯すものに対していつの間にかじわじわと制裁が及んだりするルールをまったく知らないからである。

Ⅲ　イングランドとアメリカ合衆国の違い

　前述の問題が更に難しくなるのは、ヨーロッパを離れて、たとえばアメリカ合衆国へ出かけるような場合である。イングランドからアメリカ合衆国へと対象を変えても、その飛躍は大きくないように思われる。なぜなら、「アングロ・アメリカ法」という表現があるように、両国間の親近性は十分に認められているからである。しかし、「アングロ・アメリカ法」という表現は誤解を招きやすい。それは、この表現にはさまざまな歴史的結び付きよりももっと多くのことが含まれているからである。この表現からは、法律用語も共通であると

いった思い違いが生じかねない。われわれが気を付けなければならないのは、イギリスの劇作家、ショーが述べた「イギリスとアメリカ合衆国とは二つの違う国である。両国は共通の言語を持ちながらも別々の存在である」という言葉である。このことは、法の領域では、その他の領域よりもずっと多くあてはまることであろう。というのは、アメリカが有するイギリスよりも新しい環境、両国の規模の相違、そして両国住民の異質性、これらがアメリカの言語を古いイギリスの言葉よりもずっと強いものとしているからである。

　面食らうのは、すでに日常語のレヴェルでさえ、イギリスでは「控えめな表現」が用いられ、アメリカでは「誇張した表現」が用いられているという点である。たとえば、イギリスでは、昨日誰かと知り合ったとすれば、今日、わたしはその人を「私が知っている人」(「知人(Bekannte)」)であると紹介するが、アメリカ合衆国ではわたしはその人を「親友(einen guten Freund)」と呼ぶことであろう。第一次司法国家試験に合格した者はイギリスでは「Bachelor of Laws (法学士)」であるが、アメリカ合衆国では「Doctor Juris (法学博士)」である。イギリスではpolicemanと言われる警官はアメリカ合衆国ではpolice officerと呼ばれるが、これはイギリスでは警察の幹部職員を意味する。このように、言葉の意味は両国で異なっている。アメリカ合衆国では、どんな会社にも、たとえ社員が二人だけでも、社長と副社長がいる。最も分かりやすい例はドイツの自動車「Audi」の場合であろう。この自動車はドイツとイギリスでは「Audi 100」として販売されているが、アメリカ合衆国では「Audi 5000」と表示されていた。このように、イギリスとアメリカを比較する場合、アメリカ人はアメリカで通用するように話し、イギリスで通用するように話すわけではない。われわれが注意しなければならないのはこういう点である——そしてこうした違いは、われわれが想像する以上に大きくなる可能性がある。

　イギリス法で採用されている名称は、概して、アメリカ合衆国では採用されていない[7]——実質的にみると、両国法の間には大きな違いがある。ここに述べたことは、イギリスの法律家、パトリック・アタイヤの「Lawyers and Rules:

---

7) Carrington, Butterfly Effects: The Possibility of Law Teaching in a Democracy, Duke L. J. 41 (1992) 741, 745.

Some Anglo-American Comparisons（法律家とルール：アングロ・アメリカ法からみた若干の比較）」[8] という論文でも実証されている。イギリスの裁判官は法の継続形成に対してそれほど大胆ではない。というのは、彼らは法を不変的なルールの体系とみているからである。これに対して、アメリカの裁判官はあまりルールに拘束されていない。むしろ、彼らは自分の信じるところに従って裁判を行っている。それは、彼らの選任が政治的に行われている（選挙で選ばれた裁判官、政治的な観点から行われる裁判官の指名）結果、彼らは政治的集団や地域的団体の利益をより強く考慮しているからである。外国企業も――特に連邦裁判所ではなく、各州の裁判所では――民謡を歌うように、地元の利益を考慮する（郷に入れば郷に従う）ことを承知している。アメリカの陪審制度もこうした違いをもたらす一因となっている。それは、素人が参加する陪審は必ずしも法を厳格に適用しなければならないわけではない（彼らが法を発見する）ので、最初から法を志向することがないからである。それでも、訴訟法において決定的な違いがあることは比較法的にみると明らかである。つまり、手続を通して、そこに、生きている法が「作り出される」のである。ドイツの法律家、シュティーフェルはこの点について次のように述べている。

> "アメリカの法概念、行政規則、裁判、これらに対しては最大限の注意を払わなければならない。そこで書かれている内容を文字通り受け取るとしても、それらはせいぜいのところ法を比較する上での原材料でしかない。これらの規定とその適用結果が、アメリカ合衆国に固有の環境において、つまりドイツのそれが法史的伝統を共有していないような環境において、どのような存在意義を有するかという点を知らないままに、われわれは軽率に結論を出してはならない。"[9]

アタイヤは一般的な法理論に対しても警告を発している。というのは、一般的な法理論は地域的特性を覆い隠してしまっているからであり、「法の諸理論

---

8) Atiyah, Lawyers and Rules: Some Anglo-American Comparisons, Southwestern Law Journal 37 (1983) 545.
9) Stiefel, Probleme der Rechtsvergleichung, Deutsch-amerikanische Juristenvereinigung, Newsletter 3 (1985) 65, 66; Heldrich, Profane Gedanken über die Hintergründe der Rechtsvergleichung, FS Kitagawa, Berlin 1992, S. 157; Csaba Varga (ed.), Comparative Legal Cultures, Aldershot 1992.

は、どれも、理論家が期待する以上に、偏狭なものとなる可能性がある」からである。このことは、たとえば、偉大な北アメリカの裁判官ホームズ (1841-1935年)の、「法とは裁判官が裁判するであろう事柄の予測である」という言葉についてもあてはまる。裁判官の任命につきまったく異なる方法を採っているその他の法文化を有する諸国の場合よりも、アメリカ合衆国の場合には、ここで述べられていることが正しいといえよう。どんな文章も、その表現が考えられたり述べられたりしている環境から切り離すことはできない。このように、環境が法を形成する力の方が、法が環境を形成する力よりもずっと強いのである[10]。

IV ヨーロッパと日本の違い

ここに述べたことよりももっとずっと刺激的な例は、われわれがヨーロッパおよび西洋の世界から離れてアジアに目を向けるときに現れる。われわれは、アジアでは、単語に対しても法や法律に対しても、われわれのものとは違った態度に遭遇する[11]。たとえば、ドイツで「Gesetz ist Gesetz (法律は法律である)」という場合、その意味は、われわれが規範に従わなければならないという点にある。この言葉を日本語に翻訳すると、その言い回しはまったく同じであるが、しかし、その意味は異なる。つまり、法律はあってもそれは法律の世

---

10) Lawrence Friedmann, The Republic of Choice, 1990, S. 196.
11) Baum/Drobnig (Hrsg.), Japanisches Handels- und Wirtscaftsrecht, 1995; Menkhaus (Hrsg.), Das Japanische im japanischen Recht, 1995; 参照されるのは、Guntram Rahn, Rechtsdenken und Rechtsauffassung in Japan, München 1990; Noda, La conception du droit des Japonais, Etudes Julliot de la Morandière, Paris 1964, S. 421; ders., The Character of the Japanese People and their Conception of Law, in: Tanaka, The Japanese Legal System, Tokio 1976, S. 96; Baum, Rechtsdenken, Rechtssystem und Rechtswirklichkeit in Japan, RabelsZ 59 (1995) 258; Kirsch/Mackscheidt, China - Ordnungspolitik in einem konfuzianischen Land, Baden-Baden 1988; Murakami, Einführung in das japanische Zivilrecht: Grundlagen des japanischen Rechtssystems, Kurseinheit 1, Hagen 1989, S. 14; v. Bahr, Die Grenzen westlicher Rationalität und Wissenschaft bei der Beurteilung des Modernisierungsprozesses in Japan, FS Kitagawa, Berlin 1992, S. 3; Baum, Japanisches Handels- und Wirtschaftsrecht, in: Max-Planck-Gesellschaft, Jahrbuch 1994, S. 608.

界内部のことであり、われわれの目の前にある問題を実際に解決するためには、法律を使わなくても道理にかなったやり方を見つけることができるという意味になっている。われわれは人間関係を抽象的な表現で示される、わけのわからない束縛の中に無理やりに押し込めようとせずに、事案ごとに、信頼が得られるような解決策をそのつど形成しようとしている。それゆえ、外国から輸入された法形相にむやみにこだわらず、また「法律的に」考えるのでもなく、「きちんと」考えるべきであろう[12]。

V 印象、イメージ、記号

以上の例をみると、われわれは普通のやり方で機能的法比較を続けることができるかどうかという疑問がわくことであろう[13]。われわれのドイツ法においてさえ、個々のルールがどのような課題を持っているかを決めることは難しいし、時には不可能でさえある。たとえば、なぜ登録される社団がその設立の際に少なくとも7名の社員を有していなければならないのか（ドイツ民法典第56条）、それに対して株式会社の場合はなぜ5名の社員でよいのか（ドイツ株式法第2条）、協同組合の場合はまたもや7名でなければならないのはなぜか（ドイツ協同組合法第4条）といった点がそうである。なぜ地上権は99年間に限られているのか[14]。ドイツ有限責任会社法典でも「契約」という言葉が使われてい

---

12) 中国については、Osker Weggel, China, 2. Aufl. München 1987, S. 119; MacCormack, Law and Punishment: The Western and the Traditional Chinese 'Legal Mind', in: The Legal Mind, Essays for Tony Honoré, Oxford 1986, S. 235. 参照されるのはまた、Li Hanlin, Die Grundstruktur der chinesischen Gesellschaft, Opladen 1991; Arthur Kaufmann, Vergleichende Rechtsphilosophie, FS Lorenz, Tübingen 1991, S. 635; Wolfgang Nörr, The Problem of Legal Transplant and the Reception of Continental Law in China Before 1930, FS Kitagawa, Berlin 1992, S. 231.
13) これに対して批判的なものとして、Frankenberg, Critical Comparisons: Rethinking Comparative Law, Harvard Int'l. L. J. 26 (1985) 411; Markesinis, Comparative Law – A Subject in Search of an Audience, Mod. L. Rev. 53 (1990) 1.
14) これについては、Großfeld, Zeichen und Zahlen im Recht, 2. Aufl. Tübingen 1995; Großfeld/Lehmann, Die Sieben im Gesellschaftsrecht, AG 1992, S. 216.

るが、そこにいう「契約」は誰でも自分自身と締結することができるものである（ドイツ有限会社法典第1条および第2条第1項第1文）。このように、われわれ自身も説明できないことが、自国内でさえすでに存在している——われわれが外国に足を踏み入れる場合、われわれは一体どのようにすればよいのだろうか。

　法を生み出した伝統は、われわれを取り巻く時間よりももっと多くのものを含んでいる。伝統は、われわれが意識しているか否かを問わず、対外的局面（風景、制度、建造物、製品）および対内的局面（信仰、希望、心配、抑圧、夢）に対して影響を及ぼしている。これら二つの局面によって、法が実際に通用するか否か、そして実施されるか否かが決まるのである[15]。われわれは法を観念的な請求権として考えるだけでは足りない——それよりももっと、法が生活秩序であるか否か、すなわち、法は遵守されているか否かという点に関心を持つべきであろう。このことを忘れてしまうと、われわれが学ぶ法は時として「機能していない、いわば死んでいる法」でしかなく、また「死んでいる法」を「生きている法」と取り違えたり、使われなくなった死んだ記号を現に機能しているものと取り違えたりすることになろう。しかし、大切なのは、現に生きている生活をみることである。

　われわれの法思考の根底には、理性に関するわれわれの見方がある。われわれの見方は、少なくとも部分的には、われわれを取り巻く環境、われわれの言葉や文字から、そして、われわれの中に「プログラムとして組み込まれ」ている伝統から生まれたものである。それゆえ、われわれは機能的方法をあまり狭く捉えてはならず、郷土史的、記号学的、歴史文化的な成果にまで広げなければならない[16]。このように考えると、法の比較は社会秩序の比較となる。その

---

15) Krawietz, Identität oder Einheit des Rechtssystems?, Rechtstheorie 16 (1985) 233, 250.

16) Harold J. Berman, Law and Revolution, Cambridge, Mass. 1983, S. 558; Kötz, Was erwartet die Rechtsvergleichung von der Rechtsgeschichte, JZ 1992, 20; ders., Rechtsvergleichung und Rechtsdogmatik, in: Karsten Schmidt (Hrsg.), Rechtsdogmatik und Rechtspolitik, Berlin 1990, S. 74; Canaris, Theorienrezeption und Theorienstruktur, FS Kitagawa, Berlin 1992, S. 59; Häberle, Theorieelemente eines allgemeinen juristischen Rezeptionsmodells, JZ 1992, 1033.

ためには、われわれは、外国で用いられている座標軸、つまり社会秩序の見本となるものがわれわれのものとの対比においてどこに「位置付け」られるかを多少とも考えなければならない。外国の「文化を反映した地図」ははたして「北向き」に作られているか、「東向き」(オリエントに向けられている)なのか、それとも「南向き」に作られているか、この点をどう考えるかによって、われわれはいつでも、法に関する常識の限界に突き当たることになる。というのは、われわれの常識は往々にして一面的なものでしかなく、他の場所ではまったく異なる、さまざまな基準に基づいているからである。文化や社会秩序の背景には、生活上の必要性があり、自然に得られる印象、文化に関するイメージや記号がある。これらは相互に影響し合い、歴史的な構造を形成し、時の経過とともにそのつど新しい姿を作り出している[17]。

---

17) Caldani, Filosofía y método del derecho comparado, (arg.) La Ley 53 (1989) 1; Heinz Hübner, Sinn und Möglichkeiten retrospektiver Rechtsvergleichung, FS Kegel, Stuttgart u. a. 1987, S. 235.

第2章 方　　法

I　文化と社会秩序

自明の理ではあるが[18]、われわれは外国の社会秩序に関するさまざまな制度を、その国における、他の諸制度と関連させながら、みなければならない[19]。というのは、そうしなければ、われわれは、一頭の象に触っている、目の見えない6人の者と同じような結果に陥るからである。この6人が出した結論は、象とは、壁のように大きな平面であるとか、槍のように尖ったものであるとか、蛇のようにくねくねとした丸くて長いものであるとか、丸太のように太い

---

18) 根本的な問題について：Junker, Rechtsvergleichung als Grundlagenfach, JZ 1994, 921; de Groot, Vergelijkt alles en behoudt het goede, Maastricht 1989; Jayme, Emerico Amari (1810–1870) und die Begründung der Rechtsvergleichung als Wissenschaft, FS Firsching, München 1985, S. 143; Mincke, Eine vergleichende Rechtswissenschaft, ZVglRWiss 83 (1984) 315; Schott, Main Trends in German Ethnological Jurisprudence and Legal Ethnology, Journal of Legal Pluralism 20 (1982) 37; Martiny, Rechtsvergleichung und vergleichende Rechtssoziologie, Zeitschrift f. Rechtssoziologie 1 (1980) 65; Schnitzer, Ist massive Rezeption fremden Rechts gerechtfertigt?, Problèmes contemporains de droit comparé, Bd. 1, Tokio 1962, S. 115; E. Weiß, Die Wirksamkeit der Rechtsvergleichung in der Gesetzgebung, RabelsZ 5 (1931) 80; Zweigert/Puttfarken (Hrsg.), Rechtsvergleichung, Darmstadt 1978; Fuchs, Recht und Entwicklungsländer, ZVglRWiss 80 (1981) 355; Real, Legislative Rechtsvergleichung und Gesetzgebungstechnik in der Praxis, RabelsZ 48 (1984) 52; Heenen, L'influence des sociétés commerciales, in: FS Coing, Bd. 2, Frankfurt/M. 1982, S. 125; Dölemeyer, Wege der Rechtsvereinheitlichung, in: Aspekte europäischer Rechtsgeschichte, Festgabe Coing, Frankfurt/M. 1972, S. 65; Roman Schnur, Einflüsse des deutschen und des österreichischen Rechts in Polen, Berlin 1985; Martinek, Der Rechtskulturschock, JuS 1984, 92.
19) 他の諸制度を確認するためには、Otto, Die gerichtliche Praxis und ihre Erfahrung mit dem Europäischen Übereinkommen vom 07. 06. 1968 betreffend Auskünfte über ausländisches Recht, FS Firsching, München 1985, S. 209.

ものであるとか、団扇のようにあおいで風を送るものであるとか、また、紐のように細長いものであるとかというように、それぞれ異なっていた。象の本当の姿を彼らは捉えていない——また、われわれが見慣れている象の姿はそこでは捉えられていない。というのは、彼らは木を見ているだけで、森を見てはいないからである。このように、成果に乏しいのは、個々の制度をばらばらに比較しているからである。二つの法において同一の名称が用いられていても、その前提にある評価基準が異なるとか、生じる結果が違うとかということは十分にあり得る。また、同一の結果が偶然に生じる可能性もある[20]。それゆえ、認識の対象を実定法上の関連性に限定するだけでは足りない。われわれがそうした実定法的な関連性を外国の文化と同じように捉えているかどうかという点でさえ、すでにして疑わしいであろう。それゆえ、われわれは、それらの制度を生み出している、文化や文明の領域にも気を配らなければならない[21]。というのも、文化と社会秩序との間には、需要と供給の間にみられるような相関関係が存在しているからである。どの文化も全体としてひとつのまとまりをなしているし、また、どの文化もそれぞれの末端部分に反映されており、同一の精神を持っている。法（そして、どの制度）もこの精神を体現しており、この精神から法が生まれている[22]。法は「文化的態度」[23]を示すものである。このように

---

20) Lepaulle, The Function of Comparative Law, Harv. L. Rev. 35 (1922) 838, 853; 参照されるのは、Stanley Fish, Doing What Comes Naturally, Durham/London 1989, S. 294 である。
21) Eberhard Dülfer, Internationales Management in unterschiedlichen Kulturbereichen, München/Wien 1991; Münch, Kultur und Recht, Zeitschrift für Rechtsphilosophie 1 (1914) 345; Koschacker, Was vermag die vergleichende Rechtswissenschaft zur Indogermanenfrage beizusteuern?, FS Hiert, Bd. 1, Heidelberg 1936, S. 145, 149; Constantinesco, Die Kulturkreise als Grundlage der Rechtskreise, ZVglRWiss 80 (1981) 161; Gessner/Hassemar, Gegenkultur und Recht, Baden-Baden 1985; Peter Sack u. a. (Hrsg.), Monismus oder Pluralismus der Rechtskulturen?, Rechtstheorie, Beiheft 12 (1991).
22) Heisenberg, Physik und Philosophie, Berlin 1984, S. 13.
23) Thurnwald, Die menschliche Gesellschaft, Bd. 5, Werden, Wandel und Gestaltung des Rechts, Berlin u. a. 1934, S. 2; Josef Kohler, Das Recht als Kulturerscheinung, Würzburg 1958, S. 1.

みると、どの法も、ひとつの「法の様式」[24]を表すものであり、ひとつの法的な「世界像の捉え方に対する単位」であり、ひとつの法律的な「考え方」でもある。

II 法を形成している文法

優れた教科書が複数あれば、われわれは容易に、法比較の領域に足を踏み入れることができ[25]、未知の法文化へ目を向け、国際的な共通点と相違点へ目を向けることができよう。裁判所の実務もわれわれに対して多くの刺激をもたらしている。ドイツの連邦最高裁判所により指針として提供されたのは、以下のようなものである。

> "裁判官は、……外国の規範を解釈するとき、むろん、自国の法思考のみに依拠して解釈してはならない。むしろ裁判官には、法をその外国の全体のシステムの中で調査することが要請されている。というのは、法は立法規定だけでなく、裁判例や学説を含めた全体の中で発展してきており、実務にも影響を与えているからである。"

それでも、法の比較を社会秩序の比較として捉える立場にはなお説明のつかない部分が残っている。それは、他の法文化では何が「法」なのかという点である。われわれは一体何を互いに比較することができるのだろうか。外国の社会秩序を構成する諸制度のうち、どのような制度をわれわれはドイツの法制度と比較することができるのか。この点を問うのは、どの法も、特定の構造を持ち、しかも独自のものであると感じることのできる環境と関連しており、そうした環境によって固有の意味を与えられているからである。それでは、われわ

---

24) Triepel, Vom Stil des Rechts, Heidelberg 1947; Adalbert Erler, Rechtsstil und Zeitstil, FS Hans Lentze, München 1966, S. 153.
25) Constantinesco, Einführung in die Rechtsvergleichung, Köln u. a. 1971; David/Grasmann, Einführung in die großen Rechtssysteme der Gegenwart, 2. Aufl., München und Berlin 1989; Ebert, Rechtsvergleichung, Berlin 1978; Rheinstein, "Einführung in die Rechtsvergleichung", 2. Aufl., München 1987; Zweigert/Kötz, Einführung in die Rechtsvergleichung, 2. Bde., 2. Aufl., Tübingen 1984.

れはいったいどのようにして個々の規定について枠組み、つまり座標軸を見出しているのだろうか。この問いに対してわれわれが答えられるのは、どのような力が文化の座標軸を作っているかがおぼろげながらでも分かる場合だけであろう。法や社会秩序を形成している文法は一体何か。われわれがこれらの点について感じ取ることができなければ、われわれは個々の制度がそれぞれの法において果たす役割を認識することはできないし、個々の制度を意味のある形で比較することもできない——その際に大きな問題としてすぐに現れるのが、われわれはこれらの素材をどのように翻訳することができるのかという点である[26]。

III 何が法なのか

しかしながら、われわれは初めから注意深く行動しなければならない。われわれは、自分たちが考えている「法」という概念を一度ならず棚上げにする必要がある。それは、われわれが考える「法」という概念自体が、われわれの世界像に由来するものに他ならないからである。われわれのものとはまったく別の文化にも、われわれの場合と同様の社会秩序がみられるとか、似た社会秩序がみられるとかといった状況をわれわれは期待することができないであろう。それゆえ、法の比較よりも社会秩序の比較を行うことの方がベターであろう。それでも、「法の比較」という表現がすでにわれわれの間で使われているので、わたくしもこの法の比較という概念を、その表現がヨーロッパ的な意味に限定されていることを承知の上で——たとえ幾分か割り引くとしても——使うこととしよう。というのは、われわれに固有の概念が有する特徴をわれわれが顧慮していたのでは、われわれの考えではそもそも存在し得ないか存在するはずが

---

26) De Groot, Problems of Legal Translation from the Point of View of a Comparative Lawyer, in: Gerwer u. a. (Hrsg.), Netherlands Reports to the Twelfth International Congress of Comparative Law, Sidney/Melbourne 1986, The Hague 1987, 1; Hansjacob Seiler, Sprache und Gegenstand, Opladen 1985; Gadacz, Folk Law and Legal Pluralism, Legal Studies Forum 11 (1987) 125; Sack/Wellmann/Yasaki, Monismus oder Pluralismus der Rechtskulturen, Rechtstheorie, Beiheft 12, Berlin 1991; 批判的なものとして、Bernstein, American Journal of Comparative Law 40 (1992) 261.

ないような外国のものをわれわれは取り上げて問題とすることができないはずだからである。それでも、法の比較を行う者が試みてきたことは、往々にして、自国の文化からみて知り得るような「端っこの部分」における「謎解き」でしかないことがよくあるし——それでいて、その部分がその外国では反対側の「端の部分」に「位置していたり」、どこか他へ移されたりしていることもある——、また意識されている場合もあればそうでない場合もあり、表現されている場合もあればそうでない場合もあり、タブーとしてまったく触れられていない場合もある（タブーはルールを形成する上で最も強いやり方である）。われわれは、再三にわたって、われわれに固有の概念が有する吸引力に取り込まれてしまっている——われわれはこうした誤りをすべて避けることはできない。というのは、われわれ自身がそうした固有の概念の上に「作り出された」存在であるし、それらの概念を通じて社会生活を「経験」しているからである——このことは外国においてもまったく同様であろう。

IV 用心深さ

ここで述べたことは、「実践的だ」と自称し、結果を手早く出そうと考えている法比較では、往々にして守られていない——というのは、ここで述べたような法比較は、そうしたやり方が変わりやすいものであるために、まったく非現実的なものだと考えられているからである。この場合には、誰でも、自国固有の文化から他の世界をちらっと見やるだけにとどまっている——そうした見方では他の世界を正しく捉えることはできないであろう。このことがあてはまる例は、かつて「ドイツ民主共和国」（旧東ドイツ）に対する関係においてみられた（そのことは「ベルリンの壁」崩壊後に初めて、明らかになった）。われわれがヨーロッパ以外に目を向ける場合には、これよりももっと大きな誤解が生じることになろう[27]。

われわれは滑稽な誤りを犯し、「世慣れている」と自称してはいても、実際

---

27) 参照されるのは、Hans Joachim Bartels, Methode und Gegenstand intersystemarer Rechtsvergleichung, Tübingen 1982 である。

には「世間からかけ離れた」ことを推奨してしまう恐れがある。たとえば、われわれはかつて二つに分かれていたドイツ連邦共和国とドイツ民主共和国のそれぞれの地域で二つの「憲法」がまったく同じ通用力を持っていたと考えていたし、ドイツ連邦共和国における「法律」をかつての「ドイツ民主共和国」や日本で考えられていた「法律」と同等に扱っていたし[28]、またイギリスの「裁判官」とアメリカ合衆国の「裁判官」を同等に扱っていた[29]。われわれは「憲法より下位の法律」の場合にもこれに似たことに遭遇する。たとえば、われわれは、ドイツとはまったく異なった離婚法を有する国やドイツよりも離婚件数が少ない国の婚姻法を、われわれの場合を含めて「婚姻法」という同じひとつの言葉で捉えようとしている。われわれは、さして深く考えもせずに——統計上[30]——長期間継続している比率を——統計上——時間的に限定された比率と同視してしまい、両者が構造的にも情緒的にも遠く隔たっていることを見落としている。婚姻という言葉がもつイメージやその現実の内容は宗教的背景により影響されており、宗教的背景のいかんによってその色合いも異なっている。これと同じことは、執行制度（債務者保護、破産による免責）を異にする二つの文化の間で契約責任や不法行為責任を比較する場合にもあてはまる。われわれはそこにいう責任を責任の貫徹という視点から定義し、区別しなければならない。たとえそのことが重要ではない場合であったとしても、われわれは法の比較をするときは、しばしばそのように行動している。このようにすることによって初めて、われわれはリンゴを洋梨と、時にはリンゴを果物には入らないジャガイモと、比較してきているのである。

---

28) 参照されるのは、Großfeld/Yamauchi, Das internationale Gesellschaftsrecht Japan, AG 1985, 229 である。
29) Atiyah, Lawyers and Rules, Some Anglo-American Comparisons, Southwestern Law Journal 37 (1983) 545; Walther Richter, Der englische Richter - ein Fürst?, FS Wassermann, Neuwied 1985, S. 177; Petev, Methodenfragen im englischen Recht, Rechtstheorie 15 (1984) 213; 参照されるのは、Kötz, Deutsches und englisches Recht – Justiz im Stilvergleich, Max-Planck-Gesellschaft, Jahrbuch 1985, S. 26; Watzlawick, Gebrauchsanweisung für Amerika, 7. Aufl., München u. a. 1984, S. 71 である。
30) 統計に基づく法思考については、Großfeld, Zivilrecht als Gestaltungsaufgabe, Heidelberg u. a. 1977, S. 87 である。

誤りが生じるのは、われわれが自国の法を観念的に頭の中だけで考えたり、われわれ自身や他の者に対し、われわれの実際の生活で行われているよりもずっと欲張った要求を押しつけたりする場合である。このように現実とかけ離れた基準を持ち出せば、もはや外国法は存在し得ないことになろう。これに似た結果がみられるのは、われわれがわれわれに固有の法の内部にしか存在しないさまざまな関連性を外国法に対しても「押し付け」、その結果、われわれがわれわれの法における「一夫一婦制」と他の（軽蔑されている）法における「複婚」とを比較する場合である。アフリカ人の見方はわれわれドイツ人のそれとは異なっている。たとえば、ナイロビにいた英国国教会の司祭、ピーター・ンジェンガは次のように考えている。

"西洋では男性はしばしば意のままに結婚したり、離婚したりすることができる。それゆえ、彼らは一生の間に20人とか、いやそれ以上の人数の女性と結婚することさえできるであろう。その場合には、もはや婚姻が「単数」であるということはできない。……アフリカでは男性の社会的名声は妻や子供の人数に大きく依存している。確かにアフリカではひとりの男性が往々にして2人以上の女性と結婚しているが、複数の妻とは死ぬまで共に過ごしており、およそ離婚することなど考えられていない。ヨーロッパ人やアメリカ人は、複婚をどちらかといえば非難すべきものと考えており、離婚や再婚はごく普通のものであるといった見方を、われわれに押し付けようとしている。"[31]

V 架 橋

われわれは、法の比較において最初からそこにある「相違」のみを凝視するだけだったり、相違を「異国情緒にあふれた」ものだとして、度を越えた見方をしたりしてはならない[32]。違いを強調するよりももっとずっと重要なのは、共通点を認識することである。というのは、共通性をみることによって初めて異文化

---

31) Christ und Welt 37 (1985) 50. 参照されるのは、Bujo, Gibt es eine spezifisch afrikanische Ethik?, Stimmen der Zeit 207 (1989) 591, 598f.; Bujo, Ehe als Bund und Prozeß in Afrika, Stimmen der Zeit 213 (1995) 507 である。
32) ほかにもたとえば、Ben-Dasan, The Japanese and the Jews, 4. Aufl., New York u. a. 1982, S. 3がある。

の間に橋を架けることができ、それによって壁をなくそうとする了解を生み出すことができるからである。われわれが相違点だけを挙げ続けるならば、われわれは外国法が持つイメージをゆがめることになろう。法比較は何よりもまず「橋を探し出す」試みでなければならず、「橋を架ける」試みでなければならない。

> "人生とは流れゆく水の上に
> 橋を架けるようなものである。"
> 　　　　　（ドイツの詩人、ゴットフリート・ベン『エピローグ』1949 年)

しかし、——ひと目見ただけで——極端に食い違っている文化の間で橋を探し出したり架けたりすることができるものだろうか[33]。そうした違いが表面的なものにとどまることもあれば、われわれは異なるものの中にそれに固有のものを認識したり、逆にそれに固有のものの中に実は異なっているものを認識したりすることもある。こうしたやり方をいわば耐久性のある架け橋とすることは、法を比較する者にとって十分に了解できよう。法の比較は、このように共通性を見出して、橋を架けることができるといういわば楽天的な考え方をもたらしている。というのは、法の比較が示しているように、人間は大体においてどこにいても根本的には同じであり、考え方や感じ方も似たような道筋をたどっているからである。

> "しかし、さまざまな条件は……民族ごとに異なっている。誰でも、自分が属する民族や時代に固有の、ものの見方に従って考えたり判断したりするものである。問題それ自体はその根本において同じであるが、問題が提起される様式は往々にして大きく異なっているので、人はその様式を知らなければならない。"[34]

こうした理由から、再三にわたって論究されているのが、ある文化の内部に存在する社会秩序は何か、文化を構成する細目を特徴付けているものは何か、

---

33) この点についての基本的な文献として、Barton/Gibbs/Li/Merryman, Law in Radically Different Cultures, St. Paul, Minn. 1983.
34) Hermann Fischer, Augustin Henninghaus – 53 Jahre Missionar und Missionsbischof, Steyl 1940, S. 73.

どのような「座標」が個々の事象の位置を細かく決めているのか、といった諸点である[35]。文化の様式を作っているものは何か、文化の様式を形成している諸要素のうち、どのような要素に対してわれわれは注意を払わなければならないか、逆に、文化に固有の様式は実際に提起されている問題に対してどのような影響を及ぼしているか、といった問題もある。

異文化間で架ける橋を探すとき、われわれは単純に概念（名称）だけを比較してはならない。われわれが探さなければならないのは、現実そのものであり、そして、さまざまな概念と関わりを持つイメージである。未知の世界の現実はどのようになっているのか、そして未知の世界の現実はどのようにみられているのか。未知の世界の現実はなぜそのようになっており、なぜ違ってはみえないのか。以下において、わたくしは、これらの問題を網羅的に取り上げることはせず、遺伝的にみて当然に法の基盤を成すと考えられるものも——この点について独自の研究は行われていないので——考慮の対象からはずすことにしよう[36]。むしろ、わたくしは、いったいどのようにして環境が、それと同時

---

35) これについては、Großfeld, Macht und Ohnmacht der Rechtsvergleichung, Tübingen 1984, S. 125; Holldack, Grenzen der Erkenntnis ausländischen Rechts, Leipzig 1919; Fikentscher, Modes of Thought, Tübingen 1995.

36) 遺伝的な素質によってこころのうちに思考パターンが形成され、これら思考パターンと感覚的印象とが結び付けられている。このような遺伝的プログラムは、言葉、本能による行動の制御、数を数える際のリズム、これらの中に示されている。人間はこのように「秩序付け」られており、おそらくは「法的な本能」を身に付けている。参照されるのは、Philip E. Ross, Streit um Wörter, Spektrum der Wissenschaft, Juni 1991, 92, 98; Derek Bickerton, Language and Species, Chicago 1990; Wickler, Soziobiologie: Ein starkes Konzept mit einem blinden Fleck, MPG-Spiegel 2/1991, 30; Wolfgang Wickler/Uta Seibt, Das Prinzip Eigennutz, München 1991; Bischof-Köhler, Die biologische Basis psychologischer Geschlechtsunterschiede, Zeitschrift f. Arbeits- und Organisationspsychologie 1990, 17; Herman Hambloch, Der Mensch als Störfaktor im Geosystem, Opladen 1986, S. 32; J. Eibl-Eibesfeldt, Die Biologie des menschlichen Verhaltens, München u. a. 1984, S. 775; Irrgang, FAZ v. 18. 06. 1986 Nr. 137, S. 33; Schwintowski, Das Konzept funktionaler Interdependenz zwischen Ökonomie und Recht, Rechtstheorie 23 (1992) 35, 44. この点を証明している他の文献として、Heldrich, Profane Gedanken über die Hintergründe der Rechtsvergleichung, FS Kitagawa, 1992, S. 157, Fn. 38; Helsper/Hochrein, Gesellschaftsgestaltendes Recht und überlieferte Gesetzgebungskunst, Zeitschrift für Gesetzgebung 1988, 22. この点に関して、デュッセルドルフ在住のハンス・ブラジウス博士から寄せられた御示唆と御助言に感謝したい。

に、図、イメージや記号により操作される、現実に対する見方(世界の「見方」、世界「観」、よりよく言えば、おそらくは世界「体験」)が、法文化および法制度を作り出してきたか――このことは法の比較にとって何を意味するか――という点のみを検討するにとどめよう。

VI 法と文学

文化と法との結び付きは、われわれの場合、明らかに文学と法との関係[37]および宗教と法との関係[38]の中に現れている。法比較の中核を成す諸問題の多くは――今では法の科学という形で全体として平準化されかつ簡略化されてしまっているが――これまでの法律学ではほとんど論究されていないので、わたくしは「法曹資格を有する」法律家の間で普通に行われているよりももっと高い頻度で、詩や宗教に関する原典を用いることとしよう。というのは、すばらしい文学作品はそれ自体が「国民の精神世界」[39]を示しているだけでなく、法に対して影響を及ぼすとともに、法からも影響を受けているからである。このように、われわれの「法」は概ね「言葉で表された法」であるので、法と文学には言葉の影響という点で類似性がみられ、また類似の傾向[40]を引き出す

---

37) これについては、Kilian, Literatur und Jurisprudenz - Anmerkungen zum Berufsbild des Juristen, DRiZ 1985, 18; Großfeld, Unsere Sprache: Die Sicht des Juristen, Opladen 1990; Duncan, Narrative Jurisprudence, J. Law and Religion 2 (1989) 105; Cover, Foreword: Nomos and Narrative, Harv. L. Rev. 97 (1983) 4; Elkins, On the Emergence of Narrative Jurisprudence, Legal Studies Forum 9 (1985) 123; Bosignore, In Parables: Teaching Through Parables, Legal Studies Forum 12 (1988) 199; Gemmette, Law and Literature: An Unnecessarily Suspect Class in the Liberal Arts Component of the Law School Curriculum, Valparaiso Univ. L. Rev. 23 (1988) 267; Twining, Reading Law, Valparaiso Univ. L. Rev. 24 (1989) 1; White, What Can a Lawyer Learn from Literature, Harv. L. Rev. 102 (1989) 2014; Sanford Levison/Steven Marilloux, Interpreting Law and Literature, Evanston, Ill. 1988.
38) これについては、Großfeld, Macht und Ohnmacht (前注35) S. 187.
39) Hofmannsthal, Das Schrifttum als geistiger Raum der Nation, in: ders., Reden und Aufsätze, Bd. 3, Fischer TB Nr. 2168, S. 24. これについては、Demmelbauer, Hofmannsthals Bild vom Staat, NJW 1990, 1951.
40) Hopkins, The Development of Realism in Law and Literature..., The Cultural Resemblance, Pace L. Rev. 4 (1983) 29.

ことができよう。

詩人は、法の道徳的側面、いいかえれば、法の世界像に関わる側面を示し[41]、法の文化的特徴を明らかにし、法の文化的特徴を国民に意識させ[42]、そして、文学以外により形作られた集団的意識の存在を示してきた。ドイツ・ベルリンの、レーオ・レーヴェンタール教授にとって、文学は、それ以上に、次に示すような存在であった。

　"人が人間として意識や自覚を持つために必要な、また人が経験を通して世界を知るために必要な、唯一の信頼できる源。"[43]

しかしながら、わたくしはこの「唯一の」という単語をここでは「重要な」という単語で置き換えたいと思う。というのは、文学だけでなく、イメージや宗教的儀式も文学と同じくらい重要性を持っているからである。それでも、詩が現実を認識する手段であることは、昔も今も変わることがない[44]。

　"どの詩もそうであるように、現代詩もわれわれに関わるなんらかのことについて述べている。"[45]

イギリスの批評家、ジョージ・スタイナーにならっていえば、話すこと、そして翻訳することについて多くを知ろうとする者は誰でも、「われわれが考えている以上に、詩作の構造がずっと深い意味合いを持つものだということを再

---

41) Hirshman, Brontë, Bloom, and Bork, U. Pennsylvania L. Rev. 137 (1988) 177.
42) Grey, Hear the Other Side: Wallace Steven and Pragmatist Legal Theory, Southern Calif. L. Rev. 63 (1990) 1569, 1575.
43) Leo Löwenthal, Schriften, Bd. 4, Frankfurt/M. 1984, S. 17.
44) Mannheim, Rechtsgefühl und Dichtung, Zeitschrift für Rechtsphilosophie 3 (1921) 251; Erbel, Kunst und Recht, ZUM 1985, 283. 美術作品に基づく認識の仕方については、Richard Schmidt, Macchiavelli und Michelangelo, Zeitschrift für Rechtsphilosophie 2 (1919) 101; Ernst Cassirer, Vom Wesen und Werden des Naturrechts, Zeitschrift für Rechtsphilosophie 6 (1932/34) 1.
45) Enzensberger, Museum der modernen Poesie, Bd. 2, Suhrkamp TB Nr. 476, S. 784.

発見し」なければならない[46]。それは、詩人が用いる言葉には「哲学者、神学者、……法学者が用いる言葉におけるよりももっと多くのことが含まれている」[47]からである。われわれはそのことを社会秩序の比較という意味での法の比較にも用いることができる[48]。

VII 善と公平の術

このように「世界を芸術的視点から理解すること」[49]は法律学にとってもふさわしいものである。というのは、法律学は「ars aequi et boni（善と公平の術）」であると考えられているからである（「ars」とは「Kunsthandwerk（手工芸品）」に相当する）[50]。むろん、ドイツの法史家、コシャカーが以下の表現で警告するような不確実性がそこにあることはいうまでもない。

> "法比較は感度の高い道具である。この道具を使う場合、指先で感じとれるような繊細さが必要であり、いつでも研究者の人格が決定的な役割を果たしている。粗雑な法比較ならば、やらない方がずっとましである。"[51]

このことを考慮すれば、われわれは法の比較に対して極端に慎重になり過ぎる可能性がないわけではないが、しかし、そうであってはならない。イギリスの劇作家、シェイクスピアは「注意するに越したことはない。用心深さこそ最

---

46) George Steiner, Nach Babel, Frankfurt/M. 1983, S. 129. Überzogen indes Richard H. Weisberg, The Failure of the Word, New Haven u. a. 1984; これに対して批判的なものとして、Posner, From Billy Budd to Buchenwald, Yale L. J. 96 (1987) 1172.
47) Reinhard von Normann, Der richtige Vers, 1991, S. 6.
48) Richard H. Weisberg, Comparative Law in Comparative Literature, Rutgers L. Rev. 29 (1976) 237.
49) Conrad Fiedler, Über die Beurteilung von Werken der bildenden Kunst, Leipzig 1876, S. 25.
50) これについて、Erman, Publicus Juventus Celsus und das Kammergericht, GrünhutsZ 31 (1904) 569; David Cole, Against Literalism, Stanford L. Rev. 40 (1987) 545.
51) Koschacker, Was vermag die vergleichende Rechtswissenschaft (前注21), S. 149f.

上の安全弁だ」と述べている[52]。
　これよりももっとよい表現であるとわたくしが思うのは、以下のようなものである。

　　"薄い氷の上でスケートをするとき、安全に滑れるかどうかは自分のスピード次第である。"
　　　　　　　　　　　（アメリカの思想家、エマーソン）

　われわれが対岸にある未知の世界の文化という岸辺へ渡ろうとするなら、そして、われわれが何かを置き換えたり、再発見したりしようとするならば、われわれは思い切って薄い氷の上を渡らなければならないのである。

---

52)　Laertes zu Ophelia, Hamlet, 1. Auftritt, 3. Szene.

第3章 地　　理

I　序　説

　まず、環境の相違について考えることとしよう。自然環境、そして生活圏は、どの法文化にとっても、最初に現れる現実の姿である。それは、人々が地域の特性に応じて形成される存在だからである。「しかり、人は風景を対外的に表現したものである」という言葉は「人がそれぞれに住む地域の風景を反映した存在である」[53]ということを表している。われわれのような――「なし得ること」を第一に考え、自然の姿から疎遠になってしまった――現代人はこのことをしばしば見落としている。「地に足をつけよ」[54]という教えがあるのに、また自然を対象とするあらゆる試みがなされているにもかかわらず、現代人は依然として地球の支配者であるかのように振舞っている。しかし、地理は与えられた運命であるとしか言いようがない――このことは法においても同様である[55]。それゆえ、われわれは「環境との関わりの中で行動する人」を中心に据

---

53) Lawrence Durell, The Spirit of Place, New York 1969, S. 157, 161; W. Moewes, Grundfragen der Lebensraumgestaltung, Berlin u. a. 1990; Economides/Blacksall/Watkins, The Spatial Analysis of Legal Systems: Towards to a Geography of Law, Journal of Law and Society 13 (1986) 161; Emil Werth, Grabstock, Hacke und Pflug, Ludwigsburg 1954; Baade, The Historical Background of Texas Water Law, St. Mary's L. J. 18 (1986) 1; ders., Springs, Creeks and Groundwater, in: David S. Clark (Hrsg.), Essays in Honor of Merryman, Berlin 1990; "Gib mir bitte die nördliche Tasse", MPG Spiegel 1994 Heft 4, S. 4.
54) 旧約聖書創世記第1章第28節。これについては、Alfons Auer, Umweltethik, Düsseldorf 1984.
55) Aubin/Frings/Müller, Kulturströmungen und Kulturprovinzen in den Rheinlanden, Bonn 1926.

えて考えなければならない56)。というのは、環境による制約こそ、有史以来、われわれを作り上げてきた要素にほかならないからである。このことは次に示すようにいくつかの単語から明らかになる。ヘブライ語の「adam」は「der Mensch(人間)」を意味し、「adamah」は「die Erde(この大地)」を意味している(参照されるのは、旧約聖書創世記第2章第7節「そこで主なる神は畑地の土をとって人間を造った」である)。また「human(人間)」および「Humus(腐植土)」という単語の起源は、ラテン語の「homo(人間)」および「humus(腐植土)」を経由して、更にはインド＝ヨーロッパ語の「d^heg^hom」に辿りつくが、このインド＝ヨーロッパ語の単語は「Erde(大地)」や「Mensch(人間)」(「Erdling(大地のもの)」)を意味している57)。ドイツ語の「Kultur(文化)」のもととなったラテン語の動詞の「colere」やラテン語の名詞の「cultus」には「畑地を耕す」という意味がある。

　こうした周知の事実からどのような帰結を導くことができるかは、日本を経由して外国を旅行してみるとよく分かる。日本のいくつかの都市は教会を中心に人々が集まってできたものではなく(宗教は都市計画に影響を及ぼしていない)、いわば「流れ出る」ように広がって形成されたものであり58)、そのため都市間の境界線がはっきりしない(都市の周りに城壁や土塁がない——参照されるのは、英語の「town(囲い地)」とドイツ語の「Zaun(囲い)」である)。このような都市は、そこで生活している人々にとって、情緒面でのよりどころとなっていない(それゆえ、「Bürger(市民)」という言葉を使うことは適切な表現にはならない)。今日の理解によれば、ヨーロッパの多くの都市は大陸という地理的状況に起因する保護の必要性から生まれた——この点に関してわれわれが思い出す古い例は、マジャール人の侵入であり、そして、ザクセン朝初代のドイツ国王ハインリッヒ一世(別名、捕鳥王)、つまり、「都市計画者」(929年)およびザクセン朝

---

56) Heller, Staatslehre, Leiden 1934, S. 71; 参照されるのは、Günther Gillessen, "Nomadenleben" auf fünf Etagen – Aus der Vergangenheit eines Bergdorfes im Wallis, FAZ v. 18. 04. 1985, Nr. 90, S. 9; Hassinger, Geographische Grundlagen der Geschichte, Freiburg/Brsg. 1931; Eibl-Eibesfeldt, Die Biologie des menschlichen Verhaltens, München 1984, S. 310である。

57) Samkrelidse/Iwanow, Die Frühgeschichte der indoeuropäischen Sprachen, Spektrum der Wissenschaft, Mai 1990, 130, 135.

58) Mönninger, Das geordnete Chaos, FAZ v. 16. 11. 1991, Nr. 267, Bilder und Zeiten.

第二代国王（神聖ローマ帝国初代の皇帝）のオットー一世、つまり、レヒフェルトの戦いの勝者（955年）である。これまでの説明から地理と都市がヨーロッパ法にとってどのような役割を果たしているかが明らかになろう。また、われわれドイツの法律がなぜ「Bürgerliches Gesetzbuch（市民法典）」と言われ、「Privatgesetzbuch（私法典）」とか「Zivilgesetzbuch（民事法典）」とかと言われていないのか、そして、なぜ日本にはこれに対応するものがないのかという理由も明らかになろう[59]。地理を考慮した見方を通して、われわれはわれわれドイツの社会秩序の中核部分に入り込むことができる。

II 歴　史

環境と文化との関係を考えようとする見方の起源は古代にみられる[60]。偉大な古代ギリシアの医師、ヒポクラテス（紀元前460年-375年）は、自然の中に「刺激」を発見し、この刺激に対して社会は「nomoi（言葉）」を通して反応すると考えた。これに対して、古代ギリシアの歴史家・地理学者、ストラボン（紀元前63年-紀元後26年）は環境と文化の関係をヒポクラテスほどには密接なものとみていなかった[61]。フランスの啓蒙思想家、モンテスキュー（1689年-1755年）[62] は環境と文化の関連性に関する論議を啓蒙時代に行っていた[63]。ド

---

59) Junichi Murakami, Besitz und Bildung. Deutsch-japanische Bürgertumsvergleiche, Tokio 1990. この点は中国におけるそれに似ている。Kirsch/Mackscheidt, China, Ordnungspolitik in einem konfuzianischen Land, Baden-Baden 1988, S. 35.
60) Hoheisch, Geographische Umwelt und Religion in der Religionwissenschaft, in: M. Büttner u. a. (Hrsg.), Grundfragen der Religionsgeographie, Berlin 1985, 123, 125; R. Pöhlmann, Hellenische Anschauungen über den Zusammenhang von Natur und Geschichte, Leipzig 1979; J. L. Heiberg, Théories antiquees sur l'influence morale du climat, Scientic 27 (1920) 463.
61) Hoheisch, S. 127.
62) Hoheisch, S. 128.
63) Falconer, London 1781, そのドイツ語訳として、Bemerkung über den Einfluß des Himmelsstückes, der Lage, natürlichen Beschaffenheit eines Landes, der Nahrungsmittel und Lebensart auf Temperament, Sitten, Verstandeskräfte, Gesetze, Regierungsart und Religion der Menschen.

イツでは、歴史家のユストゥス・メェーザー（1720年-1794年）が次のように述べている。

"どの国の制度も、それが所在する大地の性質とその状況に大きく左右されている。人々が必要とすることの多くは、彼らが住んでいる大地の性質と状況によって生まれ、そして満たされているにすぎない。風俗も法律も宗教もこうした必要性を考えたものでなければならない。"[64]

風土がそれぞれの文化に対してどのような影響を及ぼしてきたかという点はこれまでも繰り返し論じられてきている[65]。

III　フォン・イェーリンク

環境と法との結び付きを論じていたのは、19世紀のドイツの著名な法律家、ルードルフ・フォン・イェーリンク（1818年-1892年）であった[66]。死後に刊行されたその著『インド＝ヨーロッパ語族前史』[67]の中で彼は、目的こそが法の創造者であるということを人類学的視点から基礎付けていた[68]。彼はセム人の環境（バビロン）とアーリア人（インド＝ヨーロッパ語族）の環境とを比較し——これは当時流行したテーマであった[69]——、次のような判断を行っていた。

"あらゆる民族の歴史上の行動に対して決定的な影響を及ぼす種々の要因の中で、そうした行動が行われる大地、すなわち、民族の居住地は断然第一位を占めてい

---

64)　Sämtliche Werke, Bd. 12, 1, Hamburg 1964, S. 137.
65)　Christian Pfister, Klimageschichte der Schweiz, 1525-1860, Bern u. a. 1988; 参照されるのは、Hans Raupach, Die Sowjetunion als sozialistischer Wirtschaftsstaat, Paderborn u. a. 1972, S. 3.
66)　同様に参照されるのは、Max Weber, Die römische Agrargeschichte in ihrer Bedeutung für das Staats- u. Privatrecht, Tübingen 1986.
67)　Leipzig 1894. イェーリンクについては、Behrends, Rudolph von Jhering (1818-1892), in: Rechtswissenschaft in Göttingen, Göttingen 1987, S. 229.
68)　Der Zweck im Recht, Bd. 1, 1877; Bd. 2, 1884.
69)　当時の流行の兆しに対する批判として、Maurice Olendar, Les langues du paradis, Arjiens et Sémites: un couple providential, Paris 1989.

る。……民族の生活において唯一変わらない要素はその居住地である。その他の要素はすべて、法も道徳も風俗も宗教も時とともに変わるものであるが、居住地だけはいつも同じである。このような居住地の優位は、居住地それ自体の状況からみるとそれが唯一不変の存在であり続けるという結果を導き出すことによって得られるものである。この優位に対しては、さらに、他のどんなものとも比較できないほどの影響力、すなわち、居住地こそが諸民族の生活全体を形成し、諸民族の歴史さえも決定するような影響力を有するという点が追加されている。このような言い方は一見すると矛盾した感じを与えるかもしれないが、それでも、ここに述べたことは真実である。まさしく、土地と民族は一体のものである。" 70)

「Boden（大地）」は、フォン・イェーリンクにとって、普通言われている「Land（土地）」を意味するだけではない。彼がこの言葉で考えていたのは「民族の居住地という状況を媒介として、特定の場所で提供されている諸要素の全体であると同時に、それらひとつひとつの要素でもあった」71)。彼は他の諸民族に対する親近性をもこの言葉に含めていたし、「文化史的・政治的な意味の、簡単に言えば歴史的な意味での」土地について述べていた。「民族の運命は、すべて、その民族が大地とどのような接触をもっているかにかかっている」72)。フォン・イェーリンクはこのことを次のように要約している。

"どの民族の場合にも、どこに住んでいるかが、彼らが何をなし得るか、どのようになし得るかという点に答えるときの決め手になっている。どの民族も、民族分布地図の上に占める場所に応じて、かれらの運命を決めるさいころはすでに投げられてしまっており、幸運になったり、取り返しのつかない結果になったりする。このような意味で、地理は環境・文化・法が結び付いた歴史であり、歴史は環境・文化・法が結び付いた流れの中で地理に置き換えられることができる。" 73)

彼はこのことをスローガンのような形で次のように述べている。

"各民族の発祥の地がもし取り替えられていたとするならば、セム人はアーリア人

---

70) Von Jhering, Vorgeshichte, S. 96f.
71) S. 98.
72) S. 98. 参照されるのは、Kurt Biedenkopf, Auswirkungen des Umbruchs in der DDR auf die Bundesrepublik, Düsseldorf 1990, S. 10.
73) Von Jhering, S. 99.

になり、アーリア人はセム人になっていたことであろう。"[74]

　もっとも、そうだからといって、フォン・イェーリンクが決定論のような運命論を信じ込んでいたというわけではない。彼は、環境・文化・法と結び付けられた歴史のほかに、「環境・文化・法に拘束されない、自由に形成できる歴史」をも考えていた。そうした歴史の根底にあるのは、

"民族の行く末を託された指導者が傑出しているか愚かであるかによって異なりはするが、民族の運命を左右する指導者の行動である。"[75]

IV　その他の見解

　ドイツの宗教学者、アルブレヒト・アルトは旧約聖書の研究において「反論の余地のない明白な」法と「何が正しいかを一義的に決められない」法とを区別している。前者の「反論の余地のない明白な」法はあらゆる場合に当てはまると考えられ、後者の「何が正しいかを一義的に決められない」法は個々の事案を個別的に規律すると考えられている。「反論の余地のない明白な」法は「荒地での生活環境から生まれた」十戒であり、「何が正しいかを一義的に決められない」法は「パレスチナのような定住型の文化」[76]に由来する。ドイツの社会学者、エァンスト・ブロックもこれと同様に、マレーシアの二つの民族の間に経済的・社会的な秩序の相違があることを述べていた。一方の民族（メリナ族）では土地は希少でも多くの労働力（奴隷）があるのに対して、他方の民族（ザフィマニリィ族）は土地があり余るほどあるのに、労働力は乏しかった[77]。

---

74)　S. 96f.
75)　S.100. 参照されるのは、William James, Great Man, Great Thoughts, and the Environment, in: ders., The Will to Believe, New York 1857, S. 216, 255.
76)　Albrecht Alt, Zur Geschichte des Volkes Israel (Hrsg. Siegfried Herrmann) 2. Aufl., München 1979, S. 227, 221.
77)　Bloch (Hrsg.), Marxist Analysis and Social Anthropology, 1975, S. 203.

南アフリカ・ダーバンの法学者、ジョン・バトラー・アダムは風景をテクストと対比し、風景をテクストに類似するもので読解することができるものであると考えていた。

"言葉の最も忠実な意味を考えれば、風景は過去、現在および近未来の文化をすべて含む宝庫を意味する。われわれは、われわれの社会におけるさまざまな価値それ自体やそうした価値のダイナミックな（時には、緩やかな）転換や変化がかもし出す物語を文学的視点から読んでいる。"[78]

V 大地との対話

人々は「社会秩序」や「正義」という言葉を「テクスト」に即して、それゆえ、環境に従って定義している。人々は、みずからにとってその環境の中で適切であり合目的的であると思われるものを公正だとみなしている。法的な見方もこうした理解を前提とする。あるものが存在することによって、同時に、それについての意識が形成されているという考えである。法の内容は「大地との対話」の結果でもある。どこで法が定められるかに応じて、法の内容も制約されることとなる。法は何よりもまず「それぞれの土地に固有の知識の体系」[79]である。オーストリアの詩人でもある法律家、グリルパルツァーはこのことを詩の中で次のように捉えている。

---

78) ジョン・バトラー・アダムから著者に委ねられた草稿 "Reading Landscapes as Texts", May 1986 による。S. Kern, The Culture of Time and Space (1880–1918), London 1983; D. W. Meinig (Hrsg.), The Interpretation of Ordinary Landscape, London 1979; A. Buttiner/D. Scannon (Hrsg.), The Human Experience of Space and Place, London 1980. 参照されるのは、Clementi, British Controlled Enterprise in the West, Agricultural History 27 (1953) 132; ders., British Investments and American Lagislative Restrictions, Mississippi Valley Historical Review 42 (1955) 207. これについて今日では多くの賛成意見がみられる。Mergulis, Privacy as a Behaviorial Phenomenon, Journal of Social Issues 33 (1977) 1; Wohlwill/Waisman, The Physical Environment and Behaviour, New York 1981, S. 152.
79) Clifford Geerk, Local Knowledge, New York 1983, S. 167.

"何も視界をさえぎるもののない山の頂から君がまわりの土地を見渡せば、
わたくしが何と書いたか、わたくしは誰なのかが、君にもすぐにわかるであろう。"

VI　全般的な影響

　上述の主張が正しいとすれば、イギリス法には島国特有の性質があり、ドイツ法にはヨーロッパ大陸の中央に位置することから生じる固有の性質があることも容易に証明することができよう。この主張は日本についても明確にあてはまるものであって、日本では島国固有の文化（それを法文化と言えるかどうかについては疑問がある）という性質が特に際立っている。

> "西洋の政治家が日本との交流で難しさを感じる一因は、西洋の政治家が、彼らが日常用いている用語法や彼らには周知の国家構造を前提に据え、日本でも経済や政治が西洋のモデルに従って機能しているはずだと考えている点にある。さらに、頻繁にみられるが、彼らに固有の行動モデルや価値観念を極東の島国に移し変えることもあたりまえだと考えられている。他方で、日本人が好む行動形式であるが、彼らは他人に自分の心を打ち明けようとせず、自分の殻に閉じこもりがちである。日本人の自己理解の前提には、潜在的な感情として、排他的意識がある。その起源は神道にあるのかもしれない。
> 　神道の伝承によると、皇室も国民も国家も宗教もすべてたったひとつの創造的事象を源とし、そこから、分離できない、外界とは隔絶された統一体が生まれている。外国人の神道への改宗が考えにくいのと同様に、天皇を無視することもこのシステムのもとではとうてい考えられない。……
> 　神道は、日本人の感情の根底に深く根ざし、血筋、宗教、言葉によって形成されているものであって、人間性を形作るその他のものとはまったく異なった存在である。外国人がみずからにとってまったく異質なこうした文化の中に入り込むことはできないという考えは、外の世界との対話を妨げ、ある種の孤立をもたらすこととなろう。"[80]

　中国で老子の時代から行われている道教

---

80)　Neue Zürcher Zeitung v. 18./19. 08. 1985, Nr. 189, S. 1.

"の起源は、明らかに中国の自然に対する見方にある。黄褐色の粘土質の土壌をもつ華北地域では、豪雨が長く続くと、二度と通行ができなくなった。そこでは、まず道（道教の「道（tao）」と同じ意味である）が踏みならされ、その後に、社会秩序がその土地に入ってきたのであった。"[81]

ペルーの法律家、コルデラがペルーについてごく簡単に述べているが、ペルーの民法も教会法も「海抜2000メートルより上の地域」ではもはや適用することができなくなっている[82]。かつてのソビエト社会主義共和国連邦の経済制度や法制度をもたらした原因は、広大な国土と地域ごとに対照を成していた風土であった[83]。

しかし、われわれは、何のためにこのように外国の例をたくさん挙げて、ドイツからはるか離れたところをさ迷い歩くようなことをするのだろうか。その理由は次の点にある。すなわち、われわれのドイツ法が生まれた11世紀は、たくさんの都市が作られ、各都市の領域内で自給自足の生活が行われていた。その後、各都市における生活インフラの補給に隘路が生じ、また都市間での往来が増えたことによって、新たな法形式が必要となった[84]。地理的にみると極端な状況、たとえば人里離れた山村をみれば、環境が法にどのような影響を及ぼすかはこんにちでもなお一目瞭然である[85]。

これに対して、われわれは、われわれのドイツ法が受けている地理的制約を

---

81) Eberhard, Lexikon chinesischer Symbole, Köln 1988, S. 10.
82) Cordera, Estructura juridical de un cierto tipo de parroquia en la sierra de Perú, 3. Bde., Lima 1967, この引用の出所は、ders., Anthropología y Derecho Familiar Andino, (per.), Advokates 1 (1989) 43.
83) H. Raupach, Die Sowjetunion als sozialistischer Wirtschaftsstaat, Paderborn u. a. 1972, S. 3.
84) Keller, Veränderungen des bäuerlichen Wirtschaftens und Lebens in Oberitalien während des 12. und 13. Jahrhunderts, Frühmittelalterliche Studien 25 (1991) 340; Goehrke, Die Anfänge des mittelalterlichen Städtewesens in eurasischer Perspektive, Saeculum 31 (1980) 193; Kroeschell, Recht und Rechtsbegriff im 12. Jahrhundert, in: Probleme des 12. Jahrhunderts, Konstanz 1960, S. 310.
85) Günther Gillessen, "Nomadenleben" auf fünf Etagen – Aus der Vergangenheit eines Bergdorfes im Wallis/Kunstvolle Existenz am Rande der Vegetation, FAZ v. 18. 04. 1985, Nr. 90, S. 9.

ほとんど意識していない。というのは、われわれはこのように当たり前のことを無視しがちだからである。実証主義者しか取り上げないような、当たり前のことが言葉で表現されることはまずないであろう。

> "物事をみるときわれわれにとって最も重要な観点は、そうした物事が単純であったり日常的であったりすると、隠されてしまいがちである（そのことに気付く可能性もない——というのは、それがいつも目前にあるからである）。研究対象の基盤を成すものであっても、それが自明のものであれば、人の注意を引くことはない。もちろん、そのことが一度でも注意を引いていたときは、そうではない。"[86]

VII 個々の法制度

自然環境が法に影響を及ぼしていることは個々の法制度をみるとよく分かる[87]。フォン・イェーリンクは、ローマで男の子が大事にされていた理由を戦死者が絶えずいたこととアーリア人の移住とに求めていた[88]。また、一夫一婦制[89]についてもフォン・イェーリンクはその根拠を移住に求めていた。死刑の執行にあたってセム人に投石刑が採用され[90]、アーリア人には磔刑（「アーリア人は丸太を武器にする」）が採用された原因についても、それぞれの環境で木が乏しいか豊富かという点で、違いがあった。

> "死刑が執行されるとき、セム人は石をつかみ、受刑者に投げつけるが、アーリア人は丸太を手に取る。アーリア人は受刑者を杭や立ち木に縛り付け、磔にした受刑

---

86) Wittgenstein, Philosophische Untersuchungen, in: Wittgenstein, Schriften, Bd. 1, Frankfurt/Main 1960, S. 346.
87) Großfeld, Geography and Law, Michigan L. Rev. 82 (1984) 1510; ミヒャエル・W・ゴードンのこの引用の出所は、Drobnig, Differences Between English and American Law, Deutsch-amerikanische Juristenvereinigung, Newsletter 4/84, 66; Walther Merk, Wege und Ziele der geschichtlichen Rechtsgeographie, Berlin 1926, S. 8 = FS Träger, Berlin 1926, S. 80; Seidl-Hohenveldern, Landkarten im Völkerrecht, Salzburg 1989; 同様に参照されるのは、(英語版) Word and Image 4 (1988) Heft 2 である。
88) Vorgeshichte (前注67) S. 406.
89) A. a. O. 412.
90) 旧約聖書出エジプト記第17章第4節。

者を叩いたり鞭で打ったりする。セム人は受刑者に石を投げる。このように、アーリア人とセム人は死刑執行の場合にも、それぞれの環境に忠実に、石と丸太という道具の違いを示している。"[91]

　ローマ人（インド=ヨーロッパ語族）によるイエス・キリストの磔刑は、イスラエル初代の王サウル（セム人）によって行われた、キリスト教徒で最初の殉教者ステパノの投石刑と対比することができる[92]。「死刑の際には、木に縛り付けられる」とフォン・イェーリンクはアーリア人について述べている[93]――その説明は、槍のように細長い棒を意味する「Spieß」という言葉と細長い枝を意味する「Rute」という言葉とから合成された「Spießrutenlaufen（しなやかで尖った若枝で作られた鞭を使う鞭打ち刑）」という見出し語のような細かな点に至るまで行われている。

　今日のドイツ法についていえば、家畜売買に関する規定（ドイツ民法典第481条‐第482条）を挙げることができる。これらの規定は、もちろん、特定の動物にしか適用されず、特定の動物を評価するものでしかない。最初に現れるのは馬であり、最後にくるのは豚である（これらの言葉は、「Pferdefuß（馬脚）」や「Schweinhund（さもしい奴）」のように、侮辱の表現として用いられる場合がある）。このほかにも、建築法と土地法に例を見出すことができる。セントラル・ヒーティングは家の基本的な構成要素である（ドイツ民法典第94条）――このことはわれわれの風土を考えれば、自明のことといえよう。農地単独相続法に定められた相続制度の違い（長子相続か末子相続か）は、ヴェストファーレンでは、その土地が耕作に適しているか否かに左右されている。

　外国法をみる場合、われわれは上に述べたような意味での偏見を持っていないので、法の比較には地理的な制約があることをわれわれは比較的容易に認識することができる。その好例は17世紀のオランダの「水車小屋」である。水車に鎖で繋がれた罪人は増え続ける水で溺れないように自分の命を守るため、ポンプで水を汲み出さなければならなかった。海を干拓してやっと手に入れた

---

91)　Vorgeshichte（前注67）S. 176.
92)　新約聖書使徒行伝第7章第58節。
93)　Vorgeshichte 77.

土地、いいかえれば、水との戦いの末にようやく作り出した土地、こうした国であるオランダで行われていた刑にはこのような歴史的背景がある。またアメリカ合衆国のテキサス州ではイングランドの「厳格責任」(危険責任)を取り入れなかったが、その理由もこうした環境の違いにある。

　こうした影響をみごとに表している例として、「囲い込みの仕方に関する問題」を挙げることもできる。そこでの論点は、誰が牧場に柵を設置しなければならないかという点であった。アメリカ合衆国の中西部や南西部でも、牧場経営者と農民の間に、この点をめぐって争いがあった。イングランド法では、牧場経営者が家畜を柵で囲い込まなければならなかった（「fencing in」）。牧場経営者が囲い込みを怠っていたために家畜が牧場から出て隣の農家の畑に損害を与えたときは、牧場経営者がその損害を賠償しなければならなかった。こうした考え方は、人口密度が高く、農業が奨励されている国の需要にかなうものである。これと地理的境遇を異にするアメリカ合衆国では「fencing in（囲い込み）」という原則は逆転し、「fencing out（柵をめぐらして締め出す）」ことが当然とされた。その結果、農民は自由に動き回る家畜から自力で自分の畑を守らなければならなかった。

　環境が法に与える影響を示しているもうひとつの典型的な例はアメリカ合衆国連邦最高裁判所による1829年のある判決である[94]。この事案では、小作人が小作地に3階建ての木造家屋を建てていた。この家は小作人と土地所有者のどちらに帰属するか。イングランドのコモン・ローによると、この家は土地の所有者に帰属する（ドイツ民法典第94条および第95条参照）。しかし、合衆国連邦最高裁判所は次の諸点を考慮した。

　　"イングランドのコモン・ローはアメリカ合衆国のそれに全面的に対応しているわけではない。われわれアメリカ合衆国民の先祖はコモン・ローの一般原則を、米国が誕生したときに、法として採用した。しかし、そこで持ち込まれ、採用されたのは、彼らにとって適切とみなされたものだけである。"

　このように、本件の論点についても、イングランドのコモン・ローがアメリ

---

94)　Van Ness v. Pacard, 2 Pet. 137, 7 L. Ed. 374 (1829).

カ合衆国で採用されていると推測することはできない。

"この土地はもともと未開の地であり、人々はこの地を急いで開墾しようとしていた。地主も世間もあらゆる機会を捉えて、小作人を督励して農業に従事させ、この目的を達成するためにどんな建物でも建てることを奨励していた。高い費用をかけて建物を建てても、建物を所有する権利が得られないと分かっているのに、そんなことをするような小作人が一体どこにいるだろう。あばら家であろうと丸太小屋であろうと——どのようなものであれ土地の改良にとって家はいつだって大切なものである——、小作人が家を建てたとたんに、それがもはや自分のものではなくなってしまうなどということはとうてい考えることができない。"[95]

日本では、家屋と土地の法的運命は一致していない（ドイツ民法典第94条とは異なり、日本では「土地の上に建つ家屋は土地の所有者に帰属する（superficies solo cedit)」という原則は行われていない）[96]。おそらくこれは、地震が起きることを前提として、簡略な建築様式が採用されているためであろう。

VIII 定住民と遊牧民の違い

環境が法に与える影響は、これまでに挙げたさまざまな例が示しているよりももっと奥深いところまで、浸透している[97]。重要なのは農夫と牧畜民との違いであり、定住民と遊牧民との違いである——簡単にいうと、カインとアベルと[98]の違いであり、「エジプト人」と「イスラムの民」[99]との違いであり、さらにルワンダにおけるフツ族とツチ族との違いでもある。

95) 2 Pet. 140. アメリカ人の法感情の根底を成すものであるが、空間には限界がないという考え方を体験できるものとして、James Williams Hurst, Law and Economic Growth, Cambridge, Mass. 1964, S. 35.
96) Roland R. Bahr, Das Tatemonohogoho in der höchstrichterlichen Rechtsprechung Japans, Köln u. a. 1980.
97) 唯一の文献として、Wittfogel, Die orientalische Despotie, Köln u. a. 1962.
98) 参照されるのは、旧約聖書創世紀第4章; Schneider/Steiger, Hirten: Die Herrn der Herde, FAZ-Magazin 24. 12. 1980, Heft 43, S. 18; Heisig, Ethnische Gruppenbildung in Zentralasien im Lichte mündlicher und schriftlicher Überlieferung, in: Abh. Rhein–Westf. Akad. der Wissenschaften, Bd. 92, Studien zur Ethnogenese, Opladen 1985, Bd. 1, 29, 35f.
99) Martin Buber, Moses, 2. Aufl., Heidelberg 1952, S. 30.

40

これらの関連性を調べる上で指針となるのは、イスラムの歴史編纂者イブン・ハルドゥーン（1332年チュニスに生まれ、1406年カイロで没す）[100]である。彼はその著書『歴史序説』[101]において、耕地にも荒地にも社会や文化を形成する役割があることを強調していた。彼は、定住して村を形成し農業を営む非セム系のベルベル人と、遊牧生活を営むアラビア人や荒地に暮らすベドウィンとを対比させていた[102]。

これらの者の間にみられる違いは、すでにして神に対するイメージの違いから始まり、人間に対するイメージの違いにまで及んでいる[103]。農民は大地の中に実りを見出し、どちらかというと、女性の神を考えている（「母なる大地」——「die」Erdeのように、この語はドイツ語では女性名詞であり、「Materie（大地から生まれる物）」の語源は母を意味するラテン語「mater」である）[104]。それゆえ、農民の思考は階層を成す点に特徴がある。これに対して、家畜を飼育する遊牧民は雄の動物の中に実りを見出し、どちらかというと、男性の神を信仰している（「天にまします父なる神」——「der」Himmelのように、この語はドイツ語では男性名詞である）[105]。スウェーデンの法律家、アルフ・ロスは「規範とその根底にある

---

100) 彼について、Bitterli, Ibn Chaldun–Geschichtsschreiber am Rande der Wüste, Swissair Gazette 11/1984, 18. 今日の見方については、Bobek, Die Hauptstufen der Gesellschafts- und Wirtschaftsentfaltung in geographischer Sicht, Die Erde 90 (1959) 258.
101) 英訳として、3 Bde. London 1958 (Übers. Franz Rosenthal), 特に、Bd. 1, S. 249.
102) これをさらに前進させたものとして、Lucien Febure, La terre et l'évolution humaine, Paris 1920; Xavier de Planhol, Fondements géographiques de l'histoire de l'Islam, Paris 1986, Ernest Gellner, Leben im Islam, Stuttgart 1985.
103) August Brunner, Gottesbild und Menshenbild, Stimmen der Zeit 203 (1985) 363.
104) Hartmut Zinser, Der Mythos des Mutterrechts, Berlin 1981.
105) 参照すべきものはインドの Katha Tranyaka: "Es hat der Himmel die Erde besprungen"（および Witzel, Das Katha Ärabyajam, 1972, S. 101); 参照されるのは、Cyran, Muttergottheiten und Fruchtbarkeitssymbole, FAZ v. 09. 02. 1985, Nr. 58, Beilage "Bilder und Zeiten" S. 2; Reno Philip, Mother Earth, Father Sky, and Economic Development, Albuquerque, N. M. 1981. 父なる法 (Vaterrecht) については、Thurnwald, Werden, Wandel und Gestaltung von Familie, Verwandtschaft und Bünden, Berlin u. a. 1932, S. 222; Frohnhofer, Die Stellung der Frau im frühen Christentum, Stimmen der Zeit 203 (1985) 844; Klaus E. Müller, Die bessere und die schlechtere Hälfte, Frankfurt/M. 1984; Sue Harrison, Mother Earth, Father Sky, New York u. a. 1990; Alfred Baeumer, Einleitung zu: Bachofen, Der Mythos von Orient und Occident, (Manfred Schroeter–Hrsg.), München 1926, S. XXV.

価値観念は、荒地のように、何をしてもよいという意味で自由な行動が許される環境から生まれた」と述べている。ベドウィンは「各自の快適さを確保する個々人の自由」を重視する。彼らが「考えるのは平等に取り扱われているか否かであり、彼らは誰の支配にも服することはなく」、物質的な結び付きの面での欲望を抑えている。ベドウィンが示しているのは自由に対する意識と平等を求める要求である[106]。血縁の絆によって媒介された集団に属するという感情は、ベドウィンにとって、共同生活の基盤を成している[107]。

こうした農民と遊牧民の違いから生まれているのが、聖書に表れる「農耕に携わるカインと牧畜を営むアベルとの対立」である。

"アベルは羊を飼う者となり、カインは土を耕す者となった。"[108]
"カインは自分の弟アベルに立ち向かって、これを殺した。"[109]

これに似た争いにわれわれが出会うのは、アメリカ合衆国南西部の定住民であるホピ族と遊牧民のナバホ族との衝突の場合である。また、現代社会にいるわれわれの場合にも、車のドライバー（移動する者）は道路沿いの居住者（定住する者）に比べてはるかに優遇されていた。両者の関係は、「Emmissionsrecht（ドライバーに排気ガスを吐き出す権利があるという見方）」から、「Immissionsverbot（住民が環境汚染禁止を主張するという見方）」へと全面的に変わっている。

IX ヨーロッパ

こうした遊牧民の性質によって、われわれのユダヤ・キリスト教の、さらに

---

106) Ross, Wüstensand und Mikrochips, FAZ v. 01. 06. 1985, Nr. 125, Beilage "Bilder und Zeiten", S. 1f.; Ernest Gellner, Muslim Society, Cambridge 1981, S. 20f.; このほかにも参照されるものとして、Isaiah Ben-Dasan, The Japanese and the Jews, New York u. a. 1972; Tatsuo Oguro, Ihr Deutschen–wir Japaner, Düsseldorf u. a. 1984.
107) Gellner, a. a. O. 26.
108) 旧約聖書創世記第4章第2節。
109) 旧約聖書創世記第4章第8節。

はわれわれの法の特質が決定されている[110]。遊牧民の伝承の始まりは彷徨えるアブラハムである。聖書は彼とその家族を「év'rim」と呼んでいる。この「év'rim」という語のもともとの意味は「引いて動かす」であり、そして「さ迷い歩く」である（「わたしの先祖は故郷をもたないひとりのアラムびとでありました」）[111]。モーセは羊飼であったし[112]、神は「牧人」[113]としてその民族の番をする者であった。このことから発したのがイエスの話である。イエスは「野宿をしている羊飼たち」[114]のもとに現れた。イエス自身が「よき羊飼」[115]であった。洗礼者ヨハネはイエスを「神の小羊」[116]と呼び、新約聖書ヨハネの黙示録でもイエスは同様に「小羊」[117]と呼ばれ、使徒ペテロによってイエスは「きずもしみもない小羊」[118]と呼ばれている。牧畜民の社会、遊牧民の社会がどのような姿をしていたかということは、「小羊」の絵をみると、またモーセの物語を思い出すと、明らかになろう。

　　"彼らは神の僕モーセの歌と小羊の歌とを歌った。"

　おそらく、キリスト教徒に課された伝道の使命、「あなたがたはこの地を離れて出かけて行き、すべての民人に教えを授けなさい」[119]という使命の根底

---

110) Max Weber, Das Antike Judentum, in: ders., Gesammelte Aufsätze zur Religionssoziologie, Bd. 3, Tübingen 1963, S. 8; Hermann, Israels Frühgeschichte im Spannungsfeld neuer Hypothesen, in: Abh. Rhein.–Westf. Akad. d. Wissenschaften, Bd. 78, Studien zur Ethnogenese, Bd. 2, Opladen 1988, S. 43.
111) 旧約聖書創世記第12章、旧約聖書申命記第26章第5節。
112) 旧約聖書出エジプト記第3章第1節。これについては、Eischer, Der brennende Dornbusch, Christ in der Gegenwart 37 (1985) 25; Timpe, Moses als Gesetzgeber, Saeculum 31 (1980) 66.
113) 旧約聖書イザヤ書第40章第11節、旧約聖書詩篇第23章第1節。
114) 新約聖書ルカによる福音書第2章第8節。
115) 新約聖書ヨハネによる福音書第10章第11節。
116) 新約聖書ヨハネによる福音書第1章第29節および第36節。
117) 新約聖書ヨハネの黙示録第5章第6節-第10節、第9章、第14章第1節、第21章第9節および第1章第3節。
118) 新約聖書ペテロの第一の手紙第1章第19節。
119) 新約聖書マタイによる福音書第28章第19節。

には、こうしたいきさつが含まれていることであろう。民人から選ばれた使徒パウロが「天幕を張った者」であり、離散地（小アジア・キリキアの首都タルソス）の「革職人」であったことははたして偶然のことなのだろうか。タルソスの定住民であった彼は遊牧民としての伝統に支えられた革職人であったといえるのではないかと思われる。

こうした歴史はその後も、民族大移動時代を経てヨーロッパ大陸が新たに形成される時期まで、続いている。民族大移動時代には、宗教的素材を用いた多くの美術品を通してわれわれは「さまよえる民人たちが信仰する神」を目にすることができた[120]。たとえば、ギリシア神話におけるアルゴナウタイ伝説で、黒海の奥にあるコルキス国アイエテス王から取り返した「金の羊毛皮」（雄羊の毛皮）は、ブルグント王国でもハプスブルク・ブルボン家でも最高位の勲章となっている。

以上の概観が示すように、環境、社会秩序および法はどれも同じものに属している。どのような必要性があるか、もともと備わっているものは何かに応じて、人々が反応する仕方も決まっている[121]。法を比較する場合も、われわれはこのような環境への依存関係を考慮しなければならない。そのような注意を払ってわれわれが未知の世界の社会秩序の中に入り込んで感じ取ることができる場合でなければ、未知の世界の社会秩序にみられる「不思議なこと」も、それらが「筋道が通っている」とかそれらが「機能的である」とかというようなかたちでわれわれが追体験できるようなものにはならない。このように行動することが、互いに遠く隔たっているさまざまな文化の間で法を比較するときの第一段階である。

---

120) Nyssen/Sonntag, Der Gott der wandernden Völker, Olten u. a. 1969.
121) Eckhard Thonde, Geographische Verhaltensforschung, Marburger Geographische Schriften, Heft 61 (1974) S. 9; 参照されるのは、Mayer-Maly, Wiederkehr der Rechtsfiguren, JZ 1971, S. 1 である。

X 限　界

　それでも、われわれは度を過ごしてはならないであろう。それは、環境によってわれわれの行動が制約される可能性は確かにあるけれども、それでも、どんな行動も——極端な例外を除くと——決してわれわれに強制されているわけではないからである。似たような境遇では同じような反応が優先されることがあるが、決して同じように行動することが要求されているわけではない。また、境遇が違うからといって、解決策がいつも違うというわけでもない。人々は「文化的に制約されたフィルター」を通じてそれぞれに環境を経験している。このように知覚できる環境（「感覚の領域」）のもとでしか、地理による操作は行われていない。環境ははたしてわれわれを保護するものなのか、それともわれわれを不安に陥れるものなのか。たとえば、山々は「威嚇する」と感じられることもあるが、同時に「神々の宿るところ」とか「最高の体験を得る場」として感じられることもある。「アルプス登山」という登山に対する独自の考え方が19世紀に「発見」されたことからも分かるように、感情でさえも文化の中で「ころっと変わってしまう」ことがある。どの文化にも決まりきった解決策はあるが、そうであるからといって、それが最善の解決策であるとは限らない。人々は往々にして選択の余地をもっているものである。自然環境に適応しようとする人もいれば、自然を克服しようと努める人もいる[122]。どの程度自然を克服できる見込みがあるかという点での評価も、文化的環境に応じて、異なっている——その結果、もたらされる答えも別々のものとなっている[123]。

---

122)　Hermann Hambloch, Der Mensch als Störfaktor im Geosystem, Opladen 1986, S.32; Cox/Golledge, Behavorial Proplems in Geography, Evanston/Ill. 1969.
123)　Koschacker, Was vermag die vergleichende Rechtswissenschaft（前注21), S.148f.

"人間は予測のつかない存在であるし、また人間は自由を持っている。しかし、予測できないといっても、物理的・社会的な可能性には数量的な限界があるのであって、そうした限界の中で人間の活動は行われている。"[124]

法はいつでも「所与の空間から生まれた産物であると同時に、空間的制約を克服した成果でもある」[125]——もっとも、社会秩序の根底にある価値に制約された人々の歴史は、このほかにも、以下に示すようなものを生み出してきた。

"地理的要因は行動を起こすときの動機としても作用する……。地理的要因がはたす役割は、関係する社会集団においてそのつど通用している価値秩序によって決定されている。そうした価値秩序の中で地理的な要因が占める地位も地理的要因が持つ特性も、実際には、個々の状況によって大きく異なる余地がある。"[126]

環境と人間は、ともにそれぞれが他のものに対して影響を及ぼす力を持つものとして、並存している。人々は評価を加えながらも自分が住む環境と折り合いをつけている[127]。「環境に対してわれわれが抱く感情」は——われわれがすでにみたように——それぞれの時代によって変化するものである（たとえば、土地を「徹底的に利用し尽くす」こともあれば、土地を「守ろう」とすることもある）。

それでも、われわれはこうした地理的な手がかりを過大視してはならない。というのは、どのような文化も互いに混じり合っていることがあるからである。ドイツの詩人、クリスティアン・モルゲンシュテルンはみずからのことを次のように自称していた。

"心情としては土着民であり、精神としては遊牧民である。"[128]

---

124) Rosenstock-Huessy, Die Sprache des Menschengeschlechts, Bd. 1, Heidelberg 1963, S. 443; これについては、Georg Müller, Der Sprachdenker Eugen Rosenstock-Huessy, Evangelische Theologie 1954, Heft 7/8; ders.; Zum Problem der Sprache, Kerygma und Dogma 2 (1956), S. 139f.
125) 宗教についてそのように述べているものとして、Hoheisch (前注60) S. 154.
126) Hartke, Gedanken über die Bestimmung von Räumen gleichen sozialgeographischen Vorfällen, Erdkunde 13 (1959) 426.
127) Bobek, Stellung und Bedeutung der Sozialgeographie, Erdkunde 2 (1948) 119, 124.
128) Morgenstern, Gesammelte Werke, 11. Aufl., München 1974.

——多くのことは確かにこのようになるであろう。また、人々の行動はもともと生態学的な制約を受けているので、われわれの行動によって、生活圏の変化が長期間に及んだり、まったく別の環境の中で継続して行われたりすることもある[129]。このことを可能とするのが、内容が固まってしまったイメージや記号である。それゆえ、どんな規範も、それらが現在置かれている環境の面から説明されるだけにとどまらず、別の観点からも説明される余地がある。われわれは多くの慣習を、その内容を深く考えもしないままに、取り入れてきているが、その理由は、簡単にいえば、そうした慣習がわれわれにとって適していることが実証され、そして今まで行われてきたから、そうしているだけのことである——その結果、多くの場合、それらの慣習は延々と続けられ、時として、「不治の病」のようなものになってしまっている。

---

129) Eibel-Eibesfeldt, Die Biologie des menschlichen Verhaltens, München-Zürich 1984, S. 870.

第 4 章　地理と言葉

I　地理が言葉に及ぼす影響

　言葉も、言葉が成立した地理的背景を反映しており[130]、そのようにして法に対して影響を及ぼしている。このことから教えられるのが、「法の言語地理学」[131]という構想である。

> "どのような言葉を話す民族も、現実をみるときには、空間的に限定された場所から現実を眺めている。みずからのために選び出された特定の場所ではなく、一般には一度限りのものとして決定された場所がどこであるかによって、その民族が世の中をどうみるかということも決定されるのである。このようにして世界の見方が決まるのである。この点はどこでも変わりはない。"[132]

　言葉は、地理的・歴史的な状況と強く結び付けられている。フォン・イェーリンクは、この点に関して、（ローマ法に基づく数多くの実例のほかに）言葉の歴史から一例を挙げている[133]。「Acker（畑地）」という言葉の出所はサンスクリット語の「ajras」＝牧草地であり、「ajras」という言葉には語根「aj（駆り立てる）」が見出され、ここから、「家畜を追う」という意味が出てくる。この言葉から最も重要な活動を思い出すことができよう。ローマ人は「駆り立てる」という意味を持つ「ago」という単語を用いて「quid agis?（いかがですか）」と尋ねる。

---

130)　参照されるのは、Krake, Indogermanische Sprachwissenschaft, Bd. 1, 3. Aufl., Berlin 1958, S. 35; Grimme, Einflüsse der Steppennatur Arabiens auf die altarabische Sprache, Petermanns Geographische Mitteilungen 70 (1924) 216; Worringer, Abstraktion und Einfühlung, München 1908である。
131)　Großfeld, Macht und Ohnmacht der Rechtsvergleichung, Tübingen 1984, S. 177.
132)　F. Tschirch, Weltbild, Denken und Sprachgestalt, Berlin 1954.
133)　Von Jhering, Vorgeschichte (前述30頁) S. 28f.

これはわれわれが「駆り立てる」の意味を持つ「treiben」を用いて、「was treibst Du?（調子はどう）」と尋ねるのと同じである。

"民族の言葉には、それぞれの民族が自分たちに固有のものとして名付けているものがすべて含まれている。単語があるということは、その単語を通して示されているものごとがそこに存在しているということであり、単語がないということはそうしたものごとがそこにはないことを意味している。このように、言葉は現実を忠実に表現している。"[134]

このことはわれわれ自身の日常的な言いまわしでも知ることができる。たとえば、われわれは形容詞の「schwarz（黒い）」という単語をどちらかというと否定的な意味で用いている。「schwarzes Schaf（持て余し者）」、「schwarzer Markt（やみ市場）」、「schwarzer Freitag（不吉な金曜日、厄日）」、「anschwärzen（中傷する）」、「schwarzsehen（悲観的にみる）」といった言葉がそうである——このほか、「強調」するためにふざけて「schwarz」という単語を使う場合の例として、「schwarz（=katholisch）, Münster, Paderborn（保守的なのは黒い服を着たカトリックの司祭、これよりももっと保守的なのはノルトライン・ヴェストファーレン州の首都ミュンスター、一番保守的なのは同州にある宗教都市パダボーン）」という言い方もある。こうした言い方の前提には、われわれドイツ人が「白人」であることから、「weiß（白い）」という単語を肯定的に評価する態度があろう。そのことにわれわれドイツ人が初めて気付くのは、「black is beautiful（黒人は美しい）」と感じられる環境（たとえばアメリカ合衆国）やわれわれドイツ人の表現を人種的に受け入れられないものとして退けるような環境にわれわれが身を置くときであろう[135]。

このような例は法の場合にもみられる。「Recht」を表す中国の文字「法」は、大地の上を水があちこちに分散して流れることを暗示している——これこそ、

---

[134] Von Jhering, Vorgeschichte 21; Hubert Grimme, Einflüsse der Steppennatur Arabiens（前注130）.
[135] Wedgwood, Why Protect Racial Speech, Yale Law Report, Spring 1990, 8.

稲作文化に固有の秩序を維持するために法に課された任務である[136]。また、仏教における生命の輪廻という考えは、前世、現世、来世、そしてまた現世というように、無限に循環する法則を表している。輪廻の起源は遠い昔のインドで使われていた揚水車に求められる。この装置は水を汲み上げて干からびた土地に流し込み、土地を再び耕作可能な状態に生き返らせるものであった（その意味は、文字通り、生命の輪廻である）。

　これに似たことはギリシア語の「nomos」（ドイツ語の「Recht（法）」を意味する単語）の場合にもあてはまる。この単語の起源はインド＝ゲルマンの牧畜民社会にあり、この単語は「牧草地の分配」の「nemein」を意味していた（ギリシア語の「nemein」はドイツ語の「nehmen（受け取る）」に相当する）。牧畜に従事しているという点で「anomal（変則的である）」者は、正しい遊牧民がするようには、行動しない。「nomos」という言葉は、ヘレニズム時代に先立つ時期のギリシア――農耕社会――に運命を表すために使われていた「moira」という単語を追い払ってしまった。ギリシア語の「moira」は「耕地の分配」[137]を意味していた。こうした農耕社会から牧畜社会への変化と平行して同時に現れたのが、抽象化へ向かう傾向であった。そのことは、われわれがギリシア神話における三柱の季節の女神ホーライ、すなわちゼウスとテミスを両親とする娘たちの名前にみる通りである。三人の女神の名前は、かつてはタロ（芽生えの女神）、アウクソ（成長の女神）、カルポ（収穫の女神）であったが、これらに代わる新しい名前として、エウノミア（春の女神、法律による秩序）、ディケ（夏の女神、指示、正義）、エイレネ（秋の女神、平和）が用いられている。法に関わるこれらの概念は、それぞれの時代において何が配分にあたり最も重要であったかという

---

136) 参照されるのは、Lian Zhiping, Explicating "Law": A Comparative Perspective of Chinese and Western Legal Culture, J. of Chinese Law 3 (1989) 55, 58; Taranczewski, Streit um Wasser, Japanstudien 3 (1991) 21.

137) Frisk, Griechisches Etymologisches Wörterbuch, Bd. 2, Heidelberg 1970, S. 302; Starck, Nomos und Physis, Gedächtnisschrift G. Küchenhoff, Berlin 1987, S. 149, 150; George Thomson, Aischylos und Athen, Berlin 1957, S. 54, 57. 参照されるのは、Carl Schmitt, Nehmen/Teilen/Weiden, in: ders., Verfassungsrechtliche Aufsätze aus den Jahren 1924-1954, Berlin 1958, S. 489; Jost Trier, Venus-Etymologien um das Futterlaub, Köln u. a. 1963, S. 75.

環境の違いに応じて、異なった世界像をもたらしている。

II 定住民と遊牧民の違い

　環境は、言葉を介して、思考にも法にも影響を及ぼしている[138]。日本の優れた法学者、野田良之が説くところによると[139]、定住生活をし、狭い空間でずっと共同生活を営んでいる集団（ポイントは空間的な近さと時間的長さである——たとえば、稲作農民の場合）が体験する言葉は、広大な土地を移動して生活する遊牧民（空間的に遠く離れており、関係も場所も変わる）が体験する言葉とは異なっている[140]。

　稲作農民の場合、誰もが密接に結び付いて生活しているので、お互いを理解するのに言葉はいらない。他方、遊牧民の社会では、個々人が独立しているので、言葉による接触、つまり呼びかけるという行為が遊牧民の共同生活では生存していくためにも重要となっている。それは、ステップと呼ばれる乾燥地域で生活するのに互いに接触を持っていなければ、命を失いかねないからである[141]。微妙なジェスチャーは、定住民にとってはみるのに十分なものであるが、遊牧民にとっては遠くからみても認識することができない。それゆえ、遊牧民には、言葉以外、あてにできるものはない。このことは、いずれにせよ、同種の、共同生活を前提とする集団にとっても重要な点である。このように考えなければ、言葉はたんに社会秩序を通用させるための手段でしかないということになりかねない。こうした環境と言葉の作用との結び付きはわれわれの場合に

---

[138] Vorgeschichte（前述30頁）S. 23.
[139] Noda, La conception du contrat des Japonais, Journal de la Sociéte de Legislation Comparée 1975, 411; ders., Essai d'une recherche anthropologique du fondement du droit comparé, in: Aspects nouveaux de la pensée juridique–Mélanges Marc Aurel, Paris 1975, Bd. 1, S. 23; Suzuki Takao, Eine verschlossene Sprache. Die Welt des Japanischen, München 1990.
[140] 参照されるのは、Uwe Wesel, Frühformen des Rechts in vorstaatlichen Gesellschaften, Frankfurt/M. 1985; Holzhauer, Der gerichtliche Zweikampf, in: FS Schmidt-Wiegand, Berlin u. a. 1986, S. 263, 266.
[141] Heinzelmeier, Tausend Kilometer Sahel, FAZ v. 02. 03. 1985, Nr. 52, S. 9.

もみられる。たとえば、諺のようによく知られている表現であるが、「Rufer（リーダー）」は聖書の「Rufer in der Wüste（荒野に呼ばわる者）」（荒野にはステップも含まれる）、つまり洗礼者ヨハネを意味する[142]。アメリカ合衆国は「新しい遊牧民」の国とみなされている（「若者は西部へ行く」とか「移動型社会（車社会）」とかといった言葉がある）。またアメリカ合衆国は時として「世界中で最も法に拘束されている国」であるとも呼ばれている。はたしてこのような呼び方は偶然になされているのだろうか[143]。遊牧民は、彼らが空間的にさほど密接な距離では結び付けられていないという理由で、たくさんの抽象度の高い言葉で表現された法律を必要としているのだろうか。

III　言葉が占める位置

　野田良之の説明では、アジア人が契約に対して抱く感情とヨーロッパ人のそれとが異なる理由は、言葉に対する両者の態度の違いに起因するとされている[144]。アジア人は口約束をしても、さほど厳格には約束を守らなければいけないと感じてはいないし、またずっと継続して約束に拘束されるとも感じていない——この点は、こんにちでも、西洋のビジネスマンが誰でも中国で経験して知っている通りである。アジアでは「はい」と返事をすることが、しばしば、社会的に礼儀正しい振る舞いの表れとして求められている——この場合の「はい」という表現はなんら義務を伴うものではない（丁寧語——この「はい」という言葉はわれわれの場合の「bitte（〜していただけますか）」にあたる）。これに対して、ヨーロッパでは、人々は「言葉の中」で生活している。「言葉は、人がそのように

---

142) 依拠したのは、旧約聖書イザヤ書第40章第3節、新約聖書マタイによる福音書第3章第3節および新約聖書ルカによる福音書第3章第4節。これについては、Leroi-Gourhan, Le geste et la parole, Bd. 1, Paris 1964, S. 233.

143) Atiyah, Lawyers and Rules: Some Anglo-American Comparisons, Southwestern Law Journal 37 (1983) 545.

144) ヨーロッパについては、Diesselhorst, Die Lehre des Hugo Grotius vom Versprechen, Köln u. a. 1959, S. 50; Kilian, Rechtssoziologische und rechtstheoretische Aspekte des Vertragsschlusses, FS Wassermann, Neuwied 1985, S. 715.

行動すべきであるという内容を反映したものである」（ドイツの宗教改革者、ルターの言葉）。もっとも、「約束」が拘束力を持つということは最初から決まっているわけではなく、文化の産物である。ヨーロッパの子供がわれわれの考えるような意味で約束を守るようにしつけられるのは、ほぼ10歳頃である[145]。このことから気付くように、「約束」という言葉には二通りの意味がある。すなわち、約束には拘束力があるという意味と拘束力はないという意味の二つである（この点を理解していないと、誤解が生まれる）。このほか、われわれは「verbindlich（拘束する）」という言葉も挙げることができよう。というのは、この言葉を用いても、事情によっては、「unverbindlich（拘束されない）」場合が考えられるからである。

　なぜ一方の文化では、「約束」という言葉を使う場合、まず拘束力が注目され、別の文化では同じ文言からまったく違うことが出てくるのだろうか。この点については地理的な原因を考えることができよう。定住者から成る同質社会では、人々は互いに身をかわすこともできないし、常に相互に依存しあって生活している。このような社会にみられるのが「恥じらいの文化」である。そこでは、面目を失うか否か、集団から無視されるか否かによって行動するという基準が人々を支配している[146]。それに対して、遊牧民は言葉を信用しなければならないので、その結果、無条件に言葉を信頼することができるようになる。

　ここには、言葉による規律が存在する。実定法を通して行われる規制の内容は、人口密度によって生じるある種の距離感がどのような生活様式をもたらしているかに応じて、異なっている。重要な違いは、人々がお互いに「肌を寄せ合って」共同生活をしている（中国）か、それとも、「腕を伸ばした距離まで自由に動ける」範囲で共同生活をしている（アメリカ合衆国）かという点であり、「人間としての尊厳を最も狭い空間において」保持しなければならないのか、それともドイツの哲学者、ニーチェが言う意味での「距離感（Pathos der Distanz）」（ドイツの作家、エァンスト・ユンガー）が人々の行動を支配するのかという点で

---

[145] Gipper, Diskussionsbeitrag, in: J. L. Weisgerber, Die Sprachgemeinschaft als Gegenstand sprachwissenschaftlicher Forschung, Köln u. a. 1967, S. 47.
[146] Wells/Smith, Forceful Presence, The Wall Street Journal, 12. 12. 1991, S. 1, 5.

ある。言葉がどのような位置にあるかは、このように、人々の間の空間的な関係がどの程度の密度で結び付けられているかにかかっている。言葉はとてもきめ細やかに編み上げられている人間関係をとうてい完璧には調整することができない。この点は、われわれがごく細かいこと（たとえばバラの香り）まで言葉では書き尽くすことができないのと同様である。人はそうした細かなことまでを言葉で捉えることができない。このような理由から、言葉に対する意識の点でも違いが生じている。

Ⅳ　相違の拡大

　社会を統制する手段としての言葉に違いが生まれる原因はむろん多様であろうが、少なくとも部分的には、地理的な相違にその理由を求めることができよう。こうした違いは、宗教と哲学が及ぼす影響力にも目を向けることによって、さらに広がる（または狭まる）可能性がある。この点に関する例は多い。聖書に書かれている神との契約からは、こんにちでもなお、われわれの契約に拘束力のあることが明らかになる[147]。新約聖書ヨハネによる福音書では、神のみことばの栄光がすばらしいものとして崇められている[148]。周囲を照らす力を持っている言葉は「Eid（誓い）」である。むろん、この言葉は（おそらく唯一のものだとはいえないであろうが）特別の言葉である（「このように神との契約を守れば、主なる神はわたくしに慈悲をおかけ下さる」）。強制された誓い（入隊に際しての軍旗への忠誠の誓い）によってさえも、自分の生命を犠牲にすることが義務付けられている。この「誓約違反」（「言葉を違えること」）には刑罰が科される。もっとも、誓いを「信頼を反映した事実」にすぎないということもできない——誓いにはたくさんの謎があり、これ自体も、言葉に関する神話研究のひとつの

---

147)　旧約聖書創世記第15章第18節、第24章、旧約聖書出エジプト記第19章第5節ないし第8節、旧約聖書申命記第5章第2節、第26章第16-19節。新約聖書マルコによる福音書第14章第24節、第15章第28節、新約聖書コリント人への第一の手紙第11章第25節、新約聖書コリント人への第二の手紙第3章第6節および第14節。
148)　新約聖書ヨハネによる福音書第1章第14節。

テーマとなっている。

　文化が違えば、使われる単語も異なってみえる。中国の思想家、老子は次のように教えている。

　　"説法するのに、言葉は要らない。" 149)
　　"たくさんの言葉を使って説明すればするほど、伝えたいことが伝わらなくなる。" 150)
　　"物事の本質がわかっている者はもの言わず、
　　もの言う人は何もわかっていない。" 151)

　老子の弟子の荘子は「単語を並べても意味がない」152) ことについて述べている。

　　"言いたいことの内容がわかりさえすれば、そのためにどのような語句を使っていたかは忘れることができる。どんな言葉が使われていたかを忘れてしまっている人であっても、言いたいことの内容をみつけさえすれば、そのことを説明することができるのではなかろうか。" 153)

　これに似ているが、日本の神道でも、「神道では語句は必要ではない」といわれている。このことを示しているのが、「口に出さないということを無言で示す」154) という表現である。日本でいわれている「腹芸という技法」は、思っていることとはまったく別のことをきわめて丁重にいう戦術である155)。以

---

149)　Laotse, Das Buch vom Tao (Fischer Bücherei, Bd. 89, Hrsg. Lin Yutang), 1. Buch, Das Wesen des Tao, 2. Buch, Die Entstehung der Gegensätze.
150)　Laotse, 1. Buch, 5. Die Natur.
151)　Laotse, 5. Buch, Lebensführung, 56. Jenseits von Ehre und Schande.
152)　A. a. O. S. 44, N. 5.
153)　A. a. O. S. 200, N. 6.
154)　Hans Schwalbe, Japan, 2. Aufl., München 1979, S. 78. 参照されるのは、Dumoulin, Östliche Meditation und christliche Mystik, Freiburg 1966; ders., Begegnung mit dem Buddhismus, Freiburg 1991.
155)　われわれの場合に参照されるのは、Johannes Werner, Verneinen und Verschweigen–Geschichte und Gegenwart eines sprachlichen Prinzips, Universitas 40 (1985) 399.

上のことから、アメリカ合衆国民（アメリカ人を遊牧民といえるかどうかについては疑問の余地があるが）の話し方と日本人（まさに定住民そのものである）の話し方がなぜ違うのかが明らかになろう。

> "そして、これら二つの国民の間で交わされる会話は、まるでお互いに違う惑星に住んででもいるかのように、かみ合うことがない。直接的に、句読点まではっきりと述べるのがアメリカ人である。彼らにとって言葉は、互いに了解し合うための道具である。したがって、行間に含まれることはそう多くはない。しかし、日本人は、表現された言葉の行間に本心を隠している。日本人が求めているのは、表現された言葉をその通りに了解することではなく、言葉で示されていないところを感じ取ってもらうことである。"[156]

一方の文化では「言葉を用いて話す」ことがずっと重要だとされているのに対して、もう一方の文化では「言葉を使わないで話す」ことがより重視されている。一方の文化では「ものごとを実態に即した適切な名前で呼ぶこと」が求められているのに対し、他方の文化では「そうすることが好ましい」といえるにすぎない（中国）。荘子はこの点に関する中国の状況を次のように述べている。

> "人々は正しいことを行ってきたが、何が正義にかなっているかを必ずしも知っていたわけではない。"[157]
> "正しいことも正しくないことも意識せずにそのように行動すること、これこそが、おそらくは感じ取るというその精神の発露であろう。"[158]

こうした考えは、実定法として定められた法を重視するわれわれの考えとはまったく逆の方向を示すものである。老子自身の教えは次のようになっている。

---

[156] Vahlenfeld, Durch die Niederlage zum Sieg, Rheinischer Merkur/Christ und Welt, Nr. 34 v. 17. 08. 1985, S. 7; Luney, Business Negotiations with Japan, Duke L. Magazin, Winter 1988, 19. 日本語の構造については、Yasui/Klingspan-März, Überlegungen zum Einfluß westeuropäischer Sprachen auf die Sprachstruktur des modernen Japanisch, Memoirs of the Faculty of General Education, Kumamoto University, Series of Foreign Languages and Literatures, Nr. 14 (January 1979) 67.
[157] 前注152.
[158] A. a. O.

56

　　"人格者は言葉を用いて言い争いはしない。言葉を用いて言い争う者は人格者ではない。"159)

　このような老子の教えからすれば、雄弁術から生まれた西洋の訴訟行動は拒否されるべきものとなろう。そこでは宗教的な儀礼が言葉に代わって登場する。まさしく、儀礼の知恵が法の知恵にとって代わっている160)。
　このように、中国や日本では社会秩序の維持手段である言葉に対する態度がわれわれの場合と違うところから、実定法に対する立場にも違いが生じている。そこでは、法律に、言葉を用いた魔術という側面も含まれている。たとえば——日本でもみられるように——「口は災いの元」という表現に着目すると、いくら法律の文言をみても納得のいく結果をそこから導き出すことはできない。というのは、言葉を信頼しない者にとって、法律からはいかなる秩序もすぐに引き出すことができないからである。言葉を用いる目的は、どちらかといえば、互いの間で人間らしい雰囲気を作り出すことにあろう。言葉を使うか言葉以外の記号を使うかという両者間での競争を考えると、言葉がどれだけ厳密にものごとを表せる構造を持っているのかという点も重要である。実定法の内容がどこまで倫理的に通用するかという点はこれらすべての要素によって決められることになる。わたくしがそこで行われている社会秩序をまずもって法律の中に見出すべきであるか否か、そして法律に定められている内容に従うべきか否かという問題に対する答えは、言語環境が違えば、異なったものとなる。法律の中にどの程度の倫理的な力が含まれているのかを調査しようとする場合には、われわれは、それぞれの文化が言葉をどのように取り扱っているかという点について知らなければならない。言葉で言い表されている法がどの程度尊重されているかという点も、言葉それ自体がどのように評価されているかにかかっている。法が通用する真の理由がどこにあるか、法に倫理的な拘束力も含まれているかといった諸点に対する答えもこのことと関連している。

---

159)　7. Buch, Aphorismen, 81. Der Weg des Himmels.
160)　Oskar Weggel, China, 2. Aufl., München 1987, S. 118.

V　地域的な言葉と普遍的な言葉の違い

　このほかにも、法の内容を考える場合にそのことが一部の地域でしか通用しない母語によって行われているか否か、また普遍的であると思われている未知の言語によって行われているか否かという点も重要である。そうした例は、われわれの場合、中世から近代の初めにかけて採用されたラテン語による法律用語の中に見出される。ラテン語はヨーロッパのどの地域でも理解される、普遍的な言語であったが、ラテン語を用いたことによって、独自の環境が作り出され、「出身地が地理による制約から解放された」[161]。それと同時に、法は地域性を失い、その結果、詩情も失った。というのも、詩情を構成している要素は母語にあるからである。ラテン語の使用を通して法は地域的に固有の環境から「解放され」、その結果、法が有する抽象的な理念（普遍性）はまさしくこのような特定の普遍的な現実を反映するものとして表されるようになってしまっており、法はそれに固有の環境と言葉から切り離されてしまっている。これに応じて、（抽象的な言葉で表された）法律が（具体的にイメージできる）出所を示すような表現に優先して用いられるようになっている。この両者をアーチ状に結び付けるものは、いわゆる「包括的な」[162]理性だとされている。

VI　模　　索

　日本人の法学者からわたくしが受けた質問はほかにもある。なぜヨーロッパでは法律を守るのか、法律を遵守することに倫理的価値があるとされるのはなぜか、立法機関たる議会における多数決によって法は創造されるのか、「多数派

---

[161]　Adalbert Podlech, Abaelard und Heloise, München 1990, S. 67.
[162]　Podlech, a. a. O., S. 394; Max Jörg Odenheimer, Der christlich kirchliche Anteil an der Verdrängung der mittelalterlichen Rechtskultur, Basel 1957.

の倫理」163)はどのようなものか、この倫理が、話す場を意味する「Parlament（立法機関）」において、フランス語で話すことを意味する言葉どおりに、「parler（話）」されているのか、どうして立法機関におけるたった一回の投票だけで、それよりももっと多くの内容を持つ「法」が作られるのか、法は「Stimmen（事実にかなっている）」という状況から生まれているのか、言葉が有する地理的背景や言葉が宗教的にどのような位置にあるかということと法は関連しているのか、といった質問がそうである。わたくしはこれらの問いかけに大いに困惑したことがあった。それゆえ、わたくしは以下においてこれらの問いに対する解答をなお手探りで探してみることにしたい。

---

163) Fechter, Zum Verhältnis von Mehrheitsprinzip und Demokratie, FS Wassermann, Neuwied 1985, S. 317; Hagen Keller, Mehrheitsentscheidung und Majorisierungsproblem im Verbund der Landgemeinden Chiavenna und Piuro (1151-1155), Civitatum Comunitas, FS Heinz Stoob, Köln u. a. 1984, S. 2.

第5章 言　　葉

Ⅰ　導　入

　検討対象を自然環境に制約される生活圏から言葉へと移し変えることは——われわれがみてきたとおり——あくまでも小さな一歩でしかない。環境は言葉を形作り、また秩序維持手段として言葉がどのような位置を占めるかという点をも決定している。言葉は法に対して影響を及ぼしているのか、また、言葉は法を形作っているのだろうか。そうであるとすれば、言葉が違えば、作られる法も異なるということになるのだろうか。ここから出てくるのが、言葉は思考を操作するか否か、もしそうだとすると、言葉はどのようにして法を操作するのかという問題である。ドイツの哲学者、ライプニッツ（1646年-1716年）[164]とドイツの言語学者、ヴィルヘルム・フォン・フンボルト（1767年-1835年）に続いて、アメリカの人類学者、ウォーフ（1897年-1941年）は、人間のあらゆる思考の背景に言葉があることを強調していた。どの言語でも、固有の「論理」——言葉と思考と法はこの「論理」という単語を用いる点で重なり合っている——が展開されている。われわれの思考はなるほど論理から逃れることはできないが、それでも、われわれが論理を操作できることも明らかである。このことを示唆する例として、ドイツ語の「reden（話す）」とフランス語の「raison（理性）」とラテン語の「ratio（理性）」（ここで参照されるのは、フランス語の「raison」をドイツ語化させた「raisonieren（文句を言う）」である）との間にみられる親縁関係を挙げることができよう。ウォーフによると、われわれの思考は言語メカニズムから引き出されている——それゆえ、言語が違えば言語メカニズムも異なり、ひいては思考も異なる。この点についてウォーフは次のように述べてい

---

164)　Traktat über die Verbesserung und Bereinigung der deutschen Sprache.

る。

> "われわれは自然を分割し、自然を複数の概念の中に体系的に配置し、それぞれの概念に対してわれわれが考えるような意味を割り当てている。そのようにする最大の理由は、われわれ自身が、当事者として、そのようなやり方で自然を体系的に配置することにつき合意しているという点にある——この合意はわれわれの言葉が話される社会全体に亘って保持され、成文化されて、いくつかの言語パターンとなっている。もちろん、この合意は明確に述べられておらず黙示のものでしかないが、それでも、そのような言葉遣いは絶対的な強制力を持っている。むろん、合意がなされた時期に行われていた体系的排列や分類が正しいものであると認めたからといって、われわれがどんな例外も認めないということにはならない。……われわれはこのようにして新しい相対性原理を導入してきている。新しい相対性原理によれば、観察者全員が揃ってまったく同じ物理的な証拠を挙げることもなければ、まったく同じ宇宙の絵を描くこともないであろう。もっとも、観察者の言語的な背景が類似しているときや、それが類似していなくとも何らかの方法で測定の目盛りが調整されているときは、この限りではない。"[165]

われわれドイツ人からみると、ウォーフのこの指摘は決して唐突なものではない。

> "アリストテレスの哲学で用いられている種々の主要な概念がギリシア語のきまりによるある種のやり方で強制されていることをわれわれはすでに知っている。"[166]

また、ドイツの哲学者、フランツ・ローゼンツヴァイク（1886年-1929年）は、言葉がどのような力を持っているかを、韻を例として示している。

> "いつも感じることであるが、詩を作るときに韻をふむことが必要なのかどうか、すなわち言葉の規則に忠実な召使の立場から詩的な思想を自由に表現する主人の立場へと変身することが必要かどうか、わたくしは特に疑問に思う。事柄の本質から

---

[165] Whorf, Language, Thought and Reality, New York 1956, S. 213f.; Michael Gukale, Denken, Sprechen und Wissen, Tübingen 1988; Plucknett, Words, Cornell L. Qu. 14 (1929) 263; Hermann Wein, Philosophie als Erfahrungswissenschaft (Broekmann Hrsg.), Den Haag 1965, S. 161; Rosenstock-Huessy, Die Sprache des Menschengeschlechts, Bd. 2, Heidelberg 1964; Lipps, Die Verbindlichkeit der Sprache, 3. Aufl., Frankfurt/M. 1977.

[166] Barthes, Das Reich der Zeichen, Frankfurt 1981, S. 17.

してそのように行動することが召使たる者が当然に負うべき代償であるという理由から、召使ならば誰でもそのように行動していることを前提とすれば、召使を支配下に置くためだけに職業上単語の使用を認められている詩人は、心安らかに単語を付け加えることができよう。"[167]

ここに述べられたことは、韻と詩人との関係についてあてはまるだけでなく、言語構造とわれわれとの関係についてもあてはまる。われわれは皆、「韻文を用いて話しているが、だからといって、韻文のことをよく知っているわけではない。」[168]

どの文化の構造をみても、それぞれの言語規則上、混乱している部分がある[169]。複数の言葉を話す人の考え方はいろいろであり、たとえば、「ドイツ語で」考えたり、「フランス語で」考えたりする[170]。おそらくはこのことがあるからこそ、キリスト教徒はイエス・キリストにあって「すべての言葉にもすべての知識にも」恵まれている[171]——ここで初めて言葉が登場する——と、パウロが述べたのではなかろうか。

II 言葉の特徴

諸文化間で異なる言葉の特徴は、幼年期の最初に（文字通り）「母語」を通じて形成されている。母親たちは言葉を通して文化的な価値や物事の認識方法を子供たちに教え込んでいる。日本の母親たちが赤ちゃんに言葉で話しかけると

---

167) Franz Rosenzweig, Die Schrift, Königstein/TS 1984, S. 93.
168) Franz Rosenzweig, a. a. O. S. 14.
169) Michel Foucault, The Order of Things, New York 1970, S. XV.
170) 参照されるのは、Sack, Law and Custom; Reflections on the Relations Between English Law and the English Language, Rechtstheorie 18 (1987) 421; J. L. Weisgerber, Muttersprache und Geistesbildung, S. 75. 参照されるのは、Scholten, Die Steuermentalität der Völker im Spiegel ihrer Sprache, Köln 1952; 極端なものとして、Georg Steiner, Language and Silence, London 1967: Die deutsche Sprache sei nicht unschuldig an den Schrecken der Nazizeit; Schmidt-Rohr, Die Sprache als Bildnerin der Völker, Jena 1932; 参照されるのは、Hurwicz, Die Seelen der Völker, Gotha 1920.
171) 新約聖書コリント人への第一の手紙第1章第5節。

きの接し方はアメリカの母親たちのそれとは異なっている[172]。それでも、どんな話も、

"まさしく自分に固有の言語共同体により考慮されている一定の属性に基づいて行われている、さまざまな社会事象を認識するための教育の一環である。"[173]

どの言葉でも複数の単語が用意され、そして、その言語共同体が何を本質的なものとみなしているかが示されている。どの言葉も選び出された特定の部分を重視している。子供たちは、このように言葉を基礎にして、話し、考え、認識し、評価している——そしてこのようなやり方を決してやめることはない[174]。何事も習うなら若いうちである——とは言うものの、この逆もまた正しく、若い者に教えるのが早すぎると、碌なことはないという言い回しもある。

　言葉によるプログラミングがわれわれの生活でどのように行われているかは日常の挨拶における決まり文句に示されている。たとえば、「Wie geht's？（進み具合はどうですか＝ごきげんいかがですか）」（北ドイツ）とか「Grüß Gott（神様に御挨拶を＝こんにちは）」（南ドイツ）とかという挨拶がある一方で、「Hast Du gegessen?（你吃了嗎　もう食事をした＝やあ、元気？）」（中国）という挨拶をするところもある——このように調子を合わせるやり方には、ところによって、違いがある（食事時の挨拶である「Mahlzeit!（恵まれた食事時を過ごされるように祈ります＝お腹が空いた、頂きます＝こんにちは）」を見境なく使うことは、われわれの場合、

---

172) Toda/Fogel/Kawai, Maternal Speech to Three-Months Old Infants in the United States and Japan, Journal of Child Language 17 (1990) 279, 291; P. Chancy, The Acquisition of Communicative Style in Japanese, in: B. Schieffelin/B. Ochs (Hrsg.), Language Socialization Across Cultures, Cambridge 1986; Kesner/Olton (Hrsg.), Neurobiology of Comparative Cognition, Hillsdale 1992; Parker, Law Language and the Individual in Japan and the United States, Wisconsin Int'l. L. J. 7 (1988) 179; Mario Wandruszka, Wer fremde Sprachen nicht kennt ... Das Bild des Menschen in Europas Sprachen, München 1991.

173) Wittgenstein, Philosophische Untersuchungen, Frankfurt/M. 1971, Teil I, Nr. 19; Herbert, Rechtstheorie als Sprachkritik, BadenBaden 1995.

174) Manfred Riedel, Hören auf die Sprache, Frankfurt/M. 1990; Finkenstaedt, Duzen ohne Du, Jahrbuch f. Volkskunde 4 (1981) 7.

固く禁じられている)。血のつながりを示す家族名が「氏名表記の前の部分」に置かれる（われわれの場合にも以前はこうした例がみられた——たとえば、ミュラー家のフランツという場合——こうした例は中国では今日でもまだみられる）か、それとも「氏名表記の後ろの部分」に置かれるかという点の違いも重要である。氏名表記の前の部分がある価値基準と結び付けられている（本人の洗礼名にゆかりのある聖人、本人の洗礼名に該当する日、洗礼名）か、個々の特殊性を抑え込んでしまい、その結果、順序からみて最初に置かれているという理由で、「first name」となっているだけなのかという点の違いも、また、氏名表記の前の部分が響きがよいというだけで選ばれたのか、個性を強調している（本人の洗礼名に該当する日から本人の誕生日への転換が行われている）か否かという点の違いも重要である。呼び掛けるときの決まり文句もこれに似た作用をすることがある。このように、言葉による操作には微妙な点があり、しかも広い範囲にわたって行われている。

　男性が使う言葉と女性が使う言葉との違い、それぞれの言葉が違う世界観を表しているという点もこれまでに取り上げたものとは異なる大きなテーマである——もっとも、これらのテーマの間には根本的な共通事情として[175]、われわれが母語を持っているという事情がある[176]。男性の表現方法と女性の表現方法が別々にあること、両者が異なる言葉を使っていること、これらの事実が

---

175) Fleischhanderl, Hat die Sprache ein Geschlecht?, FAZ v. 09. 01. 1988, Nr. 7, S. 23; Pusch, Das Deutsche als Männersprache, Frankfurt a. M., 2. Aufl. 1985; Friderike Schmidt, Recht und Sprache, DRiZ 1985, 98; Fineman/Thomadsen (Hrsg.), At the Boundaries of Law-Feminism and Legal Theory, Routledge u. a. 1991; Wolfgang Schmidbauer, Du verstehst mich nicht, Reinbeck 1991; Deborah Tannen, Du kannst mich einfach nicht verstehen, Hamburg 1991; Chamellas, Feminist Construction of Objectivity, Texas J. of Women and the Law 1 (1992) 95; Hirshman, The Book of "A", Texas L. Rev. 70 (1992), 973; Posner, Ms. Aristotle, ibid 1013; Nussbaum, Aristotle, Feminism, and Needs for Functioning, ibid 1019.
176)「男性の言葉」(軍隊での命令の言葉) としてのドイツ語については、Rosenstock-Hussy, Frankreich–Deutschland. Mythos oder Anrede, Berlin 1957; ders., Ja und Nein, Heidelberg 1968; これと見解を異にするものとして、Leo Weisgerber, Theudisk. Der deutsche Volksname und die westliche Sprachgrenze, in: Hans Eggers (Hrsg.), Der Volksname Deutsch, Wege der Forschung, Bd. 156, Darmstadt 1970, S. 103.

示すように、単語と世界とを結び付けるやり方には違いがある[177]。さらに、何かあることを述べるのに直接的に表現するか間接的に表現するかという点の違いも重要である[178]。

III 社会経験

1. 主観に基づく見方

　法、すなわち、社会秩序は、環境から直接に生まれ出てくるものではなく、人々が環境をどのように受け止めているかという点に対する答えから生まれている（前述43頁）。実際に存在している体系は、どこでも、特定の文化によって特徴付けられた観察者が全体として整然と秩序立てられていると感じているものでしかない。そこで決め手になっているのは、観察者がそこにある環境をどのように経験しているのかという点のみである。どんな社会経験も主体と客体との関係いかんにより決定される。いくら大量にあっても、事実はそれだけでは何も述べておらず、人々の内的直観があって初めて言葉として表現されることになる[179]。古代キリスト教の教父、アウグスティヌス（354年-430年）は次のように教えている。

　　"あなたが造られたものがわれわれにみえるのは、それがそこに存在するからであり、あなたがそれをそのようなものとしてみているからである。"[180]

---

177) George Steiner, Nach Babel, Frankfurt/M. 1983, S. 43; Jane Frank, Gender Differences in Color Naming: Direct Mail Order Advertisements, American Speech 65 (1990) 114. 参照されるのは、Heldrich, Vom Weltbild der Juristen, Liechtensteinische Juristenzeitung 12 (1991) 65, 67である。
178) Elste, Fröhliche Miseren, Innovatio 8 (1991) 18.
179) 参照されるのは、Watzlawick, Wie wirklich ist die Wirklichkeit?, 11. Aufl. München 1983; ders. (Hrsg.), Die erfundene Wirklichkeit, München 1988; Lauxmann, Was wird aus der Welt, wenn sie keiner sieht?, Zeitschrift f. Post und Telekommunikation 8/1991, S. 3である。
180) Augustinus, Bekenntnisse, 13. Buch, 38. Kap.

イタリアの神学者、トマス・フォン・アクィナス（1225年-1275年）も次のように述べている。

"Quidquid recipitur, ad modum recipiedi recipitur."（"現に受け入れられているものは、それを受け入れた者がその者に固有のやり方で受け入れたものである。"）

つまり、どのような声で森に向かって叫ぶかによって、自分の耳にこだまして響いてくる声も決まってくる。

ドイツの物理学者、ハイゼンベルク（1901年-1976年）は次のことを確認していた。

"社会と自我とをはっきりと切り離すことはできない。"[181]

どんな経験でも、経験者自身がその経験の中に同時に含まれている[182]。
われわれが捉えている現実は、われわれ自身が「内面から」[183] みたものである。というのは、現実は、われわれが思索するときに前提とするものに基づいてそれぞれに解釈されているからである[184]。このように主観的な要素が、それぞれの文化に固有の「思考方法」や社会経験を形成している。存在するか否か、どのような形で存在するかといった存在に関するあらゆる判断は、

"さまざまな努力、期待、願望の内容によって、簡単にいえば、意見を述べようとする個人や集団が一般的に持っている精神的な態度によって……制約されている。"[185]

---

181) Heisenberg, Physik und Philosophie, Ullstein, Berlin 1984, S. 61.
182) Kügler, Religiöse Erfahrung – humanistisch und christlich, Stimmen der Zeit 203 (1985) 125, 131.
183) Kügler a. a. O. 127.
184) Huth, Gefahren der Meditation, Stimmen der Zeit 203 (1985) 389; 参照されるのは、Herbert Krüger, Recht und Wirklichkeit in der Rechts- und Staatslehre des 19. Jahrhunderts, Berlin 1935; Pöppel, Grenzen des Bewußtseins, Stuttgart 1984; 参照されるのは、Bruce L. Wavell, Language and Reason, Berlin 1986.
185) 参照されるのは、Wolfgang Pauli, Phänomen und physikalische Realität, in: Sambursky (Hrsg.), Der Weg der Physik, DTV, München 1978, S. 703, 704である。

われわれが持っている世界像は自己の内面にあるスクリーンに映った思考のパターンである。それぞれのパターンによって世界はそのようなものとして単純化され、支配できるものとされている[186]。何が真実かを決めるのも、観察者が採る観点であり、したがって、観察者が多くなれば、その人数だけ真実もあることになる。われわれが定冠詞で限定された特定の世界をみる場合でも、それぞれの見方が別々であれば、それに応じて、対象としての世界も変化している。

それでは、いったいどのようにすれば、こうした主観的な社会経験が現実に近づくのか。すべての文化がまったく同一の現実をみるということができるのだろうか。すべての文化が同じようにして同一の現実に近づくことができるのだろうか。

2. 言葉のイメージ

どんな言葉も、現実を述べるだけで終わるということはない。どんな言葉でも、つねに、期待や不安、願望が同時に表現されている。多くのことは特別な単語（たとえば、「環境汚染」）によって初めて意識されるようになり、また、そのことによって改めて評価されるようになる（たとえば、「Unkraut（草木でないもの＝雑草）」に代わる「Wildkraut（野草）」）。多くのこと（それらは往々にして最も重要なことであるが）については何も述べられていない（「言わなくてよかった。くわばらくわばら。」——タブーのひとつ）。話すことは、使う単語を選び出すことでもある（「lesen（読む）」という単語には二重の意味がある。「読む」意外に「auslesen（選別する）」という意味もある）。

以上のことを前提とすると、言葉は、社会経験をする場合に得られる、巨大で内面的な力のうちのひとつでもあるといえよう[187]。このことを示しているのが次の言葉である。

---

[186] これについては、Großfeld, Sprache, Recht, Demokratie, NJW 1985, 1577; J. L. Weisgerber, Grundformen sprachlicher Weltgestaltung, Köln u. a. 1963.
[187] 本書61頁。

"世界は、言葉というフィルターを通して、ふるいにかけられている。"[188]

ドイツの言語学者、ヴィルヘルム・フォン・フンボルト（1767年-1835年）は次のように認識していた。

"人間は対象物とともに生活している……。生活の仕方は、言葉がその対象物を人間に対してもたらしているような形でしか、存在しないものである。まったく同じ行為を通して、その行為から、人間は言葉を自らつむぎだし、自分の内部に閉じこもることができる。どんな言葉も、それが属している民族を取り巻いて言語圏という円が描かれている。その言葉を使う民族がそこに描かれた言語圏から外に出ることができるのは、その者が同時に、ほかの言葉について描かれている言語圏の中に入り込むことができるときだけである。"[189]

ドイツの地理学者、フリッツ・チルヒはこの点について次のようにまとめている。

"人と現実との関係は、全面的にかつ本質的な部分で、言葉によって決められている。人が現実を認識できる方法は、自分自身（または別の誰か）が自分の言葉で現実を説明しているようなやり方のみに限られている。現実それ自体が人間とは別に存在することは、現実を観察する主体としての人間から独立して現実そのものが存在していることによって示されている通りである。言葉は、人々の生活の固有な現象形式であり、ひとつの特殊な現象である。言葉は、それ自体完全に独立した性格を有するものとして、人と世界との間に、われわれと現実との間に、存在している。言葉はそれらの中間に独立して存在するひとつの層のようなものであり、この層を迂回したり、この層が機能しないようにしたり、取り除いたりすることはできない。この層はまるでプリズムのように作用し、この層を通して、現実から発せられる光はそれぞれの言葉でそのつど異なる視角から現れている。"[190]

---

[188] カール・クラウスのこの引用の出所は、Oksaar, Sprache als Problem und Werkzeug des Juristen, Archiv für Rechts- und Sozialphilosophie 53 (1967) 91, 103.

[189] 人々が用いる言葉の構造の違いとそうした違いが男性・女性の知的発達に及ぼす影響については、Werke, Akademie Ausgabe, Bd. 7, 1, Berlin 1960, S. 60.

[190] Tschirch, Weltbild, Denkform und Sprachgestalt, Berlin 1954, S. 88; Sack, Law and Custom: Reflections on the Relations between English Law and the English Language, Rechtstheorie 18 (1987) 421.

言葉は「人々の社会との出会いの実現」[191]であり、新しい世界へ近づく機会をも作り出している。それゆえ、聖書の「初めに言葉があった」[192]という表現においては、言葉だけでなく、新たな創造物[193]、すなわち、混乱を解消するための新しい秩序の登場も予告されている。言葉で示されている最初のものは、知覚される対象物ではなく、「精神から独立して形成された概念」[194]である。それゆえ、言葉はひとつの「社会的に認識可能な形」[195]である。言葉は「どの文化にもある直観的な考え方の基礎的部分を直接に反映したものである」[196]。

3. 共通の現実

われわれは、それでも、ヴィルヘルム・フォン・フンボルトの考えに同調して、どんな言葉も「現実を捉え」ようとしており[197]、どんな言葉もいろいろな方向から、現実を捉えるという中心的なテーマに接近しようとしていると考えている[198]。なるほど、この点については争われている。たとえば、イギリスの法律家、ネルソン・グッドマンは、たくさんの世界が存在していると考え、統一された世界のみが存在しその見方が異なっているだけだとは考えていない[199]。それでも、人間が「述べる」ことができる問題があれば、そうした問題のもとで人間は必ずあらゆる文化に「出会う」ことを考えれば、フォン・フンボルトの見方を支持することができよう[200]。このことが示唆するのは、

---

191) Liebrucks, Sprache und Bewußtsein, 7 Bde., Bern 1964-1979.
192) 新約聖書ヨハネによる福音書第1章第1節。
193) Peter Schmidt, Denken als Erkenntnisfunktion und als innere Haltung, Neue Zürcher Zeitung v. 17. 12. 1983, Nr. 294, S. 9.
194) Cassirer, Sprache und Mythos, Leipzig u. a. 1925, S. 27.
195) J. S. Weisgerber, Muttersprache und Geistesbildung, Göttingen 1941, S. 87.
196) Borkenau, Ende und Anfang, Stuttgart 1984, S. 173.
197) ヴィルヘルム・フォン・フンボルトのこの引用の出所は、Bernhard Weisgerber, Beiträge zur Neubegründung der Sprachdidaktik, Weinheim 1964, S. 137.
198) Humboldt, a. a. O.
199) Nelson Goodman, Weisen der Welterzeugung, Frankfurt/M. 1984.
200) Eimes, Sprachwahrnehmung beim Säugling, Spektrum der Wissenschaft, März 1985, S. 76, 80.

ジェスチャーのような身振りによる言葉である。身振りによる言葉は、多くの場合、異なる文化間でもしばしば一致している[201]。耳で聞くことや口で話すことが不自由な者でも国際的にはジェスチャーを用いて了解し合うことができている[202]。また、われわれは外国で話すとき「手足を使って」話している。それでも、それぞれの文化に特有の相違は残っている。たとえば、われわれドイツ人は数字の「1」を示すときには親指を立てて示し、「2」を示すときは親指と人差し指を使う。これに対して、北アメリカの人々は人差し指を使って「1」を表し、人差し指と中指を用いて「2」を示している。こうした違いがあるにせよ、われわれは、すべての人々はひとしく現実として現れるまったく同じ個々の場面を一緒にみることができる、と考えてもよいであろう[203]。

4. 社会構造

ある文化が階層的になっていると感じられているか、平等を目指していると感じられているかによって、言葉を現実に適応させる活動は、上からでも横からでも、また下からでも行われる可能性がある。「プロレタリアートの支配」から出発することに代えて、「王権神授説」から出発するときは、両者はまったく異なった見方をすることになる。言葉の支配者がさまざまな概念を訂正しているときや、ローマ皇帝カエサルが「non supra grammaticos（文法家以上の存在ではない）」といわれるように言葉についての専門家でないのに言葉を支配しようとする場合もこれと同様である。それゆえ、言語学上の成果をひとつの文化から別の文化へと移し変えることは容易ではない[204]。

---

201) Wundt, Elemente der Völkerpsychologie, Leipzig 1912, S. 60; 参照されるのは、Harlan Lane, Mit der Seele hören. Die Geschichte der Taubheit, München 1988; Brügelmann, BLISS–globales Kommunikationsmittel, Spektrum der Wissenschaft 1995 H. 9, S. 119.
202) Wundt, a. a. O. S. 62.
203) Gipper, Diskussionsbeitrag, in: J. L. Weisgerber, Die Sprachgemeinschaft als Gegenstand sprachwissenschaftlicher Forschung, Köln u. a. 1967, S. 47.
204) 参照されるのは、J. L. Weisgerber, Die Sprachgemeinschaft, S. 8, N. 2である。

第6章　われわれの母語

　われわれが言葉をどの文化にも共通する一般的なやり方で位置づけていた場合でさえも、問題点はなお残されている。われわれは広大な海に飛び込む前に、自己中心的な見方ができる範囲で、われわれに固有の言葉がどのようなものであるかを確認することとしよう[205]。というのは、われわれは、自分自身のことが分かって初めて、未知のことを理解できるようになるからである。ギリシア・デルフィのアポロンの聖域にある神託の碑文「なんじ自らを知れ」は法の比較におけるさまざまな問題を解決するための鍵となっている。

　　"汝自身のことを深く知ろうとすれば、
　　他の者がどのように行っているかをみよ。
　　汝が他の者を理解しようとすれば、
　　汝自身の心に目を向けよ。"
　　　　　（ドイツの詩人、シラー『泰納額』）

I　中心的な位置

　遊牧民の影響を受けたわれわれドイツの文化では、「当然に」（ここでは、まずもってこの「当然に」という単語がしっくりくる）、言語、すなわち、言葉が高い地位を占め、特定の社会階層（この階層は一部では宗派につながっている）では、たんに高いという以上に、定冠詞で特定することができるように、一番高い地位

---

[205]　Großfeld, Unsere Sprache: Die Sicht des Juristen, Opladen 1990; Jenssen, Der Mensch und die Sprache, Der Rotarier 1986, 84; Gerhard Storz, Deutsch als Aufgabe und Vergnügen, Stuttgart 1984; Göttert, Ringen um Verständlichkeit, Deutsche Vierteljahresschrift f. Literaturwiss. u. Geistesgeschichte 65 (1991) 1.

にある[206)]。

　旧約聖書の第一書で述べられているのは「創造者の言葉」(「そこで神は言われた」)[207)]である。「初めに言葉があった」[208)]と教えるのはヨハネである。この「創造者の言葉」で表されているのは、あくまでもひとつの大きなユダヤ・キリスト教の伝統である。つまり、信仰とは「ひとつの単語に包み込まれる」[209)]ことである。神それ自体が話された言葉のもとにおられる[210)]。「言葉は神であった」[211)]。イエスは次のように言っている。

　　"天地は滅びるであろう。しかし、わたしの言葉は滅びることがない。"[212)]

---

206) Thomas von Aquin, Das Wort (Hrsg. Pieper), 3. Aufl. Münster 1955; Volk, Zur Theologie des Wortes Gottes, Münster 1962; Ferdinand Ebner, Das Wort und die geistigen Realitäten, Pneumatologische Fragmente, Innsbruck 1921; Hans-Jakob Seiler, Sprache und Gegenstand, Opladen 1985; Wolf Schneider, Wörter machen Leute–Magie und Macht der Sprache, Reinbeck 1979; Hans Maier, Sprache und Politik–Können Begriffe die Gesellschaft ändern?, in: Hans Maier, Anstöße, Stuttgart 1978, S. 200; ders., Sprache und Politik, Zürich 1977; Guardini, Brief an einen jungen Freund über guten Gebrauch der deutschen Sprache, Würzburg 1962; ders., Sprache, Dichtung, Deutung, Würzburg 1962; Splett, Liebe zum Wort, Frankfurt/M. 1985; Wyss, "Fluchen". Ohnmächtige und mächtige Rede der Ohnmacht, Freiburg/Schweiz 1984; Trömel-Plötz, Frauensprache – Sprache der Veränderung, Fischer Taschenbuch, Frankturt/M. 1982; Wolf Schneider, Wörter machen Leute, München 1986; Gustav Gerber, Die Sprache als Kunst, 2 Bde., München 1885; James Boyd White, Thinking About Our Language, Yale L. J. 96 (1987) 1960.
207) 旧約聖書創世記第1章第3節。Kertelge, Wort Gottes, in: Eicher (Hrsg.), Neues Handbuch theologischer Grundbegriffe, München 1985, S. 256; Strolz, Schöpfung und Sprache, NZZ v. 25./26. 12. 1985, Nr. 299, S.28; Miethke, Die mittelalterlichen Universitäten und das gesprochene Wort, Historische Zeitschrift 251 (1990) 1.
208) 新約聖書ヨハネによる福音書第1章第1節。
209) Boventer, Religion, Medien und die religiöse Sprachnot, Zeitschrift des deutschen Instituts f. Bildung und Wissenschaft, Heft 8 (1988) 13, 19.
210) これについて、Schaeder, Vom symbolischen und sakramentalen Sinn, Christ in der Gegenwart 37 (1985) 45. 参照されるのは、Josef Pieper, Was heißt "Gott spricht"?, in: ders., Über die Schwierigkeit, heute zu glauben, München 1974, S. 136.
211) 新約聖書ヨハネによる福音書第1章第1節。
212) 新約聖書マルコによる福音書第13章第31節。参照されるのはまた、旧約聖書イザヤ書第40章第8節の「しかし、われわれの神の言葉はとこしえに変わることはない」という表現である。

第 6 章　われわれの母国語　73

　イエスは「力ある言葉をもって万物を保っておられる」[213]。これに基づいて、ドイツの宗教改革者、ルターは、「言葉は、人がそのように行動すべきであるという内容を反映したものである」と述べている。創造者のこの言葉は「救いの言葉」[214]である。

> "ひどい抑圧を受けた者が不平を述べるとき
> その者をすぐに助けたり、その者に何かを期待させたりすることは禁止されている。
> 癒された状態がこれからもずっと続くようにするには
> その者に対していつでも温かい言葉をかければよい。"
> 　　　（ドイツの作家、ゲーテ）

　言葉には、創造者の言葉もあれば、裁判所の言葉もあり、また救いの言葉もある[215]。「言葉が辿る運命は、どのような名称を使うかということによって、金縛りに遭っている」[216]。それは、言葉には支配力があるからである。

> "また船をみるがよい。船体がその程度の大きさでも、また激しい風に吹きまくられても、ごく小さな舵がひとつありさえすれば、操縦者の思いのままに船を操ることができる。それと同じように、舌は小さな器官ではあるが、大きな物事を成し遂げることができる。"[217]

　ドイツの詩人、マリー・ルイーゼ・フォン・カシュニッツは、言葉が中心的な地位を、すなわち、宗教的に高められた地位を持つことを、「思慮深い神の栄光の賛歌」（彼女の友人であるドイツの哲学者、ヴェルナー・マルクスに捧げた言葉）であると賛美している。
　われわれは言葉が持っている「神の栄光の賛歌」をさらに立ち入って考察することにしよう。

213）　パウロの言葉。新約聖書ヘブル人への手紙第 1 章第 3 節。
214）　新約聖書使徒行伝第 13 章第 16 節。
215）　Kertelge, Wort Gottes（前注 207）S. 296; 参照されるのは、旧約聖書詩篇第 33 篇第 6 節および第 9 節である。
216）　Ernst Jünger, Autor und Autorschaft, Stuttgart 1984, S. 107.
217）　新約聖書ヤコブの手紙第 3 章第 4 節および第 5 節。

Ⅱ 話し手との関係

　言葉はわれわれを「一人の独立した個人」(参照されるのは、ラテン語の「Personare（仮面をかぶる）」である）に変え、われわれの独自性を作り出している。たいていの言語では、ドイツ語の「taub（中身がない）」と「dumm（無知な）」のように、まったく同一の意味を示す言葉や、そうでなくともほとんど同じような意味を示す言葉がある。この点で参照されるのは、たとえば、オランダ語の「doven（耳が不自由な人）」や低地ドイツ語の「doof（つまらない）」である。言葉を話すことができない者は人格欠損者だとされている。

　われわれは言葉だけで生活しているわけではなく、言葉の中で生活している。ドイツの女性詩人、ヒルデ・ドーミンは「羽根の生えた言葉」という詩の中で次のように書いている。

　　"どの単語も
　　他の鳥とともに群れをなして
　　飛び去ってしまう鳥のようなものだ。"

　ドイツの詩人、ヨハネス・ポェーテンが書いた詩、「わたくしはただ言葉の中にいる。言葉がわたくしの世界である」では、次のように記されている。

　　"どの行にも
　　わたしだけの荒地があり
　　どの行にも
　　わたしだけの楽園がある。"

　ドイツの言語学者、ヤーコプ・グリム（1785年-1863年）は、祖国を離れた流浪の人々が苦しむ理由として、母語を話す人々から成る共同体が失われることを挙げていた。ドイツ人なら誰でも、「自分が学習してきた書き言葉を使えなくて不自由をする場合」[218]、ホームシックにかかることであろう。言葉を取り

---

218) Göttingische Gelehrte Anzeigen, 201. Stück, 1830, S. 2002.

上げられることは、その社会から追放されることを意味する。言葉を話せない人は社会の「外へ締め出され」、狼男や人間の格好をした狼になった[219]。教会法上の聖務停止令（カノン法典第2268条-第2277条）は、任期の切れた共同祈祷者がその後も引き続き人々にミサを行うことを禁止しており、この者からその言葉を奪っていた。このような「職務停止」を詩人たちは過酷なものと感じていた。たとえば、ドイツの詩人、ハインリッヒ・ハイネ（1797年-1856年）は次のような詩を書いている。

"わたくしにはかつて美しい祖国があった。
あの樫の木が
そこに高く茂り、すみれの花も優しく風に揺れていた。
それはひとつの夢であった。
祖国はわたくしにドイツ語で口付けをし、そして、ドイツ語で話しかけた
（誰にもわかるまい
それがどんなに心地よい響きであったか）その言葉は「私はあなたを愛しています！」
それはひとつの夢であった。"

ドイツの哲学者、ヴァルター・ヒンクは次のように説明している。

"ドイツ人である彼は、ドイツ語でしか、自分だけの故郷をみつけることができなかった。"[220]

祖国を離れた法律家にとっても事情はまったく同様であった[221]。

言葉は国民的な絆を作り出す。それは、われわれドイツ人がまさしく統合されたドイツで感じているような絆である。「われわれは一体何をわれわれに共通する言葉や文学として共有しているのか」と問いかけたのはグリム兄弟であ

---

219) Rosenstock-Huessy, Die Sprache des Menschengeschlechts, Bd. 1, Heidelberg 1964, S. 281.
220) FAZ v. 16. 02. 1985, Nr. 40.
221) Großfeld/Winship, Der Rechtsgelehrte in der Fremde, in: Der Einfluß deutscher Emigranten auf die Rechtsentwicklung in den USA und in Deutschland (Lutter u. a. Hrsg.), Tübingen 1993, S. 183.

った[222]。「われわれが持っているドイツの国民性という意識」は、高地ドイツ語の方言が発展し全ドイツ民族に普及したことにより、「一層高揚し、熱せられ、確固たるものとなった」[223]。さらに遡ってみると、古代ギリシア人、すなわち、ヘレネスの場合、話すことは「ヘレネスの一員であること」を意味していた。古代イスラエル人の言葉であったヘブライ語が話し言葉として再び使われるようになったのは、現代のイスラエルが建国されたときのことであった[224]。

これとまったく逆であるが、引き裂かれてしまっているもうひとつの言葉がある。

　　"人は誰でも、外国語を話す人々と一緒に生活することよりも、もの言わぬ飼い犬と一緒に生活する方がまだましだという態度をとることであろう。"[225]

どの言葉にも、その言葉を話す民族が持っている何らかの力が秘められている。聖書はこの点について次のように述べている。

　　"彼（神）は言われた。わたしの目にみえるのはただ、あなたがたがひとつの民族であり、あなたがた全員が持っている言葉もひとつだけだということのみである。そしてこうした状況はあなたがたが最初に行っていたことである。あなたがたがしようとしていることで、あなたがたにとって達成できないことは、今ではもはや存在しない。"[226]

独自の言葉（や独自の文字）が衰退すると、それとともに、ひとつの民族を構成する各種族相互のつながりも、固有の存在である民族も、次第に消えてゆくものである。このことは、言葉や文字をめぐる争いが存在することを示している。文化に固有のイメージや記号がその意味を失い、現実に合わない奇異なも

---

[222] Jacob und Wilhelm Grimm, Grimms Wörterbuch, Bd. 1 Vorrede; 参照されるのは、Peter Sager, Es war einmal ..., ARAL Journal, Herbst 1985, S. 8, 15.
[223] Göttingische Gelehrte Anzeigen, 201. Stück, 1830, S. 2002; 参照されるのは、Häberle, Sprachen-Artikel und Sprachenprobleme in westlichen Verfassungsstaaten, FS Pedrazzini, Bern 1990, S. 105.
[224] Franz Carl Endres, Palästina – Volk und Landschaft, Leipzig 1917, S. 7.
[225] Augustinus, Vom Gottesstaat, Buch 19 Kap. 7.
[226] 旧約聖書創世記第11章第6節。

のになったときは、どの文化も終わりを迎える——このことは、特に、それぞれの文化に固有の言葉や文字に関する記号についてあてはまる。

Ⅲ　現実への接近

　言葉は、われわれ自身をひとりの人格として、またわれわれの同一性を民族として作り出すだけではない。言葉はわれわれの前にある多くの物事を生み出している（前述73頁）。言葉は、われわれが現実に目を向けるように、仕向けている[227]。言葉は、現実がどのようなものかがわれわれに分かるようなやり方で、われわれの前に現れている。「言葉は光であり、その光の中で、物事が見えるようになり、認識されるようになっている」[228] し、「言葉を知ることは、社会で生きてゆくやり方を身に付けるための試みである」（ゲーテ）。この点を証明する文例はほかにもたくさんある。

　グリム兄弟の童話『ジメリの山 (Simeliberg)』は、言葉によって世界の不思議がはっきりとするように、このことを鮮やかな色合いで描き出している。「ゼムジ山や、ゼムジ山や、開けー、ごま」という呪文によって山は開く。

>　"そして、この山全体がひとつの洞穴であり、そこにはたくさんの銀や金が詰まっていた。そして、この山の後ろ側には、山ほど積み上げられた真珠と光り輝く宝石が、まるで穀物の山のように積み上げられていた。"

　しかし、「Simeliberg」という本来使うべき適切な言葉を使えずに「Similiberg」と唱えた者には、この山はいっさい入り口を開かないままである。

　われわれドイツの文化では、みるという行為はしばしば聞くという行為から発している[229]。ドイツ語の「hell（明るい）」という単語は、中高ドイツ語の

---

227) Cassirer, Sprache und Mythos（前注194）S. 1.
228) フェルディナント・エーブナーのこの引用の出所は、Kampits, Der Sprachdenker Ferdinand Ebner, in: Gegen den Traum vom Geist: Ferdinand Ebner (Methhagl u. a. Hrsg.), Salzburg 1985, S.88, 93.
229) 新約聖書ローマ人への手紙第10章第17節。

「hel」にあたり、「tönend（よく響く）」、「laut（音が大きい）」、「licht（色彩が明るい）」、「glänzend（光沢のある）」などと同義である。この「hel」と近い関係にあるのは「hall（響き）」と「holen（呼び寄せる）」（この語は、もともとは、呼びかけたり叫んだりするときに用いる「hallo（やあ）」という呼びかけの言葉であった）という語である。この単語の起源はインド=ゲルマン語に属していて、その意味は、呼ぶ、叫ぶ、騒ぐというものであった。「hell」という単語は、当初は、聞くことと関連していたが、その後、聞くこととの関連性がしだいに見ることとの関連性へと移し変えられ、「dunkel（暗い）」の対立語であると感じられるようになった。これと似ているのは「grell」という単語である（この単語の意味は「laut schreiend（大声で叫んでいる）」である。ここで参照されるのは、色について使われる言葉の「grell（けばけばしい）」、「schreiend（どぎつい）」、そして「knallig（ぎらぎらしている）」である）。また、「hell」という言葉が思考とも密接な関係を有することを示しているのは「hellen Jungen（明るい青年）」という言い回しであるが、この「hell」は利口な（klug）とか洞察力の鋭い（scharfsinnig）とかという意味で用いられている[230]。このほかにも、このような関連性を示す単語として「klar（明るい）」を挙げることができる。「klar」の語源はラテン語の「clarus」であるが、この語は「laut（音が大きい）」、「schallend（響いた）」、「hell（明るい）」、「licht（光り輝く）」と同義である[231]。言葉の中から何が聞こえてくるのか、耳をそばだてて聞くことによって、単語の「根源」にあるものに辿りつくことができるという信念は、以上に述べたところから出てくることになる[232]。

IV 言葉の創造力

われわれは、言葉が物事を「創造する」という信念を持って生活している。神に対する信仰が言葉の使い方に影響を及ぼすということは聖書の冒頭にも書かれている。聖書は創造者の言葉とともに始まった（前述72頁）。

[230) Duden, Herkunftswörterbuch, Mannheim u. a. 1963, 見出し語 "hell", S. 260.
231) Duden, a. a. O., 見出し語 "klar", S. 329.
232) Roger N. Walsh, Frances Vaughan (Hrsg.), Psychologie in der Wende, Bern 1985.

"神は言われた。「光あれ！」と。すると、光があった。"[233]

　法律家でもあるドイツの詩人、ハインリッヒ・ハイネはこのことを次のように受け取っていた。

> "人々は考えたことを実行するように望み、言葉それ自体も肉体のように形として存在することを求める。そして、すばらしいことであるが、神が聖書を必要としたように、人々が必要とするのはただ自分の考えを口に出すことだけである。口に出すことによって、考えたことが現実の世界となり、光や闇となり、海は陸から切り離され、それどころか、野生の獣たちが現れる。このように、現実の世界にあるものはすべて、当初考えられ、その後言葉を介して特定されたものである。"[234]

　こうした信仰がみられるのが旧約聖書である。たとえば、

> "このように、言葉として
> わたしの口から出たものは
> もはや空疎なものとなり、二度と戻ることはない。
> 言葉は、わたしが望むとおりのことをもたらし、
> そして、そのすべてを成し遂げる。
> そのために、わたしは言葉を送り出したのだ。"[235]

　新約聖書でも、言葉が物事を創造するという見方に変わりはない。神による「救い」の始まりはマリアの言葉、すなわち、「主のみ言葉どおりの身になりますように」[236] であった。
　また、聖パウロは次のように書いている。

> "世界中にどれほど多くの言葉が話されているかを知る者はいるが、言葉が話されていないことを知る者はいない。"[237]

---

233)　旧約聖書創世記第1章第3節。
234)　ドイツにおける宗教および哲学の歴史については、Drittes Buch, Insel Ausgabe 4. Bd., S. 121.
235)　旧約聖書イザヤ書第55章第11節。
236)　新約聖書ルカによる福音書第1章第38節。
237)　新約聖書コリント人への第一の手紙第14章第10節。

言葉は、外へ向かって、人に分かるような形で「魔法をかけている」[238]。

言葉が持っているこのような魔力は、ごく幼い頃に経験として、刻み込まれる可能性がある。ポーランド生まれの社会人類学者、ブロニスラウ・マリノフスキーはこのことを次のようにみている。

"子供は、実際に、自分の周りにいる者に対して魔法に類似した影響を及ぼしている。というのは、子供が何か言葉を発すると、その子がして欲しいと願っていることがその子の周りにいる大人によって、その子のためになされるからである。"[239]

V　名前に関する神話

特に、名前に関する神話があるという事実は、言葉それ自体と、言葉によって指し示される対象と、そして言葉により内容が創造されることと、これら三つが一体を成しているという考えが正しいことを示している[240]。誰でも、子供を「本当の名前で呼」ばなければならない（ゲーテ『ファウスト』）し、子供は、ひとりの独立した人格であるため、ひとつだけ名前を持たなければならない（奴隷は個別の名前を持っていなかったので、ファーストネームで呼び合う者同士が使う「Du」と呼ばれる関係にはなかった——もっとも、「おそらく名前に関する神話はそうすることを望んだことであろう」）。このことは、ラテン語の表現では、「nomen

---

238) Schmidt-Rohr, Die Sprache als Bildnerin der Völker, Jena 1932, S. 50. これについてみるべきものは、Heidegger, Unterwegs zur Sprache, Tübingen 1959. 参照されるのは、Pamenidas (6./5. Jahrh. v. Christus):「述べかつ考える必要のあるのは、存在するとはどういうことかである。」；これについては、Heidegger, Was heißt Denken?, Tübingen 1954, S. 165.

239) Coral Gardens and Their Magic, Bd. 2: The Language of Magic and Gardening, London 1935, S. 233.

240) Cassirer, Sprache und Mythos（前注194）S. 40; Goebl, Linguistische Macht über Namen, in: Magie: Sprache, Grazer Linguistische Studien 23 (1985) 7; Goring, Identitätszauber und vice versa, ebd. 175; Tschirch, Frühmittelalterliches Deutsch, Halle 1954, S. 39; Helmut Rosenfeld, Die Magie des Namens, Bayerisches Jahrbuch für Volkskunde 1950, Sp. 94 a; Merry, The Discourse of Mediation and the Power of Naming, Yale J. L. & Humanities 2 (1990) 1; Dietz, Behring, Kampf um Namen. Bernhard Weiß gegen Joseph Goebbels, Stuttgart 1991.

est omen（名は予兆なり）」といわれている。子供は、キリスト教の洗礼に立ち会う代父の名前を与えられている（このことによって、代父の名前はよみがえり、生き続けることになる）。洗礼を受ける者は「本来の意味で、主の御名のもとに現れる」[241]。このことを思い出させるのは、英語の「Christian name（洗礼名）」、すなわち、「主キリストの名前」である。法律家でもあるドイツの詩人、テオドール・シュトルムは、その詩『洗礼に』の中で、人々がよくウインクでそれとなく示唆するような目立たないやり方で、このことにつき次のように「所見を述べ」ている。

"よく考えたまえ、子供に洗礼を受けさせる前に、
名前はとても大切である。
そして、君が好むイメージだけをつかまえたまえ、
ちょうどその子に合った正しい状況のもとで。"[242]

　名前に関する神話が顕著に表れているのはドイツ民法典第12条に定められた氏名権である。氏名権が人格権に含まれるものの中で最初に「指名された」ものであることは、決して偶然ではない。ゲーテはこの点について次のように述べている。

"すなわち、人の固有の名前は、たとえば、人が身に付けるコートのように、たんに体の上から羽織ったり、場合によっては軽くあるいは強く引っ張って丈に合うように整えたりするだけの存在ではなく、むしろ、その人自身の体にぴったりと合っている服のようなものであり、もっと言えば、全身を覆っている皮膚そのもののようなものであり、表面を引っ掻いたり、皮を剥いだりして、自分自身を傷つけてはならないような存在である。"[243]

---

241) Cassirer, a. a. O., S. 45. 参照されるのは、新約聖書マタイによる福音書第28章第19節および新約聖書ローマ人への手紙第6章第3節。
242) これについては、Birus, Vorschlag zu einer Typologie literarischer Namen, Zeitschrift f. Literaturwissenschaft und Linguistik 17 (1987), Heft 67, S. 38.
243) この引用の出所は、Josef Pieper, Wie heißt man wirklich?, in: ders., Über die Schwierigkeit, heute zu glauben, München 1974, S. 322.

このことを示している表現は、ドイツ語の場合、ほかにもある。「sich einen Namen schaffen（名を挙げる）」、「einen guten Namen haben（名声を得る）」などがそうである。よく知られているのは、ある「名前を称している者」がその永続を望んで継承のための努力を行っている場合である（「父親は、娘をたくさん持つより、ひとりだけでもよいから息子を得ることを、より多く望んでいる」）。

> "名前は、ただその名前で示されるものの存在を示すだけにとどまらず、そのものの存在を強める役割をも果たしている——このことは小説家の作品により実証されている。それでも、小説の世界の中でか、現実の生活においてか、技巧を凝らした作り話の中でか、途方にくれる現実においてかといった違いがあるにせよ、どんな場合にも、われわれは何かしら名前が持つ魔力を経験しており、どんな場合にも、われわれは、存在するものには必ず名前があるということを認めなければならないであろう。"[244]

ここにあるのは、またもや、言葉と物事、名前と対象物、これらが互いに重なっているという考えである。命名されたものは現実に存在するのである[245]。これに対して、神は創られていないし、手に取ることもできない存在である。それゆえ、神の名前は「秘密に」[246]されていたし、神は「人目に付かない」存在であった。

> "人は最高の存在である神をあらゆる名前で呼ぶことができる。それでいて、人は神を示す名前をひとつだけに限定することはできない。"
> 　　　　　　（ドイツの神秘主義的宗教詩人、アンゲルス・ジレージウス）

---

[244]　Siegfied Lenz, Warum Bendix Grünlich so heißt, FAZ v. 29. 06. 1985, Nr. 147, Beilage Bilder und Zeiten, S. 2.
[245]　Cassirer（前注194）S. 48.
[246]　Giesbrecht, Die alttestamentliche Schätzung des Gottesnamens und ihre religionsgeschichtlichen Grundlagen, Königsberg 1901. 参照されるのは、Wibbelts Gedicht "Verbuorgen", in: Aobend-Klocken, Münster 1980, S. 107.

VI　言葉に対する信頼

　ヨーロッパの文化は言葉を信頼している。古代ギリシアの哲学者、プラトンはその著『パイドン』において、「われわれはもちろん発言それ自体を否定するようなことをしてはならない」と注意を呼び掛けている。

　　"われわれは、いかなるよりどころも言葉の中に見出せないような考えを決して心の中に思い描いてはならない。"

　聖書に現れた、啓示宗教に対する信仰は、話された言葉に対する信頼、すなわち、あらゆる信頼の中で最も根源的なものの上に築き上げられている。ドイツの哲学者、ローゼンツヴァイクによれば、言葉は、「人類誕生以前の世界」に使われていた「言葉の原型」から出てきたものである。人類誕生以前の世界では、もともとの言葉は「母親たちが作っていた一言も発しない世界（母親たちの胎内）で理解」されていた。

　　"このようにもともとは聞き取ることができなかったはずの言葉も、現実の言葉として、今使われている言葉の中では聞き取ることができるようになっている。……言葉が生まれる前に存在していた言葉の原型に代わって、今ここに存在しているのは、われわれの前で現実に話されている言葉である。"[247]

　ある特定の対象物をそれに固有の名前で「heißen（表している）」する言葉（参照されるのは、「heißen」という単語に由来する「Geheiß（指示命令）」という名詞である）は、そのような表現を用いることで、「言葉の原型がその言葉にそれなりの意味を与えていた確固たる根拠をその足元に」しっかりと見付けている。
　言葉に対する信頼を、ローゼンツヴァイクは、次のように述べている。

　　"われわれは、言葉の原型を用いてそれなりに論理的に示されている、人類誕生以前の世界で、すなわち、この世の創造の段階で、無言のまま永続的に存在していた

---

247)　Rosenzweig, Der Stern der Erlösung, Frankfurt/M. 1988, Nr. 98.

さまざまな要素を、言葉を介して、理解してきている。われわれは、言葉と人がともに生きている不滅の世界で奏でられている、響きのよい、つねに更新され続けている天空の動きを、言葉の文法に則った形式で、言葉を介して、理解してきている。言葉の原型の中にそれなりの論理で示されていた予言は、現実に用いられているさまざまな言葉で書かれた、内容上明白な法則において、すなわち、文法という形式で、実現されている。"

それゆえ、「言葉の原型」には確実性がある。というのは、「言葉の原型」は「数学のように絶対的な解答を導き出すことのできる諸要素」の集まりだからである[248]。

キリスト教徒は言葉に対する信仰をこのようには受け取らず、これとは別の意味で考えていた。

"最初からそうであったこと、われわれが聞いていたこと、われわれが自分の目でみてきたこと、われわれが眺めていたこと、そして、われわれが自分の手で摑んでいたこと、われわれが述べるのはこれらのことだけである。われわれの言葉は、文字通り、生命の言葉である。"[249]

古代ギリシアの哲学者、アリストテレスとイタリアの神学者、トマス・フォン・アクィナス(「あらゆる認識は言葉の意味とともに始まる」)はこうした見方が正しいということを裏付けている。

しかし、それでもまだ、われわれの文化には言葉に対する信頼がある。ドイツの女性詩人、ヒルデ・ドーミンによると、われわれは「物事それ自体からも、その物事を示す言葉からも、まったく同じ体温」を感じ取っている。

言葉が信頼されていないような文化では、ラテン語の法諺「nulla poena sine lege(法律なければ刑罰なし)」が用いられる場合でも、その基盤が欠けている。

---

248) A. a. O. Nr. 98.
249) 新約聖書ヨハネの第一の手紙第1章第1節。

VII　言葉に対する疑念

しかしながら、われわれは、言葉と言葉によって表される現実との間にある種の関係があるという点について、これ以上の確信を持っているわけではない[250]。言葉で表現することで、いったいどれほど多くの真実が失われているのだろうか。それでも、名前は「すぐに消えてしまう音や煙のようにむなしいもの」（ゲーテ）なのだろうか。また、名前は「言葉であり、言葉にすぎず、言葉以外には何もない」（シェイクスピア）[251] ものなのだろうか。

> "名前には一体どんな意味があるというのだろうか。わたくしたちがバラと呼んでいるものは、たとえその名前が他のどんなものに変わろうとも、甘い香りがするものであることに変わりはない。"
> 　　　　　（シェイクスピア）[252]
> "その言葉のもとで確実だとされかつすでに決定されているもの、それだけがその言葉の内容にほかならない。"[253]

哲学の分野でわれわれが思い付くのは、プラトンの『ゴルギアス』[254]、それに——プラトンの時代から数世紀飛び越した——イギリスの神学者、オッカム（1285年-1348年頃）[255] およびイギリスの哲学者、バークリー（1685年-1753年）である。バークリーは次のように述べている。

---

250) Jörg Jantzen, Parmenides zum Verhältnis von Sprache und Wirklichkeit, München 1976.
251) Troilus und Cressida V 3.
252) Romeo und Julia II 243.
253) コンラート・フィートラーのこの引用の出所は、Kounerth, Die Kunsttheorie Conrad Fiedlers, München u. a. 1909, S. 65.
254) Platon, Sämtliche Werke, Bd. 1, Berlin 1950, S. 301.
255) Wilhelm von Ockham, Texte zur Theorie der Erkenntnis und der Wissenschaft, (Hrsg. Imbach) Reclam, Stuttgart 1984; その背景については、Goetze, Nomina ante res, Heidelberg 1917; C. G. Jung, Psychologische Typen, Gesammelte Werke, Bd. 6, Olten u. a. 1973, S. 26.

> "言葉は心をいとも簡単に欺くことができるので、わたくしは、いろいろな考えを検討する際に、それぞれの言葉から余分なものをすべて取り去り、ありのままにみることにしよう。わたくしは、わたくしが考えることから、長期間変わることなく用いられることによってそれぞれに考えられていたことと長く結び付けられているそれぞれの名称を、なんとか上手に、切り離すことにしよう。"[256]

バークリーは、聖書にいう知恵の木をみるためには、人はみな言葉にかかっている覆い（「言葉の内容を理解することを妨げたり惑わせたりするもの」）をめくらなければならないと考えていた[257]。しかし、われわれが言葉にかけられている覆いを「取り払う」とき、いわば「神殿にかかっている幕」を引きちぎるときに[258]、いったい何が法や律法の内容として残るのか。

オーストリア生まれの哲学者、ヴィットゲンシュタイン（1889年-1951年）はこの点についてあちこちと考えあぐねていた。彼は、最初、言葉は——数学と同じように——現実を反映すると考えていた（『論理哲学論考』）が、後になると、言葉は現実を反映していないのではないかという疑いの方が強くなっていた（『哲学的探求』）。

> "この色が「Rot（赤い色）」であるということをわたくしはどのようにして認識するのだろうか——考えられる答えのひとつは、「わたくしはドイツ人であり、「Rot」というドイツ語の単語を赤い色を表す単語として習った」というものであろう。"
> "われわれはイメージにとらわれている。われわれは言葉が持っているイメージから逃れることができていない。それは、イメージがわれわれの言葉に含まれている上に、われわれの言葉は与えられたイメージを頑なにただひたすら繰り返し表現しているだけのようにみえるからである。"[259]

---

256) Berkeley, The Principles of Human Knowledge, in: The Works of George Berkeley, Bishop of Cloyne (Luce/Jessop Hrsg.), Bd. 2, London u. a. 1948, S. 38f.; 参照されるのは、Bentham, Book of Fallacies, Rev. Ed. and with a Pref. by Harold A. Larrabee 1952, repr. New York 1971; これについては、Hart, Essays on Bentham, Oxford 1982, S. 8, 21.
257) Berkeley, S. 40.
258) 新約聖書マタイによる福音書第27章第51節、新約聖書マルコによる福音書第15章第38節および新約聖書ルカによる福音書第23章第45節。
259) Wittgenstein, Philosophische Untersuchungen, Frankfurt 1971, Teil Ⅰ, Nr. 381, Nr.115.

フランスの詩人、マラルメも言葉の世界について述べている。「言葉と現実との間には何の実質的な関係もない。言葉の核心部分には何もない」[260]。このマラルメの考えに従っているのがアメリカの哲学者、グッドマンである。彼の著書『世界生成の方法』[261] によれば、「物事の内容はわれわれにはまったく知られていない。言葉という名のいわば底なしの袋の中に認識という光を詰め込んだザクセン地方のシルダという町の住民たちと同じように、われわれも愚かなことをしているのだろうか。

VIII 言葉の多義性

言葉が多義的であるということは、神の言葉を発する巫女と巫女の言葉を韻文に表現し直して質問者に伝える神官が関与する「Delphi（神の信託）」の例でよく示されている。というのは、われわれは神官から伝えられる神の信託が神の言葉と異なるという話を知っており、デルフィの信託を信じないこともあるからである。言葉には良い役割と悪い役割という二重の役割があるということを述べていたのはヤコブであった。

> "わたしたちは言葉で主を、父を賛美し、また、同じように言葉で、神の姿に似せて創られた人間を呪っている。まったく同じ口から、このように、賛美と呪いの言葉が出てくる。"[262]

言葉の多義性を示す例は、このほかにも、いくらでも挙げることができる。「正は不正であり、不正は正である」（シェイクスピア『マクベス』）といわれるこ

---

260) Mallarmé, Ouvres Complètes, Paris 1965, S. 368; George Steiner, Some Black Holes, Bulletin Am. Academy of Arts and Sciences 41 (1987) Sp. 12.
261) Nelson Goodman, Weisen der Welterzeugung, Frankfurt/M. 1984; 参照されるのは、Watzlawick/Krug (Hrsg.), Das Auge des Betrachters, München 1991.
262) 新約聖書ヤコブの手紙第3章第9節および第10節。参照されるのは、Pieper, Mißbrauch der Sprache–Mißbrauch der Macht, in: ders., Über die Schwierigkeit, heute zu glauben, München 1974, S. 255; Kriwulin, Und fünf Kopeken für den Präsidenten, FAZ v. 10. 08. 1991, Nr. 184, Bilder und Zeiten.

とがある。また、「Mordbriefe（殺害を知らせる手紙）」は告白者の書簡という意味をも持っている。「Versprechen（約束する）」[263]という単語でさえ二つの意味を、つまり「誓う」という意味と「言葉を違える」という別の意味を併せ持っている。また、「lügen（うそをつく）」という単語はギリシア語の「logos（語）」とラテン語の「lex（法）」と近い関係にある[264]。このように言葉は多義的であるというにとどまらず、同じ言葉に付された複数の意味の間に矛盾を秘めている。たとえば、ある女性が「weiblich（女性的な）」という単語を使って女らしくなろうとしても、その女性の性は依然として女性のままであり、「Weib（女性）」という中性名詞が示すような中性へと性が変わるわけではない。「ドイツ民主共和国」の国民はかつてみずからを呼ぶときに公民権を持つ市民という意味で「Bürger（国民）」を用いていたが、それでいて、「Bürger」の形容詞「bürgerlich（国民の）」を「市民階級の因習にとらわれた俗物」という意味の侮蔑的な意味で受け取っていた。「Wort（単語）」と「Wahrheit（真実）」と「Lüge（うそ）」（これら三つの単語はロシア語では「Враки」、すなわち、「wraci [vra:ki]」と発音される同一の単語で表される）、これら三つの単語は同じ語根を介して相互に密接に関わっている。その語根は、「drehen（向きを変える）」、「biegen（曲げる）」、「winden（ごまかす）」、「flechten（編んで作る）」、これらを意味し、さらには「Wurm（足や羽のない虫）」（「das sich Windende（体をくねらせる）」）という単語まで通じている[265]。

　われわれが言葉を使う目的は、何かを伝えるためであり、また何かを覆い隠すためでもある[266]。アメリカの女性政治家で、アメリカ合衆国第32代大統領フランクリン・ルーズヴェルトの妻、エレノア・ルーズヴェルトは率直に次のように告白している。

　　"政治家が持つべき最も重要な能力は、ある局面では教育し、また別のある局面では話すという違った内容の技術をマスターすることである。"[267]

---

263)　前述52頁。
264)　Duden, Herkunftswörterbuch, Mannheim u. a. 1963, 見出し語 "lügen", S. 411.
265)　その証明を行っているものとして、Duden, Herkunftswörterbuch, S. 771f.
266)　Josef Kirschner, Manipulieren – Aber richtig, München u. a. 1974, S. 221.
267)　Kirschner 223.

このように相手によって話し方を変え、二枚舌を使うことが、なんと美徳とされているのである。この場合には、言葉がいわば武器の役割を果たしている[268]。これと反対に、聖書も言うように、「無知の言葉」が「助言を無にして」しまうこともある[269]。

われわれの言葉が今なお教えているところであるが、太陽は「昇り」、そして「沈む」。われわれの言葉における言い方では、料理は「schmecken（味わう）」と言うが、食べ物が「riechen（匂う）」という言い方も教えられている。言葉はおそらく味覚を欺いていることであろう。というのは、「Geruch（臭い）」は、「anrüchig（胡散臭い）」という単語がまさにそれを示しているように、否定的なイメージを持っているからである。このような例は他にもある。たとえば、「匂う」という意味の「riechen」を用いた「Ich kann dich nicht riechen（大嫌いだ）」[270]という言い方がある——この表現は強い拒絶感を表している。また「悪臭がある」という意味の「stinken」を用いる「es stinkt zum Himmel（それは実にけしからぬことだ）」という言い方もある——この表現は厳しい判断を下すときに使われる。これらの表現を用いる場合、たとえば、「Stallgeruch（家畜小屋のようなにおい）」という言い方には問題があることをわれわれはよく知っている。また子供たちの間で、「Mutterrieche（お母さんの匂い）」という言い方があることをわたくしも聞いたことがある。「riechen」を用いるのであれば、人は「richtiger Riecher（正しい嗅覚）」を持たなければならない。ドイツの言語学者、ヴァイスゲルバーは、このほかの例として、以下のものを挙げている。

"人が歩くときに使う単語に、北ドイツでは、太ももから下部全体を指す「Bein（脚）」が用いられ、南ドイツでは、くるぶしから下を指す「Füße（足）」が同じ意味で使われている。しかし、実際に、人が歩くときに使っているのは、北ドイツで

---

268) Franz Kiener, Das Wort als Waffe, Göttingen 1983; Josef Pieper, Mißbrauch der Sprache（前注262）; Dietz Bering, Kampf um Namen, Stuttgart 1991.
269) 旧約聖書ヨブ記第38章第1節。参照されるのはまた、第40章第4節および第5節である。
270) J. Weisgerber, Muttersprache und Geistesbildung, Göttingen 1941, S. 122f.; 参照されるのは、Eibl-Eibesfeldt, Die Biologie des menschlichen Verhaltens, München – Zürich 1984; Aanderud, Immer der Nase nach, Die Zeit, Nr. 42, 19. 10. 1990, S. 22.

も南ドイツでも大抵は「Zehen（足の指）」である。"[271]

また、次のようなことわざもある。

"話し手と聞き手との間に橋を架ける場合、言葉では上手く説明されても——橋を渡ってこちら側へ来るように、実際には言葉どおりになるものではない。"

このように、「sich auf "ein Wort verlassen"（「言葉」を信頼する）」ことが、同じ「verlassen」という単語を使って、「"verlassen sein"（見捨てられている）」状態に陥る可能性を意味することもある[272]。

IX　言葉の伝統

言葉には、それが長く用いられていれば、そうした伝統から生まれる力もある（「親鳥が歌ったとおりに、雛鳥もさえずる」＝「この親にしてこの子あり」）。言葉の使い方は伝統によって支持されたり、制約されたりしている。われわれは言葉に関する習慣によって周りを取り囲まれている。その結果、内容のない慣用句が生まれ、また、大量生産されかつ消費されるカプセルのように一時的にしか用いられない言葉も繰り返し作り出されている。そうした言葉に将来性はない（参照されるのは、ルーマニア生まれの劇作家、イヨネスコの戯曲『はげの女歌手』である。そこでは、登場する二組の夫婦がお互いに相手の頭に向かって単語を構成するアルファベットの各文字を投げ付け合っている）[273]。それゆえ、「持ち運びやすい軽い手荷物」について述べたゲーテの呼びかけ（「私は軽い手荷物とともにここから旅立つ！」）も、また、「若者は成り行きにまかせなさい」[274]という主張も、そこ

---

271) Weisgerber, Vom Weltbild der deutschen Sprache, Düsseldorf 1949, S. 38. 法がものごとを覆い隠す性質を持っていることについては、Kennedy, The Structure of Blackstone's Commentaries, Buffalo L. Rev. 28 (1979), 205.
272) 参照されるのは、RGZ, 117, 121である。
273) Maierhöfer, Einzelgänger wie alle anderen, Stimmen der Zeit 206 (1988) 273, 275; Haag, Das gibt zur Veranlassung..., Der Rotarier 1986, 102.
274) Seeger, Sprachverhalten von Jugendlichen, Der Rotarier 1986, 105.

で述べられた内容は、言葉についてもそのままあてはまる。古い世界観に対して、新しい世界観を持つことがあまりに難しくなるような状況を作り出してはならない[275]。というのは、誰でも、古い世界観の上に新しい世界観を簡単に乗せることはできないからである。

> "昔々、一人の男がいた。
> その男は古い編み上げ靴を履いていた。
> その靴は壊れて、穴が開いていた。
> そこで、男はもう一組の新しいものを買うことにした。
> 男が買おうとしたのは、昔、履いていたようなものであった。
> 男は、昔履いていたものよりもよいものを見つけることができなかった。
> さて、件のこの男はどうしただろうか。
> 彼は依然として古い編み上げ靴を履き続けていた。
> そして今では、彼はもうどこにも出かけてゆくことができなくなってしまった。"
> （オーストリアの劇作家、グリルパルツァー）

X 警　告

言葉には多くの意味が含まれているため、いいかえれば、言葉の内容は空疎であるため、「多くの単語で何度でもいいかえることができる」ような、意味の曖昧な単語を使わないようにという警告が行われている。

> "年寄りが大勢いるところで、ぺちゃくちゃしゃべってはならない。
> 祈りを捧げるときは、どの言葉も繰り返して用いてはならない。"[276]
> 多くの者は言葉では知恵のある、利口なことを言ってはいても、
> 実際の行為では、愚か者が農耕用の鍬を引くように、大したことはできていない。"[277]

---

[275] Gerhard Hard, Die Störche und die Kinder, die Orchideen und die Sonne, Berlin u. a. 1987.
[276] 旧約聖書伝道の書第7章第14節。参照されるのは、新約聖書マタイによる福音書第6章第7節。
[277] Sebastian Brant, Das Narrenschiff, 8. Kap., Vers 5-6.

われわれは「大口を叩く言葉」を信用していない。

> "大口を叩く言葉に、われわれはあまりにも頻繁にだまされてきた。
> それと同時に、われわれ自身もあまりにも頻繁にうそを積み重ねてきた。
> おそらく、そうしようと思ってはいなかったのだろうが、それでもあらゆる場でそうしてきた。"[278]

愛情を表現する言葉も、宣伝に使われる言葉も、政治で用いられる言葉も、どれも、魅力的に響く言葉には中身がないことを示す例をわれわれにたくさん提供している。たとえば、政治家たちは「Grundschule（義務教育基礎課程）」修了者が「Hauptschule（義務教育後期課程）」、「Realschule（実業中等学校）」、「Gymnasium（古典語必修中等教育機関）」のいずれに進学するかを決定するためのオリエンテーション期間を意味する「Förderstufe」について述べたり、「Grundschuleの在学期間の延長」を考えたり、また、「Gesamtschule（各種進学コースを同一キャンパスに集めた総合制学校）」の中でいろいろなコースを設けることによって「内部にある違い」を推進したり、「平等にする」ことを望んだりしている[279]。

言葉は厳密に使うようにという要望も頻繁に出されている――しかし、厳密に使うことによって、同時に、概念や意識の幅も狭められてしまっている。言葉はありもしない厳密性を装うことがあるし、厳密な言葉が存在しない場合には、それを「問題とすること」の当否が疑われ、それについて問うことも禁じられている。

> "さまざまな概念を狭めることから生まれてくる社会システムは、その社会システム自体が理解しているような意識の内容しか、認めようとしないものである。"[280]

われわれはこのようなシステムをこんにちでは「政策的な意味での正確さ」

---

[278] Morgenstern, Gesammelte Werke, 11. Aufl., München 1974.
[279] Konrad Adam, Ein Kind, ein Fach, ein Lehrer, FAZ v. 26. 02. 1985, Nr. 48, S. 1.
[280] Johannes Binkowsky, Tyrannei durch Sprache, Würzburg 1977, S. 20; 参照されるのは、Hannes Schwenger, Im Jahr des großen Bruders, München u. a. 1983である。

と呼んでいる。

　現実をその通りに表すと思われている言葉でさえも、われわれに対して、現実を必ずしも確実に示しているわけではない[281]。というのは、言葉は話し手の内心の経験をも表現しているからである。すなわち、話し手は、聖書で言われているように、選び出した言葉の中に「自分の心の中を打ち明け」[282]ようとしている。その場合、われわれは、純粋数学の問題に直面しているイギリスの数学者、バートランド・ラッセルと同様の気持ちを抱いていることになろう。それは、人が何について話しているか、人が言うことが正しいか否かを、誰も知らないからである[283]。われわれが言葉から得られるのは、認識における下位の限界値だけでしかない[284]。グリム童話『甘いオートミール粥』の主人公である少女はもともと居たところに戻ろうとして、「鍋の中身を全部食べてしまわなければならなかった」——こうしたことはなんとも骨の折れる作業である。

XI　経　　験

　上述のような問題はあるものの、それでも、われわれの文化は、言葉を信頼するという点では、楽観的に考えている。その背景にあるのは、言葉を経験と一緒にしてみるという言葉の伝統である。たとえば、天まで通じるはしごを上り下りしている神の使いを夢でみたヤコブは次のように誓いを立てた。

　　"神はわたくしのもとにおられ、
　　わたくしが今歩んでいるこの道で、わたくしをお守り下さり、

---

281)　D'Amato, Aspects of Deconstruction: The Failure of the Word "Bird", Northw. U. L. Rev. 84 (1990) 536, 539.
282)　旧約聖書サムエル記第1章第15節。「私はただ主の前に私の心を注ぎ出していたのです」。参照されるのは、Luther, Sendbrief vom Dolmetschen であり、参照される聖句は新約聖書マタイによる福音書第12章第34節の叙述「口が語るものは心からあふれることである」である。
283)　その出所は、Quine, Theorien und Dinge, Frankfurt/M. 1985, S. 183.
284)　Rudolf Haas, Recht und Sprache, München 1989, S.55.

> わたくしに食べるためのパンと身を覆うための衣を与えて下さり、
> わたくしが、安らかに、父の待つふるさとの家へ帰ることができるなら、
> わたくしは主を私の神といたしましょう。"[285]

　言葉は信頼できるものだという点に関する例を、われわれは、このほかにもユダヤ民族の指導者、モーセの言葉[286]や、特にイザヤの言葉に見出している。

> "わたしは夢中になることを、主に対して夢中になることを望む。
> わたしの神の周りでは、わたしの心が歓喜の声を上げようとしている。
> それは、主がわたしに平和を表す衣を着せて下さり、
> 正しいことを確証するマントでわたしを覆われるからである。"[287]

　デンマークの童話作家、アンデルセンの童話『えんどう豆の上に寝たお姫様』では、述べられた言葉が内容的にも正しいか否かが無言のままで審査されている。少女は「わたくしは本当のお姫様です」と言った。「『そうね、どうせそれはわかることですよ!』とおばあさんのお妃はお考えになりましたが、お妃は何もおっしゃいませんでした。」そして、その結果は次のようになった。

> "そして、お妃には、彼女こそ本当のお姫様だということがお分かりになりました。というのは、彼女は20枚のマットレスと20枚の毛綿鴨の羽ぶとんの下にあるえんどう豆の存在を感じ取っていたからでした。"

　このように、高貴な者は、言葉の傍らにいるだけで、「感覚で感じ取る」ことができる。「感覚がすべてだ!」(ゲーテ『ファウスト』第一章)という言葉もあるくらいである。
　言葉に対して楽観的な考えを持つことには、自然科学における考え方も賛成を示している。ドイツの物理学者、ハイゼンベルクはこの点について次のように説明している。

---

[285]　旧約聖書創世記第28章第20節。
[286]　旧約聖書出エジプト記第4章第1節ないし第9節。
[287]　新約聖書ヤコブの手紙第1章第25節。

"なぜなら、さまざまな概念が現実に関わりを持っていることをわれわれは知っているからである。"[288]

ハイゼンベルクが引用しているデンマークの理論物理学者、ボーア（1887年-1951年）によれば、

"その理由は、言葉が、現実との結び付きを考慮するように、指示しているからである。……われわれが言葉を用いるのは、イメージによって示されるもののうちで現実を反映した部分を、言葉は現実を表すことができるという意味の楽観主義と言葉が持つ説得力で、できるだけ多く、補充しようとしているからである。しかし、現実から出発しないときは、誰ももはやそれ以上、言葉が信用できるものであると装うことはできない。"[289]

実際、ドイツ生まれの理論物理学者、アインシュタインが立てた相対性理論に関する公式 $E=mc^2$ では、恐ろしいことに、その公式が現実に近いことが示されている。この公式によって「作り出された」のが原子爆弾であった（この公式も、神の言葉のように、創造者の言葉としての機能を持っている）。

それでも、われわれは、言葉だけで済ませることはできず、経験[290]を、すなわち、あらゆる意味を内包した「実践体験を通しての認識」をそこに付け加えなければならない。そうした認識の中心をなすのは触覚である[291]が、触覚は特に手の中にある。それゆえ、手は「世間と日常的に接して行動する」[292]

---

288) Heisenberg, Physik und Philosophie, Berlin 1984, S. 169.
289) Heisenberg, Der Teil und das Ganze, 8. Aufl., München 1984, S. 166. ボーアについては、MeyerAbich, Die Sprache in der Philosophie Niels Bohrs, in: Gadamer (Hrsg.), Das Problem der Sprache, München 1967, S. 79; Karl Ulmer, Weltverständnis und Sprache, ebd., S. 277; Ernst Peter Fische, "Sowohl als auch", Denkerfahrungen der Naturwissenschaftler, Hamburg 1987.
290) Goethe, Werke, Insel, Bd. 6, 1982, S. 5/6; Kügler, Religiöse Erfahrung – humanistisch und christlich, Stimmen der Zeit, 203 (1985) 125, 131; Merkert, Der Aufbau der kindlichen Erfahrungswelt unter dem Einfluß des Fernsehens, Stimmen der Zeit, 109 (1984) 827, 829.
291) E. Straus, Vom Sinn der Sinne, Berlin 1956, S. 390; Otto Betz, Unsere fünf Sinne, Christ in der Gegenwart 39 (1987) 245.
292) Markert, Zur Anthropologie des Hörens, Stimmen der Zeit 206 (1988) 759, 762.

ための特別な器官となっている。われわれは、「手で触ることを通じて」現実へ近づき、何かあるものについて「感じ取ら」なければならず、そうすることによって、われわれは「印象を受け」ることになる。このことを表す例は聖書の中にもある。十二使徒のひとりで、イエスの復活に疑いを抱いたほど、疑い深い使徒トマスは、手で触ることによって、神を理解するに至っている（「わが主よ、わが神よ」）[293]。われわれは、手が届く範囲で得られた認識を言葉で表している。ドイツ語の「begreifen（手でつかみとる）」、「erfassen（手でつかむ）」、「annehmen（手で取り入れる）」、「voraussetzen（手で目の前に置く）」、「kapieren（手にとって我がものとする）」、そしてフランス語の「comprendre（手にとって理解する）」、これら六つの単語はそのような状況を表したものである。われわれはわれわれの子供たちに、「手で触って理解しなさい」と、教えている。このことからも分かるように、さまざまな考えは、本質的に、行動するという経験に基づいている。ドイツ語の「Probieren geht über studieren（実地訓練は机上の学習に勝る＝人には添ってみよ、馬には乗ってみよ）」、英語の「Children learn what they live（子供たちは日常の生活で実践することを学ぶ）」[294]、そしてラテン語の「Res solvitur ambulando（歩行して分かること＝実験して知られること）」などがそうである。ドイツの詩人で法律家でもあるノヴァーリス（1772年-1801年）は、明白に、「われわれが知っているのは、ただわれわれがなし得ることだけである」[295]と考えていた。「人間の理解は、その者の行動が及ぶ範囲内にしか、行き届かない」と述べているのは、ドイツの哲学者、フランツ・ローゼンツヴァイクである[296]。まさしく、人は「Learning by doing（行動することによって学んでいる）」といわれるとおりである。

---

293) 新約聖書ヨハネによる福音書第20章第27節。参照されるのは、新約聖書ルカによる福音書第24章第39節である。
294) 経験に基づく知識については、Heisenberg, Physik（前注288）S. 63.
295) Novalis, Werke und Briefe, S. 438; 参照されるのは、新約聖書ヤコブの手紙第1章第22節ないし第25節。
296) Die Schrift, Königstein/TS 1984, S.187.

第7章 法律用語

I 序　　説[297]

言葉は、われわれのように言葉に信頼を置く文化に属する法律家にとって、中心的な問題のひとつになっている[298]。というのは、このような文化に属す

---

297) Hattenhauer, Zur Geschichte der deutschen Rechts- und Gesetzessprache, Hamburg 1987; Eckert/Hattenhauer, Sprache–Recht–Geschichte, Heidelberg 1991; Merk, Werdegang und Wandlungen der deutschen Rechtssprache, Marburg 1933; Aulis Aarnio, Linguistic Philosophy and Legal Theory, in: Krawietz u. a. (Hrsg.), Argumentation und Hermeneutik in der Jurisprudenz, Berlin u. a. 1980, S. 17; Kalinowski, Zur Semantik der Rechtssprache, ebd. S. 239; Schönherr, Sprache und Recht, Wien 1985; Fleiner-Gerster, Wie soll man Gesetze schreiben?, Bern 1985; Archives de Philosophie du Droit 19 (1974): Le Langage du droit; Christensen, Was heißt Gesetzesbindung?, Berlin 1989; Gast, Vom juristischen Stil, BB 1987, 1; Ranieri, Stilus Curiae. Zum historischen Hintergrund der Relationstechnik, Rechtshistorisches Journal 4 (1985) 75; Milovanovic, Law and Language: A Response, Legal Studies Forum 12 (1988) 425; Danet, Language in the Legal Process, Law and Society Rev. 14 (1980) 445; Shapiro, On the Regrettable Decline of Law French, Yale L. J. 90 (1981) 1198; Stone, From a Language Perspective, Yale L. J. 90 (1981) 1149; Mayhaw, Can Legislation Ever be Simple, Clear and Certain?, Statute L. Rev. 11 (1990) 1; P. W. Young/M. W. Young, Legal Language, The Australian L. J. 64 (1990) 761; Zweigert, Einige Überlegungen zu Recht und Sprache, FS Reimer Schmidt, Karlsruhe 1976, S. 55; Wolfskehl, Das rechte Wort, in: ders., Bild und Gesetz, Berlin u. a. 1930, S. 141; Frederick Schauer (ed.), Law and Language, Aldershot 1992; Loth, Recht & Taal, Arnheim 1984.

298) Eckmann, Rechtspositivismus und sprachanalytische Philosophie, Berlin 1969; Dieter Horn, Rechtssprache und Kommunikation, Berlin 1966; Seibert, Von Sprachgegenständen zur Sprache von juristischen Gegenständen, Archiv f. Rechts– und Sozialphilosophie 1972, S. 43; Rodingen, Ansätze zu einer sprachkritischen Rechtstheorie, ebd. S. 161; Heinz, Rechtsregeln als Gegenstand sprachlicher Kommunikation, ARSP 1972, S. 29; Hermann Bausinger, "Sprachschranken vor Gericht", in: Das Recht der kleinen Leute, FS Karl Sigismund Kramer, Berlin 1976, S. 12–27; Elsener, Deutsche Rechtssprache und Rezeption, in: Tradition und Fortschritt im Recht, FS der Tübinger Juristenfakultät, Tübingen 1977, S. 47; Sprache u. Recht, FS Schmidt-Wiegand (Hrsg. Hauck u. a.) Berlin u. a. 1986; Goodrich, The Role of Linguistic in Legal Analysis, Modern L. Rev. (1984) 523.

る法律家は言葉を通して社会を秩序付け、統治するものとされているからである[299]。

"人間によって定められた法や話された法は、いずれも、もともとは言葉だけの存在であったが、今では力を持つようになっている。"[300]

われわれは、このように、言葉に依存した法律家であり、言葉を信頼するように教育された法律家である。

法律と言葉はまるで一卵性双生児のように、分離することのできない存在である。「法と言葉との間では、一方にあてはまることが他方にもあてはまると

---

[299] 包括的には、Diederichsen, Rechtswissenschaft und Rhetorik, in: Classen/Mühlenbrock (Hrsg.), Die Macht des Wortes, Marburg 1992; L. Günther, Recht und Sprache, Berlin 1898; Gast, Juristische Rhetorik, 2. Aufl., Heidelberg 1992; James White, Law as Rhetoric, Rhetoric as Law, U. Chic. L. Rev. 52 (1985) 684; Rodingen, Rhetorik im Recht, Rhetorik 2 (1981) 85; Haft, Juristische Rhetorik, 4. Aufl., Freiburg u. a. 1990; Häberle, Das Grundgesetz der Literatur, Baden-Baden 1983; Schmidt-Wiegand, Kriemhilds Rache, in: Kamp/Wollasch (Hrsg.), Tradition als historische Kraft, Berlin u. a. 1982, S. 372; 参照されるのは、Bespr. Rosendorfer, JZ 1985, 176; このほかにみるべきものは、Mark Edwin Andrews, Law versus Equity in the Merchant of Venice, Boulder, Col. 1965; Lüderssen, Notizen über Goethes Verhältnis zum Recht, Gedächtnisschrift Noll, Zürich 1984, S. 75; Roelleke, Die politische Abständigkeit der Literatur am Beispiel von Günter Grass "Treffen in Telgte", ebd.; Hertz, Vom Rechte, das mit uns geboren ist, Zeitschrift für Rechtsphilosophie 1 (1914) 95; Anz, Vom Rechte, das mit uns geboren ist, Zeitschrift für Rechtsphilosophie 6 (1932/34) 121; Abraham, Vom Rechte, das mit uns geboren, Berlin 1929; Werner Bergengrün, Gerechtigkeit, in: ders., Der Dritte Kranz, Zürich u. a. 1962; これについては、Wipfelder, Werner Bergengrün – ein Dichter des Rechts, NJW 1984, 1079; Hildegard Emmel, Das Gericht in der deutschen Literatur des 20. Jahrhunderts, Berlin u. a. 1963; Peter Schneider, Balzac und das Jahrhundert der Audiokraten, NJW 1984, 1057; Müller-Dietz, Literatur und Kriminalität, NJW 1984, 1069; Arthur Kaufmann, Recht und Gnade in der Literatur, NJW 1984, 1062; Johannes Hasenkamp, Sprickmann und der Kreis von Münster, Diss. Münster 1955; Alfred Hoffmann, E. T. A. Hoffmann, Baden-Baden 1990; Schild, Staat und Recht im Denken Richard Wagners, Stuttgart u. a. 1994.

[300] Abraham, Vom Beruf des Juristen als Ausdruck seiner Persönlichkeit, FS Pinner, Berlin u. a. 1932, S.8, 13.

いう意味で、決定的な類推が行われている」[301]。われわれは、言葉と社会秩序と法、これらの間にある結び付きを、人間生活の基本的な部分においてすでに目にしている。たとえば、子供は「じっとおとなしく聞く」ことができず、子供は「言うことを聞かない」存在である。「言い聞かせても分かろうとしない者は痛い目に合わせる必要がある」ということわざもある。「彼は聞き耳を立てていた」という表現は、まず聞いて、その後に従うことを表している。ある者が命令を下すときは、その者は「言うべき内容」を持っているが、無力の者は「言うべき内容を何も」持っていない。聖書には、次のような表現がみられる。

"神は、み言葉で作られた棒で乱暴者を打ち据え、その口から吐き出す息で罪びとを殺す。"[302]

言葉はどれも律法となっている。

このように、運命により定まる兄弟姉妹のように強い結び付きが言葉と法との間に存在している。ラテン語の「ius」（侵害された権利を治癒する単語）[303]やドイツ語の「Recht」[304]のような概念、さらに、法律学と言語学との間に存在す

---

[301] Jacob Grimm, Über die Altertümer des deutschen Rechts, 1841, in: Kleinere Schriften und Vorreden, Hildesheim 1966, S. 547; Theodore M. Anderson/William Jan Miller, Law and Literature in Medieval Iceland, Stanford 1989; 参照されるのは、Jeand'Heur, Sprachliches Referenzverhalten bei der juristischen Entscheidungstätigkeit, Berlin 1989; Bleich, Die literarische und die juristische Hermeneutik – Ein Vergleich, NJW 1989, 3197; Friedrich Müller, Juristische Methodik, 3. Aufl., Berlin 1989; Peter Goodrich, Legal Discourse: Studies in Linguistics, Rhetoric, and Legal Analysis, Basingstoke u. a. 1987.

[302] 旧約聖書イザヤ書第11章第4節。

[303] 「息吹（Anblasen）」（救いを言うこと（Heilsegen））におけるさまざまな理由付けについては、Philipp Schmidt, Volkskundliche Plaudereien, Bonn 1941, S. 216. 参照されるのは、Max Picard, Der Mensch und das Wort, Erlenbach–Zürich 1955, S. 34.

[304] Kroeschell, Recht und Rechtsbegriff im 12. Jahrhundert, in: Probleme des 12. Jahrhundert, Vorträge und Forschungen, Bd. 12, Konstanz u. a. 1968, S.310; Tiersma, The Language of Offer and Acceptance: Speech Acts and the Question of Intent, Calif. L. Rev. 74 (1986) 189; Wigmore, A List of One Hundred Legal Novels, Ill. L. Rev. 17 (1922) 26; Robert A. Ferguson, Law and Letters in American Culture, Cambridge/Mass. u. a. 1984; Maximilian Koessler, Masterpieces of Legal Fiction, Rochester, N. Y. 1964; J. Greenberg Croke, Poems of the Law, San Francisco 1885, Nachdruck Buffalo 1986.

る密接な結び付き、これらがこのことをよく示している。法律家が言語学を作り出したということははたして偶然のことなのだろうか。イギリスの東洋学者、ウィリアム・ジョーンズ卿（1746年-1794年）はインド＝ヨーロッパ語を研究対象とする言語学の基礎を築いたが、彼はインドのコルカタ（カルカッタ）にある上級裁判所の裁判官であった。ドイツの言語学者、ヤーコプ・グリム（1785年-1863年）は、ドイツの偉大な法律家、フォン・サヴィニィのもとで学生時代を過ごし、彼の助手でもあった[305]。ドイツの詩人、マルティン・オーピッツ（1597年-1639年）は、ドイツの詩を芸術の域に高めた創始者であるが、『ドイツ詩読本』（1624年）を著して、ドイツ詩の韻律構造とドイツ詩の芸術としてのあり方に改革を施した。ドイツのイエズス会神父で詩人のフリートリッヒ・フォン・シュペー（1591年-1635年）は、フランケン地方における魔女裁判で死刑判決を受けた女たちの聴罪師を務めた経験から、法と密接に関わっていた（「Cautio ciminalis（罪人の懺悔を聞くこと）」）。また、ドイツの詩人、アンドレアス・グリュフィウス（1626年-1664年）も、ドイツの言語学者、ヴィルヘルム・フォン・フムボルトも、そしてドイツの作家、ゲーテ[306]も、みな法律家でもあった。詩人が法律家でもあることはなんら偶然ではない。というのも、詩人が詩作の上で言葉を並べるための秩序を考え、法律家が社会秩序を考えるという点に違いはあるが、両者とも秩序付けをしなければならないし、また、これまで述べられていなかったことでも、必要ならばいつでもそれを口に出して言わなければならないからである[307]。詩は自由気ままとは対極にある（ドイツの哲学者、ペーター・ヴァプネウスキィ）——この点は法律も同様である。

---

[305] Werner Ogris, Jacob Grimm, Graz 1990; ders., Jacob Grimm und die Rechtsgeschichte; Jacob und Wilhelm Grimm, Göttingen 1986, S. 67, 81; Rosenstock-Huessy, Jadob Grimms Sprachlosigkeit, in: ders., Geheimnis der Universität, Stuttgart 1958, S. 113.

[306] Meisner, Goethe als Jurist, Berlin 1885; Lenhoff, Goethe as Lawyer and Statesman, Washington Univ. L. Qu. 1951, 151; Ogris, Verbietet mir keine Zensur – Goethe und die Pressefreiheit, FS 125 jähriges Bestehen Juristische Gesellschaft in Berlin, Berlin u. a. 1984, S. 509.

[307] 参照されるのは、Schillers Brief an Goethe v. 27. 03. 1801, in: Der Briefwechsel zwischen Schiller und Goethe, 2. Bd., Insel TB 250, Frankfurt 1977, S. 909.

II 言葉が及ぼす影響

　言葉はただ何かを表現するだけのものではなく、言葉が向けられている人を納得させようとするものでもある。言葉で人を納得させる行為は、特に、言葉の音楽的な性質を通じて行われている。ドイツの啓蒙思想家で文芸批評家のゴットシェートは、1728年に刊行した著書『詳論・雄弁術』で、われわれの言葉には音楽のような作用があるに違いないという考えを述べていた[308]。このことは、言葉で書き表されている法についても、法それ自体が有する強い心理的影響力についてもあてはまる。それゆえ、こうした強い心理的影響力を持たない法および法規範は消えていくことになろう。法共同体は、まさしく、何よりもまず、説得による共同体であり、強制による共同体ではない。このような法共同体がひとつの自発的な社会秩序であるということを、われわれヨーロッパ人は、ヨーロッパ連合において、周知のように途轍もない規模で体験している[309]。

　したがって、おそらく「法と詩は同一の母体から連れ立って生まれた」[310]ものであろう。詩は魂に影響を及ぼし、感情を呼び起こし、そして魔法のような力を発揮している。

> "このように、人は法が持つあらゆる力の源……をも魔法の力の中に十分な根拠をもって探すことができよう。"[311]

---

[308] この引用の出所は、Klaus Wolfgang Niemöller, Der sprachhafte Charakter der Musik, Opladen 1990, S. 9. 参照されるものとしては、また、FS K. W. Niemöller, Die Sprache der Musik, Regensburg 1989; G. Wille, Musica Romana, Amsterdam 1967, S. 447 がある。

[309] Abraham, Vom Beruf des Juristen (前注300) S. 8, 9. 参照されるのは、Mestmäcker, Organisationen in spontanen Ordnungen, Freiburg 1992 である。このほか、著者と反対の立場をとるものとして、Jacues Derrida, Gesetzeskraft, Frankfurt/M. 1991; Bahners, Wider besseren Wissens, FAZ v. 24. 02. 1992, Nr. 46, S. 37. ヨーロッパについては、Großfeld, Europäisches Wirtschaftsrecht und Europäische Integration, Opladen 1993.

[310] Jacob Grimm, Von der Poesie im Recht, Z. geschichtl. Rechtswiss. 2 (1815/16) 25; これを批判するものとして、Bader, Recht–Geschichte–Sprache, in: Historisches Jahrbuch 93 (1973) 1, 17.

[311] Marianne Pranzer, Tanz und Recht, Frankfurt/M. 1938, Vorwort.

ドイツの法学者、カントロヴィッツ（1877年-1940年）は、法には「言葉による魔法」[312]があるとみていた。

III 詩 と 法

われわれは、ここにみたような言葉と法との結び付きを、数世紀にわたり、文学[313]や戯曲[314]、そして詩[315]の中に見出してきている。古代のギリシアやローマでは、現実を詩的に捉えることがあらゆる社会秩序を決定的に結び付け

---

312) Kantorowicz, Der Begriff des Rechts, Göttingen o. J., S. 110. カントロヴィッツについては、Karlheinz Muscheler, Herman Ulrich Kantorowicz, Berlin 1984.
313) James Boyd, White, Law as Rhetoric, Rhetoric as Law, U. Chic. L. Rev. 52 (1985); Ferguson, Law and Letters in American Culture, 1984; Peter Schneider, "... ein einzig Volk von Brüdern", Frankfurt/M. 1987; Scholler, Märchen, Recht und Rechtsentwicklung, FS Maunz, München 1981, S. 317.
314) Theodore M. Anderson/William J. Miller, Law and Literature in Medieval Iceland, 1989, S. 28f.
315) これについては、Hans Fehr, Das Recht in der Dichtung, Berlin 1931; ders., Das Recht in der Literatur, Bern 1931; Heinz Müller-Dietz, Grenzüberschreitungen, Baden-Baden 1990; Hymmen, Beiträge zur juristischen Literatur in den preußischen Staaten, Theil 1, S.75: Von dem juristischen Wert der Dichtkunst, Berlin 1775; 参照されるのはまた、Ehrhardt, Der Stabreim in altnordischen Rechtstexten, Heidelberg 1977; Joaquin Costa, Concepto del derecho en la poesia popular española, in: ders., Estudios Juridicos y Politicos, Madrid 1884, S. 3; このほかにもみるべき諸論稿として、Beyerle, Blaese, Wohlhaupter und Würtenberger, Festgabe Hans Fehr, Karlsruhe 1948; Friedlaender, Anwaltstragik und Dichtung, FS Pinner, Berlin u. a. 1932, S. 191; Schnur, Tradition und Fortschritt im Rechtsdenken Christoph Martin Wielands, FS der Tübinger Juristenfakultät, Tübingen 1977, S. 91; Rolf Meier, Dialog zwischen Jurisprudenz und Literatur, Baden-Baden 1995; Dieter Zöchling, "Freispruch für Tosca-Jago soll hängen", Fiktive Prozesse, München u. a. 1986; Thomas Mann, Das Gesetz; Danet, The Magic Flute: A Prosodic Analysis of Binomial Expressions in Legal Hebrew, Text 4 (1984) 143; Papke, Law and Literature, Law Library Journal 73 (1980) 421; O. Hood Phillips, Shakespeare and the Lawyers, London 1972; Naucke, Versuch über den aktuellen Stil des Rechts, Kritische Vierteljahrsschrift für Gesetzgebung und Rechtswissenschaft 1986, 189; Arthur Kaufmann, Beziehungen zwischen Recht und Novellistik, NJW 1982, 606; Hildegard Emmel, Das Gericht in der deutschen Literatur des 20. Jahrhunderts, Bern 1963.

るものであるとみなされていた[316]。法はしばしば文学の対象となっていた[317]。たとえば、ドイツの言語学者、ヤーコプ・グリムは、中世にそうした例がたくさんあったことを実証している。また、彼は、法の内容を決める上で、詩が「ありとあらゆる方法で」関与していると考えていた[318]。この点に関する数多くの例の中から特に限定して取り上げるとすれば、わたくしは、まず12世紀半ばの『法について』という詩を挙げ、次に（1230年頃の）ザクセン・シュピーゲルに収録された、韻を踏んでいる序言を、最後にドイツの法学者で詩人のセバスティアン・ブラントの『阿呆船』の次の一節を挙げることにしたい[319]。

"向かうべき方向を示して正しく忠告する者は法に従っている者である。この者の行為によって、何が法であるかが示されることになる。"[320]
"本当のところをいえば、わたくしからみると、それは十分ではない。人々がそれを十分であるというためには、それが外観上それらしくみえるというだけでは足りない。さらに熟慮を重ね、人々が知らないものは何かについて問い続けることが必要である。そうしなければ、命じられたことがすべて法となってしまうことになろう。"[321]

セバスティアン・ブラント以後の時代の例として、わたくしはイギリスの劇作家、シェイクスピア（『ヴェニスの商人』および『尺には尺を』）を挙げることにしよう[322]。近世における例として挙げられるのは、ドイツの詩人でもあり法律家でもあるクライスト（『ミヒャエル・コールハース』および『こわれが

---

316) Peter Goodrich, Languages of Law, London 1990, S. 94.
317) Gewirtz, Aeschylus' Law, Harv. L. Rev. 101 (1988) 1043; Luban, Some Greek Trials. Order and Justice in Homer, Hesiod, Aeschylus and Plato, Tennessee L. Rev. 54 (1987) 279; Pawlowski, Die Botschaft des Aischylos, ARSP 77 (1991) 95.
318) Jacob Grimm, Von der Poesie im Recht (前注310). これについては、Frühwald, "Von der Poesie im Recht", Jahres- und Tagungsbericht der Görresgesellschaft 1986, S. 40; Schmidt-Wiegand, Jacob Grimm und das Genetische Prinzip in Rechtswissenschaft und Philologie, Marburg 1987.
319) Das Narrenschiff, Basel 1494.
320) 2. Kap., Vers 7-8.
321) 2. Kap., Vers 11-16.
322) Owen Hoods Phillips, Shakespeare and the Lawyers, London 1972; Richard H. Weisberg, Entering with a Vengeance, Standford L. Rev. 41 (1989) 1597, 1618.

め』)[323]、プラハ生まれのユダヤ系ドイツ語作家、カフカ（『審判』)[324]、ドイツの作家、トゥホルスキー、彼ら三人である。さらに付け加えるとすれば、ドイツの劇作家、ヘッベルの『アグネス・ベルナウアー』とスイスの劇作家デュレンマットの長編小説『裁判』[325]がある。

偉大なアメリカの裁判官、ベンジャミン・N・カードーゾ（1870年-1938年）は法の発見について以下のように述べている[326]。

> "われわれはこれと同種の現象を文学の中にも、詩や散文の中にも同じように見出している。考えたことを表現しようとしてピッタリあてはまる言葉や適切な言い回しをわれわれは探求するが、それでも、どういうわけか、考えたことそれ自体は、どのような言い回しを見付けるかによって、その姿を変えることになる。われわれの実際の表現におけるさまざまな制約の中には、伝統に拘束されなくてすむ部分がある。たとえば、リズムや拍子の制約、終止符の打ち方やバランスのとり方に関する気難しい決まり、これらは、すでに確立され厳格に遵守されてきた考えから自由になることを、時として認めてきている。"

そして、偉大な法律家であれば誰でも、必ず持っているのが、

> "詩作を可能とするほどの繊細な心である。"[327]

現代の法律でさえも、特にその前文には、リズムのある言葉が用いられてい

---

323) Sterne, Reconciliation and Alienation in Kleist's "Michael Kohlhaas" and Doctorow's Ragtime, Legal Studies Forum 12 (1988) 5.
324) Finet, Franz Kafka's Trialas Symbol in Judical Opinions, Legal Studies Forum 12 (1988) 23; Kapelsud, The Gates of Hell and the Guardien Angel of Paradise, J. of the American Oriental Society 70 (1950) 151.
325) 1985.
326) これについては、Posner, Benjamin Cardozo, Cambridge, Mass. 1990; Weisberg, Law, Literature and Cardozo's Judicial Poetics, Cardozo L. Rev. 1 (1979) 283; Anon y Mous (Jerome Frank), The Speech of Judges: A Dissenting Opinion, Virginia L. Rev. 29 (1943) 625.
327) Benjamin N. Cardozo, The Nature of the Judicial Process, New Heven 1924, S. 89f., そこで援用されている文献として、auf Graham Wallace, Our Social Heritage, New Haven 1921, S. 194.

る。たとえば、われわれのドイツ基本法の前文を読んでみよう[328]。みごとな例としては、この他にも、スイスの作家、アードルフ・ムクシュがスイス連邦憲法の全面改正（1977年）のために用意した次のような前文がある。

> "全能なる神の御名のもとに！
> 誓約を結んだスイス国民の絆を新たにしようという決意のもとに、
> 自由を求めた者のみが自由を得ること、そして、国民のうちで強い立場にある者が弱い立場にある者の福祉に目を向けること、これらを確信し、
> どのような国家権力にも限界があり、そして、世界の平和に向けて共に力を合わせる義務があることを肝に銘じて、
> われわれスイスの国民とカントンは、以下の憲法を決議した。"[329]

　法は人々の心に働きかけようとしている。そのために、法は、心に刺激を与え、人間が持っている、脳から運動神経を通じて伝達され操作される肢体や器官の運動（バイオ・リズム）と言葉のリズムとの間の関連性を顧慮しようとする。法の働きかけを耳にする者（および目にする者）[330]は、法の内容を表す文言にみられるリズムのある動きに、加わっていることになる。イントネーション、リズム、音色、そして詩的な表現、これら四つは言葉に対して──そして法に対しても──魂を支配する力を与えている[331]。というのは、押し付けの義務にならずに、法が自由意志による秩序に働きかけようとするのであれば、法は人々に確信を抱かせるようなものでなければならないからである。もちろん、現実をみると、法が守られていない場合がある。それは、一定の手続を経

---

328) Häberle, Präambeln in Text und Kontext von Verfassungen, FS Broermann, Berlin 1982, S. 211.
329) これを収録しているものとして、AöR 104 (1979), 475. これを諷刺するものとして、Georg Herbert, Poesie "und" Grundgesetz, in: Dieter C. Umbach (Hrsg.), Das wahre Verfassungsrecht, Baden-Baden 1984, S. 43; 参照されるのは、Siehr, Scherz und Ernst im Internationalen Privatrecht, FS Imre Zajtay, Tübingen 1982, S. 437.
330) 参照されるのは、Markert, Zur Anthropologie des Hörens, Stimmen der Zeit 206 (1988) 759, 764; Rühmkorf, Agar agar zaurzaurim. Zur Naturgeschichte des Reims und der menschlichen Anklangsnerven, Reinbeck 1981.
331) 参照されるのは、Rosenstock-Huessy, Die Sprache des Menschengeschlechts, Bd. 1, Heidelberg 1963, S. 280.

ていればすべて法となるというわけではなく、法を正当なものとして認めるという裏付けがなければ法として守られることはないからである[332]。

以上の説明に対する誤解を避けるために、なお次の点を付け加えておこう。それは、法の文言の解釈は、文学の原典の解釈ほどには自由ではないという点である——その理由は、法の解釈には、人々の行動様式を拘束し、変更し、さらには苦しみを生み出す力があるからである。このようにみてくると、法の文言の解釈と文学の原典の解釈との間に依然として違いはあるものの、それでも、われわれが両者の共通点をみる上で、妨げとなるようなものは何もない[333]。

IV　法の拘束力

ドイツの法学者、カントロヴィッツが述べているような (前述102頁) 言葉による魔法が表れるのは契約の場合である。言葉の内容に拘束されるのは——すでに述べたように——言葉が持っている、自然を超越した不思議な支配力に対する信仰があるからであり、そして、厳粛に述べられた言葉、つまり「神秘的な拘束力を持つ言葉」[334]に対する崇敬の気持ちがあるからである[335]。ドイツの民族学・社会人類学者、トゥルンヴァルトによると、特に、話すことが重要だとされている場合、名前が物事を支配する力を持っている場合 (「nomen est omen (名は予兆なり)」)[336]に、契約が登場する。これらのことはすべてわれわれにも

---

332) Ekkehard Kaufmann, Deutsches Recht, Berlin 1984, S. 121; Woodmann, The Limits of "the Limits of Law", J. Legal Pluralism 21 (1983) 129; 参照されるのは、Schlosser, Politikvermittlung als Sprachproblem, in: Sarcinelli (Hrsg.): Politikvermittlung, Stuttgart 1987, S. 101; Bergsdorf, Politische Terminologie – Historischer Wandel und Politikvermittlung, ebd. 275.

333) West, Adjudication is not Interpretation, Tenn. L. Rev. 5 (1987) 203.

334) Thurnwald, Die menschliche Gesellschaft, Bd. 5, Werden, Wandel und Gestaltung des Rechts im Lichte der Völkerforschung, Berlin u. a. 1934, S. 48; Berman, The Religious Sources of General Contract Law: A Historical Perspective, J. Law and Religion 4 (1986) 103.

335) A. a. O. S. 47.

336) A. a. O. S. 86.

当てはまる。

　このような言葉に対する信仰は個々の判決の中にまで浸透している。ドイツの法学者、エリク・ヴォルフがこのことを示すために、古代ギリシアの悲劇詩人、アイスキュロスの『オレステイア』において描かれている、古代ギリシアの女神アテナによる古代アテネの評議会で裁判所でもあるアレイオス・パゴス会議の設置を引き合いに出して、次のように述べている。

　　"女神がアテネ・アクロポリス西方の丘に設けたアレイオス・パゴス会議は「上級審」や「仲裁廷」ではない。女神がこの会議のメンバーを任命したのは、神の摂理を述べる声として、その役割を果たさせようとしたからである。「民の声」がそこでは現実に「神の声」となっている。アレイオス・パゴス会議による判断は、それゆえ、われわれが考えるような判決の本質的特徴を持っているわけではなく、それ自体が神のお告げであり、神の教示なのである。この判断は手続的には神のお告げというやり方で行われる。そこではいかなる人の力も呼び出されていないし、神も人も呼び出されてはいない。法の中に存在しようとしているものの存在それ自体が「判断を下している」ということが、そこでは予期されている。"[337]

　ドイツの連邦通常裁判所および連邦労働裁判所における諸判決の結びの部分で決まり文句として書かれている「von Rechts wegen（法により）」という言い回しをみると、このような捉え方は、今日に至るまで、影響を及ぼしている。

　　"判決を言い渡す主体それ自体が法に則った存在であるということが感じられるような解決策に当該主体が到達していたときは、その裁判が「法により」下されたものであるという保障があることによって、その事案の解決が公正になされたかどうかに関するいかなる疑念も排除されることとなり、また、必要とされる、その裁判に服する者の承認も得られたことになろう。"[338]

---

337) Erid Wolf, Griechisches Rechtsdenken, Bd. 1, Frankfurt/M. 1950, S. 416.
338) Kirchner, Von "Rechts wegen", Zum Verständnis einer überkommenen Rechtsformel, in: FS Pfeiffer, Köln u. a. 1988, S. 485, 498.

V　概　念

　言葉で説明されるさまざまな概念が法においても、また法にとっても、大きな役割を果たしているという点は、詩人や哲学者によって強調されている。たとえば、ドイツの作家、ゲーテは「明確な概念を持つ者は、その内容を実行するように、命じることができる」と述べている[339]。また、ギリシアの歴史家、トゥキュディデス（紀元前460年頃-400年頃）によると、古代ギリシアの都市国家であったポリスは、言葉の規律が失われると同時に、没落し始めた。

　"またポリスは、ものごとに付されていた慣用的表現を勝手に変えてしまった。"[340]

　春秋時代の中国の思想家、孔子（紀元前551年-479年）は「概念を正しく設定する」ようにと教えている。

　"概念が正しくなければ、その概念を表すためにどんな言葉を用いていても、それらの言葉の間には内容上の一致がない。内容上一致する言葉がなければ、著作は成り立たない。著作が成り立たないと、道徳は行き渡らず、芸術は栄えない。道徳が行き渡らず芸術が栄えないと、刑罰を科すこともできない。刑罰を科すことができないと、その国の人々はどちらの方向に手足を向けて置けばよいかわからない。それゆえ、君子は自分が用いる概念をどのような状況のもとでも実践できるように心配りをしなければならない。君子は、みずからが使う単語の中に何かしら無秩序をもたらすようなものがあれば、それを黙認してはならない。このことは、あらゆることが問題になり得ることを意味している。"[341]

339）　Goethe, Werke, Insel, o. J. Bd. 6, S. 507.
340）　Der Peloponnesische Krieg III, S. 82.
341）　Gespräche, Buch XIII, S. 3. これについては、O. Franke, Über die chinesische Lehre von den Bezeichnungen, Leyden 1906. 正しい概念把握の理論については、Yungback Kwun, Entwicklung und Bedeutung der Lehre von der "Natur der Sache" in der Rechtsphilosophie bei Gustav Radbruch, Diss. Saarbrücken 1964.

けれども、ここに示したような「正しい概念を理解させることを通して国を支配する」という考えの背後には、さらに大きな倫理観が存在していることであろう。つまり、法律に用いられている文言を固く守り続けることによって議会における多数派の力を制限し、また多数派の力を法律中に用いられた言葉の意味に縛り付けるという考えである（たとえば、イングランドの裁判所は議会で制定された法律をむしろ「文字どおりに」解釈していた——これは黄金律と呼ばれる）。どの言葉もそれぞれ独自に影響を及ぼしている。どの言葉もそれ自体が「立法者よりもずっと賢い」存在である。

このことは自由主義社会では決定的な意味を持っている[342]。ドイツの女性詩人、ヒルデ・ドーミン——ケルンのある法律家の娘——はその詩『あなたへのお願い』で自由について述べ、結びの部分では次のように孔子の言葉を引用していた。

"君子はそれ以上何も述べない、
必要なのは
円いものを円いと呼び
そして、角ばったものを角ばっていると呼ぶことである。"

このように、概念を厳密に定めること自体が、自由を認める場合の前提となっている（「法律なければ刑罰なし」という言葉を想起せよ）。概念を厳密に定めることはこのようにとても単純なことである——同時に、それはこのように難しいことでもある。

しかしながら、われわれが真実を発見しようとするときでさえも、われわれの言葉が「不安定な存在であること」を考えれば、裁判実務を通して「完全に正確な結論を作り出す」[343]ことはできない。われわれの言葉についてどのよう

---

[342] Herzog, Von der Akzeptanz des Rechts, in: Rüthers/Stern (Hrsg.), Freiheit und Verantwortung im Verfassungsstaat, München 1984, S. 127. 民主主義社会において「言葉が伝達手段としての役割を果たすこと」については、Eugen Rosenstock, Der ewige Prozeß des Rechts gegen den Staat, Zeitschrift für Rechtsphilosophie 2 (1919) S. 219, 233, 241.

[343] Adolf Merkl, Das doppelte Rechtsantlitz, (österr.) Jur. Bl. 47 (1918) 426, 465.

な計画を立てる場合でも、われわれの文化を全体として見通すことも、予言することも難しい[344]。それゆえ、法の実証性を解明することが再三にわたって試みられてきている[345]――この点について、たとえば、孔子は次のように述べている。

"国を治める者が命令を通して人々を導き、刑罰を科すことを通して社会の秩序を維持しようとすれば、人々は命令や罰則を逃れようとし、道徳意識を持たないであろう。もし国を治める者が物事の本質に備わっている力を通して人々を導き、礼節をもって社会の秩序を維持しようとすれば、人々は道徳意識を身に付けたことになろう（これこそが善と呼ぶものである）。"[346]

VI 目　　的

　言葉をめぐる諸問題について考えることは、われわれの場合のように、言葉と法との関わりが密接であることを強調する文化では、特に重要である。言葉が持っているさまざまな魔力はわれわれにとっては言葉をめぐる諸問題を考える上でよい手がかりにもなるし、同時に悪い手がかりになる恐れもある。「当初から目でみてすぐに分かるようなわれわれの実際の生活」は「言葉ではいくら飾り立てていても実態を反映してはいないように、言葉の誘惑」に簡単に陥りやすい。そのことを示す例として、われわれは「給付主義」（この言葉ははたして相続法にもあてはまるであろうか）と「計画経済」（この言葉が用いられる国で混乱が生じているのではなかろうか）の二つを挙げるにとどめよう。われわれは使われている言葉とその言葉が表す内容との間にある違いを往々にして見逃してしまいがちである。その理由は、言葉それ自体が持っている一種の覆いのようなものをわれわれが突き抜けることができておらず、その結果、定められた法を現実の生活に適合するものとしてそのまま受け取ったり、受け取るべきであ

---

344)　Eibl-Eibesfeldt, Die Biologie des menschlichen Verhaltens, München/Zürich 1984, S. 651.
345)　Naucke, Versuch über den aktuellen Stil des Rechts, Schriften der Hermann Ehlers Akademie, Bd. 19, Kiel 1986.
346)　Gespräche Bd. II, S. 2.

ると考えたりしているからである。また、われわれは、言葉で表されていることをそのまま事実であるとみなしたり、言葉が表している内容を「事実に反してそれ以上の内容を持つものとして受け取ったり」しがちである。たとえば、「Frieden（平和）」という単語を頻繁に口にする者は、ただそれだけで「Friedenskämpfer（平和のために闘う闘士）」であるとみなされている[347]。

法律家は言葉を用いることによって、一定の評価を生み出している。そうした評価に基づいて、逆に、法律家が用いる言葉の正当性が基礎付けられている。法律家が使う言葉は、沼地に落ちた自分を自力で助けるために自分の髪の毛を摑んで引き上げようとしたほら吹き男爵のミュンヒハウゼンのように、矛盾に満ちたものである。そのような例として挙げることができる最近の記事に、何もない広々とした土地に都市を作るというものがあった。

> "法律家が用いる言葉も、こうした悲惨な状態をもたらしたことに対しては、十分に責任がある。都市近くの、自然を多く残している地域は、法律家が用いる言葉では、ただたんに「平地」としか表現されていないし、近郊の村に住んで都市へ通勤する者に対する印象もたんに「その他の地域に住む者」としか表現されないし、骨休めになるすばらしい環境を持った地域でも、「Sondergebiet（特別地区）」といった背筋の凍るような名前を付けられている。このように、法律家が用いる言葉はものごとの実態を表しておらず、そのことによって、これらの言葉は実際にも死語になってしまっている。"[348]

自然はこのような法律「学」のあり方に対して、はたしてどのようなよい手がかりを与えているであろうか。

ドイツの法学者、カントロヴィッツは、解釈法学の中身が「言葉の学問」であることを示しながら、それでも、解釈法学は依然として「価値を扱う学問」であるべきだと考えている[349]。

---

[347] Edmund Husserl, Vom Ursprung der Geometrie, in: Husserliana, Gesammelte Werke, Bd. VI, Haag 1954, S. 365, 372.

[348] FAZ v. 14. 05. 1990, Nr. 111, S. 33.

[349] Kantorowicz, Rechtswissenschaft und Soziologie, in: Verhandlungen des ersten deutschen Soziologentages v. 19.–22. Okt. 1910 in Frankfurt am Main, Tübingen 1911, S. 275, 286. カントロヴィッツについては、Muscheler, Hermann Ulrich Kantorowicz, Berlin 1984; ders., Relativismus und Freiheit, Heidelberg 1984. 語の構成について参照されるのは、Bülow, Der Wortschatz des Ethischen und die Grundwerte – Diskussionen, Tübingen 1984.

"というのは、言葉こそ学問にとって最も危険な最大の敵であり、忠実さに欠ける下僕であり、思考における隠れた主人であるという点がまったく考慮されていなかったからである。"[350]

このように言葉をめぐって生じるさまざまな難しさは、解釈法学の場合、自然科学におけるよりもずっと大きい。というのは、言葉ではその内容を簡単に書き表すことができないし、どこでも言葉はそれを使う者が掲げる目的に応じて、それぞれに使い分けられているからである[351]。しかし、法においては、言葉それ自体を取り上げることが第一の目的となっている。その場合、言葉はしばしば、

"真実を表すためではなく、特定の利益を実現するために用いられている。"[352]

それゆえ、言葉を発する舌は、次のように言われている。

"不正の世界そのもの。"[353]
"法について述べるために、人は舌を必要としている——まさしく人は舌を必要としていたし、そのために、舌はねじれてしまった。"[354]

われわれ法律家は、普通、「言葉の意味を正確に反映せずに結果的に嘘をついてしまっているのではないかという心の負担」を感じている（参照されるのは、「角材がたわむことはないのにたわんでいるといったような嘘をつく（＝真っ赤な嘘をつく）」という言い回しである）。われわれ法律家は「法の内容を示す文言を認識することから出発して法の内容を認識すること」へと至っている。すなわ

---

350) Kantorowicz, Der Begriff des Rechts, Göttingen o. J., S. 19.
351) Josef Pieper, Was heißt Interpretation?, Opladen 1979, S. 17.
352) Kantorowicz (= Gnaeus Flavius), Der Kampf um die Rechtswissenschaft, Heidelberg 1906, S. 38; 参照されるのは、McCoy, Logic v. Value Judgement in Legal and Ethical Thought, Vanderbilt L. Rev. 23 (1970) 1277である。法律用語が人の心を動かす手段である点については、Weisberg, Legal Rhetoric Under Stress: The Example of Vichy, Cardozo L. Rev. 12 (1991) 1371.
353) 新約聖書ヤコブの手紙第3章第6節。
354) Sebastian Brant, Das Narrenschiff, 19. Kap. Vers 45-46.

ち、われわれは、法の内容を認識する際には法律に書かれた「文字を信用している」が、それでも、文字の内容を説明するときに「印刷された文字で示された内容に沿ってあからさまに嘘をついていること」[355]を十分に自覚している。「言葉はデルフィの神託のように曖昧なものである」と述べたのはドイツの詩人、ノヴァーリスであった——彼は法律家でもあったので、このことに気付いていたに違いない。

VII　現実との関連

　法が現実とどのように関連しているかという点は、ドイツ国内ではすでにわれわれ自身に固有の問題となっている[356]。法と現実とは往々にしてかけ離れてしまっている[357]。法はどこまでが擬制であり、またどこまでが本当であるのか、そして法は現実に対してどのように影響を及ぼしているのか。特に、法律用語が物を、そして具体的な事象を表示している場合、法律用語は確かに現実を示している。けれども、慎重に行動しなければならない——それは、上に述べた「具体的なもの」でさえも法においては「二重の根拠」[358]を持っているからである。たとえば、ドイツ民法典第857条を取り上げてみよう。そこでは、「占有は相続人に移転する」と定められている。この規定の内容はあたかも「事実」であるかのような印象を与えている。というのは、占有とは「物に対する事実上の支配力」だからである（ドイツ民法典第854条第1項）。しかし、事実的な関係がどうなっているのかということはドイツ民法典第857条では問題になっていない。どんな不幸が待ち受けているかについてまったく知らないような、「原始林の中に」いる相続人でさえも「占有者」となることがある

---

355)　参照されるのは、Broekmann, Text als Institution, in: Meyer-Maly/Weinberger/Strasser, Recht als Sinn und Institution, Berlin u. a. 1984, S. 145.
356)　Diederichsen, Recht und Rechtswirklichkeit – Stufen der Rechtsverwirklichung, FS 10 jähriges Bestehen Deutschen Richterakademie, 1989, S. 57.
357)　Ernst Fuchs, Recht und Wahrheit in unserer heutigen Justiz, Berlin 1908.
358)　参照されるのは、Josef Esser, Wert und Bedeutung der Rechts-Fiktionen, Frankfurt 1940; Lubbock, The Craft of Fiction, London 1965.

（これは相続人による占有という概念についての一種の擬制である）。この場合、事実的な物の支配はどこにあるのだろうか。民法典第857条は古典的な「言葉による操作」（わたくしはこれを「手品師の仕掛け」だとまで言うつもりはない）の一例である。というのは、民法典第857条は、占有という行為を介して、民法典第935条第1項および「紛失」を導き出しているからである。「紛失」は自由意思によらない占有喪失であって、占有喪失は善意取得（民法典第932条‐第934条）を原則的に排除している。

ドイツ民法典第1353条によると。婚姻は「auf Lebenszeit（死ぬまでの間）」締結される。同条が定めていることは、離婚率の高さを考えると、はたして本当なのだろうか。これよりももっとはっきりしているのは、ドイツ商法典第264条第2項第1文が規定する、擬制された事実の場合である。同文によれば、資本会社の年度末決算書は、「当該企業体の、事実的状況に対応した姿」を示すべきものとされている。それでは、何が年度末決算書における事実にあたるのか。年度末決算書に反映されているのは、さまざまな法律上の分類を表した言葉（所有権や債務）であり、純粋に頭の中で作り出されたものである。それゆえ、誰もこの純粋に頭の中で作り出されたものを実際に目で見たり手で摑んだりすることはできない。むろん、言葉で表現するときには、この「姿」という単語を強調することができる（上述の第1文の表現、「当該企業体の、事実的状況に対応した姿」参照）。つまり、年度末決算書は、このようにひとつの姿——この単語を用いることにはあらゆる面で疑問があるが——では表せないものを伝えることはできない。法律用語はたとえばドイツ民法典第932条の内容を「善意取得」と書き改めているが、このような場合にも、法律用語は事実を覆い隠してしまっている。そこでまずなされているのは、本当のところ、財産の没収である。というのは、従来の所有者がその所有権をその意に反して失っているからである。このように、ドイツ民法典は1枚のメダルが持っているこうした事実的側面を覆い隠してしまっている。

善意という表現が用いられている場合でさえも、法において表現された現実はもともとの事実からはかけ離れたものとなっている。そうした現実は後になってようやく「言葉」として表現されるようになるものであり、しかも時とし

て随分後になってから表現されている。この点が法において時間が問題となる場面である[359]。われわれはこの時間に関する問題の重要さを、日常語を通して、すでに知っている。というのは、日常語では往々にして、さまざまな古い概念が用いられていても新しい内容がそこに「隠されている」[360] ことがあるからであり（たとえば、「Abitur（ギムナジウム卒業資格試験）」、「Genossenschaft（協同組合）」、「Professor（教授）」などの言葉）、また新しい概念を用いて古い内容を飾り立てることもあるからである（たとえば、「Straftat（犯罪行為）」という言葉に代わる「abweichendes Verhalten（逸脱行動）」、「Atommülldeponie（放射性廃棄物処理場）」という言葉に代わる「Entsorgungspark（核廃棄物処理施設）」、「Abtreibung（堕胎）」に代わる「Unterbrechung（中絶）」などの言葉）[361]。これらの概念が現実を正しく反映していることは繰り返し実証されなければならないし、また、これらの概念は現実に適応したものでなければならない。そのためには、時間が必要である。

　われわれは、時間をめぐって生じるこのような問題から、法の分野でも、決して逃れることができない。法の条文に表現されていることは、せいぜいのところ、昨日の現実とでもいうべき過去のことにすぎない——そして人は同じ川の水に二度入ることはできない＝万物は流転する（ギリシアの哲学者、ヘラクレイトス）。社会の動きによって法の文言が生まれ、社会の動きに合わせて法の文言も書き換えられてきたが、そうした社会の動きそのものも変化している。法の文言は時代の動きと結び付けられており、それぞれの時代ごとに現実は異なっている。

---

[359] Hejl, Fiktionen im Recht und in der Literatur, in: Watzlawick/Krieg (Hrsg.), Das Auge des Betrachters, München 1991; Oksaar, Sprache als Problem und Werkzeug des Juristen, Archiv für Rechts- und Sozialphilosophie 53 (1967) 81, 106; Großfeld/Wessels, Zeit, ZvglRWiss 1990, 498.

[360] Roegele, Die Wirklichkeit überholt die Begriffe, Rheinischer Merkur Nr. 6, 02. 02. 1985, S. 3.

[361] Stürner, Das nicht abgetriebene Wunschkind als Schaden, FamRZ 1985, 753, 761.

VIII 沈　　黙

　人々は行動するときに一定のきまりに従っている。しかし、そうしたきまりはまったく意識されていないし、また言葉で語られることもない（たとえば、われわれが使う言葉にもわれわれが無意識のうちに従っているきまりがある）。言葉では往々にして最も重要なことが表現されていない。その理由は、最も重要なことが当然自明のことであり、言葉による表現を必要としていないからである（当たり前のことは言明を必要としない）。その場合、言葉では表されていない言葉の周辺部分にあるものがそこで使われている言葉を「意味あるもの」としている。アメリカのあるショッピングセンターでわたくしが目にした表現に次のようなものがあった。

　　　"禁煙。シャツと靴を着用すること。"

　ここでは喫煙だけが禁止されているのか。そして、その他のことはすべて許されているのか。また、身に付けていなければならないのはシャツと靴だけなのか。ほかのことはどうでもよいのか。このように、分かりきっていることは何も述べられていない[362]。

　このことは法律の場合にもあてはまる。法律は、いずれにしても人が何を「行っているか、また行っていないか」については何も述べていない。法律は、どちらかといえば過去に問題になったことおよびこれから問題になることについての基準を並べているだけである。法律はイメージや記号と広範囲にわたって関連しているが、あたかも沈黙の大海に投げ出されて漂っているようになんの手がかりも与えられていない中で、法律は自己の立脚点と活力を得ている。

---

362) Winter, The Upside/Down View of the Countermajoritarian Difficulty, Texas L. Rev. 69 (1991) 1881, 1885; George Steiner, Language and Silence, New York 1967; Wilhelm Schapp, Philosophie der Geschichten, 2. Aufl., Frankfurt/M. 1981, S. 269: "Vom stillen Sprechen"; Gabriel, Ritualisierung in säkularer Gesellschaft, Stimmen der Zeit 212 (1994) 3.

言葉で表された社会秩序と言葉では表されていない社会秩序との間にどのような関係があるかという点はそれぞれの文化において必ずしも同じではない。この点は、両者間の関係にかかっているし、どのような評価が言葉に与えられているかに全面的にかかっている——このことはわれわれが先に（前述68頁）みたとおりである。「争いごと」と対立する「教育」という言葉（「雄弁は銀、沈黙は金」、「負けるが勝ち」という言い回しもある——前述54頁）も、法の分野で言葉をどのように利用するかを変える可能性がある。

IX　ま と め

前述のように法を比較するにはさまざまな障害があるが、それでも、われわれは、法律用語に対して無力な存在ではない。言葉に関わるさまざまな分野や言葉が持っているさまざまな関連性を考え、そして、法制度を全体として眺めることによって——むろんわれわれは分野ごとに研究を進める必要があるが——、われわれは現実が法にどのように反映されているかを感じ取ることができる。

> "見通しがきくような説明が行われるならば、われわれが「関連性」を見出せるような箇所にちょうど存在するものを、われわれは正しく理解することができよう。"[363]

専門分野に即しつつもなお全体の関連性を考慮しながら想像力豊かに考えることが必要である。このことは法律学にもあてはまる[364]。

---

[363] Wittgenstein, Philosophische Untersuchungen, Frankfurt 1971, Teil I, Nr. 122. 参照されるのは、Paul, The Politics of Legal Semiotics, Texas L. Rev. 69 (1991) 1779; Cohen, Transcendental Nonsense and the Functional Approach, Columbia L. Rev. 35 (1935) 809 である。

[364] 狭義の実務法学を指摘しているのは、Heinz Müller-Dietz, Grenzüberschreitungen, Baden-Baden 1990; Posner, Law and Literature, Cambridge/Mass., London 1988; ders., Law and Literature: A Relation Reargued, 72 Va. L. Rev. (1986) 1351, 1374; Richard H. Weisberg, Entering with a Vengeance: Posner on Law and Literature, Stanford L. Rev. 41 (1989) 1597; Delgado/Stefancic, Norms and Narratives, Texas L. Rev. 69 (1991) 1929; West, Adjudication is not Interpretation, Tenn. L. Rev. 5 (1987) 203; Mann, The Universe of the Library, Stanford L. Rev. 41 (1989) 959.

さらに、生活経験もこれに付け加えられなければならない。というのは、法律学では、生活経験によってしか「豊富な経験に基づく判断力」（ドイツの哲学者、ヘァマン・リュッベ）は得られないからである。われわれ法律家は確かにいつでも「理論の世界」と「実務の世界」[365]との間でどちらを重視すべきか揺れ動いているが、それでも、実態に即して研究すること、人間や物事に対する親愛の情を持って研究することがわれわれの行動の基盤であることをわれわれは十分に自覚している。「Da mihi facto – dabo tibi jus（われに事実を述べよ——そうすれば、我はなんじに法を与える）」——この裁判官の言葉は訴訟手続に関する原則という以上に、多くの内容を表している。というのは、この原則が法律学の基礎を成しているからである。現実を伝える上で人々に信頼感を与えることができないような法概念は危険なものである。たとえば、「Genossenschaft（協同組合——社会主義政党の党員を表すGenossenという意味はもはやこの言葉には含まれていない）」[366]や「Volksdemokratie（人民民主主義——共産党による単独支配の実態はこの言葉に反して民主主義ではなかった）」といった概念がその好例といえよう。

このように、現実のありようが、われわれがどのような言葉を使うべきかを決める決め手となっている（「存在しているということに幸せを見出す」——ゲーテ）。実生活に即したものの見方の方が法の文言に即したものの見方よりもずっと重要である。

> "岩壁よ。汝自身は何も知らないであろう、
> 人々がその岩壁について何を語っているかを。
> そして、岩壁はいつでも、その身を持ちこたえようとして、
> ひたすらにそれなりの規模を維持しようとする。"
> 　　　　　　（フランスの詩人、ウージェーヌ・ギルヴィッチ）[367]

---

[365] Lampe, Richterliche Überzeugung, FS Pfeiffer, Köln u. a. 1988, S. 353, 358.
[366] これについては、Jäger/Großfeld, Wohnungsbaugenossenschaften im Wettbewerb, Tübingen 1981; Großfeld/Jäger/Lenfers, Tradition und Zukunft im Genossenschaftsrecht, in: Bonus/Großfeld/Jäger (Hrsg.), Die Genossenschaft im Spiegel des Rechts, Münster 1989, S. 73.
[367] Eugène Guillevic, Gedichte, Stuttgart 1991.

第 8 章　法 の 比 較

　これまでの説明によって、われわれの出発点がどのような状況にあるかを読者は確認することができたことであろう。われわれは、いよいよこれから、法の比較に移ることにしよう。

I　先 入 観

　ここでの問題性は、われわれが未知の社会秩序をみるときに、われわれの社会経験やわれわれの母語、それにわれわれの母語によって得られる理解、これらの「メガネ」を通して未知の世界の社会秩序をみるという点にある[368]。われわれは異国の貝殻に耳を近付けて音を聞こうとしても、そこで聞こえてくるのは自分自身の鼓動であって、決して大洋の波の音ではない。それでは、未知の記号にはどのような内容が含まれているのだろうか。われわれの母語について確かめられているようなさまざまな解釈方法をほかの言葉やほかの記号システムについても用いようとすれば、われわれは道を誤ることになろう。
　特に危険なのは、われわれが外国のさまざまな記号を外部に現れた形式どおりの内容を持つものとして信じ込んでしまう場合である。外国の記号が示す外部的形式とその内容とははたしてまったく同一なのであろうか。外部的形式と内容との間にはどのような関連性があるのか。沈黙はどのような状況を表しているのか。ある特定の記号で考えられているのは具体的事象か抽象的事象か、また事実的なことかそれとも観念的なことか。ある特定の記号はある規律の内容がどのようなものであるかを見せかけているだけ（たとえば、「西洋」の尺度を考えよ——西洋の尺度が中国や日本でも部分的には同様に尺度となっているとはたして

---

[368]　参照されるのは、Todorov, Die Eroberung Amerikas, Frankfurt/M. 1985; Weir, Die Sprachen des europäischen Rechts, ZEuP 1995, 368, 373 である。

言えるのだろうか）なのか、それとも、たんなるレトリックとして人々に影響を与えているのか[369]。

このような誤解を犯す危険性は、法を比較する場合には、特に大きい。というのは、われわれはここでもまた、当たり前のことであるが、個々の単語に注目しているからである。われわれが最初に手を付けるのは、法源としてのテクストの文言である。法を比較するときのヨーロッパのスタイルは、外部から判断できるその文化的な特徴に即していうと、まさに「言葉を前提としたもの」であり、いいかえれば「言葉を信頼したもの」である——このことはわれわれがすでにみたとおりである。しかし、他の文化の場合、このようなやり方は、はたしてどの程度、当てになるのだろうか。われわれが法律用語や法の文言のもとにとどまっているならば、おそらくわれわれは未知の世界の社会秩序を誤解してしまうことになろう。というのは、言葉は、外国では、われわれの場合ほどには「秩序付ける」力を有するものとはみなされていない場合があるからであり、また言葉と現実との関連性がヨーロッパのそれと異なる場合もあり得るからである[370]。それならば、われわれはどのようにして自己の立脚点を決めることができるのだろうか。

II 警　告

少なくとも、われわれは、われわれヨーロッパ文化において考えられている一定程度の「言葉への信頼」がただちに他の文化でもそうであると期待してはならないであろう[371]。それゆえ、「言葉への信頼」を基盤とする法の比較は、とりわけ比較の対象が「言葉を信頼しない」文化であるときは、限界にぶつか

---

369) 参照されるのは、Hagen Keller, Die Aufhebung der Hörigkeit und die Idee menschlicher Freiheit in italienischen Kommunen des 13. Jahrhunderts, Johannes Fried (Hrsg.), Die abendländische Freiheit vom 10. zum 14. Jahrhundert, Sigmaringen 1991, S. 389 である。
370) 前述56頁。
371) 前述83頁。

ることになる[372)]（かつて社会主義国であった東欧諸国において言葉を信用した者がそもそもいたのだろうか）。その上、母語と異なる言葉を母語に正確に書き換えることができる場合もあれば、双方の表現がどちらかといえばたんに「調子を合わせているだけ」かもしれないといった場合もある。どちらにしても、未知の世界の言葉の内容を理解することは、母語で書くときと比べれば、さほど正確とは言えないであろう。

  "中国語は、概念を記録したり思想を分析したり教義を論理的に説明したりするのには、明らかに、適していない。むしろ中国語は、全面的に、感情的な考え方、一定の行動様式の示唆、確信や回心、これらを伝えるための手段として作り出されたものである。"[373)]

われわれは法を比較する場合に、「何かを伝える言葉」を理解しようとすれば、それぞれの文化が持っているコード全体を知らなければならない。法を比較するためには少なくとも次のことが当てはまる。

  "わたくしは、言葉をそれほど高い価値のあるものとして評価することはできない。"
  （ドイツの作家、ゲーテ『ファウスト』第一部）

すでにわれわれが手がかりとして用いてきた「言葉」や「法の文言」に価値を置く場合でも、われわれはこのように注意深く行動しなければならないし、たんにそうするだけでなく、かなり注意深く行動しなければならない。

すでにみたように、われわれがさまざまな行動規範を意識する場合、言葉に注意が向けられる場面はいつでもごく一部分だけでしかない。最も重要なことは往々にして「行間」にあり、また「単語と単語の間」[374)]にある。複数の単

---

372) 前述54頁。
373) Granet, Das chinesische Denken, München 1963, S. 58; 参照されるのは、Scogin, Between Heaven and Man: Contract and the State in Han Dynasty China, Southern California L. Rev. 63 (1990) 1326; Parker, Law, Language and the Individual in Japan and the United States, Wisconsin Intern. L. J. 7 (1988) 179である。
374) 参照されるのは、Hilde Domin, Lyrik であり、これを収録しているものとして、Reiner Kunze (Hrsg.), Über, o über dem Dorn, Frankfurt/M. 1986, S. 122である。

語の間の、何も述べていない中間のスペースがどのような意味を持っているかという点はそれぞれの文化によって大きく異なっている。どの単語もいわば沈黙という「大海」を「漂っている」。どの単語も、沈黙という名の、たったひとつの共通の背景と関連している[375]。われわれが外国語の文言を読む場合、往々にして、われわれはこのようにわれわれのものとは種類を異にした沈黙を感じることができていない。むしろわれわれは母語の文言に固有の「述べられていないこと」を外国語の行間に読み込んでしまい、その文言をまったく異なる意味的関連性の中に持ちこんでしまっている。それゆえ、外国語による法の文言を読んでも、われわれは往々にして間違ったイメージを得ている。このような場合には、誤解があらかじめプログラムとして組みこまれてしまっている。

こうした誤解を避けようとすれば、われわれはそうした法の文言を取り巻く状況を正しく認識しなければならない。しかしながら、われわれはそうした未知の世界の状況を、偏見を抱かずに、みることができない。というのは、どの社会システムもそれを観察する者に固有の見方を反映して、独自の見方で観察されているからである。自然科学において行われているように、われわれが社会的現実に注意を向けてみているか否かにより、われわれの目に入る社会的現実の姿も異なっている[376]。

"現在行われていることが何であるかは、われわれがそこで行われていることをどのように観察しているかという点に左右され、少なくとも、われわれがそこで行われていると観察していた事実に左右される。"[377]

たとえば、「ある社会秩序の惨状」といった否定的表現は、そうした社会秩序を教え込んだり発展させたりしようとしている書物の中には、その社会の内部的慣行からみても、ほとんど見出すことができないであろう。われわれが書

---

375) D'Amato, Aspects of Deconstruction: The Failure of the Word "Bird", Northw. U. L. Rev. 84 (1990) 536, 539.
376) Heisenberg, Physik und Philosophie, Berlin 1984, S. 35; Großfeld, Konzernpublizität im deutschen und europäischen Recht, RabelsZ 49 (1985) 257.
377) Heisenberg a. a. O. 34.

物で読んだ内容がそのまま実務で行われているといった例もごくまれにしか存在しない。それゆえ、われわれはいつでも、説明されたことが本当にそうであると誤解したり、効力を失った法をあたかも効力がある法であるかのように誤解したりする危険性に直面している。

III　言葉の独自性

　上述のほか、法を比較することができるか否かの判断に際して重要となるのは、言葉が他の諸要素に対してどの程度独立しているかという点である（前述68頁参照）。言葉はそれ自体固有の価値を有するか（法治国家）、それとも権力者の手中にあるひとつの手段にすぎないのか。われわれドイツの場合には、言葉は原理的に国家の成立以前から存在していた。すなわち、社会によって名前が与えられている（「人々はすべての家畜に名前を付けた」[378]、「vox populi, vox dei（民の声は神の声）」）のであって、国家が言葉を使って概念を支配しているわけではない（参照されるのは、ドイツ基本法第5条である）。「カエサルは文法家を越えた存在ではない」と廷臣マルケルスは第2代ローマ皇帝ティベリウス（紀元前42年-紀元37年）に対して答えたことであろう。別の言い方をすれば、おそらく、「わが皇帝よ、御身が人々に与えることができるのは市民権であって、言葉ではない」ということになろう。なるほど、こうした考えに異議を唱えることができないわけではない（参照されるのは、たとえば、独裁体制のもとで行われていた「言葉に関する規制」や社会主義の特殊な経済体制のもとで行われていた言葉による操作である）が、それでもこの点についてヨーロッパには基本的な合意がある。

　中国の事情はこれと異なっている。中国最初の中央集権国家、秦の初代皇帝、始皇帝（紀元前3世紀）が建てた碑には次のような文章が刻まれている。

> "皇帝はあらゆる物事を規律し、あらゆる行動を調査した。皇帝はあらゆる物事に対して適切な名前を与えた。"[379]

---

378)　旧約聖書創世記第2章第20節。
379)　Erwin Wickert, China von innen gesehen, 3. Aufl. Stuttgart, 1982, S. 251.

政治的な権力を有する者は、何が真実であるかを決定し、みずからが言葉を規律することができるか、またそうしてもよいかをすべて決定する。いかなる言葉もいかなる法律も、またいかなる権利も、そのような権力者に対してはまったく無力である[380]。物事に名前を付けることができる者のみが物事を支配する。ドイツの作家、エルヴィン・ヴィッケルトは次のように述べている。

　"宰相、趙高は、王位を奪おうとして、自分がどれだけの力を持っているかを試した。彼は皇帝に対して一頭の鹿を見せながら、「わたくしは皇帝陛下にこの馬を献上致します」と述べた。すると皇帝は笑ってこう言った。「それは言い間違いではないのか。宰相よ。あれは馬ではなく、鹿である」と。しかし、皇帝の周りにはべる官吏や廷臣たちが皇帝に同意している様子を確かめようとして、皇帝が彼らを見渡したとき、笑い声が急に止んだ。彼らは真剣な表情をして、一心不乱に考えた。幾人かは、その動物が実際のところ、どこかある点では、そしてどこからその動物を観察するかによって、馬に全然似ていないわけでもないと思った。また他の者たちは、それが馬であるか鹿であるかの判断を下すことができなかった。それでも、何人かの者たちは、ためらうことなく、鹿が持っている本来の特性をその動物に見出し、それは鹿であると率直に答えた。宰相は、皇帝に同調して鹿であると答えた者たちを処罰させた。
　この事件は第2代皇帝の支配の終わりを意味した。というのは、第2代皇帝はもはや物事に対して名前を付けることができなかったたからである。皇帝は物事を支配する力をすっかり失ってしまっていた。支配力は、皇帝に毒を煽るように強いた宰相の手に移り、その結果、この王朝は途絶えた。"[381]

Ⅳ　現実との関連

とりわけわれわれに分からないのは、われわれに未知の言葉を用いて現実を呼び出すにはどのようにすればよいかという点である。

　"どの単語にも魔力が秘められている。どのような魂を呼び出すかに応じて——それに応じた魂が姿を現す。"[382]

---

380)　Stephan Puhl, Gesetz und Recht sind und waren China fremd, FAZ v. 09. 04. 1990, Nr. 84, S. 12.
381)　Wickert (前注379).
382)　Novalis, Werke und Briefe, Winkler, München o. J., S. 458.

どの文化もどこか異なった魂を呼び出しており、それに応じて、返ってくるこだまも違ったものになる。

　法律の文言がまったく同じ言語でまったく同じに書かれている場合でさえも、その適用結果が違うことがある。たとえば、フランスとベルギーにおけるCode civil（民法典）の解釈に部分的な違いがあるという点はその古典的な例であり[383]、ドイツ連邦共和国と旧ドイツ民主共和国におけるBürgerliches Recht（民法）の運用の違いも悲惨な一例である。というのは、定められた法の文言が同一だからといって、法の運用も同一になるとは限らないからである[384]。

V　同一性

　さまざまな関連性が相互にどのような関係にあるかについて体系的に整理し全体を概観できるようにすることは、法を比較する場合にも、必要不可欠の学問的課題である。体系的に整理することは、われわれにとっては、「同一とは何かを認識すること」[385]を意味する。「法適用の同一性」は、それゆえ、われわれにとっては、「正義の中核を成すもの」とみなされている（英語の「equal justice under the law（法の下の平等を実現することが正義である）」という表現がそれに当たる）[386]。しかし、われわれはここでも言葉が持っている障壁に遭遇する。というのは、言葉によって取り上げられるのはある特定の部分に限られ、その特定の部分を通して得られる「同一性」しかそこでは作り出されていないからである。言葉はわれわれに対して、ためになるとか公正であるとかということが何を意味するかを伝えている。

> "これに対して、言葉は、何が有益であり何が有害であるかを伝えることに、そして、何が公正であり何が公正でないかを伝えることにも用いられている。"
> 　　　　　　　　　（古代ギリシアの哲学者、アリストテレス『政治』）

---

383)　Holldack, Grenzen der Erkenntnis ausländischen Rechts, Leipzig 1919, S. 133, 289.
384)　Holldack, (前注383) S. Ⅵ, 47, 95-99.
385)　Heisenberg, Physik (前注376) S. 44.
386)　BVerfGE 54, 277, 296. そこで言及されているのは、旧約聖書レビ記第19章第15節である。

われわれが使う「Spannung（張りつめている状態）」というドイツ語は、精神活動に関わる領域（たとえば、「Ich erwarte mit Spannung（わたくしは緊張しながら待ち受けている）」）についても電流（たとえば、「Hochspannung（高圧）」）についても用いられている。われわれは、このように表現することによって、どのようになっているのか曖昧な現実の中から同一性と関連するものを作り出している。われわれが「自然人」と「法人」という概念を介在させて——たとえ「自然人」が目にみえるものであり、「法人」が目にみえないものであるという違いがあるにせよ——人間と財産とを同一化する場合にも、これに類似した作用がみられよう。

　言葉にはこのように同一性を成立させる働きがある。「das Gleich-Bezeichnete（同一であると表示されたもの）」が「同一性」の中に「gleichartig（同種のもの）」として現れている。

> "それぞれの単語の中に組みこまれている特定の要素が互いに同一であるとみることは、それぞれのものの見方に内容として含まれている、その要素以外の部分に示されている異質性をすべて、より一層、後退させることとなり、しまいには、それをまったく視界から消し去ってしまうことになろう。それゆえ、ここでも、同一性を示す部分が全体にとって代わるだけでなく、それ以上に、その部分が全体に変形したり、その部分が全体それ自体と同視されたりすることとなる。"[387]

　このことを示すラテン語の「pars pro toto（一部が全体の代わりに）」は、言葉を用いて行う隠喩や同一性を成立させる場合の基本原則としてよく知られている。たとえば、「fliegen（飛ぶ）」＝「Vögel（鳥：複数形）」、「Rußland（ロシア）」＝「（かつての）UdSSR（ソビエト社会主義共和国連邦）」、「Holland（オランダ王国の一地域でしかないホラント）」＝「Niederlande（低地、オランダの正式名称）」、「England（英国の一地域でしかないイングランド）」＝「Vereinigtes Königreich（連合王国）」、これらの組合せがそうであるが、本来はひとつの部分の名称でしかないものが全体を示す言葉として用いられている。言葉は、このように部分を取り上げることによって、「異なった」対象物相互の間にひとつの共通性を成立させている（「等価性の原則」）。これにより、個々の部分が当該部分を除く全体を「同一のも

---

[387]　Cassirer, Sprache und Mythos, Leipzig u. a. 1925, S. 77.

の」として結び付けてしまっている。どんなに大きく異なる内容であっても、

> "言葉の上では同一であるとして取り扱われる可能性があり、その結果、どのような言明も、それ自体はある特定のことについてしかあてはまらないのに、その他のことにもあてはめるために拡張して用いられ、その結果、その他のことにもあてはまるものとして転用される可能性がある。"[388]

これとは逆に、言葉が、複数のものの間に同一性という点で関連性があるという認識を妨げることもある。たとえば、ドイツ法の「Sicherungsübereignung（譲渡担保）」という表現は、この言葉が示すような、（禁止されている）「besitzloses Pfandrecht（占有を欠く質権）」（ドイツ民法典第1205条）には当たらないし、ドイツの政党名である「PDS（Partei des Demokratischen Sozialismusの略語）（民主社会党）」とその前身である旧東ドイツ時代の党名「SED（Sozialistische Einheitspartei Deutschlands）（ドイツ社会主義統一党）」との間にも同一性はない。「ungeborenes Kind（生まれていない子供）」と言う代わりに「Embryo（胎児）」という表現を用いることによって、「Abtreibung（堕胎）」という行為が「緩和され」ている（「Abtreibung」という言葉は、この言葉の意味からは、「Kindstötung（嬰児殺し）」には当たらない）。このように、言葉は同一性があるとかないとかを決めており、そして人の生死をも決めている。

言葉だけでなく、その際に使われる言語も違えば、そのつど、同一性の内容についてもまったく別のものが作り出されることとなる。たとえば、いくつかの文化では、蝶は鳥類に分類されている。というのは、蝶も鳥と同じように飛ぶからである（参照されるのは、われわれドイツの「Sonnenvogel（相思鳥）」と英語の「butterfly（蝶）」である）[389]。われわれが外国の評価基準を理解しようとすれ

---

[388] Cassirer, a. a. O. S. 77.
[389] Tschirch, Weltbild, Denken und Sprachgestalt, Berlin 1954, S. 80. 参照されるのは、Bourcier, L'argumentation et définition en droit, ou Les grenouilles sont-elles des poissions?, Langage 42 (1976) 115; ders., L'information et signification en Droit, Langage 53 (1978) 9; Ogden/Richards, The Meaning of "Meaning", London 1923; Le Roy, Legal Paradigm and Legal Discourse: The Case of the Laws of French-speaking Black Africa, Int. J. of the Sociology of Law 12 (1984) 1; Lenoble/Ost, Droit, Mythe et Raison, Brüssel 1981; Carzo/Jackson, Semiotics (Hrsg.), Law and Social Science, Reggio u. Rom 1985である。

ば、われわれは「同一性」にも違いがあることを嗅ぎ付けなければならない。

このことに付随して、それぞれの文化が同じように正義の要請として同一の取扱いを考えていながら、それでいて同一性の取扱いに関する評価の仕方が文化により異なっているという状況が生まれている。言葉で強調される対象には、同一性（英語の「you」はすべての二人称に対して用いられている）もあれば、距離感（ドイツ語の二人称「Du」と「Sie」との使い分け）もあり、また非同一性（ドイツ語の三人称単数の人称代名詞「er」）もある。このことを通して、言葉は、何が「自然である」かについてのイメージを形作っている。その上、同一性の原則——特に「機会均等」の原則という意味でのそれ——は、家族や集団における思考にはなじまない。というのは、家族も集団もともに、同じように「自然なもの」であり、同じように「公正なもの」であり、そして同じようにそれぞれの構成をみずから決定するものだからである。家族の中で家族の一員を優遇することは道徳的に要請されていることであり、なんら道徳的腐敗にはあたらない。

VI　抽象的表現と具体的表現

われわれは、抽象的な表現を好んで用いる言葉と具体的な物事を強調する言葉との区別があることにも留意しなければならない。たとえば、中国語には「Greis（翁）」を直接的に表す単語はないが[390]、年齢の点からみると、きわめて多くの表現がある。これと同様に、日本語にも、「美しさ」や「正義」を示す一般的な概念が欠けているようにみえる。概念を抽象化すればするほど、内容が違うものでも同一性という観点で結び付けることができるようになる。もっと言えば、同一性は抽象的な言葉の中にしか存在しない。言葉が抽象的であればあるほど、対象物が「同一である」度合いも高くなる。

このように言葉に着目して得られる相違点から、われわれの法とは対極のも

---

390)　Granet, Das chinesische Denken（前注373）S. 22.

のが作り出されることがある。われわれがそうした対極にあるものを取り上げようとすれば、確かにわれわれは忍耐強くそれをわれわれの言葉で簡略化することはできるであろうが、決してそれをうまく片付けることはできない。このようにして、われわれはまたもや、法律用語は現実を捉えているか否か、どの程度捉えているのかといった問題に直面することとなる。

"たとえば、まったく同一の概念や単語が二つの異なる言語体系の中に見出される場合において、それらの概念や単語同士の結び付きに関する定義が異なっているとき、われわれはそれらの概念が現実を表しているということを一体どの範囲で言えるのだろうか。"[391]

VII その他の記号システム

われわれは時として言葉を言葉それ自体として認識していないことがある——というのは、われわれはある特定の記号が言葉を意味するとは考えていないからである。われわれドイツの場合でさえ、口頭で述べられている言葉の他に、われわれが概して聞き逃したり見逃したりする言葉がある。それとして挙げられるのは、たとえば、雰囲気が言葉としての役割を果たす場合 (Duftsprache) (このことはデパートの大きな売り場における陳列の仕方の例で証明されている) であり、子供たちが郵便切手を収集する場合によく使う符丁のような言葉である。また、このような例として挙げられる色使いを表す言葉には、カトリックのミサにおける礼拝の儀式にみられるそれ (赤は殉職者を表し、紫色は灰の水曜日から復活祭前日までの日曜日を除く40日間を意味する四旬節を表す) や交通信号 (赤は停止、緑は進行、黄色は注意) がある。これらに基づいて生まれるのが、「口頭表現としての言葉」以前に存在するコミュニケーション方法である。たとえば、目

---

391) Heisenberg, Physik (前注376) S. 76.

や顔の表情などを用いる身体言語や身振りによるジェスチャー[392]、中世にみられた色や数で表される言葉[393]、アフリカのバントゥー民族にみられた色や数を表す言葉[394]がそれにあたる。

　これらの言葉は口頭で述べられる言葉よりもずっと強い影響を及ぼすことがある（手をパタパタ動かして「鳥」を示すこと、相手を馬鹿にしたり自分の失敗を照れ隠ししたりするために舌を出すこと）。これらのやり方は受け手に対して口頭で述べる単語よりもずっと多くの内容を伝えることができる[395]。というのは、これらのやり方は、そこでの表現が示す内容を表情、叫び声、演技と結び付けているからである。カトリックのミサにおける礼拝の儀式（これはわが民族の典型的な行動である）で用いられているジェスチャーは、しばしば、言葉で述べる以上に多くの内容を含むとともに、言葉で述べる以上に強く人々を拘束する力を持っている――それでも、そうしたジェスチャーが何を意味しているかを「解読すること」はわれわれにとってもしばしば難しい[396]。

---

392) Maiworm, Menschliche Geruchskommunikation, Münster 1994; Barkei, Nonverbal Communication from the Other Side = Speaking Body Language, San Diego L. Rev. 27 (1990) 101; August Nitschke, Körper in Bewegung, Stuttgart 1989; Bremmer/Rodenburg, A Cultural History of Gesture, Ithaca N. Y. 1991; Schmidt-Wiegand, Gebärdensprache im mittelalterlichen Recht, in: Frühmittelalterliche Studien (Karl Hauck Hrsg.) 16 (1982) 363; ders., Mit Hand und Mund, ibid. 25 (1991) 283; Rudolf Suntrup, Die Bedeutung der liturgischen Gebärden in der lateinischen und deutschen Literatur des 9. bis 13. Jahrhunderts, Diss. Münster 1976; Stagl, Ritual, Zeremoniell, Erikette: Formen der Verhaltensnormierung, Jahrbuch f. Völkerkunde 13 (1990) 7; Dinges, Der feine feine Unterschied, Zeitschrift f. Historische Forschung 19 (1992) 49.
393) Albrecht, "Jüngerer Titurel", Ethos und Magie der Brackenseilschrift, in: W. Haug (Hrsg.), Literaturtheorie im deutschen Mittelalter, Darmstadt 1985, S. 355; Großfeld, Zeichen und Zahlen im Recht, 2. Aufl., Tübingen 1995.
394) Wickler/Seibt, Liebesbriefe in Farben, Spektrum der Wissenschaft, Sept. 1990, S. 124.
395) Schmidt-Wiegand, Gebärdensprachen (前注392) S. 377.
396) Dormon, Ethnic Semiosis in American Popular Culture 1880-1910, Semiotica 83 (1991) Heft 3/4.

VIII　婉　　曲

　われわれが言葉の内容をよく認識できる場合でさえも、その言葉が未知の物事を表す上で婉曲に使われることがある。このことをよく示している例は、アメリカ合衆国南西部に住むプエブロ・インディアンのひとつであるホピ族と隣接地域に住むプエブロ・インディアンのテワ族（タノ族）との関係である。ホピ族の男がテワ族の女と婚姻する場合、ホピ族の男たちは、しばしば、違う部族である妻の家族の中で暮らしている。男たちは、たとえテワ族の言葉を理解していても、決してテワ族の言葉を話さない。

> "こうした現象がみられる原因は、明らかに、ホピ族がテワ族による「呪い」の存在を信じ、またそれを信じ込んでいるという点にある。両者の間で何回か深刻な軋轢が続いた結果、テワ族は、こうした行動により、自分たちの言葉や生活方法に関する知識をホピ族に対して「閉ざして」しまった。その結果、当時のホピ族とその子孫たちはテワ族の言葉やテワの儀式のきまりを習得することがまったくできなくなったが、逆に、テワ族はホピ族のそれらを習得することができた――こうして、ホピ族はテワ族に依存して生活するようになった。テワ族は自分たちの個性を重視しており、この点でテワ族にはホピ族との間に際立った違いがある。そのためにテワ族が採った主要な手段は、まさしく自分たちに固有の言葉を維持し続けることであり、そしてホピ族がテワ族の言葉を習得できないようにすることである。これら二つの部族の間で文化の本質に一致がある場合、われわれは、両者間の違いを示すために、言葉の違いを際立たせたり、民族的な特徴の違いを意識的に強調したりしてきた――このことは、これら二つの部族間で双方向の婚姻関係が頻繁に行われているにもかかわらず、そうである（1960年には、婚姻全体のほぼ半数がそうであった）。"[397]

　われわれは日本で「ガイジン」、すなわち外国人に対して取られている態度をこれに似た例として見出すことができる。われわれにとって紛らわしい日本の独特の文字も、外国人に対する防波堤として作用していることであろう。外

---

397) Narr, Kulturelle Vereinheitlichung und sprachliche Zersplitterung: Ein Beispiel aus dem Südwesten der Vereinigten Staaten, Studien zur Ethnogenese, Opladen 1985, Bd. 1, S. 57, 96.

国人が日本についてより知識を深めることは日本人にはかえって失礼に当たるのかもしれない。一般にあてはまることであるが、どのような文化もその文化に属していない人々に対して自分たちの文化の最も内面にあるものを開放しようとしたり、その文化に属している人だけがそうであると分かるような秘密のコードを明らかにしようとしたりすることはない[398]。

IX 法の内容の実現

このほかにも、法の内容がどのように実現されているかという問題を付け加えることができよう。文化はいろいろな言葉によって示された内容のもとにじっと立ち止まったまま、変わらずにいるものなのか。文化は言葉により表されている内容をはたして実現しているのだろうか。言葉で書き表されている法ははたして「死んでいる」のか、それとも「生きている」のか。法に従うことははたしてやりがいのあることなのか。また、違法な行為を行うことには何か都合のよい点があるのか。これらの点について考えることは、法が及ぼす影響について研究することを意味しよう。われわれは、社会秩序の比較を意味する法の比較においても、こうした研究を放棄することはできない[399]。

われわれがわれわれの文化からみて遠く離れた文化に属する未知の世界の法を学ぼうとする場合、われわれは何に手を付ければよいのか。われわれに気がかりな問題はこの点である。

> "というのは、文化的にみて重要な意味を持つわれわれの生活事象はすべてたった一回限りのものである。一回しか行われないというのが現実である。現実の法がどのようになっているかは、たとえ説明用の板の上に書かれているものがすべて同じであったとしても、地球全体を通してみると、まさしくそうした特定の色合いを持つものとしてただ一度しか見出すことができないものである。というのは、どのような規範も、それが現実に行われているといえる場合には、人々によって経験され

---

398) Mühlmann, Ethnogenie und Ethnogenese, ebd. 9.
399) Hall, Comparative Law and Jurisprudence, Buffalo L. Rev. 16 (1966/67) 61; Vanderlinden, Civil Law and Common Law Influences on the Developing Law of Ethiopia, ebd. 250.

ていなければならないからである。"[400]

われわれはどのようにすればそのような経験を追体験することができるのだろうか。

X 翻　訳

われわれが理解可能な外国語に依拠する場合でさえも、われわれは、わたくしが母語について述べたようなさまざまな障害に行き当たる。そうした障害は、外国においてその外国語で比較が行われる場合には、母語の場合よりもずっと大きなものとなる。というのは、どの言葉でもひとつの概念を表現する場合にその概念に含まれている感情的内容には違いがあるし、その概念に対してまったく別の内容が割り当てられることがあるからである[401]。たとえば、ドイツ語の「selbstbewußt（自己を意識した）」という単語をその意味に照らして英語に文字通り翻訳すると「self-conscious（自意識の強い）」となるが、この英

---

[400] Holldack, Grenzen der Erkenntnis（前注383）S. 3f.; 参照されるのは、Schregle, Sprachliche Überlegungen zur Arbeitsrechtsvergleichung, RdA 1989, 255; Ersch, Auschauung und Begriff. Die Bewältigung fremder Wirklichkeit durch den Vergleich in Reiseberichten des späten Mittelalters, Historische Zeitschrift 253 (1991) 281 である。

[401] Eva Hoffmann, Lost in Translation, New York 1989; Münch, Ausländische Tenorierungsgewohnheiten kontra inländische Bestimmtheitsanforderungen, RiW 1989, 18; Heinz Hübner, Sinn und Möglichkeiten retrospektiver Rechtsvergleichung, FS Kegel, Stuttgart u. a. 1987, S. 235; Mincke, Eine vergleichende Rechtswissenschaft, ZVglRWiss. 83 (1984) 315; Hyland, Babel: A She'ur, Cardozo L. Rev. 11 (1990) 1585, 1596. 翻訳に関する問題点については、Philipp Heck, Übersetzungsprobleme im frühen Mittelalter, Tübingen 1931; Oksaar, Sprache als Problem und Werkzeug des Juristen, Archiv für Rechts- und Sozialphilosophie 53 (1967) 91, 126; Chiba, The Unofficial Jural Postulates Underlying Attitudes Towards Law, Zeitschrift für Rechtssoziologie 3 (1982) 59; Rokumoto, Legal Problems and the Use of Law in Tokio and London, Zeitschrift f. Soziologie 7 (1978) 228; Kramer, Zum Problem der Definition des Rechts, Österr. Zeitschr. f. öff. Recht 23 (1972) 105; J. L. Weisgerber, Vom Weltbild der deutschen Sprache, Düsseldorf 1950, S. 40; Kimura, Das Christentum als Sprachproblem in Japan, München 1986.

語をふたたびドイツ語に翻訳し直すと、「self-conscious」には「内気な」という意味もあるために「schüchtern（内気な、おずおずとした）」になることがある。またわたくしは日本で一度「Opas IPR（国際私法の古臭い創始者）」について批判的に取り上げたことがあった。しかし、この「Opa」という言葉を文字通りに日本語へ翻訳し「創始者」と書くと、その表現には肯定的な意味が含まれることになる（というのは、日本では、古いことは良いことだからである）。わたくしは、当時、この「Opa」という表現を使わずに済ませなければならなかった。

異なる文化の間では、われわれは同義語を見出せない。この点については、次のような表現もみられる。

    "二つの異なる言語に属する二つの単語がまったく同一の意味を有するなどと信じ込むことは、まったくの空想でしかない。"[402]

どの単語もどの文もどの文章も、たったひとつのものでさえ、その全体をみることによって初めて理解することができるようになる。それを実行できる範囲はいつでもごく限られている。というのは、相異なる二つの言葉の間にはまったく同じ思考経路はないからである。

このようにみると、翻訳に携わる者が翻訳しようとする原典の著者の思考と同じ経験をするチャンスは往々にしてごくわずかなものでしかないことが明らかになろう。

    "それでも、現実の世界が、広範囲に亘って無意識のうちに、当該集団が持っている言語慣用を介して作り出されているというのが、本当のところであろう。互いに十分に似ている二つの言語を取り上げるにしても、まったく同じ現実を表しているといえるような二つの言語を示すことはできない。どんな世界にも複数の異なる社会が存在しているし、どんな世界もまったく異なった世界であって、まったく同一の世界があるだけで、それを外部に示すのに違うラベルが貼られているだけだというようなことはない。"[403]

---

[402] オルテガ・イ・ガセットのこの引用の出所は、Ross/Walter, Im Haus der Sprache, Freiburg u. a. 1983, S. 205.

[403] サピールのこの引用の出所は、George Steiner, Nach Babel, Frankfurt a. M. 1983, S. 102.

異なる文化に属している者が互いに認識しようとする場合、それを妨げる障壁は、法においては、特に高い。

> "言葉がたくさんあるといっても、ひとつの事柄を表示する場合に、言葉の数だけ表示の仕方もたくさんあるということはない。まったく同一の事柄に関して見方が分かれているということもあるし、その事柄と外部的に表された意味とが対応していないときは、往々にして、異なって作り出された事柄のそれぞれに対応する数だけ、多くの見方があることになる。"[404]

特に知的創作の場面では、言葉が、その言葉によって示される対象物を作り出している[405]。さらに、法にとっては表現形式が、つまり一定の決められた方式を守ることが決定的に重要となっている。このことは、まさに「何とかして」人々が「ウィット」をきかせようとするときの表現形式に似ている。ドイツの法史家、コシャカーは、それゆえ、次のような問題を提起した。

> "法の分野で継受を考える場合,重点は、もはや純粋の方式にはなく、むしろ、外部から認識可能な形式や思考形式に、またその内容にあるということができるか否か。"[406]

法を比較する場合、われわれは、文学作品のテクストの翻訳に関する諸理論を当てにすることはできない。というのは、われわれが翻訳しようとしているのは法の文言に示されている内容よりももっと多くの事柄であり、法の内容を受け取る者の視野からみて、法がどのような効果を及ぼしているのかを認識することだからである。文学のテクストを翻訳する場合、翻訳者は文化を翻訳すべきではなく、言語を翻訳すべきであろう。

---

404) ヴィルヘルム・フォン・フンボルトのこの引用の出所は、J. L. Weisgerber, Grundformen spachlicher Weltgestaltung, Köln u. a. 1963, S. 17. による。参照されるのは、Walter Benjamin, Die Aufgabe des Übersetzers, Frankfurt a. M. 1970 である。
405) Weisgerber, Vom Weltbild der deutschen Sprache, Düsseldorf 1950, S. 154.
406) Koschacker, Keilschriftsrecht, Zeitschrift der Deutschen Morgenländischen Gesellschaft 89 (1935) 1.

> "文化を翻訳することによって、砂漠に住む者の子孫たちは、ラクダに代えて馬に乗せられ、回教寺院のミナレットを有するオアシスの都市にではなく、キリスト教会の尖塔を有する村に向かうようにされてしまった。"[407]

　これに対して、法を比較する場合、イメージの交換[408]をしなければ、翻訳はうまく進まない。われわれはわれわれが知らない外国法上の諸概念をわれわれが知っているイメージに置き換えなければならないし、しかもその場合われわれの母語で記述しなければならない。そこでは、イメージが置き換えられてしまっている。

　それでも、われわれは、まずもってわれわれの経験における制約から生まれる限界に行き当るであろう。というのは、翻訳者自身がイメージを置き換える側と置き換えられる側とに共通する経験をしていなかったならば、われわれはイメージを置き換えることができないからである。目のみえない者は色のニュアンスを伝えることができないし、原始林に住む者に対して大海原での体験を伝えることはできない。その上、どんな単語も、その単語と関連するある特定の言語体系に組みこまれている。しかしながら、そうした特定の言語体系のうちに存在する特定の関連性をこれとはまったく別の言語体系で用いられているさまざまな単語を用いて完全に書き換えることは不可能である。それでも、われわれは、われわれのものとはまったく別の言語体系に採用されている関連性の中に入り込んで、その関連性をわれわれ自身が用いている言語体系における関連性を用いて理解することが必要であり、しかもそれと同時にその内容をわれわれの言葉で書き表さなければならない。また、独自の暗示を含む外国語も、われわれの母語で完全に表現することはできない。というのは、さまざまなイメージに対してそれぞれの意味を与えている世界観全体をわれわれの言葉に移し変えることはわれわれにはできないからである。ドイツの女流作家、マリー・フォン・エブナー＝エシェンバッハは、言葉の根本精神は翻訳不能な単語の中に最もよくその姿を表すと全面的に考えていた（これは格言でもある）。

---

407) Dieter E. Zimmer, Redensarten, Zürich 1986, S. 182.
408) 参照されるのは、新約聖書マルコによる福音書第4章第33節以下である。

以上の説明によっても、疑問が尽きることはない。というのは、あるひとつの言語を通してかつその言語の中で生きている法がいずれか他の言語に置き換えられる場合、どのようなことが生じるのかという問題がそこにはなお残されているからである。それぞれの言語が持っている構造と評価基準によってその言語による思考も影響を受けるので、言語がその言語で書かれる法の構造と内容とを決定することになる。それゆえ、同じ法規であっても、それが、いずれか別の言語で書かれ、いずれか別の暗示を示すような関連性の中に、したがって、いずれか別の「生活様式」（オーストリア生まれのイギリスの哲学者、ヴィットゲンシュタインの言葉）やいずれか別の「電磁場」（アメリカの論理哲学者、クワインの言葉）の中にあるときには、その内容を変えることになる。複数の言語の間の、そして言語の基礎にある生活経験の間の開きが大きければ大きいほど、その変動の幅はますます大きくなる可能性がある。

XI オーストラリアの先住民

この問題が先鋭なかたちで提起されたのは、1970年、オーストラリアにおいてであった。オーストラリアの先住民は、彼らの先祖代々の支配地域で行われていたボーキサイトの採掘を取り止めるよう、訴えを提起した。彼らの主張によれば、太古の昔から、まだ彼らが「広い心」を持っていた時代から、彼らの祖先がその土地を使用していた。それゆえ、彼らはオーストラリアのコモン・ローが定める意味でこの土地の所有権者に当たる[409]。

この事件を担当したブラックバーン裁判官は、彼ら先住民の社会秩序がオーストラリアで考えられる「法」といえるか否かについて審理した。イングランドのPrivy Council（枢密院）はアフリカでの例について次のように述べていた。

---

409) Milirrpum v. Nabalco Pty. Ltd. and the Commonwealth of Australia = The Gove Land Rights Case (1971) 17 F. L. R. 141; これについては、Münnich, Landrechte der Ureinwohner Australiens, Diss. Münster 1996; Andreas Lommel, Urzeit der Träume, FAZ v. 26. 10. 1991 Nr. 249, Bilder und Zeiten. これときわめて似ているものとして、Lyng v. Northwest Indian Cemetery Protective Association 485 U. S. 439 (1988).

"若干の部族にはきわめてわずかな社会秩序しかみられない。その結果、彼らが持っている慣習や権利義務の観念を文明社会の法制度や法観念と合致するものと認めることはできない。これらの部族と文明社会との間にある、このような深い溝を渡れるような橋をそこに架けることはできない。"410)

ブラックバーン裁判官は、このように述べたにもかかわらず、本件部族社会の秩序に法としての性質があることを認め、そのグループの構成員にとって拘束力があると感じられるような行動規則が網状に結び付いているものを「法」であると定義した411)。それに続いて、先住民がこの部族を法主体とみなしていたか否か、そして、先住民が永久に他者を排除するかたちでこの部族に一定の土地を割り当てていたか否かということを問題とした。ブラックバーン裁判官はこの点を否定した。というのは、証拠調べの結果から明らかになったところでは、形のあるものも形のないものもすべて二つの部族に無差別かつ恒常的に帰属し、その結果いずれの部族も「半分ずつ」持っていると先住民が信じ込んでいたからである。祖先の魂、部族の構成員、土地、そしてそこに存在するあらゆるもの、これらは相互に切り離すことができないひとつのまとまりであり、それと同時に、有機的に構成された不可分の一体を成している。どの部族もみな、自分たちを、譲渡することのできない土地と結び付けられた精神的な存在であるとみなしており、そうした存在を価値のあるものとするためにどの部族もさまざまな配慮を行い、儀式的慣習を実行しなければならないと考えている。

部族が支配する地域は、しかしながら、ヨーロッパにおけるように明確には、また「土地を耕作している」民族の場合にみられるほど明確には、相互に限界付けることはできない。「土地の境界は、土地の利用者がその土地を自己の利用のために必要としている限度においてしか、他の土地と区別することは

---

410) In Re Southern Rhodesia [1919] A. C. 211 (P. C.).
411) In Mabo v. State of Queensland, Reports of Cases in the High Court of Australia [1991-92] 175 C. L. R. 1, 39 でブレナン裁判官は次のように述べている。
"人が、大体において、何かを人々による支配ではなく法による支配であるといえるとすれば、それはわれわれがここで直面しているような支配である。"

できない」。というのは、どの部族も排他的な土地の利用権を要求してはいないからである。

> "「所有権」という言葉が経済的に意味するものはごくわずかなものでしかない。平和を愛好する人々は、他の者の生活圏を乗り越えて、自由に動き回っている。自分たちの住む地域の食糧生産量が少なければ、彼らは別の部族が生活する地域で生活し、事情によっては自分たちに固有の地域よりも長期間に亘ってそこで生活を送ることとなる。"[412]

　以上のところから、ブラックバーン裁判官が引き出した結論は、彼らにはコモン・ローの意味での所有権はないというものであった。というのは、土地の排他性も譲渡可能性も欠けていたからである。この土地に関する先住民の法を、われわれが持っているような、厳密に区別され、個人主義に彩られた世界像の中に組み入れることはできない（ドイツ民法典第903条参照）。「母なる大地」は譲渡されてはならない（誰が自分の母親を他人に譲り渡すというのだろうか）ので、先住民は無権利の状態に置かれていることになる。
　この問題に対する先住民の解答は、どのような質問が先住民に対して向けられていたかによって異なっていた。どの質問も質問者の見方を反映したものであった——これに対して、先住民はどの質問にも答えることができなかった[413]。分離することのできないひとつの宇宙の内部であちこちとさすらっている小規模集団としての彼ら先住民にとって、限定された地域を一定期間支配することには違和感があったので、そうすることは彼ら先住民には「非倫理的である」とさえ思われた。この場合、彼ら先住民は何を「持っている」のだろうか。どのようにすれば、このことをわれわれのイメージに置き換えることができるだろうか。1992年に至ってようやく、オーストラリアのHigh Court（最高裁判所）は、アボリジニが所有権を有することを認めた[414]。

---

412) S. 214.（前注410）
413) Prott, Bespr. v. Gumbert, AJCL 1985; 参照されるのは、Omus v. Alcoa, 36 Australien L. R. 425.
414) Mabo v. State of Queensland, Reports of Cases in the High Court of Australia [1991-92] 175 Commonwealth L. R. 1, 42.

これ以外にも、人口密度の少ない地域を自由に移動しているが、(農民のように) 土地の上にある有体物を一定期間支配することを知らない部族も、これに似た状況に置かれることになろう (たとえば、北アメリカ大陸の大草原に住むインディアンや南西アフリカに住むヘレロ族がそうである)。どのようにすれば、これらの部族が住む地で何が現時点での法的なもの「である」のかを、われわれは知ることができるのだろうか、また、どのようにすれば、そうしたものをわれわれの言葉に翻訳することができるのだろうか[415]。この点でも、法とその法の内容を述べている言葉とを切り離すことはできないということをわれわれは自覚している。言葉で述べられている形式の方がたんなる外部的な現象形態よりもずっと多くのことを示している。

> "この事実は現に機能している法を取り巻く全体像の一部を構成するものである。こうした事実がそのつど経験されるときは、まさしくこのような形式において行われている。"

このようにして、形式が変化すれば、それにより、意味内容の変化も作り出されることになる[416]。

---

415) Bennett, Terminology and Land Tenure in Customary Law, Acta Juridica of South Africa 1985, 173.
416) Gerhart Husserl, Recht und Zeit, Frankfurt a. M. 1955, S. 11.

第9章 激　　励

すでにみたように、言葉——いろいろな要素の中で言葉が占めている位置、言葉が持っている構造、言葉と他の諸要素との関連性——はわれわれに難問を提起している。われわれはそうした難問を解決することができるだろうか、またそうした難問を回避することができるだろうか。

そうした難問をわれわれの母語に即して説明すると、次のようになろう。

> "概念や言葉はどれも、過去に社会活動とわれわれ自身との間に生じた相互の影響を通して作られてきたものである。これらの概念や言葉の意味を明確に定義することは、実際にはできない。このことからいえるように、これらの概念や言葉が、社会活動を通してわれわれが進むべき道を見出そうとする場合に、どれだけ助けになり得るかという点をわれわれは知らない。……このことは、最も単純でありかつ普遍的な概念である「存在」や「空間と時間」という概念についてさえも当てはまる。"[417]

I　言葉と並列するもの

われわれが言葉を超越した全体を理解しているという点を考えれば、われわれは希望を抱くことができよう。というのは、われわれは言葉では表現できない知識を持っているからである。たとえば、われわれは親しい人の顔を識別することができるがなぜそうできるかを言葉でいうことはできない。これと同じことは嗅覚や聴覚の場合にもあてはまる。われわれは、数多くの経験をすべて言葉で表してはいないし[418]、ルールに定めてもいない。その好例は、われわれ皆が従っている、われわれの言語法則である。

---

417) Heisenberg, Physik und Philosophie, Berlin 1984, S. 71.
418) Polanyi, Personal Knowledge Towards a Post-Critical Philosophy, Chicago 1962, S. 52f.; ders., The Tacit Dimension, Gloucester, Mass. 1983, S. 4.

Ⅱ　現実との結合

　言葉は、社会活動を説明する際に、社会活動に対する見方の違いに応じて、異なった側面を強調することがある。言葉による説明は、屈折度や色の違う、いろいろな眼鏡をかけてものをみるように、さまざまな影響を及ぼしている。その結果、われわれは何が確実であるかを知らない[419]。しかし、それでも、表現された言葉が、他の説明と相互補完的な関係に立つ、ひとつの現実を描写していることは間違いないであろう。どの見方も互いに交錯し合い、補充し合う関係にある[420]。このことは、互いに遠く隔たっている文化の間でも、同じように物語られるイメージが複数あるということによって示されている[421]。

　われわれは現実に拘束されているとか、無秩序の状態——この「無秩序の状態」もすべて言葉で表される——でもそこにはそれぞれの構造があるとかといったわれわれの考えは、詩人や自然科学者たちにも共通する。たとえば、ドイツの女性詩人、ヒルデ・ドーミンは、彼女の詩『わたくしたちのアーモンドの木があるところ』において次のように述べている。

　　　"わたくしたちのアーモンドの木はどこへ行ったのだろうか、
　　　　——わたくしたちのアーモンドの木はどこへ行くのだろうか、恋人よ、
　　　どの木もみな、別々の木であり、
　　　どの木もみな、同じアーモンドの木である。"

　ドイツの物理学者、ヴェルナー・ハイゼンベルクはデンマークの理論物理学者、ニールス・ボーアとの対話において、次のように述べている。

419）　参照されるのは、前述64頁である。
420）　参照されるのは、Heisenberg, Der Teil und das Ganze, 8. Aufl., München 1984, S. 133 である。
421）　Heissig, Westliche Motivparallelen in zentralasiatischen Epen, Bayerische Akademie der Wissenschaften, Phil.-Hist. Klasse, Sitzungsberichte 1983, Heft 2.

第9章　激　励　143

　"ハイゼンベルク：「それでも、あなたがちょうど今なさったように、知性や直観を比べてみると、この地球上のいろいろな地域には知性や言葉の発生形式の点でまったく異なったものが存在しているということも想像できるでしょう。実際にも、言語が異なれば、その文法も極端に異なることがありますし、たぶん、文法上の相違が論理における相違を生み出す可能性もあることでしょう。」
　ボーア：「もちろん、そのような場合には、話したり考えたりする形式も違います。人種や生物の種類が異なる場合も同じことがいえるでしょう。しかし、すべての生物がそうであるように、どの生物もまったく同じ自然法則に従って作り出されていますし、その大部分はほぼ同じ化学的結合のもとに作り出されています。そうであるとすれば、論理が通用するか否かには違いがあるとしても、その根底にはある種の基本的な形式が、つまり人間によって作り出されてはいませんがわたくしたち人間の力の及ばない、現実に根ざした基本的な形式があるのではないでしょうか。」"[422]

中国のある賢人はこのことを次のようにみている。

　"徳のある者はまず行動で示し、その後に論じるものである。何千里も離れた遠いところにいても、このように行動する者はみな、同士として交わることができる。"

われわれは、このように、「現実との結合」から出発することにより、言葉を介して、深い森の中で一本の細い林道を切り開くことができよう。

Ⅲ　認識との結合

現実との結合[423]へ向かうためには、認識との結合からスタートする必要がある。認識との結合という考えの前提には、人間はみな、互いに似た、身体的（そして、それとともに精神的）な社会認識能力を持っているという理解がある。人間はみな自分なりの毅然とした態度に基づく見方で社会生活を経験している。誰でも五感を持っている。身体的な面での同一性があれば、精神的・知的な面での同一性が助長されよう。というのは、肉体と精神とが相互に結び付い

---

422) Heisenberg, Der Teil und das Ganze, S. 165.
423) 前述142頁。

ているからである。「Thinking through the Body（体で覚える）」や「the Body in the Mind（身体は精神に宿る）」[424]という英語表現は、互いに大きく隔たった文化の間にさえも、類似した思考があることを示している。前提条件が確かめられているときは、異なる文化の間でもこうした思考を追体験することができよう[425]。

IV　ひとつの言語

　言語学者もわれわれに希望を与えてくれる。母語を習得することによって、確かに、われわれは、母語にはみられない相違点を感じ取ることが難しくなっている。それでも、われわれは練習次第で母語以外の言語でも区別をなし得る技法を回復することができる[426]。その上、母語でも外国語でも、根本的な観念は相互に結び付いているという事実もある。これらを考えれば、それでも最後にはわれわれにも見付け出せるものがある。

> "聞き取れないが、それでも聞き逃すことはない——それこそ、心の底から発せられる言葉であり、「かの有名な、単純かつ普遍的な言葉」である。"[427]
> 　（ドイツの作家、ゲーテ）

　言語が多様であるということは、人々が認識すること、思考すること、話すこと、これらが一体であるという理解を決して妨げるものではない[428]。両者

---

424) 参照されるのは、Jane Gallop, Thinking Through the Body, New York 1988; Frug, Rescuing Impossibility Doctrine: A Postmodern Feminist Analysis of Contract Law, Univ. Pennsylvania L. Rev. 140 (1992) 1029 である。
425) 前述142頁。
426) Eimes, Sprachwahrnehmung beim Säugling, Spektrum der Wissenschaft, März 1985, S. 76, 83.
427) Martin Buber, Zur Verdeutschung des letzten Bandes der Schrift, Beilage zum 4. Bd., Die Schriftwerke, 5. Aufl., Heidelberg 1980, S. 5.
428) Rosenstock-Huessy, Die Sprache des Menschengeschlechts, Bd. 1, Heidelberg 1963, S. 281f.; 参照されるのは、Seiler, Das linguistische Universalienproblem in neuer Sicht, Opladen 1975 である。

の間には絶対的な違いはなく、程度の違いしかない。

> "こうした……あらゆる言葉が一体を成していること、そして、こうした理解を前提とした要請であるが、すべての人々はお互いに分かり合えるということ、これらに基づいて、翻訳の可能性と翻訳の課題を、すなわち、翻訳の可否、要否および当否を論じることができるようになっている。翻訳することができるのは、どんな言語にも、いずれか他の言語で表現する可能性が含まれているからである。"[429]

このことは、当該言語同士が互いにまったく遠い関係にある場合でさえも、明らかであろう[430]。「言葉の中に生きる」という言い方はどこでも当てはまる。どの子も、みずから生活力を付けようとすれば、できるだけ早く父母の話す言葉を習得しなければならない[431]。

インドでは、言葉の持つ力は、まさしくこの「Brahman（ブラーフマン、梵）」という単語が有する根源的な力に濃縮されている[432]。発話力（発話しない力(Vac)）は神々が持つ支配力を超越した存在である[433]。これと同時に、言葉のタブーも現れる。たとえば、インド北東部にあるベンガル州のジャングルで蜂蜜を取ろうとする者にとって、虎の名前を口にすることはタブーとされている。ジャングルで仕事をするとき、彼らはいつでも虎のことを「旦那」とか「大山猫」とか「やっこさん」とかと呼んでいる――彼らは「虎」に関する言葉をまったく使わない[434]。

中国の考えでは、名前を知っていることから、正しい言葉を話すことから、本質や物事が生まれる[435]。

---

429) Rosenzweig, Nachwort zu Jehuda Halevi, Kleinere Schriften, Berlin 1937, S. 200, 203.
430) Klimkeit, Die Begegnung von Christentum, Gnosis und Buddhismus an der Seidenstraße, Opladen 1986.
431) Eimes（前注426）S. 76, 83; Steven Pinker, The Language Instinct, New York 1994.
432) Cassirer, Sprache und Mythos, Leipzig u. a. 1925, S. 64.
433) Cassirer, S. 39, 63.
434) Busquet/Lecoultre, The Honey Man, Silver Kris, Sept. 1985, S. 45.
435) Granet, Das chinesische Denken, München 1963, S. 25.

"言葉で表されたことにより……現実のものとなる。"[436)]
"物事に名前を付けることができる者がそれらの物事の支配者である。"[437)]

「Gehorchen（服する）」という単語は、中国語でも、「hören auf Wörter（言葉に従うこと）」を意味する。昔の中国では、政治的権力の行方は最終的にどれだけ多くの「単語」に精通しているかにかかっていた（前述124頁）。初期には、儒教の古典期の先人たちの教えに習熟していることが重視された。このように、中国では政治的権威と言葉が持つ力とが平行していた[438)]。

日本では、言葉は物事を創造する活力の担い手であると考えられている[439)]。つまり、「名を呼ぶことによって名付けられたものが具体化される」。古い日本語の単語「kätö（毛唐）」は物事それ自体の存在とそれを表す単語の双方を表現する力を持っていた[440)]。有名な歌人、山上憶良が733年に次のような内容の歌を詠んでいた。日本という国は神々に愛でられた存在であり、単語が有する霊力を授けられている、と。われわれはここでも言葉に関するタブーに出会う[441)]。たとえば、日本の天皇は豪族に対してだけ氏を授けた。農民たちは明治維新まで氏を持っていなかった[442)]。また、日本では、4（「し」）や42（「しに」）という単語を発音することを避ける傾向がある。というのは、これらはその発音を通して「死」や「死ぬこと」をも意味しているからである。このような理由から、日本のホテルにはこれらの数字が付された部屋はない。これと同じことは数字の9（「く」）についてもあてはまる。というのは、この数字の発音は同時に「苦しむ」ことをも意味しているからである。

われわれの理解とはまったく異なった、われわれには最初異質に感じられ

---

436) Granet, S. 26.
437) Wickert, China von innen gesehen, 3. Aufl., Stuttgart 1982, S. 252.
438) Weggel, China, 2. Aufl;, 1987, S. 114.
439) Lewin, Sprachbetrachtung und Sprachwissenschaft im vormodernen Japan, Opladen 1982, S. 13.
440) Lewin, S. 18.
441) これについては、Lewin, S. 19.
442) 参照されるのは、ローマにおける奴隷の地位である。これについては、Cassirer, Sprache（前注432）S. 42.

た、こうした言葉遣いも、より詳しくみてみると、十分に理解することができよう。日本で広く普及している詩の形式、すなわち、俳句では使用する音が17に制限されている（五七五の形式）。この五という数も七という数も、われわれが慣れ親しんでいるリズムや韻には適していない日本語の特徴を考えれば、それなりの説明が付くことであろう。ちょうど17音節になっているのはなぜか。ショウソン（ケネス・ヤスダ）がわれわれにその答えを与えてくれている。それは、一呼吸で話すことのできる最も長い文にはおよそ17ないし18音節しか含まれていない、というものである。このようにみると、一呼吸で言うことのできる音節の数が俳句の自然な長さを決めているといえよう。*だからこそ*、俳句は17音節となっており、*だからこそ*、俳句にはひとつしか着想は含まれていないのである。

　ここで思い出されるのは、まさしく旧約聖書で用いられている言葉の原則もこれと同じものであったという事実である。旧約聖書で決定的な役割を果たしていたのは、息継ぎをする単位であると同時に意味の切れ目を表す単位でもあるコロン（「：」）で文節を区切る方式、すなわち、コロメトリであった。このことは、言葉の使い方に関する一般的な原則が存在するということを示すものであろう。というのは、口頭で述べる場合にも、「息を吸うときと意味が途切れるときとが同じ瞬間に訪れるようにという配慮が働いている」[443] からである。

V　諸　事　例

　言語の構造が異なるものをこのようにうまく結び付けることができたとすれば、このことから、われわれは希望を持つことができよう。われわれが考えるのは、ラテン語での脚韻をドイツ語に取り入れている例（ドイツの詩人、オトフリード・フォン・ヴァイセンベルク――9世紀）[444] やローマ法の概念がわれわれの

---

443)　Martin Buber（前注427）S. 21; 一般的には、Wolfgang Klein, Gesprochene Sprache – geschriebene Sprache, Zeitschrift f. Literaturwissenschaft und Linguistik 59 (1985).

444)　Heinz Rupp, Otfried von Weißenburg und die spätantike Bibeldichtung, in: Wirkendes Wort 7 (1956/57) 334.

ドイツ法に浸透している例（ローマ法の現代的慣用）[445]である。

　言葉や文字に大きな違いがある場合でさえも、翻訳に成功している例がいくらでもある。たとえば、インドから中国への仏教の移植がそうである。インドの仏教と中国の道教とが互いに近い関係にあったところから、仏教は中国のさまざまな表現に取り入れられることができたのではなかろうか。

　　"このようにして、まったく異なる言語の間でも、同じ思考パターンや似た思考パターンがみられるようになった。"[446]

　フランスの法律家、デュムーランはここから次のような結論を導き出している。

　　"この例が示すように、言葉は、たとえそれが諸文化の間のコミュニケーション手段として最も重要なものであるとしても、決して唯一のものではない。知的活動における深遠性も、諸文化間のコミュニケーションには大いに有用である。フランスと中国における二つの哲学が似ており、人類のあらゆる文化を結び付けている人間性が互いに近いということをみれば、フランスと中国との距離もかなりの程度まで近付いているといえるのではなかろうか。"[447]

　しかし、このようなやり方がいつでも「うまくいく」わけではない。キリスト教の論題を中国の言葉で説明することは、以前は、相当に難しかった[448]。キリスト教の法概念と中国の法概念とが似ていてもそうであった。

　われわれは「言葉」が作っている壁をおそらく完全に突破することはできないであろう。それでも、われわれはまだがっかりするには及ばない。

　　"翻訳することは、二人の主人に仕えることを意味する。むろん、そんなことは実際にはできない。理論的にみると誰一人としてできないようなことであるが、それ

---

445)　参照されるのは、Rohlfs, Romanische Lehensübersetzungen aus germanischer Grundlage (materie romana, spirito germanico), München 1983.
446)　Jacques Gernet, China und das Christentum; Aktion und Reaktion, Paris 1982.
447)　Dumoulin, Die Antwort des Chinesen, Christ in der Gegenwart 38 (1986) 29, 30.
448)　Dumoulin 30.

でも、このことは実際には誰もが課されている課題でもある。誰しも必ず翻訳をしなければならないし、誰でもそれを行っている。"449)
"行く手を阻む垣根は、どれも、ただ乗り越える対象としてのみ、そこに存在する。"450)

　言葉を観察することを通して、いろいろな法的ルールを互いに関連付けることを通して、われわれはわれわれのものとは座標軸を異にする言語体系に近付くことができる。このようにして、われわれは、われわれには未知の世界の文化におけるコードを少なくとも部分的には解読することができるようになろう451)。

　それでも、法の比較は手軽にかつ小利口な少年少女になるための手段ではない。法の比較には根気とそれを成し得る能力がともに必要である。自然科学で言われている次のような言葉が法の比較についてもあてはまる。

"二つの相異なる、それぞれに完結した概念体系が互いにどのような関係に立っているかを探ろうとすれば、いつでも特に綿密な研究が必要となる。"452)

---

449) Rosenzweig, Die Schrift und Luther, Kleinere Schriften, Berlin 1937, S. 141.
450) Novalis, Werke und Briefe, S. 474.
451) 中国については、Wickert, China（前注437), S. 11.
452) Heisenberg, Physik（前注417) S. 77.

第10章　言葉の傍らに身を置いて

I　序　説

　法を比較する場合に「言葉」に関して生じる障壁をわれわれが上に述べたようなやり方で突き破ることができなくても、それでも、われわれは「手荷物を軽くすること」（ドイツの作家、ゲーテの言葉）でその壁を避けることができよう。たとえば、「言葉の傍らに身を置いて」法を比較すること、現実や法を認識するのに言葉に頼らないことというやり方はどうであろうか。

　こうしたやり方を採用できるかどうかという問題は、言葉という「われわれの現実に最後まで潜んでいる不可思議」[453]とか「現実に最後まで残る未知の世界」[454]とかという表現で説明されている。これらは、言葉が法の比較においてどのような位置を占めているかという点に照準を合わせたものである。こうした不可思議は一体どこまで広がっているのであろうか。ドイツの詩人、シラーはこの点について次のように教えている。

>"言葉は君にとって、愛し合う者にとっての肉体のようなものであろう。肉体はただひとつだけであるが、肉体はその人の本性とは別ものであると同時に、その人の本性と一体化している。"[455]

　オーストリアの法律家、アードルフ・メルケルにとって、言葉は「どの法も

---

[453]　Georg Müller, Vorwort zu Rosenstock-Hussy, Zurück in das Wagnis der Sprache, Berlin 1957, S. 8; Großfeld, Bildhaftes Rechtsdenken, Opladen 1995.

[454]　Rosenstock-Huessy, Das Geheimnis der Universität, Stuttgart 1958, S. 95. 同書の113頁には "Jakob Grimms Sprachlosigkeit" と書かれている。参照されるのは、Gustav Janus, Wenn ich das Wort überschreite, Salzburg 1988 である。

[455]　この引用の出所は、Ross/Walter, Im Haus der Sprache, Freiburg u. a. 1983, S. 133.

そこを通って人々の意識に足を踏み入れることができるほどの、幅広い門」[456]のようなものであった。

オーストリアの詩人で法律家のフーゴー・フォン・ホーフマンスタール（1874年-1929年）の場合、その著作『チャンドス卿の手紙』では、そこに立ち止まっていなかった[457]。彼にとって、「物事の内部へ入り込む」[458]ためには修辞法は十分なものではなかった。というのは、抽象的な言葉は「まるで虫に食われたきのこのように、口に入れても噛み応えがなく、すぐに口の中でぼろぼろに崩れてしまうような使い物にならないもの」[459]だからである。

"内容の点で相互に限定されかつ体系的に序列付けられた諸概念を調和させることができるならば、わたくしには体勢を立て直す希望が生まれる。けれども、わたくしはそれらの概念を用いている社会へ移り渡ることができなかった。確かにこれらの概念をわたくしは十分に理解できていたと思う。わたくしの目の前にちょうど現れた、金色をした球状のしずくを飛ばしているすばらしい噴水のように、バランスを保っているみごとな動きをわたくしはそこにみた。わたくしにできたのは、互いに向き合って水滴を飛ばす噴水と同じように、噴水の、すなわちさまざまな概念の周りを動きながら、それをみることだけであった。しかし、それらの概念は相互に関連しているが、わたくしの思考の一番奥底にあるもの、つまり、わたくしの思考における最もわたくしらしい部分はその踊りの輪のように調和の取れた状態には入り込めなかった。それらの概念の間で、わたくしは恐ろしいほどの孤独感にさいなまれた。それは、まるで、目が彫刻されていない立像ばかりが立ち並んでいる庭に閉じ込められているかのような感じであった。そこでわたくしは再び外部の自由な世界へと逃れ出た。"[460]

ホーフマンスタールは、みずからが素材の中に入り込んでしまって「全身全霊で考えること」[461]を切望した。彼が取り上げた素材は、「言葉を何度も言い

---

456) Adolf Merkl, Das doppelte Rechtsanlitz, österr. JBl. 1918, S. 165.
457) Gesammelte Werke, Fischer Taschenbuch, Erzählungen. Erfundene Gespräche und Briefe. Frankfurt a. M. 1979, S. 461.
458) Gesammelte Werke, S. 462.
459) Gesammelte Werke, S. 465.
460) Gesammelte Werke, S. 466f. この点についてはやはり Novalis, Monolog, Werke und Briefe, Winkler, München o. J., S. 70 を参照。
461) Gesammelte Werke, S. 469.

換えるだけで、いつでも同じところを回っている、あたかも底なし沼の渦のような状況をもたらす」[462]ようにみえる言葉ではなくて、「もっとずっと直接的であり、作業を進めやすく、われわれを熱中させるような言葉」であった。彼が夢にみた言葉は次のようなものであった。

> "たくさんある言葉の中でわたくしに知られていない言葉がひとつだけある。それは「Sprache（話されたもの）」という言葉である。この言葉で、物言わぬ物事が今わたくしに話しかけてきており、その言葉で、わたくしはいつか将来たぶん死後に墓の中で知らない審判者の前で申し開きをしていることであろう。"[463]

こうした表現は聖書に忠実で詩的な願望を表しているのだろうか、それとも現実的な可能性を示したものだろうか。この点はすべての人類学的法比較における中心的な問題でもある[464]。それでは、どのようにして、われわれはわれわれの言葉で表現されていないルールや、およそ言葉ではまったく表現されていないルールを認識することができるのだろうか。また、環境や経験の違いからわれわれに欠けている単語がある場合、どのようにして、われわれはそうしたルールをわれわれの言葉で表現することができるのだろうか。この問題は言葉の置き換えが二重に行われる場合に生じるものである。オーストリア生まれのイギリスの哲学者、ヴィットゲンシュタインの表現では、問いと答えは次のようになっている。

> "そこで軽はずみに言葉の類推を働かせてもわれわれに事の真相は分からないといってよいものだろうか。それでも、われわれは、人々が原っぱでボール遊びをしながら歓談したり、種類の違ういろいろなゲームを始めたり、多くの者がゲームを終わらせることなく続けたり、その間にボールを当てもなく高く投げ上げたり、お互いにふざけながらボールを持って追いかけあったりボールを投げ付けあったりなどしている様子を、たぶん思い浮かべることができるであろう。そして、今、ある者は次のように言うであろう。「人々はすべての時間を費やしてボール遊びをしている。そして、彼らはボールを投げるときはいつでも一定のルールに従っている」と。

---

462) Gesammelte Werke, S. 471.
463) Gesammelte Werke, S. 472; 参照される詩はまた、"Weltgeheimnis" である。
464) Strempel, Empirische Rechtsforschung, FS Wassermann, Neuwied 1985, S.223.

そして、われわれがゲームをする——「われわれが実行できるようなルールを作っていく」——場合にも、そうしたルールが存在しないなどといえるだろうか。もし言えるとすると、われわれがルールを——「われわれが実行できるようなルールに」——変更する場合にも、そうしたルールは存在しないといえるだろうか。"[465]

われわれが「未知のゲーム」を観察する場合を考えてみよう——どんな要素によってゲームのルールは作られているのだろうか。その場合、何がルールの内容を決める座標軸を持った言語体系となるのか。法は、むろん、たんなるゲーム以上の存在である。法というものは、価値を志向する行動に関わるものであり、希望をもたらすモデルである。しかし、われわれはどのようにすれば、地理的にも言語的にも未知の環境の中にある法の内容を調査し、どのようにしてわれわれのドイツ語の中に取り入れることができるのだろうか。

II　言葉を用いない認識

われわれはこの問題に取り組むにあたりここでもまた慎重に接近し、最初に自分の本拠地でもあるドイツでの経験から始めることとしよう。というのは、われわれは自分自身を理解することによって初めて、この点をも理解することができるはずだからである（ドイツの哲学者、アルノ・ボルスト）。社会経験は言葉よりも前に存在するのか、それとも言葉とともに並存しているのだろうか。この問題は、ユダヤ・キリスト教の長い伝統の中で争われてきた、古くからの大問題でもある[466]。パウロは最初に次のように述べていた。

---

465)　Wittgenstein, Philosophische Untersuchungen, Suhrkamp Taschenbuch, Wissenschaft 203, Frankfurt 1980, Prop. Nr. 83, S. 67. ヴィットゲンシュタインについては、Nordhofen, Der Denker als ein anderer Mensch, FAZ v. 04. 10. 1988, Nr. 231, S. L 19; Merkl, "Geistige Landschaft mit vereinzelter Figur im Vordergrund": Ludwig Wittgenstein, Merkur 28 (1984) 659. 参照されるのは、Scheid, Die Richtung der Steine – Konzepte des Go-Spiels im kulturellen Vergleich, Japanstudien 3 (1991) 301である。

466)　これについては、Großfeld, Sprache, Recht, Demokratie, NJW 1985, 1577.

"人は律法を行うことを通してようやく罪の存在を知るようになる。"467)

パウロはその後の節で次のように言っている。

"律法が行われる前にも、世の中にすでに罪は存在していた。"468)

パウロが知っている律法は言葉で表されたものではない。

"たとえば、律法を持たない異邦人たちが自然の衝動に基づいて律法をなすべしという要請を満たす場合、彼らは、律法を持っていないが、そうした行動を取ること自体が律法そのものを意味している。というのは、彼らの行動によって、律法の中核にあるものが彼らの心の中に刻み込まれているということが証明されているからである。"469)

特にみごとなものは、次の表現である。

"予言されたことは廃れ、それについて述べる言葉は止まり、それについての認識もなくなるであろう。われわれの認識は、所詮、断片的で不完全な作業であり、われわれが行う予言もそうした断片的で不完全なものである。しかし、完璧なものが訪れるならば、断片的で不完全なものは止まる。
……
われわれが今、鏡の中にみているものは輪郭が曖昧なものだけである。しかし、完璧なものが訪れるときは、顔から顔へというように人々の顔を区別して見ることができよう。今わたくしは断片的に認識しているが、しかし、完璧なものが訪れるときは、わたくしははっきりと認識することとなり、わたくし自身についても認識することになろう。"470)

「タブー」は律法の中では最も規制の強いものである。「タブー」は「無言のままで」影響を与えるものであるが、それでもこれを認識したり表現したりすることができる471)。このようにみると、言葉を用いなくとも認識することが

---

467) 新約聖書ローマ人への手紙第3章第20節。
468) 新約聖書ローマ人への手紙第5章第13節。
469) 新約聖書ローマ人への手紙第2章第14節以下。
470) 新約聖書コリント人への第1の手紙第13章第8節ないし第10節および第12節。
471) A. Mohler (Hrsg.), Wirklichkeit als Tabu, München 1986.

できよう[472]。冒頭の問いに対してわれわれドイツの文化から得られる伝統的な解答はこのようなものである[473]。われわれの文化に知られている「沈黙には、ある種の内容が述べられている」。この点は、英語で言えば、「It goes without saying（そんなことは当たり前だ）」[474] となろう。

III 子　　供

ここに述べたことは、われわれの文化では、子供のイメージと結び付いている（参照されるのは、ラテン語の「infans（胎児）」とフランス語の「enfant（子供）」である。これらの単語は「まだ話すことができないもの」を意味する）。世間では「子供の口は真実を知らせる」と言われ、そして、子供は「unbefangen（無心）」（この単語は「uneingefangen（何ごとにもとらわれない）」および「frei（自由）」と同義）であり、無意識のうちに物事を認識し受け入れると考えられている（ヘブライ語に由来する神を讃える祈りの声「alleluja」は、同時に、子供がどもりながら言うことを意味している）[475]。ドイツの神秘主義的宗教詩人、アンゲルス・ジレージウスはわれわれに「英知が好まれるところ」について教えている。

"英知がみられるのは、好ましいことに、
あなたがたの子供たちがいるところである。
なぜそうなのか。（ああ、なんと不思議なのだろう。）
英知それ自体が子供のように他のものから生まれたものだからである。"

ドイツの作家、ゲーテは「子供たちの口から響き出てくる英知」[476] を褒め

---

472) Dieter E. Zimmer, So kommt der Mensch zur Sprache, Zürich 1986, S. 119, 162.
473) このことを証明しているのは、Großfeld, Sprache, Recht, Demokratie（前注466）である。
474) Epstein, Rhetoric of Silence, Vanderbilt L. Rev. 43 (1990) 1701; Greer, The Right to Silence, Mod. L. Rev. 53 (1990) 709.
475) 参照されるのは、イエスが宗教的な施設で過ごした少年時代の物語である新約聖書ルカによる福音書第2章第41節ないし第52節である。「そして、イエスの話を聞いた人々はみな、イエスの賢さやその答えに驚嘆していた」。
476) Goethe, "Die Geheimnisse".

称えている。ドイツの詩人、シラーの作品『信仰の言葉』はわれわれがみな知っているものである。

　　"そして、理性のある人が理解できないと思っていることでも、
　　子供のような心を持った人々は天真爛漫にそれを行っている。"

　ここでわたくしが注意を向けているのは、上の文中に用いられている「行う（üben）」という単語である。この単語は「実行することを通して認識する」という意味である。ドイツの詩人、フリートリッヒ・リュッケルトは次のように歌っている。

　　"ああ、子供たちよ、その小さな口、その小さな口から、
　　無意識のうちに、英知が生まれる、うれしいことに。
　　小鳥のさえずりのように繰り返される、
　　まるで、イスラエルのソロモン王の知恵のように。"
　　　　　　（『子供時代』より）

　ドイツのヴェストファーレン地方出身の偉大な詩人、アウグスティーン・ヴィッベルト（1862年-1947年）は『子供の国』の中で次のように言っている。

　　"英知は子供たちのもとで育まれている。"

　ドイツの言語学者、グリム兄弟は『小さな牧童』という童話の中で、これに似たことを記しているが、その描写が最もみごとなのはおそらく『星の銀貨』という童話であろう。そこでは、「小さな女の子」が「野原」へ出かけ、身に付けている物を次々とほかの人たちにあげてしまい、しまいにはあげるものが「本当にもう何もなくなってしまった」。すると、──

　　"一度にたくさんの星が天から降ってきました。星にみえたものは、混じり気がなく、固い、そして輝く銀貨でした。女の子は着ていた小さなシャツを他の人にあげてしまったはずなのに、新しいシャツを着ていました。シャツは大変質の良い亜麻布でできていました。女の子は銀貨を拾い集めて、家に持って帰りました。こうして女の子は一生裕福に暮らしました。"

デンマークの作家、アンデルセンの『新しい服を着た王様（はだかの王様）』という童話では、たくさんの単語が持っているヴェールのような見せかけのイメージを子供が壊している。「王様は何も着ていない」と、そこでひとりの小さな子が叫んだ。「王様は何も着ていないよ」と。

このことによって示されているのが、偉大な聖書の伝統である。「英知は子供への憧れを示している」と述べるのは、旧約聖書に出てくるシラクの子イエスである[477]。イエスはまぐさ桶の中に幼い子供の姿をして現れ[478]、「東方の賢人たちは」「この幼子をみて、……ひれ伏し、この子供に忠誠を誓った」[479]。イエスは次のように祈っている。

 "私はあなたを称えます。父よ、天と大地の主よ、あなたはこれらのことすべてを
 知恵のある者には隠して、幼子イエスに明らかにして下さいました。"[480]
 "もしあなたがたが心を入れ替えて幼子のようにならなければ、
 幼子のように神の国を受け入れない者は、そこへは入れない。"[481]

ここで述べられているのは、「人間の中にいる幼子イエス」であり、「幼子イエスの中にいる不滅の創造者」[482]であり、若者が持っている力に対する信頼であり、「偉大な人もみな小さな子供から成長してきた」ことであり、「ひとつの地域の国王として出かけても、帰ってくるときは全体を支配する皇帝となっている」という言い方である。われわれは自然科学においてもこのような考え方を目にしている。この点についての重要な証人は、イギリスの数学者、アイザック・ニュートン（1643年-1727年）である。

 "わたくしは、自分が世間でどのようにみられているかを知らないが、それでも、

---

477) 旧約聖書箴言第4章第11節。参照されるのは、箴言第8章第300節である。
478) 新約聖書ルカによる福音書第2章第7節。参照されるのは、旧約聖書イザヤ書第1章第3節である。
479) 新約聖書マタイによる福音書第2章第1節ないし第12節。
480) 新約聖書マタイによる福音書第11章第25節。
481) 新約聖書マタイによる福音書第18章第3節、マルコによる福音書第10章第15節。
482) Christian Morgenstern, Gesammelte Werke, 11. Aufl., Piper, München 1974, S. 188.

自分では、自分のことを、大海原のような真実の世界がわたくしの目の前にまったく発見されていない状態で存在しているのに、それには見向きもせずに、海辺で遊んだり、今を楽しんだり、それから、いつものものよりもずっとつるつるした小石やきれいな貝殻を見つけたりして楽しんでいるひとりの少年にすぎないと思っている。"483)

このことと結び付いているのが、何かを認識することと言葉を習得することとは関わりがある（前述153頁）という考えである。

ドイツの詩人、オイゲン・ゴムリンガーはこのことを彼の詩『言葉は実体につきまとう影のようなものである』においてみごとに説明している。

"言葉が行動を表しているとすれば、
その行動の影の部分も言葉に合わせて動き回る。"

ドイツの詩人、ペーター・ガンはこのことを次のように整理して述べている。

"みてごらん。子供が言葉をどのように使っているかを。
とりとめもなく使っているうちに——それが当たることもある。"

ドイツの美学者、コンラート・フィートラーはその理由を次のように説明している。

"子供にとっての世界は子供の目に映った現象である。その世界は、子供の心を通して存在すると分かる範囲内に限られている。子供は世界をその意識で捉えている。子供は世界という意識を持つようになる前から、世界という表現で世界を意識している。"484)

---

483) The Oxford Dictionary of Quotations, Oxford 1978, S. 364.
484) Konrad Fiedler, Über die Beurteilung von Werken der bildenden Kunst, Leipzig 1874, S. 49.

IV　無知な者

　「子供と愚か者は本当のことを話す」という諺も、同じように、ここで取り上げることができよう。よりにもよって、なぜ「Narren（愚か者）」とか「Toren（ばか者）」とかという単語が使われているのだろうか。この点を問うときに、われわれは（中世の宮廷道化師に認められていた）「愚者の自由」を念頭に置いているし、彼らには本当のことを危なげなく言えるチャンスが与えられていたと考えている。けれども、『愚神礼賛』（オランダの人文主義者、エラスムス）で書かれている内容はこれよりもさらに広い範囲に及んでいる。

　旧約聖書に出てくる話であるが、バラムを乗せていたロバが、最初に「主に仕える天使」をみた。ロバはバラムに対しても現実がどのようになっているかを認識させた[485]。旧約聖書詩篇では、神は「無知の守り神」[486]として登場する。「Einfältig（無知）」という単語は、「Ein（数字の1）」と「falten（折り畳む）」に由来する「fältig」との合成語で「einmal gefaltet（一度だけ畳まれた）」という意味になる。これは、まったく畳まれていないという意味ではなく、（一度だけ畳まれていたものが）広げられること、それゆえ開いていることを意味する。こうして、われわれは、今になってみると、「heilige Einfalt（聖なる無知）」、すなわち、ラテン語の表現では「sancta simplicitas（聖なる純真、幼子のような無邪気さ）」（simplex=einmal（単純に＝一度）畳まれた）としてすでに第一回ニケーア公会議（325年）で告白されていたものの本当の背景が何であったかという点を理解することができよう[487]。

　こうした伝統は、聖パウロのもとで、「キリストのゆえに愚か者となり」[488]

---

[485]　旧約聖書民数記第22章第23節。
[486]　旧約聖書詩篇第116篇第6節。
[487]　Knoch, Torheit, Weisheit und Besonnenheit als Grundhaltungen des Christen, FS Ratzinger, St. Ottilien 1987, Bd. 1, S. 441.
[488]　新約聖書コリント人への第一の手紙第4章第10節。

および「わたくしは愚か者のようになって言う」[489]という言葉とともに始まったものである。われわれが東方正教会で出会うのは「der heilige Narr（聖なる愚か者）」である。イギリスの劇作家、シェイクスピアの作品にもしばしば「知恵のある愚か者」[490]が登場する。

"愚か者であることを装う能力は、青年にも十分備わっている。"[491]

愚か者はただ、甘んじて英知の後塵を拝する以外に道はないであろう。

V 夢

これらのイメージがどのような意味を持っているかについてわれわれがなるほどと得心できるのは、われわれがドイツ語の単語「Tor（ばか者）」について検討する場合である。「Tor」は、「tore」を経由して、「tose」へ向かい、「dos」（「Stille（静けさ）」）、「dusa」（「still sein（静かであること）」）、英語の「to doze（まどろむ）」（「schummern（うたた寝をする）」）にまで至っている。ドイツ語の「Dusel（めまい）」や「dösen（まどろむ）」という単語も「Tor」と親類関係にある[492]。このような語句の移り変わりから、われわれが思い起こすのは、次のような表現である。

---

489) 新約聖書コリント人への第二の手紙第11章第23節。
490) Gaedick, Der weise Narr in der Literatur von Erasmus bis Shakespeare, Berlin 1928.
491) Shakespeare, Was Ihr Wollt, 3. Aufzug, 1. Szene; 参照されるのはまた、Morgenstern, Gesammelte Werke（前注482）S. 213 と彼の詩「世間知らず（Der Tor）」である。さらに参照すべきものは、Starck, Über Narrengerichte, NJW 1988, 281. Metzger, Denkanstöße zur Bedeutungsfindung, Jahrbuch f. Volkskunde 6 (1983) 78; Enid Welsford, The Fool. His Social and Literary History, London 1935 である。
492) Duden, Herkunftswörterbuch, 見出し語 "Tor"; Kluge, Etymologisches Wörterbuch der deutschen Sprache, 20. Aufl., Berlin 1967, 見出し語 "Tor", S. 783.

"太陽が昇り始めたとき、アブラムは深い眠りに襲われた。……神はアブラムに言われた。"493)

"主が若者のサムエルを呼んだとき、サムエルは「眠っていた」が、寝床から出て、主のもとへ行った。(わたくしは呼んでいない。行きなさい。そして床についてやすみなさい。)……若者はこう答えた。「主よ、お話下さい。あなたのしもべがお話を伺います」と。"494)

"主がシオンの繁栄をもとどおりにされたとき、われわれはまるで夢をみている者のようであった。"

"あなたがたが眠っているときでも、主はその愛する者たちに、なくてはならないものを与えられる。"495)

われわれの言葉で言えば、「あなたがたが眠っているときでも、主は主自身に、なくてはならないものを与えられる」となろう。人は「どのようにすれば、眠っているときでも」何かをすることができるのだろうか。われわれは時として「確かに夢を見ているようになることがある」。そのことがわれわれに「次第に分かりかけている」し、認識も「徐々に現れてくる」。こうみてくると、聖書では、いろいろな夢が進むべき道を示しているが496)、そのことをめぐってはいつも、「幼子イエス」が、英知の子が、「聖なる知恵(Hagia Sophia)」が、夜に、つまり、「限りなく広がる草原にいる羊飼いたち」の中にその姿を表している——羊飼いたちは「夜になると『夜警』に身を変える」——厳密に言えば、まさにこのようになる497)。

ドイツの詩人、ノヴァーリスはその詩『夜への賛歌』においてこれらのイメ

---

493) 旧約聖書創世記第15章第12節および第13節。参照されるのは、新約聖書ルカによる福音書第9章第32節。
494) 新約聖書サムエル記上第3章第3節以下および第9節以下。
495) 旧約聖書詩篇第126篇第1節および第127篇第2節。
496) 参照されるのは、旧約聖書創世記第28章第12節、第41章17節、新約聖書マタイによる福音書第1章第20節、第2章第12節、第2章第13節、第2章第19節、新約聖書使徒行伝第9章第10節、第9章第12節。
497) 新約聖書ルカによる福音書第2章第8節。参照されるのは、「ドアから遠く離れて」燃え盛っているいばらの茂みの傍らでなされた羊飼いモーセの経験である。旧約聖書出エジプト記第3章第6節。これについては、Eicher, Der brennende Dornbusch, Christ in der Gegenwart, 37 (1985) 25.

ージを作り出していた。

　　"きらめく星たちよりもずっと神々しいもの
　　あちらの彼方に
　　われわれには、無限に続く星の瞬きのようにみえる
　　星たちは、夜のとばりを
　　われわれに向けて、開ける。
　　ずっと続けて、星をみていると
　　一番淡い色の星よりももっと淡い色の星までもみえてくる
　　数え切れないほどたくさんの星たちの中に。"

　ノヴァーリスの場合、クリスマスの歴史について述べたものの中では次のように述べられている。

　　"夜は
　　神の啓示となる
　　それは、勢いのある新芽のようなものである。"[498]

　オーストリアの詩人、ヨーゼフ・ヴァインヘーバーは『純粋の詩』の中で次のように歌っている。

　　"神よ、わたくしが眠っているときに、わたくしに詩をお与え下さい。
　　目を覚ましているとき、わたくしには詩の意味がまったくわからない。
　　……
　　夢をみることで、わたくしの目が開かれるならば、わたくしも夢のすがたを目にすることができる。"

　オーストリアの詩人、フーゴー・フォン・ホーフマンスタールは上に述べたことを要約して次のように述べている。

---

[498] Novalis (前注460).

"三連詩　第三
われわれはこのような道具を用いてたくさんの夢を作り出す、
そして、夢は、伏せていた目を上げて、視線を向ける。
ちょうど、幼子たちが桜の木の下で夢をみているように。"
"神は、夜の間、たくさんの歌を贈ってくださった。"[499]

このような考え方は現代に生きるわれわれにも慣れ親しんでいるものである。ドイツの有機化学者、アウグスト・ケクレ（1829年-1896年）は1865年にベンゼンの構造式を夢の中で発見したと言われている。

VI　静　　寂

このことと結び付いているのが、認識は静寂の中で、人けのないところで生まれるというイメージである。旧約聖書の「バベルの塔の建設」[500]はこの点について次のように教えている。

"民びとがまさに塔を建てようとして仕事に取り掛かったちょうどそのときに、彼らは大きな秘密に躓いて転んだ。その秘密は、沈黙が支配しているときにのみ、本当に理解することができるというものである。"[501]

イスラエルの民びとは、自分たちが「荒野」[502]にいることを分かっていた。洗礼者ヨハネは「荒野」で神から教えを授かった[503]。イエスは40日間「人けのないところ」[504]に出かけた。古代キリスト教の教父、アウグスティヌスはモーセから天地創造について聞きたいと望んだ。

499）　旧約聖書ヨブ記。これについては、Josef Pieper, Arbeit, Freizeit, Muße, in: Stifterverband für die deutsche Wissenschaft, Okt. 1986, S. 11, 17.
500）　旧約聖書創世記第11章第1節ないし第9節。
501）　George Steiner, Nach Babel, Frankfurt/M. 1981, S. 299.
502）　旧約聖書出エジプト記第15章第22節。
503）　新約聖書マタイによる福音書第3章第1節、新約聖書マルコによる福音書第1章第4節。
504）　新約聖書マタイによる福音書第4章第1節、新約聖書ルカによる福音書第4章第1節。

"それでも、彼がヘブライ語で話すならば、彼が話す言葉が音として聞こえてもそれは無益なことであり、彼が話す魂はわたくしの心には届かない。けれども、彼がラテン語で話すのであらば、かれがわたくしに言ったことをわたくしはおそらく理解することができよう。しかし、彼が本当のことを言っているか否かということをわたくしはどのようにすれば知ることができるだろうか。そして、わたくしがそのことを知っていたとすれば、その場合、わたくしはそれを彼自身から知ったのだろうか。いやそうではなく、完全にわたくしの心の中だけで、わたくしの思考において最も秘密にされている隠れ家の中で、神からわたくしに対して本当のことが述べられたのである。それは、ヘブライ語でもギリシア語でもなく、ラテン語やその他の未知の言語によってでもなく、口や舌を使わずに、声をたてたり音節に分けたりもせずに、わたくしに対して本当のことが述べられたのである。彼の言うことは本当のことである、と。"[505]

このことは民衆の言葉によっても実証されている。「水が静かに流れているところは底が深い（寡黙な人は意外に深い知識をもっている）」とか、「大家はみな静寂の中で育つ」とかといわれている。ドイツの詩人、ゲーテは「人の資質は静寂の中で磨かれる」と述べている[506]。日本の天皇は「無言の権威者」とみなされている。

アメリカの作家、セオドア・ウィンスロップ（1828年-1861年）はその著『丸木舟と馬の鞍』において広い空間を有するアメリカ合衆国のあちこちで得た経験を次のように述べている。

"わたくしがこのように自然と身近に暮らしていた間、わたくしはあるがままの自然から、日々、わたくしの心に深くしみこむようなことをたくさん教えられた。そのことを通して、それまでは極めて当たり前だと思っていた垣根のようなものがわたくしの目の前から消えてゆき、どんなに機知に富んだスコラ哲学的な考え方も永遠にわたくしの心から離れてしまった。"[507]
"それは、人けのない状態のすばらしさを読み込んだ深みのある叙事詩であり、偉大な無冠の王者を讃えるものである。"
　　　　（ドイツの詩人、モルゲンシュテルン）

---

505) Augustinus, Bekenntnisse XI, 3.
506) Goethe, Torquato Tasso, 1. Aufzug, 2. Auftritt.
507) この引用の出所は、Heinz, The Life of Theodore Winthrop, 1848, Yale Alumni Magazin, Febr. 1985, S. 33, 34.

われわれがこんにち抱いているこうした気持ちはドイツの詩人、ヴォルフガング・ベヒラーによって次のように表現されている。彼は、以下に示すような方向へ向かって「脱出しよう」と望んでいた。

"言葉の垣根を乗り越えて
……
沈黙が支配する自由の世界へ"
　　　　(『脱出』)

沈黙は人々の考えを深めるものであり[508]、人々が互いに了解し合える段階としては最高のものである[509]。

VII　神秘主義

沈黙がこのようなものであるとみれば、われわれは神秘主義に行き着く。というのは、どの神秘主義も、「言葉の向こう側に存在する世界へ、すなわち、沈黙の世界へ」[510] 視線を向けているからである。

"言葉や音声を用いないで話すこと、耳に頼らずに聞くこと、目に頼らずにみること、それができるところに神も現れている。そして、そこから聞こえてくるのが崇高な魂の似姿である。崇高な魂から流れ出たものは、不思議なことに、まったく同じように、みずからの中に流れ込んでいる。最高位の力も自然もまったく同じ属性を示しているところでは、ひとつの力が他のものに流れ込み、そして公然のものとなるが、単語や音声が用いられることはない。"[511]

---

508)　Raoul Mortley, From Words to Silence, Bd. 1, The Rise and Fall of Logos, Bonn 1986, S. 110; Renon, La valeur du silence dans le culte védique, J. of the American Oriental Society 69 (1948) 11.
509)　中国について参照されるのは、Strotz, Tao – die Lehre vom rechten Weg, Christ in der Gegenwart 37 (1985) 357 である。
510)　Cassirer, Sprache und Mythos, Leipzig u. a. 1925, S. 60;　参照されるのは、Eugen Herrigel, Zen und die Kunst des Bogenschießens, 23. Aufl., Bern u. a. 1984 である。
511)　Meister Eckhart, Von der Selbsterkenntnis, in: Schmidt-Noerr (Hrsg.), Meister Eckhart, Vom Wunder der Seele, Stuttgart 1984, S. 16.

ドイツの神秘家、マイスター・エックハルト（1260年-1328年）によれば、神は、

"天と地がひとつに合わさったものであり、静かな荒野であり、そして文字通り、静けさである。"[512]

マイスター・エックハルトは「言葉も音声も用いずに話すこと」[513]ができると信じていた。

VIII　直　観

われわれはもう一度ドイツの作家、ゲーテに戻ることとしよう。

"われわれが広い意味で発明とか発見とかと呼んでいるものはどれもみな、これが真実だという独創的な予感が顕著に現れたものである。この予感は、静けさの中で長い間に亙って培われてきたものであり、思わぬときに、いなびかりのような速さで突如として、実りの多い発見をもたらす。この予感は心の内部から外部へ現れた啓示であり、その啓示によって人々は神のような力がみずからにも宿っていることを前もってうすうす感じ取ることができる。この予感は目にみえる外界と心の中にある世界とが統合したものであり、この統合によって、現に存在するすべてのものが永遠に調和を保つものとして、至福の保証が与えられることになろう。"[514]

われわれは現実を直観的に、あたかも「心の中から現れているかのように」捉えている。われわれは「思考におけるひらめき」について話している。われわれの上に「光が差し込み」、そして認識が「浮かび上がる」[515]。

われわれが出会うこうした見方はヨーロッパ文化の枠を越えて広がっている。この見方は仏教宗派のひとつである禅宗の特質をよく表している。

---

512)　Cassirer, Sprache und Mythos, S. 60f.
513)　Meister Eckhart, (前注511)。これに似たものとして、Heinrich Seuse, Jungclausen, Das Zarte und das Milde, Christ in der Gegenwart 37 (1985) 309.
514)　Goethes Werke, Insel Verlag, Bd. 6, S. 466.
515)　参照されるのは、Van der Waerden, Einfall und Überlegung, 3. Aufl., Basel 1973.

"文字や言葉に頼らずに、
じかにわれわれ自身の心に狙いを定め、
そして、ものごとに固有の本質をのぞきみる。"[516]

こうした見方によれば、彼我の区別は表に表れたものによってなされるに過ぎず、内容によってなされるものではない[517]。しかし、われわれの言葉であるドイツ語では、主観と客観をこのように一体として捉えきることは難しい。それは、われわれのドイツ語では、主観と客観とまったく別々のものであるとみなされているからである。この分離の面のみを取り上げると、「個々の単語が持つ力や言葉の働き」[518]は取り払われてしまうであろう。「考える力」と並んでここに登場するのが「見る力」である。これがあれば、神殿の幕を開けることができよう[519]。

IX　自然科学

もしかすると、これまでの論証は宗教文学的な伝統に囚われすぎており、こんにちの状況をそのように捉えることはできないという異議が唱えられるかもしれない。しかし、原子物理学においてさえ、古い命題がこんにちでもなお有効であることは、すでに実証されている。たとえば、ドイツの理論物理学者、ハイゼンベルクは「現代物理学における言葉と現実との関係」[520]を問題としていた。量子論をもってしても、イギリスの数学者、ニュートンの物理学における「言葉」の問題や因果関係説における「言葉」の問題を解決することはできなかった。人々は、

---

516)　Münsterberg, Zen-Kunst, Köln 1978, S. 11. 仏教について一般的に説明しているものとして、Glasenapp, Die Weisheit des Buddha, Wiesbaden o. J.
517)　Cassirer, Sprache und Mythos (前注510) S. 64.
518)　Cassirer, Sprache und Myshos, S. 64.
519)　新約聖書マタイによる福音書第27章第51節、新約聖書マルコによる福音書第15章第28節、新約聖書ルカによる福音書第23章第45節。
520)　このような標題を付けた章がみられるものとして、Heisenberg, Physik und Philosophie, Berlin 1984, S. 139. 参照されるのは、Prausnitz, Thermodynamik und die anderen Geisteswissenschaften, Merkur 39 (1985) 1053である。

"……新しい状況について述べることができるような、正しい言葉をまだ見付け出せていなかった。"[521]

どのような新しい数学上の形式主義も、このように、経験に基づいて発見されるものである。経験によって得られたイメージから新しい概念が生み出されている[522]。こうした考え方に対して反対意見を唱えたのは、ドイツ生まれのアメリカの理論物理学者、アインシュタインである。

"何よりもまず、理論が、何を人々が観察できるかということを決定する。"[523]

しかしながら、このように述べているアインシュタイン自身がこうした見解に従っていなかったのである。彼は、実験結果を通して考察することによって、示唆を得ていた[524]。ハイゼンベルクはアインシュタインが抱いていた疑問を次のような——伝統的な——仮説を検証することで乗り越えた。

"しかしながら、自然について考える場合、自然が示しているさまざまな関連性は結局のところ単純なものだということをわたくしは固く信じて疑わない。自然とは、わたくしが確信しているところをいえば、人々が理解できるように作られているものである。あるいはまた、これよりも正確に言おうとすれば、これとはまったく逆の言い方になるが、われわれの思考能力は自然を理解することができるように作られている……。われわれの思考能力は同列に位置づけられるさまざまな力が合わさったものである。これら多様な力によって、自然はあらゆる存在形式を示しつつ形成されてきたし、われわれのこころの、そしてわれわれの思考能力の構造が形作られてきた。"[525]

---

521) Heisenberg, Physik, S. 139. 参照されるのは、ders., Sprache und Wirklichkeit in der modernen Physik, Wort und Wirklichkeit, München 1960, S. 32 である。
522) このように述べているのはデンマークの理論物理学者、ニールス・ボーアである。その出所は、Heisenberg, Der Teil und das Ganze, 8 Aufl. München 1984, S. 54 である。
523) Heisenberg, Der Teil und das Ganze, S. 80.
524) 参照されるのは、Sambursky (Hrsg.), Der Weg der Physik, München 1978, S. 632.
525) Heisenberg, Der Teil und das Ganze, S. 1231f.

ハイゼンベルクによれば、認識する者と認識されたものとの間にはひとつの相関関係がある。これに似たことをパウロも書いている。

> "理論は、経験した資料から着想を与えられた理解を通して成立するものである。一番よいのは、そうした理解が、古代ギリシアの哲学者、プラトンを範として、こころの内のイメージと外部にある客体と理解者自身の行動とがすべて重なるものとして解釈されることである。どこまで理解できるかという可能性は、対象物の存在を規制する典型的な指示——人間の心の内も外部的な行動もすべてこれらの指示に服している——をどこまで新しくできるかという点にかかっている。"[526]

ドイツの作家、ゲーテもこのことをみごとに実証している。

> "自然を観察するときにしなければならないのは、
> いつでも部分を全体と同様にみることである。
> 何ものも中だけにあるのではないし、何ものも外だけにあるのではない。
> それは、中にあるものが同時に外にもあるからである。"[527]

X 法の認識

しかし、宗教や文学や自然科学における前述の言明のうちで、法においても有用なものはどれか。むろん、われわれは言葉を用いることなく認識が行われる古典的な例を——すでに述べたように——まさしく規範のもとで、つまり母語の規範のもとで見出している。われわれは母語の規範に日々従っているが、母語の規範を意識することはない。これが言葉を用いずに認識するということである。このようなことはその他の規範についてもあてはまる。われわれが賞賛しているよい例であり、われわれが知っている文章であるが、ラテン語に「verba docent, exempla trahunt（単語を教え、例を引く）」という言い方があり、英語にも「Children learn what they live（子供たちは自分たちが生活しているところで実際に起きていることを学ぶ）」という言い方がある。このことは、言葉

---

526) Sambursky (Hrsg.), Der Weg der Physik, S. 705; 全般的には、Augros/Stanciu, The New Story of Science: Mind and the Universe, Lake Bluff 1984.
527) Goethe, Epirrhema.

によらずに次々に働きかける伝統があることを示すとともに、「書かれているものの外側に、言葉や文字とは切り離されて伝承が行われること」[528]を示している。

　言葉を用いずにルールを捉えている例は、法においても至るところにある。特に挙げられるのは、慣習法の場合であり、また、テーブルマナーやその他の慣習のように、「してよいこと」や「してはならないこと」が問題となる場合である[529]。これらのルールはわれわれの普段の行動を秩序付け、われわれの法文化の基礎となっている。これとまったく同じことがあてはまるのがラテン語の言葉、「da mihi facta, dabo tibi ius（われに事実を述べよ、そうすればなんじに法（権利）を与えん）」である——この表現でも、事実をみることに基づいて、法が導き出され、「法律の知識を超越した判断力」という裁判官法の基礎も生まれている。

XI　帰　結

　以上のところから、われわれは法の比較にとって重要な意味を持つ地点に到達したことになる。法の比較を妨げるような、言葉の壁が全面を覆っているわけではない。われわれは「言葉の傍らに身を置いて」おくことによって——われわれには未知の世界での社会経験さえも——認識することができる。言葉はわれわれの場合とは異なった存在価値を与えられており、言葉はわれわれの場合とは異なって現実を構成しており、大海のような沈黙という世界がわれわれの場合とは異なって存在している。そうしたさまざまな文化にもわれわれは近付くことができるのだという確信が、われわれにはある。というのは、現実に生じている諸問題の克服の仕方にみられる相違は、絶対的なものではなく相対的なものであり、その精神面での現れ方も、色使いの際のグラデーションのよ

---

528)　Dumoulin, Geschichte des Zen-Buddhismus, Bd. 1, Bern 1985, S. 83.
529)　Lévi-Strauss, Der Ursprung der Tischsitten, in: Mythologica, Bd. 3, Frankfurt/M. 1973, S. 504; Teuteberg, Die Ernährung als psycho-soziales Phänomen, Hamburg Jahrbuch für Wirtschafts- und Gesellschaftspolitik 24 (1979) 263.

> "それでも、これらの関連性はいつも現実に存在するものである。われわれがそうした現実を捉えようと試みるときに、それが精神面でどのような現れ方をするかは、重要ではない。"[530]

このようにして、われわれはこれらの相違を少なくとも部分的には架橋することができる。言葉を観察することに加えて、われわれは実生活を観察したり遊びを観察したりすることを通して、他の文化に接近する第二の方法を手に入れている。われわれは、これら二つの道を歩くことによって、これら二つの方法を支え、さらに強化しなければならない。

> "人々に共通の行動様式は座標軸を持っていることである。そうした座標軸によって、われわれは自分自身に対して形式的な言葉の数々を示すことができる。"[531]

このことをもっと大雑把に表現しているのは次の文章である。

> "錯覚は、普通、耳から入り、目から出てゆく。"[532]

　法の比較は、文言の比較を経て、秩序の比較や行動の比較へと姿を変えている。
　それでも、秩序や行動を比較することで法も比較できると考えるような薄っぺらな楽観主義に対しては、警告を与えておく必要があろう。言葉は、法の比較においても、われわれの宿命を示している。われわれはきわめてまじめに言葉を受け止めなければならないし、個々の言葉を軽視すればそれは全体に対して弊害を及ぼすことになろう。言葉それ自体が現実に存在するものであり、言

---

[530] Heisenberg, Der Teil und das Ganze (前注 522) S. 110.
[531] Wittgenstein, Philosophische Untersuchung (前注 465) § 206.
[532] Baltasar Gracian, Handorakel und Kunst der Weltklugheit, 12. Aufl. Stuttgart 1978, Nr. 282, S. 119.

語「行為」であり、精神的な領域を、社会的現実を作り出している[533]。われわれは、言葉がなくなってしまわない限り、われわれは言葉を闇のかなたへ消し去ることはできない。

　"神の祝福は、見ることではなく信じることにより与えられる。"[534]

　——つまり、信じられるのは言葉である。

　行動は、それだけでは、その基礎にある着想を表していない[535]。というのは、内心の動きと外観の行動とを全体として捉えるシステムをイメージすることはできないからである。それでも、「言葉の傍らに身を置いて」という方法を採ることによって、補充的な接近方法が作り出され、単語の所在価値が示され、全体の関連性が明らかにされよう。この方法は、言葉を用いてはいないが、いわば注釈書のようなものである。英語で言えば、「Better is better than not better（ベターという状態は、ベターではないという状態よりもましである）」ということになる。

　オーストリアの哲学者、アイブル＝アイベスフェルトは次のように伝えている。

　"われわれがそれまで別々に生活してきた人々のグループと初めて出会ったとき、われわれがいかに迅速にそうした人々との交流を実現してきたかというわれわれの経験は、実際、再三に亘ってわたくしに感動を与えた。……こうした相互の了解が成り立つ前提には、われわれ人間が、人種や文化がどのようなものであれ、共通の生物的遺産としてともに受け継いできた行動プログラムが存在している。こうした遺産が、異なる言葉や異なる文化的風習によって築かれているさまざまな境界を乗り越えて、われわれを結び付けている。それでも、われわれが、よい点でも悪い点

---

[533] Yudof, "Tea at the Palace of Hoon": The Human Voice in Legal Rules, Taxas L. Rev. 66 (1988) 589; Twining/Miers, How to Do Things with Rules, 2. Aufl., London 1982; MacCormick/Bankowski, Special Acts, Legal Institutions and Real Law, in: The Legal Mind, Essays for Tony Honoré, Oxford 1986, S. 121.
[534] 新約聖書ヨハネによる福音書第20章第29節。
[535] Strömholm, Die tatsächlichen Grundlagen der Rechtsnormen, FS Zweigert, Tübingen 1981, S. 909, 911.

でも、人間であることには、変わりはない。そして、……このような共通の遺産に支えられているという点に、結局のところ、それぞれの人間のグループが直面しているようにみえる諸問題を互いに……解決できるという、われわれの希望がある。"536)

---

536) Christ in der Gegenwart 37 (1985) 423.

第11章　新しい言葉

Ⅰ　序　　説

　それでも、われわれはまだ、法の比較において生じる問題を「言葉の傍らに身を置いて」おくだけで、そのすべてを解決できているわけではない。というのは、認識は、言葉が存在する以前から存在していると同時に、言葉と同時に言葉と並列の関係でも存在するものであるが、しかし、どのようにすれば、両者を意識させることができ、どのようにすれば伝えることができるのだろうか[537]という疑問があるからである。このように考える理由は、単語を用いて言葉で話さなければ、われわれヨーロッパの人々は、認識と言葉との間を全面的に取り持つことはできないという点にある。

　われわれは、われわれが言葉だけに注意を振り向けているわけではないということで、満足していてはならない。というのは、「言葉を用いないで話すこと」もあれば、われわれは「言葉を用いずに」了解し合うこともあるからである。「黙示の意思表示」が行われていることは、われわれには自明の理である（前述165頁）。実際の行動が示しているように、「一枚の写真は千の単語を費やして語るよりももっと多くのことを述べている」ことがある。ペテロは、「言葉に忠実に従っているわけではない」が、それでも「行いを通して得られる」[538]ものについて述べている。このように、相互の了解は、言葉よりも前に存在することもあれば、言葉とともに存在することもある（参照される単語は、「stellen（ある場所に置く）」を含む二つの単語、「dar*stellen*（そこに置く＝表現する）」と「sich ver*stellen*（自分を偽る＝しらばっくれる）」である）。

　言葉を使わずに認識されたものは、法を比較する者の人柄が映し出されたも

---

537)　参照されるのは、Heisenberg, Physik und Philosophie, Berlin 1984, S. 35 である。
538)　新約聖書ペテロの第一の手紙第3章第1節。

のである。こうして認識されたものは、言葉で自覚させられることがないけれども、それでも、法を比較する者の態度や仕事に現れ出ている。それにもかかわらず、言葉で伝えることができなければ、われわれは、幅広い影響を及ぼす法の比較を行うことはできない。それでも、われわれは、言葉の監獄に閉じ込められたままでいるべきだろうか。

Ⅱ　新しい認識

われわれはここでも聖書の話から始めよう。大天使ガブリエルがザカリアに息子ヨハネの誕生を予告したとき、ザカリアは「口に出してものが言えなかった」[539]。ドイツの詩人、シラーが伝えている若者は、「古代エジプトの地ザイスで秘匿されているイメージ」を暴露している。

　　"彼がまさしくそこでみたこと、そして経験したことを、
　　それでも、彼の舌は、決してその通りには、伝えなかった"[540]
　　こんなにも美しいものを前にすると、わたくしの言い知れぬほど深い悲しみも口を閉ざすしかない。"[541]

われわれの日常語も、経験の深さについてこれに似たことをわれわれに教えている。「Ich bin sprachlos（呆れ果てて物も言えない）」、「mir fehlen die Worte（言葉もない）」、「das verschlägt mir die Sprache（……のあまり、わたくしは口も聞けなかった）」（参照されるのは「ich bin platt（あっけにとられる）」という表現である）、これらがそうである。

このことが意味しているように、われわれは新しい認識を得てもすぐにそれを言葉に表せるわけではない。われわれは新しい認識を「たとえ」[542]でしか

---

539)　新約聖書ルカによる福音書第1章第20節および第22節。
540)　参照されるのは、またGoethe, Torquato Tasso, 5. Aufzug, 5. Auftrittである。
541)　Christian Morgenstern, Frühling.
542)　参照されるのは、新約聖書マタイによる福音書第13章第3節および第10節ないし第17節、新約聖書マルコによる福音書第4章第2節である。

話せないし、手探りのびっくりした状態でしか話せないものである。それゆえ中世初期のドイツの偉大な修道士で詩人のノートカー（およそ840年-912年）は、時として、みずからを卑下して（謙遜して）「der Stammler（どもり）」（「balbulus（今日のblablablaに相当するラテン語（はっきりと発音しない状態））」）[543]と称していた。それゆえ、ドイツの詩人、ゲーテも『古代ペルシアにおける信仰の遺産』において次のように述べている。

 "そして、つっかえながら話す絶賛の言葉だけが、
 小さな輪の周りを回りながら、大きな輪の中に集まってきた。"

　このことが暗示しているように、「Verstummen（黙り込むこと）」は完全性を示してはいない（「stammeln（どもる）」ことは、半分は「stumm（ものを言わないこと）」であるが、他の半分は話していることを意味する）。ザカリアは言葉を発することはできなかったが「顔の表情で合図する」ことができたし、彼が板の上に「その名はヨハネ」[544]と書いたとき、彼は言葉を取り戻した。実際にも、「われわれは言葉をふたたび獲得する」と書かれている。
　フランスのカトリック・シトー会大修道院長、ベルナール・フォン・クレルヴォー（1091年-1153年）もこのことを次のように表現していた。

 "すべての力は沈黙から生まれる。われわれは、父なる神の懐に抱かれて沈黙にふけり、同時に、われわれは神の永遠の言葉とともにふたたび現れ出る。"

Ⅲ　言葉の発生

　以上の説明から得られる新しい認識は、「言葉にすることを申し出る」ことであり、「話題にする」ことである。このことは聖霊降臨祭に行われる秘儀の際に述べられる言葉の中心を成している（「赤々と燃え盛るように激しい言葉を吐

---

543)　出所は、Steinen, Notker der Dichter und seine geistige Welt, Bd. 1, Bern 1948, S. 7. である。
544)　新約聖書ルカによる福音書第1章第63節および第64節。

く舌」)[545]。われわれはまず自分自身に対して言葉で「ひとつのイメージ」をもたらし、その後に、その言葉を拡大して用いる[546]。

"感覚で捉えられる印象は、自我が非我との衝突を通して受け取るものである。また、最も活発な物事が与える印象は、おのずから、音声によって説明するように急き立てるものである。こうした印象は、話すことに重きを置いている民族がこれまでに試みてきた、物事に対してそれぞれの名前を付す行為の基盤を成している。"[547]

影響力の大きい、世界の主要な文学は、その言語を理解する国を新たに獲得することに成功している。「誠実な心から、目立たない表現が現れるがそれは、外面に現れるしぐさにまでは届かない」[548]。詩人は、何も語らない感情を伝えることができるように、言葉を作り出した[549]。だからこそ、「詩人」は創造者だといえる。それゆえ、ドイツの詩人、ノヴァーリスが言うように、「詩作は創作である」し、言葉の創作である[550]。

スイスの画家、パウル・クレーは造形芸術について次のように書いている。

"芸術は目に見えるものをそのまま再現するのではなく、文字通り目に見えるように表現するのである。"

---

[545]　新約聖書使徒行伝第2章第6節ないし第11節。
[546]　Heisenberg, Physik (前注537) S. 76, 144. 同書139頁では、物理学における新しい言葉の発見について述べられている。参照されるのは、また、ders., Sprache und Wirklichkeit in der modernen Physik, in: Bayerische Akademie der schönen Künste, Wort und Wirklichkeit, München 1961, S. 32; Niels Bohr, Atomphysik und menschliche Erkenntnis, Brauschweig 1985; Kranemann, Das neue Alphabet, Christ in der Gegenwart 39 (1987) 244.
[547]　Usener, Götternamen. Versuch einer Lehre von der religiösen Begriffsbildung, Bonn 1896, S. 3. これに賛同するものとして引用できるのは、Cassirer, Sprache und Mythos, Leipzig u. a. 1925, S. 72 である。
[548]　John Milton, Apology, Complete Works, New Haven 1953.
[549]　Tembrink, Uese Dichter Augustin Wibbelt, in: Heimatverein Vorhelm, Uese Dichter Augustin Wibbelt, Vorhelm 1978, S. 26: "Un he hät Wäorde för dat, wat wi auck föhlt owwer nich seggen könnt".
[550]　Novalis, Werke und Briefe, Frankfurt/M. 1988, S. 411.

原子物理学はこの点を次のようにみている。

　"人間は、再三に亘って、ある現実についてなされる無意識の経験を、身をもって知り、そうした経験を、人間にとって適切だと思われる言葉で表すことであろう。"[551]

法律家の場合にも、法律家が法創造のために黙示の社会的同意を「話題にする」ときは、これに似たことが行われている。また、法律家が社会の新しい発展を法の形式という鋳型のようなものに流し込むときも、同様である。有名な例は「法人」にみられるような共同の所有であり、そこから現代の株式会社が作り出されることとなった[552]。われわれは、新しい言葉を見つけるという点では、詩人たちと楽観主義を共有している。この点については、20世紀のドイツの作家、シュテファン・ヘァムリンが『今昔の言葉のバラード』の中で述べている通りである。

　"言葉、それは道を切り拓く先駆者である。"

われわれにはもちろん我慢が必要である。

　"ちょっとした時間があれば、おのずから新しい状況に適応するような言葉の発展を期待して待つことが、おそらくはずっと正しくかつ簡単なことであろう。"[553]

われわれが「新しい概念を受け入れるためにドアを開けておく」[554]ことも、大切である。

---

551) Pauli, Phänomen nach physikalischer Realität, in: Sambursky, (Hrsg.), Der Weg der Physik, DTV, München 1978, S. 703, 704.
552) Bernard Rudden, The New River. A Legal History, Oxford 1989, S. 208; Stebbings, The Legal Nature of Shares in Landowning Joint Stock Companies in the Nineteenth Century, J. Legal History 8 (1987) 25; ders., The New River, A Legal History, Oxford 1985, S. 208.
553) Heisenberg, Physik（前注537）S. 146.
554) Heisenberg, Physik, S. 168.

"概念は体験の総計であり、着想は体験の結果である。前者を導くことによって理解が生まれるが、後者を捉えるには理性が必要である。"555)

われわれが習得する新しい言葉は、

"多くの場面で用いられる日常語にとっては、きわめて異質なものである。しかし、新しい言葉は新しい思考方法をも意味している。"556)

われわれは、このように、社会秩序を考える新たな方法を経験している。その例は、ヨーロッパにおいて法の比較がどのような貢献をなしてきたかを考えれば、すぐに明らかになろう。というのは、法の比較を通して、ヨーロッパに共通する法のイメージや概念がもたらされ、ヨーロッパ的法思考がもたらされたからである。

このことを考えれば、法の比較において、われわれ自身が母語の囚人になっていないという点では、われわれにも希望があろう。我慢する気持ちと感情移入の能力さえあれば、われわれにとって未知の文化に現れるさまざまな現象をいろいろな言葉でうまく書き換えることができよう。往々にして現在あるのは確かに比喩だけでしかない557)が、それでも、このことはなんら障害とはならない。というのは、言葉はどのみちそれ自体が隠喩であるし、どのみち現実のイメージを伝えるときに比喩を用いているからである558)。言葉は現実との関連性を一度にたくさん述べることはできないが、それでも、言葉にはそうすること（現実との関連性を述べること）ができるし、新しく得られる言葉もそうすることができよう。

---

555) Goethe, Maximen und Reflexionen Nr. 219.
556) Heisenberg, Sprache und Wirklichkeit in der modernen Physik, in: Schritte über Grenzen, München 1971, S. 160, 169.
557) 参照されるのは、新約聖書マタイによる福音書第13章第10節ないし第13節、新約聖書マルコによる福音書第4章第11節である。「しかし、あなたたち以外の人々には、すべてがたとえで語られている」。
558) Cassirer, Sprache（前注547）S. 68.

第12章 文　　　字

I　序　　論

　法を比較する場合、母語以外の言語だけでなく、母語で使われている文字以外の文字も頻繁に登場する。文字は、法にとってどのような役割を果たしているのであろうか。よく知られている標語、たとえば「初めにアルファベットがあった」とか「考えることを通して書くことを学ぶ」[559] とかという標語から、「われわれ自身、熟慮するように」という示唆が得られよう。

II　記　　号

　熟慮するのが自明のことだと考えられるのは、やはり、話し言葉も文字も記号の一種だからである。話し言葉が耳に聞こえる記号であるのに対して、文字は音を立てない記号である。文字は、われわれが日常生活で人々と接するときに、話し言葉と同じ役割を果たしている。このことを考えれば、話し言葉も文字も記号という点では互いに密接な関係にあるだけでなく、ときにはそれ以上に、話し言葉が書き言葉として用いられて文字に取り入れられたり、文字が話し言葉として用いられたりするようになることもある。

---

[559]　そのようなものとして挙げられるのは、Ivan Illich/Barry Sander の著書, Hamburg 1988 の表題である。参照されるのは、Herder-Dorneich, Theorie der sozialen Steuerung. Die Theorie der Scheine, Baden-Baden 1986; Balkin, The Hohfeldian Approach to Law and Semiotics, Univ. Miami L. Rev. 44 (1990) 119; Coulmas, Wie das Alphabet nach Japan kam, Spektrum der Wissenschaft, Nov. 1994, S.90 である。

182

"普通に行われているわれわれの意見の表明は、たとえば、耳に聞こえる事象を作り出すことを通して、対話を通して、情報の伝達を通して、記号、たとえば喫煙のしるしや太鼓の音を通して、思索の内容を手書きやタイプライターなどの機械で、聞き手が理解しうる記号で示された記録を通して、それぞれに行われている。"560)

こうした事象は、われわれ人間にはいつでも感じられることである。「Zeichen（記号）」という語は、「zeihen（とがめる）」（参照されるのは「Zehe（足指）」である）という語を介して、インド・ゲルマン語の語根「deik」、つまり、ドイツ語では「zeigen（示す）」という語へと行き着く。これに近いのはラテン語の「dicere」、つまり、ドイツ語では「sagen（言う）」と「diktieren（口述する）」という表現である。

記号が法にも影響を及ぼしているということをわれわれに示しているのは、計算機（コンピュータ）である561)。こんにちでは十分に予測できることであるが、将来、われわれの法秩序は——たとえその規模がはっきりしていないにせよ——計算機を用いて作られることになろう。どんな器具でも、その器具を用いて行われる作業の対象は当初の予測とは異なって現れ、利用者に対して逆に影響を及ぼすものである。道具は、いつも、「魔法使いの弟子」（ゲーテ）のように、われわれと深い関わりを持っている。つまり、道具は、それが一人歩きをするようにという強い衝動をいつも持っている。

われわれの文化では、言葉と法との間に密接な結び付きがある。このため、文字と法も近い関係に立っている。実定法と文字で表された法とが同じものであるということはわれわれには周知のことであり、その結果、これらが同じものだという考えに対して、われわれは何の違和感も抱いていない。実定法とはどれも文字で書かれた法をいう（参照されるのは、「Vorschrift（目の前に書かれ、示されたもの＝規定）」という単語である——規定は慣習法とは別物である）。文字と法とが結び付いているということから思いつくもうひとつの驚きは、われわれの言葉の法則、すなわち「文法」という名前の由来が、「geschriebene Buchstaben

---

560) Clemens, Die elektronische Willenserklärung – Chancen und Gefahren, NJW 1985, 1998, 1999.
561) Charles Walter (ed.), Computer Power and Legal Language, New York u.a. 1988.

（書かれた綴り）」、つまり、ラテン語で言えば「gramma」だという点である。綴りの変更はしばしばこれまでの法律の廃止を意味していたし、法の変更を示している——たとえば、ヘブライ語で書かれた旧約聖書のもとで行われたことは、ギリシア語で書かれた新約聖書のもとでは変更されている[562]。綴り字ははたして法律といえるだろうか。

　以上のことからみて、われわれは、文字がわれわれの法を作っているか否か、作っている場合、文字はどのように法を作っているのかということだけを知ればよい、というわけにはいかないことが明らかになろう。法を比較する者にとって、これよりももっとずっと重要なのは、文字が異なれば文字が及ぼす影響も異なるという点である。「記号がわたくしに及ぼす影響はいったいどのように異なっているのか」というファウストの叫び声は、われわれの表音文字や中国語の象形文字にどの程度あてはまるのだろうか。

　わたくしがこのことを考えたのは、漢字を使う人たちの間で、わたくし自身が漢字を初めて使ったときの経験があったからである。わたくしが東京に滞在していたときのことである。日本の同僚、山内惟介はコンピュータを用いて論文を書いていた。彼がしていたことにわたくしはびっくりした。というのは、画面に現れていたのは伝来の中国の文字（漢字）であったのに、彼がそのとき入力していたのは伝来の中国の文字ではなかったからである。キーボードには、日本の文字（ひらがな）しか排列されていなかった。山内は、使用する文字の変化が日本の若い世代の考えを変える余地があると考えていた。

　文字と思考と法、これら三者の間に関連性があるということは、文字がある特定の宗教と結び付けられているということによっても、すでに示されている。カトリック教会とラテン文字、ギリシア正教とギリシア文字、ユダヤ教とヘブライ文字、イスラームとアラビア文字、これらがその例である。「宗教が文字制度に対して影響を及ぼす場合、そこには、宗教と対立する競争相手はいな

---

[562] Adamson, The Law and the Festival of Unleavened Bread (Massat), J. Legal History 11 (1990), 114, 115.

い。」563) 聖書の言葉への信仰がみられる場合も、そこには、固有の文字がある564)。宗教と法とは、およそ切り離すことのできない一体のものである565)。

むろん、こうした説明に対しては、すぐに次のような疑問が浮かぶことであろう。すなわち、もしヨーロッパが中世初期にラテン語の綴り字に代えて中国語の象形文字を取り入れていたとしたならば、ヨーロッパの精神的な活動はどのように発展したであろうかという疑問がそうである。もちろん、この疑問はあくまでも推測によるものでしかない。それでも、この点は、根本的な問題である。というのは、こんにち、われわれが改めて自覚しているように、ヨーロッパはキリスト教という、文字を重視する宗教を通して、その特殊な文字を通して、形作られているからである566)。少なくともこの点を考えれば、文字が思考および法に対してどのような影響を及ぼしたかという点を検討する契機が与えられることとなろう。

III 記号に対する意識

文字の王国をあちこちと歩いて回るときの出発点が記号にあることは明らかである。というのは、記号がわれわれに影響を及ぼしているし、われわれも記号に操られる存在だからである。われわれは記号に操られる文化の中で生活している567)。

---

563) Mieser, Die Gesetze der Schriftgeschichte – Konfession und Schrift im Leben der Völker, Wien u.a. 1919, S.95; Melville, Zur Funktion der Schriftlichkeit im institutionellen Gefüge mittelalterlicher Orden, Frühmittelalterliche Studien 25 (1981) 391; Wollasch, Reformmönchtum und Schriftlichkeit, Frühmittelalterliche Studien 26 (1992) 274.
564) Otto Kraus, Der Erfinder der Buchstaben, der Ziffer ＋ der Null, Zürich 1953, S.33.
565) A.a.O. 39.
566) Banniard, Genèse Culturelle de l'Europe (V^e - VIIIe Siècles), Paris 1989; Schildbach, Zwölfhundert Jahre deutsche Schriftsprache, Der Rotarier 1986, 89.
567) Nicholson, Ethno-Ideology's Role in Legal Behaviour, Legal Studies Forum 11 (1987) 145; Merry, Concepts of Law and Justice Among Working-Class Americans, ibid. 9 (1985) 59, 61; Vinson, Artificial World of Law and Fact, ibid. 11(1987) 311.

"どんな教えも物事と記号とを取り上げている。しかし、われわれがそうした物事を体験するのは、いつでも記号を通してである。"

このように書いたのは、イタリアのスコラ学者、ペトゥルス・ロンバルドゥス（1100年-1164年）であった。このことは、あらゆる案内標識、すべての道路交通標識によってはっきりと示されている。どの標識もその作用には違いがあるからである。

人間ファウスト（「ハインリッヒ」）がノストラダムスの『謎に満ちた本』で出会うのも「記号」である。

"干からびたもくろみをここにとどめておくことは無益である、
そのことを、聖なる記号がお前たちに教えている。"

『ファウスト』のインゼル版では、この部分は次のように書かれている。

"聖なる記号、数字と彫像、これらひとつひとつがそれぞれに聖霊を表し、それ以外の意味が入り込むのを防いでいる。"568)

ファウストは大宇宙の記号をまずもって高く評価していた。

"これらの記号を書いた者が神であったならば、
これらの記号がわたくしの心のうちにある激情を和らげ、
わたくしの貧しい心を、歓喜で満たし、
そして、神秘に満ちた衝動で満たし、
さまざまな自然の力がわたくしの周りに現れるのであろうか。"

後の方で、ファウストは、「大地の精霊」という「記号」を「謎に満ちたもの」と述べている。「精霊が姿を現す」という表現がそうである。われわれ自身がかつて一度でも記号を使っていたとすれば、われわれ自身がまるでファウスト伝説に登場する悪魔メフィストーフェレスのような存在となり、ファウス

---

568) Bd.3, S.579.

トの書斎にあった、魔よけのまじない「Pentagramma（五本の線で描かれた星型）」で金縛りに遭うことであろう。

　　"最初のものはわれわれの自由な裁量に任されているが、それが二番目ならば、われわれは使用人のようなものである。"

　記号はなんと偉大な力を持っていることであろうか。たったひとつコンマを打つだけでも、文章の意味はガラッと変わるものである[569]。一例を挙げると、「Die Amerikaner sagen, die Russen hätten den Krieg begonnen（アメリカ人が言うところでは、ロシア人が戦争を始めた）」という文章が、「Die Amerikaner, sagen die Russen, hätten den Kried begonnen（アメリカ人こそ戦争を始めたのだ、とロシア人は言う）」というように、意味がすっかり変わってしまっている。イングランドでは、解釈に際してコンマの付け方を考慮することが許されているか否かという点について、争われている[570]。

　実際のところ、一般に記号を意識する場合、その背景には文字の存在がある。われわれの文化に影響を与えた最初のものは聖書である。聖書で、われわれは「カインのしるし（犯罪者に現れる罪の目印）」[571]を目にして、モーセが燃える茨の茂みの中で神を必要としたさまざまな「記号」へと辿りつき[572]、最終的に、神の「しるしと証し」に到達する[573]。実際のところ、「ユダヤ人はしるしを必要としている」——このことはパウロが教えている通りである[574]。

　マタイによる福音書でわれわれが出会うのは、「時代のしるし」[575]であり、「イエスの誕生のしるしであり、そして、この世の終わり」[576]であり、「しる

---

569)　U.S. v. Ron Pair Enter., 109 S.Ct.1026 (1989).
570)　Hanlon v. Law Society, [1980] 2 All.E.R. 199 (H.L.). 全般的には、Wydick, Shall Lawyers Punctuate ?, The Scribes J. Legal Writing 1 (1990) 7.
571)　旧約聖書創世記第9章第15節。
572)　旧約聖書出エジプト記第4章第8節ないし第9節。
573)　旧約聖書出エジプト記第7章第3節。
574)　新約聖書コリント人への第一の手紙第1章第22節。
575)　新約聖書マタイによる福音書第16章第13節。
576)　新約聖書マタイによる福音書第24章第3節。

しと奇跡」[577]であり、「天における人の子イエスのしるし」[578]である。そこには、記号でないものは何もない。ヨハネによる福音書が光りを放っているのは、言葉としるしにおいてである。イエスはカナでの結婚で「その最初の奇跡のしるし」を行った[579]。多くの者は「イエスの名」を信じた。というのも、多くの者は「イエスが行った奇跡のしるしをみた」[580]からである。ヨハネの福音書のもともとの結びの言葉は次のようなものであった。

> "このほかにも、この書には書かれていない、もっとたくさんの奇跡のしるしをイエスは弟子たちの目の前で行っていた。"[581]

このことがピッタリあてはまるのは、ローマ皇帝、コンスタンティヌス大帝（280-337年）の夢枕に現れた言葉、「In hoc signo vincis（この十字架のしるしのあるキリストの御旗を立てて汝勝利せよ）」（312年──ミルウィウス橋の戦い）であった。カトリック教徒は気軽に十字を切るのではない。そうではなくて、彼らは祝福のために「十字を切る」のである。「十字を切る」ことは「神聖なしるし」であり、この「神聖なしるし」によってキリスト教という宗教が──それとともに、われわれの伝統的な世界像が作られている。「Segen（祝福の言葉）」の起源は「signum（しるし）」、つまり、「Zeichen（記号）」である。ミサの典礼は「神聖なものとして崇められたしるし」を現している。この「崇められたしるし」は、言葉の本当の意味で、「記号によって表された言葉」を表しており、カトリック教徒にとっては世界中のどこでも理解できる「ピクトグラム（国際的に通用する絵文字）」である。それゆえ、図像に従順に従うことを妨げる者は、「聖画像破壊主義者」となる。

---

577) 新約聖書マタイによる福音書第24章第24節。
578) 新約聖書マタイによる福音書第24章第30節。
579) 新約聖書ヨハネによる福音書第2章第11節。
580) 新約聖書ヨハネによる福音書第2章第23節。
581) 新約聖書ヨハネによる福音書第20章第30節。

第13章　文字の魔術

I　前　提

　文字はいつでも魔法を行うときに必要な道具である[582]。文字は音声を目に見えるようにし、その結果、音声で表されたことをずっと継続して意のままに操作できるようにする（「銘を石に刻む」）。文字はあたかも「時間を操作できる機械」のようなものである。文字は過去に起きたできごとをありありと思い浮かべられるようにし、今起きているできごとを将来のために保存する役割をはたしている。文字は、どの文化にとっても、それぞれの文化が担っている精神的活動の現状を守り、さまざまな思想を「不滅のもの」にし、「経験できるという有益な価値」を後世に伝えている[583]。文字はある特定の「文化的記憶」を反映している。文字は、単語とその性別との関係を作り出している。文字で表現された「書証」（ドイツ民事訴訟法第415条-第440条）は話し言葉よりも格段に信頼性を持つものとみなされている。書証の存在を前提として成り立っているのが証書訴訟（ドイツ民事訴訟法第592条-第605a条）である。文字は、もちろん、過去に起こったできごとをそのまま固定して表す。文字だけでは、今とは書き方をまったく異にしていた古い出典や口頭による伝承へ近付くことはできない[584]。それと同時に、文字は「空間を操作できる機械」のようなものでもあ

---

582) Dornseiff, Buchstabenmystik, Leipzig 1916; ders., Das Alphabet in Mystik und Magie, Berlin 1925; Bertholdt, Die Macht der Schrift in Glauben und Aberglauben, in: Preuß. Ak. Wiss., phil.-hist. Klasse Nr.1, Berlin 1948; Assmann/Hart (Hrsg.), Kultur als Lebenswelt und Monument, Frankfurt/M. 1991; Claussen/Daube-Schackat (Hrsg.), FS Oehler, Tübingen 1988.
583) この点について批判的なものとして、Platon, Phaidros.
584) Isensee, Verfassung als Vaterland, in: Mohler (Hrsg.), Wirklichkeit als Tabu, München 1986, S.11; Jan Assmann, Das kulturelle Gedächtnis, München 1992.

る。われわれが書くのは、時間と空間による制約を乗り越えるためである——このようにみると、文字は、われわれが実在しているということを支える基盤となっている。

"われわれのこの世にあるもののすべては
ひとつの深い器に入れられている。
空間と時間を超越したはるかな高みにあって、
神は、御心のままに、お過ごしになる。"
　　　　　　（オーストリアの詩人、ヴァインヘーバー『書物』）

　文字が仕える主人は空間と時間の支配者である——この支配者は人間がこれまでに生み出してきたさまざまな力のうちで最も強い力を持っている——。その力はまるで神の力のようなものである。このようにみてくると、文字は神に由来するものとみなすことができる。文字は神のみ言葉とみなされ、「魔法のようなもの」とみなされている。こうした考えはこんにちでもみられる。英語の「spell」という言葉の意味は「buchstabieren（単語を構成するアルファベットを一字ずつ区切っていうこと）」であるが、それと同時に「Zauber（魔法）」という意味もある。「Buchstabe（書物を支えるもの）」という言い方に着目すると、「Runenstab（ルーネ文字という解読不能の神秘的な古代ゲルマン文字が彫られている棒）」や、「Orakelstab（神のお告げを下すときの杖）」が思い出されよう。古代・中世に行われた魔よけの呪文であるアブラカダブラ、幻の絵図、そして旧約聖書ザカリア書にみられる祝福の言葉、これらはいまなお「文字に関する不思議」を表す好例である。
　文字が及ぼす影響について考えることができる典型は、表音文字である。というのは、表音文字は数字に似ているし、数字に由来しているからである（代数学では1という数字が他の数字に変化する。古代ギリシア語およびヘブライ語の数字でも、同じように「Buchstaben（綴り字）」で表されている）。文字は簡単に操作できる道具であり、わずかな記号だけしか用いていないのに、みごとなやり方で無数の単語をうまく排列している。文字は、明らかに、分類システムとして、比類のないほど優れたものである——文字は驚くほど明快であり、経済的であ

る。わずかな綴り字を用いるだけで、あるものの存在をすべて含み、排列することができるからである。抽象化の働きという点でみると、文字の役割は途轍もなく大きい。基本的な構成要素はわずかしかないのに、それらを用いるだけで、多種多様な世界が生み出されている。このようにして、「複雑な現実を目に見えるように素描すること」に成功している。

> "現実に生じていることをごくわずかな根源的単位に還元すること、そしてそうした単位から現実を再構成すること、これこそがアルファベットを用いた本当の文字合わせのやり方であり、世界を正しく一字ずつ区切って表現する方法である。"[585]

綴り字の発明は、それゆえ、――おおよそ紀元前2000年の前半のことであるが――古代オリエントにおける決定的な知的革命であった[586]。

アイスランドの文学作品であるエッダで描かれているところでも、綴り字の発明が、同じように、第一級の壮大なできごとだとされている。北欧の神話における、神々の中の最高神オーディンがわが身をいけにえにしなければならなかったのも、ルーネ文字を用いて知恵と魔法の力を得ようとしたからであった。ルーネ文字は「神に由来するもの」とみなされており、神がルーネ文字の中で「ささやいてる」と考えられた。「綴り字に内在する不思議な力」は、それが人々の考えを種々の制約から「解放し」、「自由にする」効果を持っているという点である。文字は、特定の人しか使えないといったそれまでの排他的性質を失い、多くの人々が使えるようになり、いわば民主化されてしまった。「raten（読み解く）」（参照されるのは、英語の「to read」という表現である）ことからはっきりと口に出して言うことへと、文字の性質もすっかり変わってきている。そうした変化の始まりは民族の文字であった。民族の文字の登場によって、民族は文字という一般的な表現秩序の担い手となることができたのであった。

---

585) Herder, Die Meisterung der Schrift durch die Griechen, in: Pfohl (Hrsg.), Schrift, Schreiben, Schriftlichkeit, Tübingen 1983, S.1.
586) Eric A. Havelock, Schriftlichkeit – Das griechische Alphabet als kulturelle Revolution, Weinheim 1990; ders., Preface to Plato, Cambridge, Mass. 1963; ders., Origins of Western Literature, Toronto 1976.

II　旧約聖書

　文字が不思議な力を持ち、さまざまな効果を及ぼしているということを目に見えるように示しているのは、モーセの十戒であり、モーセの十戒が記された石版である。聖書はこう述べている。

　　"神はモーセにお与えになった、
　　神がシナイ山上でモーセとの話を終えたとき、
　　実際になすべきことを示すために2枚の板を、
　　石でできた板を。
　　その板には神の指で神の声が書かれていた。"[587]

　　"モーセは身を転じて、シナイ山を降りた、
　　実際になすべきことを示すために与えられた2枚の板を手にして、
　　2枚の板にはともに両面に文字が書かれていた
　　この面にも、他の面にも、文字が書かれていた、
　　これらの板は神の手わざによるものである、
　　書かれた文字、まさしく神の文字が、
　　これらの板に刻み込まれている。"[588]

　シナイ山でのできごと（それが行われたのは、紀元前13世紀後半のことであった）はおそらく綴り字に関わるできごとでもあったといえよう。この点については、他に、ドイツの作家、オットー・クラウスも次のように考えている。

　　"ここ（シナイ山）で神から与えられたのは文字であって、宗教ではない。"[589]

　シナイ山でのできごとは音声文字による経験であった（その歴史については、後述205頁参照）。この経験から、文字が「現実」をどのように表しているかと

---

587)　旧約聖書出エジプト記第31章第18節。
588)　旧約聖書出エジプト記第32章第15節以下。
589)　Otto Kraus, Der Erfinder der Buchstaben, der Ziffer ＋ der Null, Zürich 1953, S.105.

第13章　文字の魔術　*193*

いう点が明らかになる。使徒パウロは、それゆえ、十戒を「文字による結び付き」と述べている[590]。そこでは、どんなことも文字を介して「起こっていた」。それゆえ、十戒に記された文字は「神により書かれた文字」と、つまり「神の文字」[591]と、さらには「聖なる文字」とみなされていた（このことはまったく字義通りに理解することができよう）。

　文字は数（十戒）と結び付いており、この結び付きは綴り字を用いることでさらに強められている。あらゆるものが、律法の頂点（「シナイ山」）において一緒に現れる。われわれは、律法が文字を通してどのような「重み」を与えられているかを、感じ取っている。そこに現れているのは、「語句のすばらしさ」であると同時に、「文字のすばらしさ」でもある。ユダヤ教の教典タルムードでは、モーセはシナイ山で「いかにして神が文字のために最高のものをつくりだしたか」[592]をみたと書かれている。

　文字は他のものに対して影響を及ぼしている――記号も他のものに対して影響を及ぼしている。この点への示唆は、聖書の多くの箇所で見出される。人間の平安にとって決定的なのは、たとえば、その人の名前が「神が書いていた書（聖書）」[593]から抹消されないことであり、その人の名前が神の教えにかなった行動をした者という欄に「書かれる」ことである。反逆者はその名を「塵や埃の小さな粒に書かれる」[594]。「wie es im Buche steht（神の書に書かれている通りの典型的な）」という慣用句もこれに似た表現である。この慣用句は詩篇に関わりがある。

　　"そこで、わたくしは言った、
　　書の巻に、
　　わたくしのためにそれが記されている。"[595]

---

590)　新約聖書ローマ人への手紙第7章第6節。
591)　Hubert Grimme, Aussehen und Aufschrift der mosaischen Gesetzestafeln, Nieuwe theologische Studien 25 (1942) 81, 83f.
592)　Der babylonische Tempel (Hrsg. Reinhold Mayer) 4.Aufl., München 1963, S.126.
593)　旧約聖書出エジプト記第32章第32節以下。
594)　旧約聖書詩篇第69篇第29節。
595)　旧約聖書詩篇第40篇第7節。

子供時代にわれわれに深い印象を与えたのは、バビロンの最後の王、傲慢なベルシャザルの殺害を予言したとされる文書の出だしのような「不吉な前兆」であった。それを諺のようにいえば、「壁に描かれたしるし」となる。

　　"みよ、白い壁を、
　　そこに、人の手のようにみえるものを、
　　書かれているもの、白壁の上に書かれているもの、
　　それは火という文字、それは書かれ、そして消えた。"
　　　　　　　（ドイツの詩人、ハインリッヒ・ハイネ）

文字の字体は真実を作り変える効果を持っている。

　　"ベルシャザルは、しかし、同じその夜に
　　"その召使によって殺害された。"[596]

III　新約聖書

これに似たことは新約聖書でもヨハネによる福音書にみられる。

　　"こうして、弟子たちは書かれた文字とイエスが話していた言葉とを信じた。"[597]

文字が理解され得るものであるということをはっきりと示しているのは、十字架上に刻み込まれた碑文の文字 I. N. R. I.（Jesus Nazarenus Rex Judaeorum）である。

　　"サマリアおよびユダヤのローマ提督で、民衆の圧力に屈してキリストに死刑を宣告したピラト、すなわち、ポンティウス・ピラトゥスは、碑文を書いて、十字架の上にそれを貼り付けた。碑文には、「ナザレのイエス、ユダヤ人の王」と記されて

596）　旧約聖書ダニエル書第5章第5節、第30節。
597）　新約聖書ヨハネによる福音書第2章第22節。

いた。多くのユダヤ人がこの碑文を読んだ——イエスが十字架にかけられた場所がナザレという町の近くにあったからである。碑文は、セム族に属する遊牧民族であるアラム人の言葉であるアラム文字のほか、ローマ文字とギリシア文字でも書かれていた。古代ユダヤの大司祭はピラトに向かってこう述べた。「『ユダヤ人の王』とは書くな。そうではなく、イエスが、『自分はユダヤの王だ』と言っていた、と書け」と。ピラトは、「わたくしが書いたことだけが、そのまま書かれたことになる」と述べた。"

聖書の言葉は「廃れることはありえない」[598]。文字は真実を表しており、また、——ちょうどシナイ山で行われていたように、またバビロンで行われていたように——「実際になすべきことを表している」。

新約聖書ヨハネの黙示録を始めるにあたって、神は文字という記号を用いている。いわく、「わたくしはアルファであり、オメガである」[599]と。アルファとオメガはギリシア文字のアルファベットの最初の文字と最後の文字であり、これらはあらゆるものを含み、それらを排列している。その中心にあるのは、「七つの封印で封じられた巻物」[600]であり、「小さな巻物」[601]であり、「いのちの書」[602]である。パウロは「いのちの書において」[603]名について述べ、「天に書き記されている」[604]名について述べている。それゆえ、われわれは、ある人が「受けが良いとか悪いとか」と今でも言うことがある。文字は神との出会いをもたらしている（参照されるのは、古代キリスト教の教父、アウレリウス・アウグスティヌスの回心である。そこでは、「手に取って、読みなさい」と記されている）。[605]

---

598) 新約聖書ヨハネによる福音書第10章第35節、第19章第19節ないし第22節。
599) 新約聖書ヨハネの黙示録第1章第8節。
600) 新約聖書ヨハネの黙示録第5章ないし第8章。
601) 新約聖書ヨハネの黙示録第10章。
602) 新約聖書ヨハネの黙示録第3章第5節、第17章第8節、第20章第12節、第15章。
603) 新約聖書ピリピ人への手紙第4章第3節。
604) 新約聖書ヘブル人への手紙第12章第23節。
605) Augustinus, Bekenntnisse VIII, 12. 参照されるのは、Muth, Brauchen wir eine neue Spiritualität des Lesens ?, Stimmen der Zeit 206 (1988), 818.

第14章　律法の文字

「律法の文字」という慣用の言い回し、そして、律法を「一文字ずつ区切って」守るという慣用の言い回し、これらをわれわれはその言葉どおりの意味に受け取ってよいであろう。「es steht geschrieben（そのように書かれている）」——このことが、律法が有効なものとして通用していることを過去に基礎付けてきたし、こんにちまでそれを基礎付けてきている。われわれの法律学は、ほとんどすべてといってよいほど、文字で書かれたことと結び付いている。

文字はある秩序を将来に向けて固定するものである。若者たちは伝統に縛られている。言葉が書かれて文字となった後も、「言葉が人々と社会について判断するものとなっている」[606]。どの文字も、支配および官僚制と密接に結び付いている（文字は空間および時間を支配している）。どの文字も、このように、それが用いられたもともとの意図（ハムラビ法典、モーセの十戒）からして、「Vorschrift（手本として前もって書き示されたもの）」である——これは将来に向けて「あらかじめ書かれている」ものであり、中央の政治権力が有する支配の手段である[607]。「secretarius（機密保持者）」という概念は紀元前5世紀に現れたものであり、帝室裁判所付きの記録係を意味していた[608]。

"われわれに与えられたもののうちで最大のもの、
それは、言葉という厨子のようなもの。
その中に蓄えられるのは

---

[606] Ernest Gellner, Muslim Society, Cambridge 1981, S.32.
[607] Wimmel, Die Kultur holt uns ein. Die Bedeutung der Textualität für das Geschichtliche, Würzburg 1981.
[608] Münkler, Der harmlose Sokratier, FAZ v. 21.11.1985, S. IV; Busch, Zum Prozeß der Verschriflichung des Rechts in lombardischen Kommunen des 13. Jahrhunderts, Frühmittelalterliche Studien 25 (1991) 373.

その意味と存在である。"
　　　　　　　（オーストリアの詩人、ヴァインヘーバー『書物』）

　文字は神の御心を日々伝える媒介者であり、文字それ自体に神秘的な後光のようなものが含まれていた。JHWH（これはI. N. R. I.（Jesus Nazarenus Rex Judaeorum）のヘブライ語による表現である）が聖書の言葉の中に記されていることは明らかである。読むことは神のもとにあるおおもとの情報を再発見することであり[609]、宗教上のおきてでもある。ユダヤ教の教典タルムードによれば、神は、文字を用いて、天と地とを創造した。文字は世界創造の根底を成している。文字は「知的な内容を有する存在であり、文字の外部的形態はその内容に対応している」[610]。文字は、とくに、シナイ山上での啓示——それゆえ、律法——と結び付けられている。

　このことを考えると、聖職者任命式でなぜヘブライ文字が用いられているかの理由が分かる。聖書はヘブライ語による文字以外の文字では書かれてもいけないし、読まれてもいけない。聖書を翻訳することも、ヘブライ文字を用いる場合しか、許されていない。文字の意味をこのように限定して捉えることは聖書の場合だけに限られてはいない。スペイン生まれのユダヤの哲学者、イブン・マイモニデス（1135年–1204年）は、「聖書をヘブライ語による文字以外の活字を用いて写し取ろうとした者に対する」非難の言葉を書き記していた。

　文字という技法は聖書の内容を伝えるのに用いられている。この点について説明する場合、特に慎重さが求められる。というのは、

　　　"いまこの世にあるものについて述べるとき、いかなる文字も付け加えられないし、またいかなる文字も取り除かれることはない。"[611]

---

[609]　Muth, Brauchen wir eine Theologie des Lesens? Stimmen der Zeit 206 (1988) 539, 542; Walter Seidel (Hrsg.), Offenbarung durch Bücher?, Freiburg/Brsg. 1987.

[610]　Kaufmann/Horodezki, 見出し語 "Alphabet", in: Enzyklopaedia Judaica, Berlin 1928, Sp. 448.

[611]　Kaufmann/Horodezki, a.a.O., Sp. 443; George Steiner, Nach Babel, Frankfurt/M. 1983, S.67.

使う文字が多すぎたり、少なすぎたりするような「Torarolle（巻物形式で書かれた当初のモーセ五書（旧約聖書の最初の五巻））」は無効である。儀式で用いられる文言が有効とされるのは、各文字が正しく書かれているときだけである。独自の職能階級のひとつである「sofer（筆記者を意味するヘブライ語）」はこんにちでもこのことを守っている。「sofer」は、

> "どんな文字もどんな言葉も、それを書く前に必ず声に出して言わなければならない。神の名を書くときは、誰とも話してはならない。"[612]

ここに登場するのが「ユダヤの律法学者」である。律法学者は、言葉の本当の意味で、「記号を教える教師」であったし、今もそうである。文字に対する畏敬の念は、文字で記されたどの意見表明にもみることができる。たとえば、中世ドイツ語とヘブライ語との混成語であるイディッシュ語はヘブライ語の綴り字を用いながら、音声上はできる限り厳密に（母音化して）書かれている。ただ、「Tora（律法）」における言葉はどれも「正しく」、すなわち、子音のみで書かれている[613]。

綴り字には、こうして、宗教法という局面で、威厳が付与されている綴り字法は法に対して体系的構造と時間的持続性を与え、その実定法としての性質を強め、法に対して権威を与えていた。それゆえ、確定力を持つべきことはすべて、文字を用いて固定されていなければならなかった。

律法と文字とは一体のものである。マタイによる福音書によれば、「律法の一点、一画も廃れることはなく、ことごとくまっとうされる」[614]。（ヘブライ語による）文字で書かれたものだけが律法である。それゆえ、推測すると、十字架上の碑文「I. N. R. I.」はアラム語（民族の文字）、ラテン語（管理運営上の文字）、そしてギリシア語（経済活動上の文字）で書かれてはいたが、ヘブライ語（律法の文字）では書かれていなかったことであろう[615]。それゆえ、たぶん、パウロは

---

612) Wall Street Journal (Europe) v. 27. 01. 1986, S.1.
613) Salcia Landsmann, Jiddisch, Olten u. a. 1962, S.249f.
614) 新約聖書マタイによる福音書第5章第18節。
615) 新約聖書ヨハネによる福音書第19章第20節。

彼の「Muttersprache（母が使っていた言葉）」、ギリシア語で書き、「Vatersprache（父が使っていた言葉）」であるヘブライ語の使用を避けたのであろう。このことは、「書かれた理由」とも言われる『法規類集』の中世における表示の仕方にも影響を及ぼしていることであろう。この人間の法は「書かれたる理由に記された、時代を超越して通用する理性的な言葉」に従ったものである。そこに書かれた文言は「それ自体が独立したひとつの真実」を表している。啓示を与えるというやり方はいわば「文法上の概念」のようなものである（それは、机上の学問のように無益なものである）。文字で書くことと法として定めることとは一体のことである[616]。

裁判官の養成にあたって文字を重視する度合いが強ければ強いほど、それだけいっそう、文字で書くことと法として定めることとが一体のことだという考えに影響される度合いも増してくるし、概して職業裁判官の数が素人よりも多くなる。それゆえ、アメリカ合衆国の陪審制度のもとでは、書かれた法が占める地位は低い。素人陪審員の前で有用なのは言葉で伝える語りと身振りで伝える語りである。

文字は、その他の記号（たとえば、イメージ）[617]が使われないところでは、文字が当初持っている以上の役割を果たしている。この点に関してわれわれが知る例は、あたかも聖人に列せられるかのように神格化された次のような文言である。

 "原則として、啓示学説（神の啓示によってのみ真理が得られるとする考え方）に対してこれ以上の追加を防ぐために、ドアをしっかりと閉ざすことで、読み書きの能力をつけて限定された真実に近づき、かつ、正統性を示す特許状として読み書き

---

616) Hagen Keller, Die Entwicklung der europäischen Schriftkultur, FS Jeismann, Münster 1990, S.172, 197.
617) Kocher, Bild und Recht, FS Schmelzeisen, Stuttgart 1980, S. 142; Ernest Gellner, Muslim Society (前注606), S. 23. パウロはギリシア語で書き、そのことによって律法による拘束を免れていた。こうすることによって初めて、パウロは発言することが許されていた。「この点ではユダヤ人とギリシア人との間に違いはない。すべての者は等しく主人である」（新約聖書ローマ人への手紙第10章第12節）。

の能力を用いる者の活動の場は、大いに広がることとなろう。新しい表現形式をいくら用いても、読み書きの能力を有する者を出し抜くことなどできはしない。"[618]

法を文字で書くことは、民族の影響力（民族のさまざまな声）を抑え込み、学識ある法律家という職業を作り出し、ユダヤの律法学者を法学者や裁判官にし、法と特定の人々ないし特定の能力とを結び付けることになる。そこでは、文字で書かれていない法は二流のものとなっている[619]。このことをわれわれに対してみごとに示しているのが証書訴訟（ドイツ民事訴訟法第592条-第605a条）である。文字それ自体が力を与え、独自の地位を保障するものとなっている[620]。文字は、歯と爪で自分の身を守るユダヤの律法学者に対し、彼らが独占的地位を保持する根拠を提供している。こうした独占に対する懸念（文字を解する人々の支配、法律家による独占）を考えるため、多くの人は律法を過大評価しないようにという警告を与えている[621]。

最も強く文字に固執する社会階層が最も容易に法に——そしてこのことと結び付いているが、職業に就くチャンスに——近付くことができる。抽象的な記号に対する関心が薄い者は「素質がない者」とみなされて差別され、そして、律法が「罪の力」[622]であること——悲嘆の（無）秩序であること——を経験するのであって、律法が平安や祝福のしるしであるという経験はしていない。

文字の、このように他の者を排除する力がもっと強く現れるのは、法律家が用いる特殊な専門用語が追加される場合である。イギリスの法律家、エドワード・コークはこの点について1697年に刊行された作品の中で次のように述べ

---

618) 旧約聖書エレミヤ書第17章第13節。参照されるのは、新約聖書ヨハネによる福音書第8章第6節、第8節である。
619) Sack, Law & Custom, Rechtstheorie 18 (1987) 421, 433.
620) このことは、書くことを教えることがどれも禁止されているという点を裏付けている（たとえば、奴隷）。これについては、Amar, The Bill of Rights and the Fourteenth Amendment, Yale L.R. 101 (1992) 1, 27.
621) Adolf Merkl, Das doppelte Rechtsanlitz, (österr.) Jur. Bl. 47 (1918) 426; ders., Zur Frage der Unabänderlichkeit von Gesetzen, (österr.) Jur. Bl. 46 (1917) Nr. 12.
622) 新約聖書コリント人への第一の手紙第15章第56節。

> "これまでの報告書がすべてフランス語で書かれていた理由は、これらの報告書がいずれも国王エドワード三世による治世の時代に始まったという点にある。エドワード三世は、社会を代表する者として、みずからがフランス王国において適法な権利を有することを知っていた。文字は読めるけれども正しく理解しない者が過ちをしでかすかもしれないとか、彼らが自分たちの気まぐれを信じて行動することで自分自身を傷つけ、そしてときには破滅に陥れるかもしれないとかといった結果が生じないようにするために、庶民の言葉で規定された制定法を、全部または一部、この時代に出版するという考えは、適切だとも好都合だとも考えられていなかった。"[623]

ここにみられるのは、公共のために良いことを行うという仮面を被ってはいても、その実体は、階層的なエゴイズムにほかならない。こうした振る舞いはいつの時代にもみられることである。

---

[623] Edward Coke, La Tierce Part des Reports de Edward Coke, London 1697, "To the Reader", vorletzte Seite.

第15章　文字と言葉

I　音声文字

　このように、綴り字が、それだけで驚くほど簡単かつ経済的な秩序付けシステムとして、優越性を保てるのであれば、これに音声文字としての性質を付加することによって、綴り字の強みはさらに強化されよう。その結果、文字は言葉をめぐる神話と関わりを持つこととなる。文字は、それにより表される意味を再現するだけでなく、「言葉に固有の音声」をも再現している（「話されたとおりに書かれる」）。言葉の力は、このようにして、保持されている。オーストリアの詩人、ヨーゼフ・ヴァインヘーバーは文字と音との結び付きをその著『綴り字への頌詩』において賛美している。

　言葉に関するどのような文化も理解も綴り字を必要としているようにみえる[624]。われわれがすでにみたように（前述71頁）、ユダヤ文化では言葉が第一順位であり（「初めに言葉があった」）、言葉は、現実を作り出し、現実を決定する力を持っていた（言葉には影響力がある）。言葉はわれわれにとっても「存在を示す家」（ドイツの哲学者、ハイデッガー）である。われわれは「言葉の中に住んでいる」。

　　"そして神がわれわれに与え給うたのは
　　まさしく言葉であり、
　　そして、われわれが住んでいるのは

---

[624]　参照されるのは、W. v. Humboldt, Über die Buchstabenschrift und ihren Zusammenhang mit dem Sprachbau, Berlin 1824; ders., Über den Zusammenhang der Schrift mit der Sprache, Berlin 1836: ヘーゲルの見解については、Michael Kirn, Der Computer und das Menschenbild der Philosophie, Stuttgart 1985, S. 49. 参照されるのは、Riese (Hrsg.), Schrift und Sprache, Weinheim 1994 である。

言葉の中である。"
　　　　　　（ドイツの女性詩人、ローゼ・アウスレンダー）

　一般に名前や言葉が信頼されているということは、文字を使用する宗教の場合、特に明確に現れている。そこで重視されているのは、言葉の音声である。どの言葉も「音によって表されるものと対応してい」なければならない。言葉の選択を誤ることは事態を取り違えることであり、したがって、神のおきてに背き罪を犯すこととなる。このことから、発音どおりの表現を、それゆえ、まさしく表音文字を用いるようにという要請が生まれる。象形文字は「言葉どおりに」読むことを保障するものではない。「読む」を表すヘブライ語の言葉「karah」は「叫び声を上げる」という意味である。文字は口頭で発言されなければならない——しかもその発音は正確になされなければならない。

　たとえば、ヘブライ語の文字には子音しか知られておらず、母音記号がギリシア人によって初めて「発見」されたということも、こうした理解を妨げるものではない。セム語を用いる民族は文字を書こうという意欲を示したが、子音だけで表示された言葉にその後も母音符号を付け続けるというところまではいかなかった。というのは、子音は、単語の構造を決定し、単語の音を表すものだからである。その前提には、セム語では一般に母音がそれぞれの子音につき心の中で補って考えられることができるというセム語の構造があり、また、——後に続く世代のために——単語の解釈を可動性のあるものとして考えようという願望がある。母音記号がないことは、同時に、文字の抽象化の度合いを高めてもいる——このことは、あたかも、ステップと呼ばれる、樹木がほとんど生えていない草原のように、多様な可能性を残した状況を反映しているのかもしれない。

　われわれにみえるのは、少なくとも、言葉をめぐる神話があるため、どちらかといえばまず綴り字が選ばれ、その終着点には完全な音声文字があるという事態である。社会において言葉が占める位置、言語の構造、そして文字、これら三者は互いに他のものに影響を及ぼしている。この点でみると、アルファベットという綴り字もひとつの律法を表している。

II 歴　　史

　最初はぼんやりとしか感じられないものであるが、社会において言葉が占める位置、言語の構造、そして文字、これら三者の間に関連性があるという点は、歴史的経緯をみると、なるほどと納得することができよう[625]。すでにみた（前述47頁）ように、言葉の性質は自然環境によって形作られている[626]。これに似たことは綴り字の場合にもあてはまる。綴り字が生まれる背景には、羊を飼う遊牧民族がいる。われわれの文字はギリシア語のアルファベットからきている（紀元前9世紀前半）が、ギリシア語のアルファベットは、その当時、おそらくセム語をモデルとしていたことであろう。このことから、われわれはアルファベットそれ自体についても学ぶことができる。すなわち、ギリシア字母の「α (Alpha)」はセム語の言葉「Alfet」（＝牛）に由来する。この綴り字Aを90度だけ回転させると、「<」となる。この「<」の出所が牛の角であることは明らかである。これと同様に、「β (Beta)」の出所は「bet」、つまり「家」や「テント」である。この「bet」を用いた例は「Bethel」（「神の家」）や「Bethlehem」（「パンの家」）である。われわれが用いているCはギリシア字母の「γ (Gamma)」に対応する。γの起源はセム語の「gimmel」「gamal」＝「Kamel（らくだ）」である。

　アルファベットの原産地がどこかということは知られていない。もしかすると、アルファベットの出所は、エジプトの図形記号（暗号）を（わざと）異化したものかもしれない。ドイツの東洋学者、フーベルト・グリメは、表音文字の起源を古いシナイの碑文の中にみていた。この仮説を確認したのがドイツの法律家、メツラー、筆名モジアーニである[627]。十戒はおそらく綴り字を使用し

---

625) Adelheid Schlott, Schrift und Schreiber im Alten Ägypten, München 1989; Harald Haarmann, Universal-Geschichte der Schrift, Frankfurt/M 1990; Carl Faulmann, Illustrierte Geschichte der Schrift, Wien 1880, Neudruck Wien 1990. その背景をさらに詳しく取り上げているものとして、Heine-Geldern, China, die ostkaspische Kultur und die Herkunft der Schrift, Paideuma 4 (1950) 51.
626) Tschirch, Weltbild, Denkform und Sprachgestalt, Berlin 1954, S.58.
627) Moziani, Torah des Alphabets, Herborn 1983; ders., Discovering Mosaistics, Herborn 1989.

た最初の記念碑に数えられることであろう。モジアーニが最後に払った熟慮がこうした調査結果を支持しているように思われる。十戒が決定的な力を持つのは、まさしく新しい文字を持つという経験が十戒にみられるからであった。

概して歴史的背景がわれわれにとって重要となるのは、文字が十戒の成立事情を保存してこんにちに伝え、そしてそうした状況をいささかも変えることなく、こんにちまで引き続いて、影響を及ぼしてきたからである。

Ⅲ 独自性

綴り字は、言葉を、そして「単語の音声」を表すために用いられる。それゆえ、言葉それ自体が文字に優先するが、しかし、文字それ自体も固有の力をもっている[628]。ここでも、最初に登場するのは聖書である。そこでは、「イスラエルに聞け（耳を傾けよ）」という表現が「と書かれている」[629]という言い回しになっている。

これに似たことを示していたのはドイツの宗教改革者、ルターであった。さすがに、ルターは、みずからが「言葉に負い目を持つ者」であることを十分に自覚していた。ルターは、「彼自身が話した日々の生活に関することがらの中に聖書に記された神の言葉」を見付け出そうとしていた[630]。

> "言葉で表現されているものはすべて、言葉をもって、獲得され、勝ち取られなければならない。信仰と言葉とはおよそひとつのものであり、分けることができないものである。"[631]

---

[628] Wilfred Cantwell Smith, Scripture as Form and Concept: Their Emergence for the Western World, in: Miriam Levering (Hrsg.), Rethinking Scripture, Albany 1989, S.29; William A. Graham, Scripture as Spoken Word, ibid. 129. 旧約聖書申命記第6章第5節、新約聖書マルコによる福音書第12章第29節。

[629] 新約聖書マタイによる福音書第4章第4節。

[630] Biser, Der Schuldner des Wortes, Stimmen der Zeit 201 (1983) 734, 739.

[631] この点について批判を行っているものとして、マルティン・ルター全集、Martin Luther, Weimar 1883ff., Bd.IX, S.639.

ルターは、「福音はほんらい文字ではなく、口頭による言葉であるべきである」という点に固執していた。

それでも、言葉を「書かれているものと一致」させようとしていたルターの場合でさえ、言葉よりも文字が優先されている。ルターは伝統に逆らうことによって、文字を優先させている。当時のルターは、自分の述べる言葉が「まったく混じりけのない音そのものを示す文字であり、また彼の話すこと自体が聖書そのもの」であることを望んでいた。これこそ、古典的な帰結、すなわち、「Sola gratia, sola fides, sola scriptura（神の恩寵によりて、ただ信仰のみによりて、書かれたる文書によりて）」にほかならない。ルターは、「神の正しさ」に関する夢のような経験が、信仰から得られるという点について、次のように回顧している。

"そして、そこでは、今や、文字が、これまでとはまったく別の光の中に、その姿を現しているようにわたくしにはみえる。"[632]

ルターは、結局、新しい「解釈」を行うことによって、彼自身、信仰を得たのであった。ルターにとって、文字は「実体があることを示す残滓として」不可欠のものであった。ルターは言葉を探し求め、その結果、ドイツの「書き言葉」を作り出した。言葉の正統性が文字の正統性を意味するようになり、そして、アルファベットに母音符号を付すことを通して、旧約聖書に書かれた範囲をはるかに超えて、言葉の正統性が高まった（後述219頁）。

このようにして、綴り字の重要性はますます際立ってきている。

"われわれは母なる大地に仕え、
そして、最近では、日光にも仕えてきた、
それでも、われわれの父が何を愛しているかを、われわれは知らない、
父はあらゆるものを治めている、
一番たくさん、父が手を掛けているもの、
それは動かぬ文字。文字は、現在の状態をよく示すものである。

---

[632] この引用の出所は、Lilje, Luther in Selbstzeugnissen und Bilddokumenten, Reinbek 1968, S. 67.

文字に続くものは、ドイツの歌声である。"
　　　　（ドイツの詩人、ヘルダーリン『神への賛歌』）

　ドイツの言語学者、ヤーコプ・グリム（1785年-1863年）は音韻推移に関する著名な説明の見出しを「綴り字から」と名付けている[633]。言葉と綴り字との関係は、グリムの場合、逆転している——すなわち、言葉の信頼性から文字の信頼性へと向かっている。

　われわれは、どのようにして「残り物」が「ガラスの中の精霊 (Geist im Glas)」（グリム兄弟）になり得るかをみてきた。文字をいったん世の中に解放すれば、——われわれが望もうと望むまいと——もはや文字を制限するものは何もない。「dichten（詩を作る）」という表現でさえも、「schriftlich abfassen（文字を用いて起草する）」ことを意味するようになってしまうのである。

IV　抑　　制

　このことから、時として、われわれの文化はよく考えなければならないものだという印象が生まれる。というのは、われわれが備えている自発性と豊穣な言葉が文字を通してさらに肥大化すると、その結果、次の世代は（とくに文字で書かれた憲法を介して）極度の干渉を受けるようになるからである。われわれは、言葉を文字よりも優先させようと望んでおり、そうした伝統は長く続いている。口頭で話すことに固執するのはヴェーダ文化の際立った特徴であり、それがインドを古典的な、口頭による伝承の国としている。これに似たことはケルト人の場合にもあてはまる。ギリシア人も生活領域の主要な部分を文字で書かれたものとは別のものと考えていた。そこでは、「共同体にとって必要なのは口頭で話すことである」とされていた[634]。聖パウロ（紀元10年-64年）はこ

---

[633] Jacob Grimm, Deutsche Grammatik.
[634] Richard Harder, Bemerkungen zur griechischen Schriftlichkeit, in: ders., Kleine Schriften, München 1956, S. 57; Plato, Phaedros 275 a–b; Oskar von Hinüber, Der Beginn der Schrift und frühe Schriftlichkeit in Indien, Stuttgart 1990.

れに従っている。なるほど、聖パウロは「石に刻まれた綴り字が荘厳であること」[635] を知ってはいたが、それでも、使徒書簡という方法に制約されて、「途方に暮れ」[636] ていた。綴り字は「人を殺す」[637] ものである。ルターは、福音を「羽根ペンでではなく、口で」行おうとした。書物が伝えるところでは、彼はいつも「窮地に陥っていた」。しかし、まさしくドイツの発明家、グーテンベルクの印刷術によって宗教改革が広まった。宗教改革に現れた新しい精神が印刷術を用いることを許し、この新しい方法が逆にルターにも影響を及ぼしたのであった。

　ドイツの作家、ゲーテが太古について述べているが、「言葉が太古に重要だったのは、それが話された言葉だったからである」[638]。ゲーテはまた、言葉は「羽根ペンの中にとうに消えてしまった」とも考えていた。「書くことは言葉の濫用である」とゲーテは言っていた[639]。「魂の貧困は文字では表せない」[640]。プラハ生まれのドイツ語作家、カフカの『流刑地にて』は（書くための）「器具」を拷問や殺害の手段だと述べ、書かれた言葉の非人間性を示している。われわれがこのことを感じるのは、われわれが「凍るような非実用性」（レッシング『賢者ナータン』）について述べるときであり、われわれが「無味乾燥でいたずらに難解なドイツ語」について、「無味乾燥で、退屈で面倒な様式」について、「書類の無駄なやり取り」について述べるときであり、そして、われわれが採るべき方法を「修辞法という技法」から「法律家が書くスタイル」へと変更するときである。われわれ法律家が思い起こすのはドイツの法学者、フォン・サヴィニィである。彼は19世紀初めにローマ法で用いられた綴り字を尊重するやり方へと立ち戻り、それをもって、概念法学を主導した。ドイツの劇作家、レッシングとドイツの詩人、ハイネは綴り字がもつ力を「耐え難いくびき」と

---

635) 新約聖書コリント人への第二の手紙第3章第7節。
636) 新約聖書ガラテヤ人への手紙第4章第20節。
637) 新約聖書コリント人への第二の手紙第3章第6節。
638) これについては、Buber, Das Wort, das gesprochen wird, in: Wort und Wirklichkeit, München 1961, S. 15.
639) Dichtung und Wahrheit, S. 2, 10.
640) Dagmar Leupold, Wie Treibholz, Pfaffernzeiler 1988.

感じていた。ドイツの考古学者、エァンスト・クルティウスがこのくびき[641]と戦ったのは、その著述『言葉と文字』[642]においてであった。

---

[641] Heine, Zur Geschichte der Religion und Philosophie in Deutschland, Heinrich Heine, Werke (Insel), Bd. 4, Frankfurt/M. 1968, S. 118f.
[642] Göttinger Festreden, Berlin 1864, S. 79.

第16章　文字と思考

　綴り字も音声文字も、思考に影響を及ぼしている[643]。文字を用いれば、文字で書かれた後に生じる現実の動きを捉えることもできる。現在では、文字を用いて、現実の動きを収集し、選り分け、排列し、そして推論を行うこともできる。文字を用いて、全体と部分とを体系的に結び付けることもできる。文字は、このように、思考の契機を与えるだけでなく、「同時に、体系を考慮して考えなければならないという制約」のもとに思考を置いている。文字は、「現に行われている信仰を」「独自の法則に基づいて妨げるようなやり方で」、思考を発展させている[644]。文字という手段は思考の内容にも影響を及ぼしている。その媒体を成すのは、メッセージである[645]。文字は思考を導くものである。伝え方によって、出てくる結果は異なるし、伝え方は伝える内容とはまったく別の問題である——それゆえ、伝え方は他のものよりもずっと強い影響力を持っており[646]、伝え方には文化的な認識方法と排列方法とがあらかじめプログラムとして組み込まれている。字面は世の中をどうみるかということにも影響を及ぼしている。

　綴り字は、言葉を通して設けられたさまざまな社会構造を映し出し、補強す

---

[643] Derrik de Kerckhove/Charles L. Lumsden (Hrsg.), The Alphabet and the Brain, Berlin u.a. 1988, 特に、S. 443; Jack Goody, The Logic of Writing and the Organization of Society, Cambridge 1986; 参照されるのは、Michael Giesecke, Der Buchdruck in der früheren Neuzeit, Frankfurt/M. 1991; Reinhard Wittmann, Geschichte des deutschen Buchhandels, München 1991.

[644] Biser, Wort und Schrift, Diakonia, Internationale Zeitschrift für die Kirche 16 (1985) 312, 317.

[645] Marshal McLuhan, Die magischen Kanäle, Hamburg 1970, S. 17.

[646] Marshal McLuhan, Understanding Media, 2. Aufl., New York 1964; ders., The Gutenberg Galaxy: The Making of Typographic Man, Toronto 1962; Daniel Patte (Hrsg.), Semiology and Parables, Pittsburgh 1976.

るものとなっている。文字の利用はひとつの選択であり、同時に、言葉の存在を示している。文字はどの文化でも重要な役割を果たしており、これに代わる手段は見当たらない。どの文字も——たとえ話し言葉が同一であったり似ていたりしていたとしても——それぞれの文化を明確に区別するものとなっている。セルビア人とクロアチア人は話し言葉で結び付けられているが、「しかし、セルビア人が書くのはキリル文字であるのに対し、われわれクロアチア人が書くのはラテン文字である」という話はクロアチアでよく聞かれる。ヘブライ文字にこだわるのは、宗教的民族的少数派に属するユダヤ民族がアイデンティティを保つことを意味するからである。話し言葉には混合形態（イディッシュ語）があったが、文字にはそれはなかった。話し言葉による思考の操作は、文字を用いることによって、さらに強められている（文字は文化的独自性を強めるものである）。こうしたことから分かるように、ドイツ・ミュンスターの言語学者、ハルダーは文字を「人が発明したあらゆるもののうちで最も危険なもの」とみている[647]。われわれの話し言葉にみられる合理性は文字の合理性へと受け継がれ、そこから「書かれたる理由」、すなわち、法律が生まれている。

I　アルファベット

　綴り字が思考に及ぼす影響は、きわめて独特のものである。法律が綴り字で満たされるようになったのは、綴り字が現れた後のことであった。数学における明確性、そして技術における簡潔性という点でみると、綴り字は数学的思考および抽象性を表している。綴り字がカヴァーする範囲はひとつひとつの発音にまで、すなわち、最終段階の、もはやそれ以上分けられないほどの細かな単位（原子）にまで及んでいる。原子という言葉のギリシア語には「文字」という意味もある。この言葉には、分析的な説明と象徴的な短縮形とが（数学におけるように）ともに含まれている。原子のような小さな単位に分けることを抑

---

647)　Harder, Die Meisterung der Schrift durch die Griechen, in: Pfohl (Hrsg.), Schrift, Schreiben, Schriftlichkeit, Tübingen 1983, S.272.

えるには、それなりの体系が必要である。ここから生じるのが、「体系を考慮して考えなければならないという制約」である。

> "全体をひとつの統一体として捉えるという発想の根底には、体系を構成する網の目の中にそれぞれを配置することができるという考えしかない。"
> "音声文字と原子論的思考の出所は、ともに、見た通りのやり方で、何でも分類することができるという極端な分類学にある。"[648]

綴り字はこうした考え方から生まれたものであり、そして、こうした考え方のもとで引き続き生育を続けている。綴り字が達成しようとしているのは、全体を分析して分けることと分けたものを統合することである。このように考えるのは、われわれはどの語も「それを構成する字母を一字ずつ区切っていわ」なければならないし、部分に分解したあとで、ふたたびそれらを統合しなければならないからである（こうした「全体的な把握を求める方法」をわれわれドイツの学校で徹底することはできなかった）。「われわれは一貫してアルファベット順に並べられている。」これにより、全体として把握するやり方は消え失せている。読むことの意味は、壊し、統合するという点にある——その過程で新しいものが生まれている。

> "言葉は、音声上の要素に分解することを通して解体され、そして統合されることで、再生産される。これにより、画期的な、ずっと昔に感じた驚きに至るまで影響を及ぼすような技術的なできごとが、抽象的な世界へ続く道を開いている。"[649]

文字の教育的効果は、抽象性を養い、具体的イメージから目をそらし、体系的に考えられるようにすることにある。文字は論理的な推論を容易に行えるようにし、他のものとの関連性を認識させている。

こうした特徴を有するのがヨーロッパの思考である。この点は、文字で書くことが行われ、それとともに発展してきたアルファベットを重視する考え方が

---

648) Harder, a.a.O. S.281, 283.
649) Otto Kraus, Der Erfinder der Buchstaben, der Ziffern+der Null, Zürich 1953, S. 45.

214

生まれて以来、まったく変わっていない。イギリスの作家、ハヴロックの『ギリシア語アルファベットの本性からみた哲学の誕生』[650]はこの点を正確に描写している。ここに登場するのが、数理幾何学的な、世の中の見方である。

> "こうした思考の念頭にあるのは、そうした体系を構成する個々の部分がまずもって純粋にその体系自体のためにあるとみなされており、あたかも、機械の一部分のように、最初に個々の部品があり、その後に初めて、それらが合成されるという考え方である。"[651]
>
> "それゆえ、個人にとっても、民族にとっても、また人類にとっても、図像で描かれているか文字で書かれているかという点は決して同じことではない。というのは、宗教、哲学、技術のかなりの部分では、文字で書かれていることによってしか抽象的に思考することができないからである。そこから、漢字で書く中国と音声文字で書くその他の世界との間に、文化的および精神的な違いも生まれている。"[652]

抽象化の度合いは、それぞれに、どのような種類のアルファベットが用いられているかという点にかかっている。母音のないアルファベット（たとえば、ヘブライ語やアラビア語）は話された言葉から遠く隔たっており、簡単に略語を用いるようになる。そうした略語には絵に描かれたような具体的なものが用いられる度合いはますます少なくなっている[653]。

II　記号の移り変わり

ユダヤの人々が綴り字に対して伝統的に抱いている感覚は確かにわれわれが抱くそれと同じではない。しかし、そうした感覚が及ぼす影響が後々まで尾を

---

650) Eric Alfred Havelock, Schriftlichkeit: das griechische Alphabet als kulturelle Revolution, Weinheim 1990, (engl.) The Literature Revolution in Greece and its Cultural Consequences, Princeton 1982.
651) Schöndorf, Thomas Hobbes, Vater der modernen Staatsphilosophie, Stimmen der Zeit 206 (1988) 263, 265.
652) Otto Kraus（前注649）S. 42.
653) Viktor Kriwulin, Und fünf Kopeken für den Präsidenten, FAZ v. 10. 08. 1991, Nr. 184, Bilder und Zeiten.

引くということはさほどない。「文字の神」(JHWH)という高度に抽象化された表現がイエスの「肉体」[654]となり、そしてまさしく、「手で触れるための神」、「理解するための神」となった[655]。聖なる神が聖霊降臨祭で現れるのは、文字としてではなく「炎のように分かれて現れた舌」[656]（言葉の象徴）としてである。抽象的イメージから具体的イメージへというかたちでみられる記号の移り変わりはまさにひとつのドラマといえよう。たとえば、図像の使用に対する禁止はもはや行われていない。旧約聖書から新約聖書へという転換もあった。カトリック教会はユダヤの図像使用の禁止を偶像崇拝の禁止という意味で取り入れた――このことから、両者の間には、思考や心霊に対する考え方の違いが生まれている[657]。

Ⅲ　アルファベット順

それでも、問題がないわけではない。われわれも「法律の文言」について、そして、何かあることが「文字通り」真実であるという点について、述べることがある。われわれはそこで行われている「読み方」を信じている。われわれの実証主義の根本をなすのは、かなりの部分、今なお言葉への崇拝であり、文字への崇拝である。これらの崇拝により、世の中の見方も決定されている。すなわち、イメージからテクストへと見方も変わっている。すべての世界がアルファからオメガまでの文字の結合したものとなり、それ自体、アルファベットで記された文字で書かれた書物となる（全体がアルファベットで記述されている）。こうした考えがみられるのはまずもって宗教においてである（「それはそのように書かれている」）。JHWHは、聖書の考えによれば、「世界を執筆した者」[658]で

---

654) 新約聖書ヨハネによる福音書第1章第14節。
655) 新約聖書ヨハネによる福音書第20章第27節、新約聖書ルカによる福音書第24章第39節。「わたしに触れてみなさい、触ってみなさい。」
656) 新約聖書使徒行伝第2章第3節。
657) Otto Kraus（前注649）S. 150.
658) Scheele, Die Schöpfung als Buch Gottes, FS Ratzinger, Bd. 1, St. Ottilien 1987, S. 97.

ある。世界という「書物はたくさんのものが順序よく配置された行を束ね合わせたもの」である。文芸作品にはこのことが記録されている。たとえば、ドイツの詩人、ブロッケス（1680年-1747年）が書いた数篇の詩、特に『可愛い花・勿忘草』がその好例である。

 "みつけた、薬草、芝草、そしてクローバーの間に
 こんなにもたくさんのきれいな葉の中に
 世界に通用する文字、ＡＢＣを用いて
 こんなにたくさんの、こんなに美しく描かれ、そしてこんなにまっすぐの線で記された活字体の文字
 わたくしは、手に触れる、この文字の内容を
 貪欲に理解することを望んだ。
 わたくしは字を、すべて、すぐにも、みることができた
 そして、大いなる造物主、神は
 誰にもわかるように、文字の動きをくっきりと示した、
 誰でもその文字をきわめて明確に読むことができる。"

このほかにも、次の文章が目に付く。

 "どの葉にも神は存在する
 まったくの符号だけで、われわれが読めるもの。"
  （『花の教え』）

こうした動きは、近代に至るまで、時とともに、ますます強まってきたものである。中世には、目に見えないものに対して上手に目に見える衣を着せたり、また、感覚で捉えられるものの中から、秘匿されたものを発見したりすることができた。目に見えるように考えることのできる能力の退化は、まさしく、現代への移行という過程をみると、ひとつの特徴となっている。その責任は綴り字に「負わせる」ことができようし、それに対する異議を申し立てることができよう。

IV　帰　結

ドイツの詩人、ゲーテは『ヴィルヘルム・マイスターの遍歴時代』の中でわれわれにひとつのみごとな姿を示している。彼は、修道院礼拝堂で宿屋の亭主にこう言わせている。

> "おまえは、この建物と、おまえが昨日知り合った、そこに住んでいる人々との調和に感嘆している。しかし、かれらは、たぶん、おまえが考えているよりももっと、おかしな連中であろう。もともと、この建物がこんな住民を作り出したのだ。"[659]

われわれはこのことを話し言葉に、そして文字に置き換えてみよう。

このことが法律学（それが後になると法の科学になる）にとってどのような帰結をもたらすかはどの法律家にも明らかである。法についての具体的なイメージが後退して、抽象的で一般的な概念が前面に出ており、これら一般的な概念が正義という抽象的な理念を表している。このことがもたらす影響は大きい。具体的にみると、あらゆるものは同一ではない。これに対して、抽象的な概念は、同一性に着目して複数のものを結び付けることを容易にする。同一性という考えは、こうして、ヨーロッパ的正義の基盤を成しており、この同一性という考えが――争いがないわけではないにせよ――正義の理想であると定義することができる。

こうした動きは、われわれが物事を水平的に書く――すべてのものがひとつの次元に置かれ、大文字書きと小文字書きを併用することでのみ序列を区別する――ということによって、ますます強まってきている。これと事情を異にするのが中国語や日本語のような文字の場合であり、これらの文字は垂直的に――上から下へ――書かれている。こうした事情を考慮して、日本のトヨタ・グループは、「みずからが階層的雰囲気を弱める努力をしているという姿勢

---

[659]　1. Buch, 2. Kap., 5. Abs.

を示すために」、すべての業務用名刺を横書きで書かせているように思われる[660]。

ヨーロッパの人々と彼らが得た社会的文化的な成果が「すべて」水平的に書かれたアルファベット文字の所産であるのか「それともまったくそうではない」のかということ[661]は、わたくしには判断できない。われわれが考える正義は、いずれにせよ、抽象的で水平的に書かれる綴り字によっていろいろな制約を受けている。そこから生じるのが、われわれの法が「文字に結び付けられている」とすれば、われわれはそこで「文字から離れ」、その内容を変更することなく絵文字に翻訳することができるのかという問題である。

---

660) Graven/Stertz, Toyota is Gearing Up, Wall Street Journal 20. 07. 1990, S. 1.
661) このように述べているものとして、Iwan Illich/Barry Sanders, Das Denken lernt schreiben, Hamburg 1988.

第17章　文字と解釈

I　子 音 字

　解釈を行う上で重要なのは、文字はどのようにして意味を「覆い隠している」のかを知ることである。子音字をそのまま用いながら、それぞれの言葉の母音を取り替えて別の言葉を見付けることができる（たとえば、「Meter（メートル）」は「Motor（モーター）」に、「Tor（門）」は「Tür（ドア）」に変えられる）。無言の環境、時間という魔物がたやすくここに入り込んでくる。ドイツの作家、ヴァインレープはそこにヘブライ文字の決定的な長所をみている[662]。

> "なんとすばらしいことだろうか。われわれは、表示されていない母音の秘密を知っている。精霊は自由に動くものである。われわれが精霊にあるしるしをつけても、それを縛り付けることはできない。"[663]

　「精霊」は文字に命を吹き込むが、人は精霊にしるしを付けてつなぎ止めてはならない。それゆえ、「巻物形式で書かれたモーセ五書」は、そこに母音の存在が暗示されるならば、無効である[664]。これに似たことはアラビア語の聖典にもあてはまる。聖典の厳密な意味内容を知る者は「内部にいる者」、すな

---

[662] Weinreb, Buchstaben des Lebens, Freiburg/Brsg. 1979, S.57; 参照されるのは、Beer, Laute – Die Rohstoffe der Sprache, Der Rotarier 1986, S. 108.

[663] Weinreb, Wunder der Zeichen – Wunder der Sprache, Bern 1979, S. 152. その背景説明については、Holdrege, The Bridge, in: Levering, Rethinking（前注628）230f.; Goetschel, Exégèse litteraliste, philosophie et mystique dans la pensée juive mediévale, in: Michael Tradieu (Hrsg.), Le règles de l'interprétation, Paris 1987, S. 163.

[664] Mounot, Le démarche classique de l'exégèse Musulmane, in: Tardieu, ibid. 147; Wakin, Interpretation of the Divine Command in the Jurisprudence of Muwaffag al-Din ibn Qudamah, in: Nicolas Heer (Hrsg.), Islamic Law and Jurisprudence, Seattle u.a. 1990, S. 33.

わち、「母音を付して読むことができる」伝統を受け継いでいるユダヤの律法学者だけである。それと同時に、文字の内容は、それ自体変化する話し言葉に強く委ねられ、このことによって、硬直性が緩和され、「永遠に変わらないもの」が「今の時代に合うもの」に適応させられ、こんにち行われていることに適合した法が昨日まで行われていた法に代えて与えられる。子音と母音から成る文字は、話し言葉が社会との関わりの中で変わり得るほどの自由を持たず、解釈に委ねられている部分は少ない。解釈理論も解釈操作の余地も、用いられる文字が何かによって変わっている。文字に対する信仰が硬直的であるか弾力的であるかはすべて「文字の種類」[665]にかかっている。これと同じことは、たとえば、ラテン語の「nulla poena sine lege（法律なければ犯罪なし）」という命題[666]の適用範囲についてあてはまる。

以上の理由からして、旧約聖書をヘブライ文字からギリシア文字へ翻訳することはほとんど不可能である（このことは紀元前300年-100年にエジプトのアレクサンドリアで作られた最古の『70人訳ギリシア語版旧約聖書』における試みのようなものである）。ギリシア語のテクストは母音化を通して、ヘブライ語の原本よりもずっと明確になっている[667]。これと異なった解釈が行われる余地はまったくない。これと同じことはアラビア文字からの翻訳についてもあてはまる。

どのようなスタイルで解釈を行うかという点も、これらと同様に、学校教育で教えられる文字から引き出すことができる。もしパウロが文字の硬直性に対して、そして人を殺す文字[668]を使うことに対して、異議を唱えていたならば、そうしたスタイルがギリシア語の（母音化された）文字が生まれた背景（トルコ小アジア半島の町、タルスス）のもとで、そして、ヘブライ語以外の、解釈に関する、伝統のもとで、発展してきたということが考えられなければならない。文字に関する文化という点からみると異なった特徴は、文字や文字に対す

---

665) 参照されるのは、Großfeld, Der Buchstabe des Gesetzes, JZ 1987, 1; Henning Graf Reventlow, Epochen der Bibelauslegung, Bd. 1, München 1990.
666) 参照されるのは、ドイツ基本法第103条第2項である。
667) 参照されるのは、後述305頁である。
668) 新約聖書コリント人への第二の手紙第3章第6節。

る信仰にはさほど硬直的なものとしては現れず、当初から「精霊」(すなわち、母音による空白補充) の方により多く配置されている。「律法に用いられた文字」に注目する理論は、そのつど用いられる文字の種類が何かに応じて、まったく別の帰結をもたらす——記号をめぐるさまざまな論点に対するわれわれの解答はいつでも文化的に形成され、異なる文化の間で行われる判断はどれも不安定な状態にある。

II 例

　旧約聖書を新たに解釈するために、イエスはヘブライ文字のこうした特色を利用している。この点について重要なのは、イザヤ書[669]とマタイによる福音書[670]に平行して現れる以下のような記述である。イザヤ書では次のように言われている。

　　"あなたはこの民の心を鈍くし、
　　その耳を聞こえにくくし、
　　その目を閉ざしなさい、
　　そうしなければ、彼らはその目で見、
　　その耳で聞き、
　　その心で悟り、
　　悔い改めて
　　癒されることができないであろう。"

マタイによる福音書ではこの点は違っている。

　　"この民の心は鈍くなり、
　　その耳は聞こえにくく、
　　その目は閉じている、
　　それは、彼らが目で見ないため、
　　耳で聞かないため、

---

669)　旧約聖書イザヤ書第6章第10節。
670)　新約聖書マタイによる福音書第13章第15節。

心で悟らないため、
悔い改めて、癒されることがないためである。"

ここで述べられていることは、今までの説明とはまったく異なるものである。イザヤ書の場合、行いをしている主体は神であり、神が心を鈍くするよう命じている——そして、この言葉に示された内容がそのまま行われている（影響を及ぼす力がある言葉、参照されるのは、「神は『光あれ』といわれた、すると、『光があった』」、「神が言ったことが、そうなった」[671]という言葉である）。神の言葉の前には、流れ出るものも、引き返すものも、そして、救い出すものもない。マタイによる福音書の場合にはこれとはまったく異なっている。ここでは、民自身が頑なになり、民自身が引き返すチャンスを保持している。その意味は、次に示すように、二つの母音の交換を通じて一気に変更されている。ヘブライ語の「hashmen」=「verfetten（脂肪をつけて動きを鈍くする）」は原典では「h-ph-l」として書かれている。この語は伝統的には「hipful」=「verursachende Befehlsform（原因を作り出す命令という形式）」として話されている。マタイによる福音書がこれに代えてそこに読み込んだのは、おそらくは「hophal」=「受身形」であろう——この受身形は原典から変更不能なとげを取り去っている（そこに新しい「精霊」が生まれている）——それとともに、旧約聖書から新約聖書へという周知の歩みを進めている[672]。「律法の一点、一画も廃れることはなく、ことごとくまっとうされる」[673]が、しかし、文字は新しい精霊（=別の母音）をもって補充されるということも、やはり本当である。

---

[671]　旧約聖書創世記第1章第3節。
[672]　Milner S. Ball, Law and Prophets, Bridges and Judges, J. of L. and Religion 7 (1989) 1, 3; Kernig, Mispat und Krisis, FS Schott, Berlin 1993, S. 203, 215.
[673]　新約聖書マタイによる福音書第5章第18節。

第18章　文字と法比較

　文字はわれわれの思考およびわれわれの法に対して決まったやり方で影響を及ぼしている。このことがあてはまるのは、特に、抽象化、同一性、法の理念、そして解釈、これらが問題となる場合である。文字は、話し言葉で作り出された動きをさらに強化している。それとともに、当初の問題、すなわち、漢字が法体系をわれわれの場合とはまったく異なって作り出しているかどうかという問題が今ここで解決しなければならない焦眉の課題となっている。われわれはどこに違いを見出しているのか[674]。このことが重要となるのは、中国、日本、そして韓国の法との間で法を比較する場合である。アルファベット文字から生まれる理念を十分正確に漢字へ移し変えることができるか。そして、その逆はどうか[675]。男性用の文字から女性用の文字へと移し変えることができるか[676]。これらの点も問題となろう。

I　翻訳可能性

　われわれの文字にはその始まりの段階においていろいろなタイプがあったことがすでにわれわれには知られているが、文字の場合には、翻訳をめぐって固有の問題が生じている。この問題は、最初から、われわれが用いているいろいろな種類の文字に関して知られているものである。

---

[674]　Hokamer, Sprache in Wort und Bild, Der Rotarier 1986, 97; Emma Brunner-Traut, Frühformen des Erkennens, Darmstadt 1990.

[675]　Edoardo Fazziali, Gemachte Wörter – 214 chinesische Schriftzeichen/Vom Bild zum Begriff, Bergisch Gladbach 1987.

[676]　Sternfeld, Die Frauenschrift aus Hunen, in: China den Frauen, München 1990, S. 24; Niederer, Für "Schwesternbriefe" und Lebensgeschichten, NZZ v. 18./19. 05. 1991, Nr. 113, S. 66.

"このように独自性を持ちかつ特徴的な種類の文字で書かれたテクストを移し変えることは、ドイツ文字をこれとは正反対のアンチック体（ローマン字体、ラテン字体）に移し変える場合と同様に、いくつかの点で、翻訳の場合に体験する事態に匹敵するものである。"[677]

シンガポールの新聞『Straits Time』紙にみられた記事[678]には、次のように書かれていた。

"価値をめぐるひとつの問題
　われわれが使う教科書では、価値の違いが強調されている。わたくしの記憶では、わたくしの若い頃に小学校で何回か北京官話の授業を受けたとき、わたくしが習った最初の言葉は「おはようございます、お父さん。おはようございます、お母さん」という意味の「爸爸早、媽媽早)」であった。それは、わたくしが最初に話すことを学んだとき、習った言葉が「お父さん」とか「お母さん」とかという言葉だったからである。
　しかし、小学校の英語の教科書では、わたくしが習った最初の言葉は、「AはAppleのA、BはBallのB、CはCatのC」といったものであった。このように、英語の教科書に含まれているさまざまな価値はわれわれの若い頃には教えられていないものである。「AはAppleのA」という価値は皆さんの親御さん方が覚えているずっと昔のものと同じものではない。"
　　　　　　出典：ゴー氏は語る「シンガポール人は子供たちにアジアの価値
　　　　　　と西洋の価値のいずれを伝えるかを考える必要がある」

話し言葉と文字の関係は、中国（日本および韓国）では、たぶん、われわれの場合とはまったく違っていることであろう。中国では伝統的に緊密な関係を持って（「腕を伸ばした距離のように少し離れて」というのではなく、「肌がくっつくほど密着して」）一緒に生活しているので、隣に住む者にはどんな言葉も簡単に聞こえてしまう。だから、人はたくさんのことを話すべきではないということになる（参照されるのは、「雄弁は銀、沈黙は金」[679]という諺である）。西洋で頻繁にみ

---

677) In: Historic von D. Johannes Fausten (Hrsg. Füssel/Kreutzer), Stuttgart 1988 (Reclam), S.170.
678) 25. 10. 1988, S. 1.
679) Coulmas, Reden ist Silber, Schreiben ist Gold, Zeitschrift für Literaturwissenschaft und Linguistik 15 (1985) 94, 100.

られるような「上辺を飾るだけで内容のない言葉」はそこには存在しない[680]。

　言葉の構造と言葉に対してとる位置によってすべてが形作られている。中国語にみられるような、音程の高さを考慮する言葉は音声文字には適していない。これらの間での書き換えがいつもうまくいくというわけではない。中国の文字は直接には言語音と関係しない。中国の文字は話すときの音声とは無関係である。「音を立てない記号」という性質が、中国の文字では、われわれの場合よりもずっと強く現れている——このことを示しているのが中国の商店街である。

　音を立てる記号が望まれていないところでは、言葉は発音どおりの文字を必要としない。社会は「音」によって営まれているわけではないし、それと同時に、「律法の文字」によって営まれているわけでもない。この点については、象徴的な形式や表現、たとえば儀式のようなものによる分類が試みられている。その結果、もたらされるものは、どちらかといえば、絵文字（漢字）であり、記号という性質を持ったシンボルとしての文字である。

　ところで、中国語では、話すときの記号と書くときの記号（文字）との間の関係は、われわれの場合とはまったく逆になっている。われわれはほぼ無制限に音により表現することができるが、しかし、文字はほんのわずかしか持っていない。これに対して、中国語では、語頭音と語末音ならびに四声によって3256の音節を作ることが可能とされているが、実際に存在する音節は1300でしかない。これと対立するのがおよそ5万の文字であり、そのうち、日常用いられているのは約3000字である。

　これらの数が示すように、われわれの場合には言葉によって行われていること（限界設定、秩序付け）が、中国語では文字によって行われている。記号は、もちろん、われわれの場合にも、しばしば、「表現できないもの」を説明している。「明確さから生まれるものは、（中国では）最終的に表意文字である」。表

---

680)　Gutheinz, China im Wandel, München 1985, S. 19. Ludwig, Schwierige Vereinfachung, Merkur 37 (1983) 279; Cecilia Lindqvist, Eine Welt aus Zeichen. Über die Chinesen und ihre Schrift, München 1990.

意文字を用いることによって思考も厳密になる。この結果、生まれるのが、表意文字には卓越した文化的重要性があるという点である。けれども、われわれヨーロッパ人にとって、そうした表意文字の文化的重要性に共感することは難しい。文字、すなわち、このような「創造的機能を有する文字」から、中国では、同一性が生まれている。文字と宗教との結び付きは密接である。たとえば、天は中国ではもともと214の星座に分けられていた。このことは漢字の部首が214も設けられていることに対応する。中国の文字はすべてこれらの部首に遡ることができる。文字が言葉に対して持っている独自性は、われわれの場合よりもはるかに大きい。そのことをわれわれは、やはり日常生活にみることができる。誤解を避けようとすれば、われわれは、強調のために、「単語を構成する字母を一字ずつ区切っていう」(たとえば、「AntonのA、BertaのB、CäsarのC」というようにである)。これに対して、中国人と日本人は指で手のひらに文字を描く。文字は表現の重要な手段である——この点はわれわれの場合よりもずっと強いし、しかも抑制的なものではない。[681]

われわれがみてきたように、話し言葉による操作と文字による操作との間の関係はいろいろな文化では異なる余地がある。このことはヨーロッパの話し言葉による文化と中国の文字による文化との間にある重要な相違点のひとつである。われわれの場合には言葉の芸術家であるが、中国では(控えめに言えば)文字の芸術家(書家)である。書家は中国でも日本でも特に高い敬意を払われている。というのは、書家は優れた文化的現象を知悉し、かつ創造する者だからである。

II 具体性

しかしながら、ここに述べたことが思考にとって、法思考にとっても、そのままあてはまると言えるだろうか。この問いに答えるには、わずかではある

---

681) Ludwig, Schwierige Vereinfachung, 283f.; Großfeld/Wang, Das Europäische Recht aus der Sicht Chinas, ZVglRWiss 94 (1995) 292.

が、もう一歩前に踏み出す必要がある。中国の文字は象形文字から生まれた。その証左は今日でもおぼろげにみることができる。絵は具体的なことを示し、全体的印象を示すものである。中国の文字にもはや絵が反映されていない場合（表意記号）でさえ、それでも、細かく分析し解剖することへの関心をまだ少しみることができる。この場合に探求されるのは、絵やシンボルの中にどのような直感的かつ全般的な思考形式が現れているかである。

　このようにして、具体的なものが抽象的なものよりも優先している。ここで比較されるのはドイツの言葉「Erdeöl（石油）」とこれに対応する中国の言葉である。その意味は、石から出た液体、大地から流れ出るものという点にある。「イメージは千を越える言葉よりも多くのことを述べている」。中国語には、それゆえ、さほど抽象的な概念はない。観念としての「美」を示す言葉は知られていなかったし、「自由」、「個人主義」、そして「同権」、「友愛」を表す言葉も存在しなかった。緊密性の強い共同体の外側に居る者に対する関係では、誰も義務を負わない——このようにたくさんの人とこのように緊密に共同生活をしている場合には、こうしたことも無理からぬところであろう。「友愛」はどこから始まり、どこで終了するものなのか。抽象的な法律がどのような意味を持つかという点も、これと同様に、さほど発展してはいない。

　話し言葉は不平等な社会的地位を強調するものとなっている。文化の基盤を成すものは社会階層である。

> "この社会の道徳および社会政策の根底に主として存在する原理は、確かに人間の本性に立脚するものではあるが、しかし、ほかのどの国でも、そうした原理がすべての生活関係についてまったく同程度に形成されているということはない。その原理によれば、父の権威は絶対であり、息子は父に対して服従する絶対的義務を負っている。この原理は、家族、社会、地方自治体および国家において一貫して適用され、そこでの文化全体の根本的な特徴を成している。"[682]

　人間の、神に対する関係も、ユダヤ教およびキリスト教におけるものとは異

---

[682] De Francis, The Alphabetization of Chinese, J. of the American Oriental Society 63 (1943) 225, 240.

なっている。それでも、神のイメージが法を形成している。

「漢字の不思議な構造」によって、こうした思考が、具体性という点でも不平等という点でも、強められている。平等という観念、それとともに、抽象的な法概念、抽象的な正義および民主主義という概念、これらが発展することは難しい。このことによっても、われわれの法との根本的な違いが示されている。

III 文字の不存在

われわれの社会と漢字を用いる社会との間にみられるこうした隔たりは、われわれの社会と文字を持たない文化との間では、さらに大きなものとなる。どの文字も抽象化へ向けての一歩であり、世の中の姿を抽象的に示している。文字で書かれた社会秩序と実際の社会で通用している秩序とははっきりと異なっている——実際の社会で通用している秩序によって初めて規範秩序が作られるが、規範秩序は一般化されることができるし、変わり得るものである[683]。それゆえ、（たとえば、アフリカやオーストラリアにみられるような）文字を持たない文化とわれわれヨーロッパの分析的抽象的な思考の文化との間の隔たりは、われわれの文化と中国や日本のそれとの間にみられる隔たりよりもさらに大きい。おそらく、文字を持たない文化では、世の中をみるときに対象に即して具体的に、また絵に描くように生き生きとした姿で捉える度合いがわれわれの場合よりももっとずっと多いことであろうが、そうした見方はヨーロッパの法概念にはほとんど適合しないものである。

IV 置き換え

以上のことから分かるように、法の比較における難点は、新たな例として次に示すように、文字を異にする場合にもあてはまる。われわれは音を立てない

---

683) Großfeld, Der Buchstabe des Gesetzes, JZ 1987, 1.

記号が現在どこに位置しているかについても、全体の中でどのような所在価値を持っているかについても、信頼を置ける答えを見付け出すことができない。もしわれわれが、スポーツ大会や空港で目にするような共通の「ピクトグラム（＝国際的に通用する絵文字）」を発展させることができるならば、むろんそれはすばらしいことであろう。そうしたことができるのは、身の回りの事柄に関する文化の相違を乗り越えて標準化できる場合だけである。しかし、われわれがそのような例を見出せるのはきわめて稀である。その他の場合にはいつでも、われわれは同価値のイメージを発展させなければならない。けれども、われわれがそうしたイメージをどこから取り出すのか、そして誰が同価値であるか否かを決定するのか、という問題が残されている。

　こうした難点を示しているのは、やはり、具体的なイメージの数々が異なる文化（＝異なる世界観）のもとで用いられている場合である。われわれは、これまで、こうした問題自体を解決してきていない。というのは、われわれは絵で書かれた言葉（象形文字）をまだほとんど読むことができないからである。われわれ法律家はこの問題をしばしば明確に説明してはこなかったし、「歴史に無関心な」機能性という説明だけで満足してきている。ここでは、われわれは神学者から学ぶことができるし、学ばなければならない。ルカというユダヤ人ではない唯一の福音書の著者は、精一杯努力して、ユダヤ教の図像をギリシア世界の図像へと移し変えようとしてきた。このことを諸民族の使徒であるパウロも行っていた。これに似たことを試みていたのは、古ザクセン語による9世紀の宗教叙事詩「ヘーリアント（救世主）」の作者であった。彼は聖書を――歪曲することなく――ゲルマン人の世界へ持ち込んだ。われわれ法律家が思い出すのは「usus modernus pandektarum（パンデクテンの現代的慣用）」である。この現代的慣用はローマ法をドイツの状況に合わせて裁断したものであった。

V 困　　難

　これらの例が示すように、文化の移し変えは可能である――しかし、そのためには、辛抱が必要であり、とりわけ、みずからの文化とよその文化のそれぞ

れにおける特性を知らなければならない。ルカもパウロも、ヘーリアントの作者も、遊牧民（天にまします神、ギリシア神話の牧羊神）というイメージの内側にとどまっている。稲作文化と取り組む場合にはイメージの比較は難しいし、時として、たぶん不可能であろう。それは、そうした環境に応じた経験がなされていないからであり、その結果、比較を可能とするような「経験的価値」も欠けているからである。

そうした難しさがさらに高まるのは、われわれがイメージを具体的次元から抽象的次元へと移し変えたり、その逆を行ったりする場合である。このことは、ある具体的な象形文字をいずれかの抽象的な表音文字へ移し変えることを意味している。中世におけるキリスト教の一年間の暦を構成していたのは、たとえば、絵によって示された教会の祝祭日であった。ザクセン・シュピーゲルに描かれた手書きの絵文字はこのことを目に見えるように生き生きとした姿で示している。こんにち、われわれは合理的に計算できるよう、日にちを「01.02.1996」というように記載している。しかし、われわれが中世に行われた記載をみたときに正しく理解できない場合があることを考えれば、中世の人々がうまく全体の状況を把握できていたとは考えにくいように思われる。

もうひとつの例として、『阿修羅（Aciera）』という映画を取り上げよう。この映画の名前は中国ではよく知られており、中国語で書くことが望まれていた。しかし、中国語のどの文字も、むろん、ある特定の内容を有しており、特定の発音を持っている。この『阿修羅（Aciera）』という映画の名前をその内容に応じて翻訳すべきか、それとも、その発音に従って翻訳すべきか。「Aciera」はラテン語の「acies」、すなわち、「Schärfe（鋭利）」とか「Schneide（刃）」という意味の言葉に由来する。この意味を中国語に移そうとすれば、たどり着く記号の発音は「鋒利（fēngli）」となる。「Aciera」をその発音に従って翻訳するときは、これとは違う結果となる。中国語ではごくわずかの音節（シラブル）しか知られておらず、「Aciera」に相当する文字はまったくない。その結果、「a-hsi-la」と書かれることとなる（それは、「ra」という音節がないからである）。ここでは、そのような発音を持った三つの記号を見付けなければならない。しかし、それは難しいであろう。というのは、同じ発音を持つ記号はたく

さんあっても、その意味が異なるからである(たとえば、「yi」という字は69種類もある)。

"どんな企業でも決断が行われているように、ある記号がなんらかの特定の意味を持つということはまったく避けがたい。ごく簡単なことであるが、「a-hsi-laのaは感嘆の声であり、われわれの「ah!」に当たる。「hsi」は別の意味になる可能性がある。たとえば、「hsi」には、「hoffen（望む）」、「fein（精緻な）」や「Westen（西）」の意味があるし、「la」にもたくさんの訳語があるが、そのうちのいくつかを書くとすれば、「scharf（鋭い）」)「großer Stein（大石）」「ziehen（引く、動く）」という意味がある。これら三つの記号が一緒になったもの、われわれの場合の「a-hsi-la」から出てくるのは、「ああ、西は動いている！」という語句である。"[684]

---

684) 全般的には、Großfeld, Bildhaftes Rechtsdenken, Opladen 1995.

第19章　数

　文字から数へと、もう一歩だけ歩みを進めよう。というのは、数の表れ方も合理的なものだからである。法も数を用いているが、法律家は数の管理者たるべきか、それとも、それ以上に、数の支配者たるべきか[685]。法の比較でも、この点に注意を払うべきだろうか。「Judex non calculate（裁判官は計算せず）」という言葉（参照されるのは、ドイツ民事訴訟法第287条、第319条第1項である）はその文字通りの意味になっており、この問題は書類とともに棚上げにされがちである。

I　数の使用

　それでも、すぐに疑問が生じる。われわれの法律は、「法第何号」というように、通し番号を付されており、たくさんの数字を用いている。われわれは、期限、集団の規模、金額、刑罰などの場合にいつでも数字と出会う。第1条から第2385条まで通し番号を付されたドイツ民法典は331か所に、それゆえ、平均すると7か条にひとつの割合で数字を持ち込んでいる。同じように、第1条から第460条まで通し番号を付されたドイツ商法典（海事法を除く）にはほぼ4か条にひとつの割合で数字がみられる。この点は、数字の背後に数字以上のも

---

[685]　Thomas Crump, Anthropology of Numbers, Cambridge 1990; Großfeld, Zeichen und Zahlen im Recht, 2. Aufl., Tübingen 1995; Reimer Schmidt, Zahlen im Recht – einige Bemerkungen, FS Larenz, München 1983, S. 55; Stone/de Montpensier, The Complete Wrangler, Minnesota L.Rev. 50 (1966) 1001; Mellinkoff, The Mark of Cain, Berkeley 1981; H. Schubert, Zahlen und Zahl, Hamburg 1887; Graham Flegg, Numbers Through the Ages, London 1989; Andre Weil, Number Theory: An Approach Through History, Boston 1984; 参照されるのは、Peter Stein, Safety in Numbers, in: Diritto e Potere Nella Storia Europae, Atti del quarto Congresso internazionale della Società Italiane di Storie del Diritto, Florenz 1982, S. 271.

のが隠れているか否かを十分に検討する契機を与えることになっている[686]。

この問題を提起する法律家はこんにちほとんどいない。しかし、この問題は旧約聖書および古代ギリシアの数学者・哲学者、ピュタゴラスから、中世を経て[687]、ヨーロッパの文化を捉えてきた。どの数字も、「それに固有の実体を、それに固有の個別的性質と力」を持っている[688]。古代キリスト教の教父、アウグスティヌス（紀元354年-430年）の場合には、二つの伝統的傾向がひとつになっている。

"そこでは、どの数字もそれに固有の特異性を有しており、その結果、他のどの数字とも同じにはなり得ない。それゆえ、数字は、互いに同じものではなく、異なっており、どの数字も限定されているが、しかし、その全体をみると無限である。"[689]

この点は、みたところ、法の分野では変化している。イギリスの作家、ガウディはともかくもこの点について次のように述べている。

"現代では……数学の分野を除けば、誰も、数字のようなものに対して特別の意味を与えていない。数字が公的生活や私生活における活動やできごとに影響を及ぼすものだとみる者は誰もいない。"[690]

はたしてそうだろうか。

---

[686] この点については、Cassirer, Philosophie der symbolischen Formen, Bd.2, 7. Aufl., Darmstadt 1977, S. 1969; Ernst Alfred Budge, Amulets and Superstitions, Oxford 1930, S. 426; Hoffmann/Krayer/Bächtold-Stäubli, Handwörterbuch des Aberglaubens, bei den Zahlen 1, 2, 3, 4, 5, 6, 7, 8, 9, 10, 12, 18, 30, 40, 50, 99, 100, 1000.

[687] Petrus Bungus, Numerorum Mysteria, Bergamo 1599, Nachdruck Hildesheim u.a. 1983; これについては、Ernst, Kontinuität und Transformation der mittelalterlichen Zahlensymbolik in der Renaissance, Euphorion 77 (1983) 247.

[688] Cassirer, Philosophie（前注686）S. 172.

[689] Vom Gottesstaat, Bd.12 Kap.19.

[690] Goudy, Trichtonomy in Roman Law, Oxford 1910, S. 5.

II 文化と数

1. 神秘的な数

　ドイツの民法典と商法典にこのようにたくさんの数字が登場するのには偶然の事情があろう。しかし、法が文化と密接に関連していることから推測すると、文化的な特色が強い影響を与え、その結果、われわれは「数の人類学」に出会うこととなろう[691]。

　文化の中に数の意識が含まれていることに不思議はないが、それでも、われわれが目にするのは「数が物事の本質に対して及ぼす不思議な力」[692]である。多くの物理法則は数理的に表現されているにすぎないが、そこでは、さらに進んでそれ以上に、数理的な基準に従っているようにみえる。その例は、化学元素の周期系である。フラクタルな幾何学は、すばらしい図像にみられる混沌とした経緯のもとで、数それ自体が持っている力をわれわれに示しており[693]、そしてそのことと中世のさまざまな考えとを結び付けている。「数字は自然に内在する力であり、それぞれの習慣の中で聞き耳を立てている」（ドイツの詩人、ヴィルヘルム・ブッシュ）。文芸作品や音楽が数と近い距離にあるということはよく知られている[694]。ドイツの作曲家、バッハの音楽[695]も、ポーランド

---

[691] Thomas Crump, Anthropology of Numbers（前注685）; 参照されるのは、John McQueen, Numerology, Edinburgh 1985 である。
[692] このような表題を持つ論文として、Deissinger, PM-Magazin 4/1989.
[693] Julia – und Mandelbrotmengen, 参照されるのは、Jürgens/Peitgen/Saupe, Fraktale – eine neue Sprache für komplexe Strukturen, Spektrum der Wissenschaft 1989, Heft September, S. 52; Spektrum der Wissenschaft, Chaos und Fraktale, Heidelberg 1989 である。
[694] 参照されるのは、Martin Vogel, Die Zahl Sieben in der spekulativen Musiktheorie, Diss. Bonn 1955; Thomas Crump, Anthropology（前注685）S.103; Udo Fries, Zur indogermanischen Metrik, Memnon 6 (1913) 24 である。

の作曲家、ショパンの音楽も、完全な「数学的傑作」[696]である。録音技術の「ディジタル化」がわれわれを喜ばせた例は、CDの場合である。その影響は、さらに、リズムと韻にも及んでいる。「しかし、多数の裁判官が歌うもののほとんどはたったひとつの詩歌である」(イギリスの詩人、アレクサンダー・ポップ『批判についてのエッセー』による)。古代キリスト教の教父、アウグスティヌスのこの点についての教えは次のようになっている。

> "というのは、数ほど確かなもの、また、詩句のリズムの単位である音節の組み合わせを意味する詩脚の説明や詩脚を並列に並べることほど秩序だったものは、何もないからである。そして、われわれの耳に心地よく響きかつリズムの点で優位を主張するような力を詩句の中で明らかに有するものが存在することが、どんなやり方でも欺くことのできない、この数字という本来の概念から、明らかになるからである。"[697]

数の王国は謎に満ちている。素数の順序に関する法則がどうなっているかという問題も未解決であるし、3から上の奇数を2乗してみると、その合計がつねに8の倍数プラス1になるのはなぜかという点についてもまだ答えは見付かっていない[698]。これと同様にわれわれを魅了させるのが、奇数の2乗数がどれも8の倍数を理由として識別されるという点である[699]。日常生活で偶然に

---

695) Van Houten/Kasbergen, Bach en het Getal, Zutphen 1985; Friedrich Smend, J.S.Bach bei seinem Namen gerufen, Kassel/Basel 1950; Thimothy Smith, J. S. Bach the Symbolist, Journal of Church Music 27 (1985) 8; Tatlow, J.S.Bach and the Baroque Paragram: A Reappraisal of Freidrich Gmends Number Alphabet Theory, Musical Letters 70 (1989) 191; Ulrich Matyl, Einführung in die Matthäus-Passion, Bremen 1987, 10f.; Theodor Jakobi, Zur Deutung von Bachs Matthäus-Passion, Stuttgart 1961, S.16f.
696) Hofstadter, Metamagicum, Spektrum der Wissenschaft 1982, Heft Juni, S.8, 14.
697) この引用の出所は、Alois Schmitt, Mathematik und Zahlenmystik, in: Grabmann/Mausbach, Aurelius Augustinus, FS der Görres-Gesellschaft zum 1500. Todestag des Heiligen, Köln 1930, S.353, 356.
698) $5 \times 5 = 25 = 3 \times 8 + 1$ となる。参照されるのは、Friesemann, Hellenistische Wortzahlenmystik im Neuen Testament, Leipzig u.a. 1935, S. 7 である。
699) たとえば、$5^2 - 3^2 = 25 - 9 = 16 = 2 \times 8$；$7^2 - 5^2 = 49 - 25 = 24 = 3 \times 8$；$9^2 - 7^2 = 81 - 49 = 32 = 4 \times 8$ がそうである。

遭遇する場合、そうした偶然のできごとは数に導かれて、数の魔術として表れている。たとえば、1988年1月に、数字の組み合わせによる富くじロットにおける「六つの正解」として述べられた順序は、24、25、26／30、31、32となっていた——すなわち、二組の三つの数字である（その確率は1390万分の1である）——これらの各桁の数字の和は3の倍数であり、全体をみても各桁の数字の和は3の倍数であった。当選者は222名であった（ここには、また三つの数字が表れている）。222の各桁の数字の和は、なんと6である。想像を絶することが、このように確実であると思われている数字の領域にも入り込んできている[700]。想像を絶することが数字に関する思考に対して魅力を高めるような魔術をかけ、数字に対して神業のような閃きを与えている[701]（聖なる数字）。このようにみると、数字は、人々にとって、直接に役立つ実用の範囲を超えて、重要なものとなっている。

　　"数字は人類の歴史のすべてではないが、しかし、歴史を媒介するもの、すなわち、赤い糸である。数字はきわめて人間的なものである。"[702]

2. 秩　序

　今いる場所から数理的・幾何学的な世界観へと通じる道筋が法の分野でも考えられるかどうかという点は、しかしながら、決して自明の事柄ではない。それでも、われわれの文化は、そうした方向へ向かってすでに一歩を踏み出している。われわれの文化は数をもっぱら秩序付けの基準として用いている[703]。数は、言葉（参照されるのは、「bestimmen（決定する）」、「es stimmt（適合する）」とい

---

[700]　Zahlenmagie, FAZ v. 27.01.1988, Nr.22, S.27.
[701]　Margarete Riemenschneider, Von 0 bis 100. Das Geheimnis der numinosen Zahl, München 1966.
[702]　Ifrah, Universalgeschichte der Zahlen, Frankfurt u.a. 1986, S.18.
[703]　David/Hersh, Descartes' Traum, Über die Mathematisierung von Zeit und Raum, Frankfurt/M. 1988; Konrad Knopp, Mathematik und Kultur, Preußische Jahrbücher 211 (1928) 283.

う表現である）と並んで、そして言葉とともに、防御壁を設けており、この防御壁によって、構造を持たない無秩序という状態に陥る危険が回避されている（参照されるのは、「zurechnen（算入する）」/「angemessen（相応な）」という言葉である）[704]。イメージはしばしばはっきりした輪郭を欠いている。これに対して、言葉を用いることで、よりよく限定することができる。最も明確に現れるのは数である（「机上の数字」）。このような見方の背後には、カオスでさえもそれなりの構造を持ったものとみる、能動的・積極的な世界観と信仰がある。というのは、そのように考えるのでなければ、どんな分類も恣意的なものとなり、現実から遠く離れてしまうからである（「決定されるカオス」）[705]。

(1) ギリシア

こうした思考は、おそらく中国人やインド・ヨーロッパ語族に属する人々の数に対する信仰とともに始まったものであり[706]、バビロンの占星術の中にその全盛期をみることができよう[707]。こうした思考は、古代ギリシアの哲学者、アナクシマンドロス（紀元前610年-546年）を介して、古代ギリシアの数学者・哲学者、ピュタゴラス（紀元前570年-497/6年）[708]と古代ギリシアの哲学者、プラトン（紀元前427-347年）[709]にまで遡ることができる。ピュタゴラス学派

---

[704] Mary Douglas, Freiheit und Gefährdung, Berlin 1985, S.163; 参照されるのは、Franz Steiner, Taboo, London 1956である。

[705] Heinz Georg Schuster, Deterministic Chaos, Weinheim 1984.

[706] Großfeld, Der Buchstabe des Gesetzes, JZ 1987, 1f.; Axel Michaels, Beweisverfahren in der vedischen Sakralgeometrie, Wiesbaden 1978; Hopkins, The Holy Numbers of the Rig-Veda, Oriental Studies, Boston 1894, S.141.

[707] Hermann, Die Sechs als bedeutsame Zahl – Ein Beitrag zur Zahlensymbolik, Saeculum 14, 141, 148; 参照されるのは、Meermann, Am Anfang stand die Wissenschaft, MPG-Spiegel 6/1990, S. 4である。

[708] Werner Jaeger, Paideia, Bd.1, Berlin u.a. 1934, 215; 参照されるのは、また、Pierre Vidal-Naquet, Der Schwarze Jäger, Denkform und Gesellschaftsformen der griechischen Antike, Frankfurt M. u.a. 1989である。

[709] Walter Burkert, Weisheit und Wissenschaft - Studien zu Pythagoras, Philolaos und Platon, Nürnberg 1962.

の人々が考えた数に関する神秘論は古い数理的・幾何学的思考の一部であった。こうした思考は中国、インド、バビロンの前例に依拠し（それはシルクロードを通じてもたらされた）、また、太古の民間信仰に依拠したものである[710]。

ピュタゴラス自身およびピュタゴラス学派の人々の場合、われわれの耳に聞こえてくるのは、「数がすべてだ」という声である。数は物事の本質であるとみなされ、数は神により決められたものの具体的な表現であると考えられていた。というのは、「神はいつも数えている」[711]からである。プラトンが教えるところによれば、神は「形式と数」によって万物を作られた[712]。プラトンは数と観念とを同一視し、数を観念論の中に取り入れている[713]。数は「尺度と秩序とを形式に関して統一する力」である[714]。

(2) 聖　書

このことから必然的に行き着くのが聖書である[715]。というのは、聖書において、われわれは多数の数字のほかに「数える神」[716]、「測る神」[717]と出会うからである。数は「神聖なところを神聖でないところから」[718]隔てている。神は、「唯一不滅の真を、変更することも破棄することもできない存在、すな

---

[710] Roscher, Die Sieben- und Neunzahl in Kultur und Mythos der Griechen, Abhandlungen der sächsischen Gesellschaft der Wissenschaften, Philosophisch-historische Klasse 24 (1906) 74; G. Junge, Die pythagoreische Zahlenlehre, Deutsche Mathematik 5 (1940) 341.

[711] この引用の出所は、Laubscher, Phänomene der Zahl in der Bibel, Göttingen 1955, S.78.

[712] Timaios 153 a/b.

[713] Gamber, Das Geheimnis der sieben Sterne, Regensburg 1987, S.13.

[714] Von Naredi-Rainer, Architektur und Harmonie, Köln 1982, S.21.

[715] Oskar Fischer, Der Ursprung des Judentums im Lichte der alttestamentarischen Zahlensymbolik, Leipzig 1917.

[716] 旧約聖書イザヤ書第40章第26節、旧約聖書詩篇第147篇第4節、新約聖書マタイによる福音書第10章第30節。

[717] 旧約聖書出エジプト記第25章第10節ないし第29節、同第31節ないし第40節。第26章第27節。参照されるのは、旧約聖書エゼキエル書第40章ないし第42章である。

[718] 旧約聖書エゼキエル書第42章第20節。

わち、数理的なものを創造の原理とし、世界の基盤」[719]とした。数字は、創造者により与えられた、世界の「名称」である(17世紀のドイツの詩人、クノール・フォン・ローゼンロートの言葉)。エジプトの都市アレクサンドリアの司教、アタナシウスは次のように述べていた。

"それは、世俗的なものに対して、神のものであるしるしを、それが一定の限定された数で現れるように、作った。"[720]

それゆえ、「書かれている」ところによると、神は万物を「寸法、数および重量」で分類した[721]。アレクサンドリアの哲学者、フィロン(紀元前13年-紀元45/50年)の場合には、こうしたギリシアの見方と聖書の見方とが重なり合い、そこから、地中海文化圏が生まれている[722]。

(3) 中 世

古代キリスト教の教父、アウグスティヌスに由来するものではあるが、中世になると、われわれの数理的・幾何学的な世界観が生まれた[723]。この「寸法、数および重量」は、標語のように、キリスト教的中世の(アウグスティヌスによ

---

[719] Ernst Laubscher, Phänomene (前注711) S.17.
[720] Laubscher, a.a.O. 7.
[721] 旧約聖書外典ソロモンの知恵第11章第20節。参照されるのは、旧約聖書ダニエル書第5章第26節ないし第28節である。Krings, Das Sein und die Ordnung, Deutsche Vierteljahresschrift für Literaturwissenschaft und Geistesgeschichte 18 (1940) 233; ders., Ordo, Philosophisch-historische Grundlegung einer abendländischen Idee, Halle 1941; この点について批判的なものとして、Wilpert, Deutsche Literaturzeitung 63 (1942) 336; W. Haubrichs, Ordo als Form, Tübingen 1969 がある。
[722] Arndt, Zahlenmystik bei Philo, Zeitschrift f. Religions- und Geistesgeschichte 19 (1967) 167; Karl Stähle, Die Zahlenmystik bei Philo von Alexandrien, Leipzig 1931; Horst Möhrig, Arithmology as an Exegetical Tool in the Writings of Philo of Alexandria, Society of Biblical Literature, Seminar Papers 13 (1978) 191.
[723] Alexander Murray, Reason and Society in the Middle Ages, Oxford 1978; James McEvoy, The Philosophy of Robert Grosseteste, Oxford, Clarendon Pr. 1982.

って作られた）神がすべてを決定するというキリスト教の考え方を支配している[724]。つまり、幾何学的に考える神という、中世における神についての古典的なイメージの存在が、このことをすべて物語っている[725]。キリスト（＝神）、すなわち、世界の創造者は、カオスから世界を作り出した――ここには循環がある。

けれども、われわれは、こうした中世の見方をそれひとつだけ取り出して他のものと切り離して見るべきではないし、また、われわれのこんにちの世界観に照らしてそれを見ることもしてはならない。「寸法、数および重量」は、生き生きとした姿を目に見えるように捉える思考全体の中に包み込まれたものであり、それゆえ、この意味において限定されたものである。こうした生き生きとした姿を目に見えるように捉える思考が宗教改革と啓蒙主義運動によって後退したときに初めて、われわれが――こんにち――無批判に認めているこの命題がその切り口の鋭さと排他性とを得たのであった。

3. 限界

数はカオスを解消する答えを持っている。最初はカオスであったが、神はカオスを数、寸法および重量によって分類した――ここで初めて数字が用いられた（「第一日」）[726]。数字は確実性を与える（または暗示する）。

---

724) Zimmermann, Mensura, Maß, Zahl und Gewicht. Mathematik als Schlüssel zu Weltverständnis und Weltbeherrschung, Ausstellungskatalog der Herzog August Bibliothek Nr.60; Acta Humaniora, Weinheim 1989; Le Goff, La Naissance du Purgatoire, Paris 1981, S.308f.; A. Murray, Reason and Society in the Middle Ages, Oxford 1978. 中世の文献における数字の構成については、Schützeichel, Ezzolied, in: ders., Textgebundenheit, Tübingen 1981, S.77, 99; Hellgardt, Zum Problem symbolbestimmter und formalästhetischer Zahlenkomposition in mittelalterlichen Literatur, München 1973; Heinz Meyer, "Mensura, Maß, Zahl, Zahlensymbolik im Mittelalter", in: Arbitrium 1986, 20.

725) 参照されるのは、Ohly, Deus Geometra 1, in: Kampff/Wollasch (Hrsg.), Tradition als historische Kraft, Baden u.a. 1982, S.1f.; von Simson, Die gotische Kathedrale, 3.Aufl, Darmstadt 1979; Bühler, Imago Mundi – Bilder aus der Vorstellungswelt des Mittelalters, GWU 1990, 457, 472 である。

726) 旧約聖書創世記第1章第5節。

"われわれが数、寸法および律法を用いるのは、カオスによる錯綜を避けるためである。"[727]

数は、「さまざまな現象の間にある明確な法則性」[728] を作り上げており、数それ自体が律法となっている。数は社会のモラルを表すシンボルとしての骨組みを作っている[729]。数の背後には、創造されたあらゆるものには、たとえ無限のものでさえも、それらには必然的に限界があるといった信仰がある。

4．力

数は明らかに自然を支配する力を持っている。数を支配する力を持つ者は、権力者である。イギリスのスコラ学者、ロジャー・ベーコン（1214年-1294年）はこのことを「知は力なり」という言葉で定式化し、同時に、「どの学問も、数学に潜んでいるのと同じくらい多くの真実を含んでいる」と考えていた。ドイツの哲学者、ニコラウス・クサヌス（1401年-1464年）は次のように教えていた。

"数がなかったならば、精霊は何ものももたらすことができない。……数は、このように、認識それ自体の態様を形作っているので、数がなかったならば、何も認識することができない。というのは、われわれの精霊が考えている数は神により考えられた数の、すなわち、物事の原型の、コピーでしかないところから、数は概念の原型であると考えられるからである。"[730]

---

727) ドイツの画家、オスカー・シュレンマー（Oskar Schlemmer）が1932年に行った大学教授就任講演。この引用の出所は、Maur, FAZ v. 03. 09. 1988, Nr. 205, Bilder und Zeiten, S.1, 2.
728) Cassirer, Philosophie（前注686）S.175.
729) Powers, Counting Your Blessings: Sacred Numbers and the Structure of Reality, Zygon 21 (1986) 74, 91.
730) この引用の出所は、Eberhardt Reichmann, Die Herrschaft der Zahl – Quantitatives Denken in der deutschen Aufklärung, Stuttgart 1968, S. 11f.

5. 言　葉

数はこのように言葉と密接な関係に立っている（参照されるのは、ドイツ語の「Zahl（数）」とオランダ語の「Taal」=「言葉」との関連性である）[731]。というのは、言葉と数によって、世界の人間的悟性をわがものとすることができるからである。数えることと名付けることとは重なり合っている。

"それ（神）は星の数を定め、神はすべての星をそれぞれの名前で呼んだ。"[732]

それゆえ、ドイツの文化哲学者、オスヴァルト・シュペングラーは、次のように述べた。

"数学が持っている記号言語、そして言葉で伝える語りの文法、これらは、一本の木から生まれたそれぞれの先端部分である。"[733]

オーストリア生まれのイギリスの哲学者、ヴィットゲンシュタインもこれに似たことを彼の『論理哲学論考』における番号の付け方（たとえば、1.1.2.3）で示唆している[734]。言葉と数は無限のものを限定しようとし、そして世界像の構造を示そうとする[735]。その場合、「限定の仕方に制約があることを表す記号」としては、数の方が言葉よりもずっと多くのものを含んでいる[736]。そし

---

731) Ernst Bindel, Die geistigen Grundlagen der Zahlen, Fischer TB, Frankfurt 1983, S.183; Thomas Crump, Anthropology（前注685）S.31; Herbert Mehrtens, Moderne-Sprache-Mathematik, Frankfurt/M. 1990. 位取り表記に関する記数法の言語学的見方については、Hansjakob Seiler, A Dimensional View on Numeral Systems, in: Akup, Arbeiten des Kölner Universalien-Projekts, Nr.79, Köln 1989; J.R. Huford, Language and Number, Oxford 1987.
732) 旧約聖書詩篇第147篇第4節。
733) Spengler, Der Untergang des Abendlandes, 1.Bd.: Gestalt und Wirklichkeit, München 1923, S.76.
734) 参照されるのは、Joachim Schulte, Wittgenstein, Stuttgart 1989, S.57 である。ヴィトゲンシュタインについて一般的には、Werner, Ein asketisches Leben, Stimmen der Zeit 201 (1983) 838; Ray Monk, The Duty of Genius, New York 1990.
735) Spengler, Der Untergang（前注733）S.76.
736) S.77.

てまた、言葉と同様、数も「人を殺す」ことができる[737]。

6. 数と文字

数と言葉とは、ある特定の書き方を介して、特に、アルファベット文字を介して、緊密に結び付けられている。文字が同時に数字でもあるときは、その文字はさらに強い力を持つこととなる。このことがみられるのは、ギリシア文字やヘブライ文字の場合であるが、これらの文字は、同時に数を意味するという以上に、「本質的に」、そして「何よりもまず」数そのものである[738]。どの文字も数としての価値を持っている。たとえば、「Alef = 1」、「Jota = 10」、「Taw = 400」というようにである。それゆえ、どの言葉も数列として表現されることができる (たとえば、JHWH は 10 + 5 + 6 + 5 = 合計 26、各桁の数字の和は 8 である)[739]し、この数列は国際的にも読解可能である。こうした理解に立って作られたのが、中世ユダヤ教の神秘説、カバラ (師資相承の口伝) である。

> "たとえ二つの言葉がその発音において異なっているとしても、まったく同一の数字群がそれぞれの中に現れかつこれらの数字の全体が同一であるときは、本質的に、これら二つの概念の間の親縁関係が近いということが尊重されなければならない。"[740]

---

[737] S.93.

[738] Weinreb, Zahl–Zeichen–Wort, Reinbek 1978, S.56, 25. 参照されるのは、Wolfgang Schultz, Rätsel aus dem hellenischen Kulturkreis, 1. Teil: Die Rätselüberlieferung, Leipzig 1909, S.XV である。書くことの起源は数えることにあるという説明がこれに対応する。これについては、Denise Schmandt-Besserath, Before Writing: From Counting to Cuneiform, Austin, Tex. 1992; dies., Oneness, Twoness, Threeness, The Sciences 27 (1987) 44.

[739] Oskar Goldberg, Das Zahlengebäude des Pentateuch, La Revue Juive 10 (1947) 13, 15, 100.

[740] Weinreb (前注 738) 25. これについて詳細なものとして、Raymond Abellio/Charles Hirsch, Introduction à une théorie des nombres bibliques, Paris 1984 がある。その背景については、Hermann Vollrath Hilprecht, The Babylonian Expedition of the University of Pennsylvania, Bd.20, Philadelphia 1906, Teil 1 Kap.2 u. 3; Joshua Trachtenberg, Jewish Magic and Superstition, New York 1939; Falk Vidavar, Pairs und Even Numbers in the Talmud, Menorah Journal 19 (1895) 72; Sephard, The Kabbala of Numbers, Philadelphia 1945.

このような説明は、確かに、しばしば、カバラという言葉が一人歩きするほど難解なものだとみなされており、また数値の比重についても争われている[741]。しかし、最近の研究によれば、ドイツのユダヤ系聖書学者、オスカー・ゴルトベルクが行った聖書についての説明の正しさが実証されているように思われる。

"位取り表記のための記数法は、表を表す文字に関する注釈書のようなものである。"[742]

このような言葉の数え方自体、ラテン語文字についてその信奉者を見出している[743]——もちろん、その結果はこれとはまったく違ったものになっている。

このことによって、改めてわれわれに示されているのが、なぜ旧約聖書を厳密に翻訳することができないか（旧約聖書には排他性がある）という点である。それは、いろいろな言葉が持っている数値をほかの話し言葉や文字に移し変えることができないからである。しかし、重要なのは、なんと言っても、数値である。

---

741) この点についてきわめて慎重なものとして、Kantzsch, Numbers, Sacred, in: The New Schaff-Herzog Encyclopedia of Religious Knowledge, Bd.7, New York/London 1910, S.203; 参照されるのは、Holdrege, The Bride, in: Levering, Rethinking（前注628）S. 208 である。

742) Goldberg, Das Zahlengebäude, 16; ders., Die funf Bücher Mosis, ein Zahlengebäude, Berlin 1908; これについて問題点をはらむものとして、Wolfgang Schultz, Bericht über den gegenwärtigen Stand der Zahlenforschung, Memnon 2 (1908) 240, 243. ゴルトベルクの説明はこんにち部分的に証明されている。これについては、Claus Schedel, Baupläne des Wortes, Einführung in die biblische Logotechnik, Wien 1974; ders., Als sich Pfingsten erfüllte, Wien u.a. 1982; Casper J. Labuschague, Neue Wege und Perspektiven in der Pentateuchforschung, Vetus Testamentum 36 (1986) 146; ders., On the Structural Use of the Numbers as a Composition Technique, Journal of Northwest Semitic Languages 12 (1984) 87; Woziechowski, Certain aspects algébraiques de quelques nombres symboliques de la Bible, Biblische Notizen 23 (1984) 29; Youngblood, Divine Names in the Book of Psalms, The Journal of the Ancient Near Eastern Society 19 (1989) 171.

743) Michael Stifel, Ein Rechen Büchlein Vom End Christ, Wittenberg 1532; ders., Vom End der Welt, Wittenberg 1532.

7. 思　考

ここに示されているのは——文字を介した——数の魔術である。数は「精神の王国において、そして、人間の自意識を形成する上で必要となる根源的な力」[744]となっている。このことは、数を、その具体的適用範囲をはるかに超えて、用いるようにさせるものであり、数を——特にヨーロッパ的思考を——形成する力を持つ者としている[745]。近代の初めには、数えることや測ることへの信仰があった。オランダの哲学者、スピノザ（1632年-1677年）の「幾何学的思考 (mos geometricus)」は彼の『神学政治論』にも影響を与え、ヴィットゲンシュタインの『論理哲学論考』のモデルとなった。

8. 時　間

世界をみるわれわれの見方が数の影響を受けている点は、「数を用いた」時間に関する思考において特に明確に示されている[746]。数と時間とが兄弟のように密接に結び付いていることを述べていたのはギリシアの哲学者、プラトンであった[747]。

> "このように、彼（神）は、永遠なるものについても、その動くコピーを作ることを企て、同時に天を分類することによって、それを実行した。単一のものの中にいつまでもとどまっている永遠の中から、数という点で進展する永続性を持ったコピーが、それも、われわれが時間という名前を与えたものが、生まれた。"

このようにして、動く性質を備えた物事が生まれた。

> "それは、永続性を模造しかつ数比によって過ぎ去る時間という形式を持っていた。"

---

744) Cassirer, Philosophie (前注686) S.182.
745) 参照されるのは、Ernst Robert Curtius, Essays zur europäischen Literatur, 3.Aufl. 1963, S.491.である。
746) Großfeld/Wessels, Zeit, ZVglRW 1990, 498; Thomas Crump, Anthropology (前注685) S.81; Borst, Computus – Zeit und Zahl im Mittelalter, in: Ebel/Randelszhofer (Hrsg.), Rechtsentwicklungen in Berlin, Berlin u.a. 1988, S.1
747) Timaios 10.

古代ギリシアの哲学者、アリストテレスによれば、時間それ自体は一種の数である[748]。

これに似たことを聖書も述べていた。

"すべてのものはそれぞれに固有の時の経過を持っている。天の下にあるどんなできごとについても、特定の時間がある。"[749]

「正しい」時間は「正しい」分類の現れである（参照されるのは、旧約聖書詩篇第1篇第3節、第145篇第15節である。いわく、「神よ、あなたは時にしたがって彼らに食物を与えます」）。数字は古典的な時間を示す記号である[750]。

この点を説明することはたやすい。というのは、時間のリズムが生活を規律し、共同体の調和を図っているからである（たとえば、労働時間、開店時間、祝日）。時間のリズムは生活のリズムである――これと異なるものは何もない[751]。人間は「難関を切り抜ける」ことを望み、そして、しばしばあることがどのようにして起こったのか、またそれがどのように繰り返されるのかといったことを知ろうと望む――むろん、そのことが行われるのは、そうすることが心地よく感じられる場合に限られている。その場合、人間は、自分を不安にさせるような環境を制御することを考えている。しかし、その場合でも、リズムは数によって決められ、位取り表記のための記数法や数値に関するさまざまな慣行にも従っている（「数を最優先する」）。まさしく時間と結び付くことによって、「数を最優先する」という考えには、数が卓越した文化的意味と安定性を有することが含まれている。1週を7日とするわれわれの慣行はこの点についての古典的な例である[752]。

---

748) Ames, Aristotle, Number and Time, Philosophical Quaterly 25 (1975) 97.
749) 旧約聖書伝道の書第3章第1節。
750) Arno Borst, "Computus". Zeit und Zahl in der Geschichte, Berlin 1990.
751) Eviatar Zerubabel, Hidden Rhythms – Schedules and Calendars in Social Life, Chicago u.a. 1981, S.2; ders., The Standardization of Time: A Sociohistorical Perspective, American Journal of Sociology 88 (1982) 1.
752) Eviatar Zerubabel, The Seven Day Circle – The History and Meaning of the Week, New York u.a. 1985.

Ⅲ　不正確な数

　数による思考を理性的なものとみなし、言葉をめぐる諸問題を神話によって解決することが試みられている[753]。しかし、一体どうして数が合理的であるといえるのだろうか。われわれは数を信頼することができるのか。そして、数それ自体が神話に由来するものなのか。これらの問題について考えようとする場合、われわれは日常の平凡な生活に現れる事象から始めるべきであろう。われわれは、往々にして、さほど厳密に考えないままに、「厳密な」数字を用いている。われわれは幾度も話すことを「dutzendes Mal（12回）」も話すと表現しているし、3を除いて2から9までの基数詞20-90を作る際の語尾「zig」を使う際の誤りについて話している。われわれは何度も言ったり聞いたりすることを示すのに、やはり「tansendmal（何千回）」という表現を使っている。われわれが好んで使うのは「viertausendmal（4000回）」という表現であるが、それでいて、「Tausendfusler（多足類）」の足の具体的な本数についてはそれほど厳密には受け取っていない。われわれは奇数の本数で花を贈り、十二等分されたサーヴィスを選び、「悪い」数字である13の使用を避けている。金曜日、7月13日という日付は不適切なものである。われわれは「滑らかな、つまり、端数のない」数字を好み、「曲がった」数字を避けている。しかし、数字が「滑らかだ」とか「曲がった」とかというのはどういうことなのか。この点は数えるときのリズム次第ではなかろうか。

Ⅳ　法

　こうした数に関する思考は法にとって、特に法の比較にとって、大切である。わたくし自身が無意識のうちに受けた印象ではあるが、次の二つの点に留意することができよう。ドイツ民法典総則は「括弧書きの前に置かれた」形で

---

753)　Nestle, Vom Mythos zum Logos, 2.Aufl, Stuttgart 1975.

表示されている——その手本となったのは数学の括弧を用いた計算の仕方である。ドイツ民法典第91条には「数、寸法および重量」という表現が見出されるが、この表現の順序を簡単に入れ替えられることは前述241頁に見られるとおりである（ここで依拠しているのはもちろん、ユスティニアヌス帝が編纂した『ディゲスタ（学説集成）』12.1.2.1:「重さにて、数において、寸法において」である）[754]。この順序に並んでいるのは偶然によることなのか——それとも、その背後にはもっとたくさんのことが隠されているのか。ずっと昔から特定の数が法のシンボルとして認められていたという事実が重要なのか[755]。数に関する思考と法との間にそもそも関連性があるのか。数学的思考と法学的思考との間でしばしば観察される並行性ははたしてこのように明らかになっているのであろうか[756]。だからこそ、日本の法学者、野田良之はわれわれの法を「幾何学的な考えに基づく法である」と名付けたのではなかろうか[757]。

わたくしは別の場所でこの問題に対して答えようと努めたことがあるので、ここでは文献を挙げるにとどめたい[758]。ここで補充できるのはプラトン学派の伝統、聖書に関する伝統、そしてユダヤ教の教典タルムードに関する伝統だけである。プラトンによれば、法は、量と、それゆえ、数、長さおよび幅と関わる技芸のひとつに数えられている[759]。旧約聖書イザヤ書では、神は次のよ

---

754) その背景については、Genzmer, Pondere, numero, mensura, Archives d'Histoire du Droit Oriental, Revue Internationale des Droit de l'Antiquité 1952, Bd.1, S.469; Podlech (Hrsg.), Rechnen und Entscheiden, Berlin 1977; Borchert, Zur Anwendung mathematischer Methoden in der Rechtswissenschaft, Diss. Regensburg 1978; Scholl, Wahrscheinlichkeit, Statistik und Recht, JZ 1992, S.122.

755) Von Moeller, Die Zahlensymbolik in ihren Beziehungen zur Gerechtigkeit, Zeitschrift f. chtistl. Kunst 1908, 137f.; Georgios Tampakis, "Griechisches BGB" (Stikos Kadix) und mathematische Logik (griech.), Diss. Thessaloniki 1971.

756) これについては、Morris Kline, Mathematics in Western Culture, New York 1953, S.463; Tribe, Trial by Mathematics: Precision and Ritual in the Legal Process, Harv.L.Rev. 84 (1971) 1329; ders., The Curvature of Constitutional Space: What Lawyers Can Learn from Modern Physics, Harv.L.Rev. 103 (1989) 1; Hoeflah, Law & Geometry: Legal Science from Leibnitz to Langdall, Am.J.Legal History 30 (1986) 85.

757) Noda, Int. Encyclopedia of Comparative Law, Bd.2, Tübingen 1973, Kap.1, S.120.

758) Großfeld, Zeichen und Zahlen im Recht, 2.Aufl., Tübingen 1995.

759) Die Gesetze 757 B-E.

うに言っている。

　"わたくしは、寸法を測る紐として法を、確かさを確認するための秤として公平という尺度を設けよう。"760)

タルムードについては次のように言われている。

　"タルムードを教授する方法は、抽象的な学問における研究のそれに、特にタルムード研究に最も近接している分野——すなわち数学——のそれに匹敵する。"761)

しかしながら、こうした伝統もこんにちでは破られている。われわれが始めるべきは、数を疑うことであろう。

V　批　　判

　法の比較のためにこれまで述べてきた考えはどれも、ここでも、重要である。われわれは、われわれが法の分野で行ってきた数に関する思考を、数および「数を最優先する」という考えを、文化的組織体が採用する普遍的な尺度であると解することはできない。こうした見方は、数理的・幾何学的世界観のもとで始まったものであるが、数理的・幾何学的世界観は決してこれだけが世間をみる唯一の見方だというわけではない。

　われわれは、もちろん、みずからの側で、世界を数により制圧することに対して留保を付すべきであるということを知っている。こうした見方の始まりは民話、たとえば、ミュンスター地方の民話として知られる『樹木の根元の石』であった。この民話は「数え切れないほどたくさんあるために、数えることができない」ことを表している。敢えて数えようとした者は誰でも、悪魔によって頭を混乱させられてしまう。それでも、「計算の達人」が思い切ってそれを行うと、逃げ出さなければならないほどの豪雨に見舞われる。

---

760)　旧約聖書イザヤ書第28章第17節。
761)　Steinsaltz, The Talmud - A Reference Guide, New York 1989, S.3.

"石を数え尽くすことはできないというこの伝説の誤りを論証することを、誰も二度と行おうとはしなかった。"[762]

われわれは、「すべての物事が休みなく活動している」こと、そして、「どんな人間もすべてを表現することはできない」ということを知っている[763]。ローマの古典詩人、ホラーツ（クウィントゥス・ホラティウス・フラックス、ホラーツはホラティウスのドイツ語慣用形）（紀元前65年-8年）は次のように警告していた[764]。すなわち、「バビロンの人々のように数を用いて人を惑わせてはならない（nec Babylonios temptaris numeros）」と。イタリアの哲学者、ジョルダーノ・ブルーノ（1548年-1600年）はこのような批判に賛成していた。この気短な昔のドミニコ会修道士は、数学が自然を認識する手段であることを否定した——そして、火あぶりの刑にあって死んだ。イタリア北部にあるパドヴァの数学教授の職を彼に代わって得たのは、イタリアの物理学者、ガリレオ・ガリレイであった[765]。数は人間生活の詩的な側面を危険にさらしている[766]。このことを感じ取っていたのは詩人、特にノヴァーリス（1772年-1801年）であった。彼は、次に示すように、集中的に言葉と数の問題と取り組んでいた。

"数と図形がこれから先、
あらゆる神の創造物の謎を解く鍵にならないとしたら、
数と図形がこのように歌い、そして互いに口づけし、
思慮深い物知りよりもたくさんのことを知っているならば、
世間の人々が自由な生活へ入り
そして、謎に満ちた世界へふたたび戻るならば、
そのときに、ふたたび光と影が

---

762) Sagen, Märchen, Legenden und Aberglauben aus dem Münsterland, ges. von Rainer Lahmann-Lammert, Leun/Lahn 1990.
763) 旧約聖書伝道の書第1章第8節。
764) Oden, 1.Buch, 11.Ode.
765) Lauxmann, Wo endet die Mathematik?, Zeitschrift f.d. Post- und Fernmeldewesen 4 (1989) 36, 37.
766) Paneth, Zahlensymbole im Unbewußtsein, Zürich 1952, S.231; 参照されるのは、Guy Gibbon, Explanation in Archaeology, London 1990である。

本当の明るさに向かって結び付くならば、
そして民話と詩の中に、
永遠に続く世界史が認識されるならば、
ある秘密の言葉の前から
まったく正反対の内容を持つ本質的部分が飛び去ってしまうであろう。"

「数を殺す」、とドイツの文化哲学者、オスヴァルト・シュペングラー（1880年-1936年）は断定的に述べているが、数に関する合理的な思考は、「抽象という、灰色のように変化のない一本調子のものになりかねないし、抽象化されることによって、そこでの道理に従って衰弱してしまう危険性がある[767]。こんにちでは、ふたたび、このような疑いが付きまとっている。われわれは再三にわたって、法的に計算しながら、論理的なパラドックスの解決に取り組んでいる——われわれは時として頼るもののないままに、そうしたパラドックスと向き合っている[768]。われわれは、いわば自然科学的な試みが法において社会生活にとってもふさわしいものとなっているかどうかという点をも疑問に思っている。企業会計法が示しているように、われわれは、人の行動を観察することによって、人の行動に影響を及ぼしている（ここでの見出し語は企業会計政策である）[769]。人々がこれと異なった行動をとるのは、人々が、自分たちが他の人から見られているということを知っている場合である。われわれは過去に観察された諸制度と接しているわけではなく、互いに重なり合っており、現在観察している諸制度と接しているのであり、われわれは再三にわたって、予測できないサイバネティックスに関するさまざまな関係と遭遇している[770]。われわれがこれまで利用してきたような、原因と結果という決まりきった図式だけで

---

767) Der Untergang des Abendlandes (前注733) 93.
768) Andreas Wacke, Logische Paradoxien in antiker und moderner Jurisprudenz, in: FS der Rechtswissenschaftlichen Fakultät zur 600-Jahr-Feier der Universität zu Köln, Köln u.a. 1988, S.325; Backhaus, Casus perplexus. Die Lösung in sich widersprüchlicher Rechtsfälle durch die klassische römische Jurisprudenz, München 1981.
769) Großfeld, Bilanzrecht, 2.Aufl., Heidelberg 1990.
770) Lynn Segal, Das 18. Kamel oder Die Welt als Erfindung, München 1988; Baecker, Ohne Grund, FAZ v.28.06.1989, Nr.146 S.N.3.

は、みずからが属しているこの組織が生み出すさまざまな現象を十分に把握することはできない[771]。

---

[771] Peat, Synchronizität: Die verborgene Ordnung, Bern u.a. 1989.

第20章　数と法比較

　ヨーロッパの、数理的・幾何学的な世界観をそれほど簡単にほかの文化に移し変えることができないという点は明らかである。ドイツの法律家、グミュールは、法の効力に関する現代の体系的思考を例として、中世のドイツ私法と対比させつつ、このことを示している[772]。グミュールが到達した結論は、ヨーロッパ以外の諸文化は、多くの場合、ヨーロッパの法思考が有する形式で捉えきることはできないというものである[773]。ヨーロッパの法思考をアジア地域の諸文化に移し変えることはできない。われわれが行っているような、数理的・幾何学的に分解し分析するというやり方(「個人主義」)はヨーロッパで形成されてきたものであって、われわれがアジアで出会うのは、これとは逆の、むしろ全体的な思考や行動である(「集団的な見方」)。このような世界の捉え方[774]は、われわれが用いるのとは異なる記号(特に、異なる文字)によって、基礎付けられ、絶えず強く心に刻み込まれ、そして教え込まれている。

I　質と量との対決

　数の見方についても、数を量として捉えるか、質として捉えるかという点で、両者は異なっている。確かに、どの文化にもこれら二つの見方が含まれてはいるが、どちらの見方を強調するかという点では違っている。一方は遊牧民族の文化と関わり、他方は農耕民族の文化(特に棚田で営まれる稲作文化)と関わっている。われわれドイツの場合、数で示されているのは何よりもまず量(たとえば、「多数決原理」)であるが、中国では、この点は正反対である。そこで

---

772)　Gmür, Rechtwirkungsdenken in der Privatrechtsgeschichte, Bern 1981, S. 310.
773)　S. 342.
774)　Weggel, Die Asiaten, München 1989.

は、数は「宇宙空間の配分を調整する際の具体的な基準」[775]という役割を与えられている。数は何よりもまずシンボルである。中国人は数を抽象的・強制的な記号として捉えないように気をつけている[776]。偶数と奇数はすべて陰と陽とに分類され、格付けを行うという儀礼的な使命を負っている[777]。

> "中国では、数を用いて階層を分類することが理論と実務の末端に至るまで行われている。……宇宙空間は所与のものから成るひとつの階層化された秩序である。数に格付けの機能を与えるのは、慣例上のものである。というのは、数によって、現に存在するあらゆる集団の総体を階層的に分類することができるからである。"[778]

この説明で示されていることは、このほかにもある。たとえば、量的な数が同一性を示唆しているのに対して、質的な数は格付けを行っている。

II 翻訳可能性

数を他の文化に移し変えることは簡単ではない。それどころか、ドイツの文学史家、リヒャルト・M・マイヤーは詩の中で数について次のように述べていた。

> "その場合、もちろん、どこでも、逐語的な翻訳は考えられていない。"[779]

このことは、法以外の諸領域でも、至るところであてはまる。時として、数

---

[775] Granet, Das chinesische Denken, München 1963, S. 207; Anton Lübke, Der Himmel der Chinesen, Leipzig 1931, S. 91; Frobenius, Matsunawa Shinta und der Konflikt um die Einführung des metrischen Systems in Japan, Japanstudien 3 (1991) 73.
[776] Granet, a.a.O. 209.
[777] Granet, a.a.O. 209.
[778] Granet, a.a.O. 220f. 参照されるのは、Josef Needham (Hrsg.), History of Scientific Thought: Science and Civilization in China, Cambridge 1956; Methematics and the Science of the Heavens and the Earth, Cambridge 1959 である。
[779] Die altgermanische Poesie nach ihren formelhaften Elementen beschrieben, Berlin 1889, S. 73.

が名前になっている[780]こともあるが、そうした名前を翻訳することは不可能である。

> "名前はその詩人の同郷人に対してある特定の情感を呼び起こし、特定の連帯感を呼び覚ます。翻訳者がすべきことは何か。通例、翻訳する者は名前を翻訳することはできず、それゆえ、翻訳する者は名前をそのままに残しておかなければならない。しかし、名前をそのもとの言葉のままに用いても、その名前は読者に対して何ものも述べていないし、またその名前で暗示されているものも示してはいない。"[781]

「数を意味する言葉」にも諸文化の間には違いがあり、上に述べたのと同じことがあてはまる。

> "相異なる二つの言葉に属しており、かつ辞書では双方向に翻訳可能なものとしてわれわれに提供されている二つの言葉が厳密にまったく同一の物事を意味していると信じ込むのは、きわめて非現実的な空想でしかない。"[782]

このことは法において数を取り扱う場合にもそのままあてはまる可能性がある。たとえば、ドイツの「4」という数は肯定的な色合いがある（端数のない数、歴史上最初にあった数、JHWHのように、四文字で書かれた記号、幸運を示す「四つ葉のクローバー」）。この4という数をこのような意味をも込めて日本語に翻訳することはできない。日本では、4を使うことはタブーである。というのは、4が「死」を意味し、死を示す数となっているからである。家父長制文化において理解されている30という数が世代の間隔（父と息子）を表すということも

---

780) たとえば、1週間は7日という言い方がある。参照されるのは、Reichstein, Die Mystik der Namen – eine Philosophie der Zahlen, 4.Aufl., Berlin 1935; 一般的には、Diederichsen, Der Vorname – Identifikationssymbol oder Pseudonym?, Das Standesamt 42 (1989) 337, 370 である。
781) 参照されるのは、Störig (Hrsg.), Das Problem des Übersetzens, 2.Aufl., Darmstadt 1969である。
782) Ortega y Gasset, Glanz und Elend der Übersetzung, in: Störig (Hrsg.), Das Problem des Übersetzens（前注781）297, 300.

母権制の文化（母と娘）ではその意味を失っている。

III 機能性

　われわれが数を比較する場合でさえも、それらの機能をうわべで比較するだけにとどまっていてはならない。7, 30, 99といった数はどのように機能しているだろうか。これらの数値が同時に感情に訴える度合いをも示していることを考えれば、他の文化でこれらと同価値の数は何か[783]。それでは、6, 28, 143といった数字の場合はどうか。これについては、それらの数の間にどんな関連があるか、また、これらの数を「端数のない」[784]、合理的、「手頃」、公正かつ適切なものと思わしめるような文化的感情に訴える度合いはどのようなものか、といった点が問題となる。

　それゆえ、このように「より確実だと思われている」数でさえも、法の比較においては、決して確実なものとはいえない。特に、時（後述263頁）[785]と数とを一緒にして考えてみると、数は世界観を、そして、文化のリズムを表現しており、したがって、数を簡単に他の言葉や他の文化に移し変えることはできない。こうみてくると、おそらく、国際私法における消滅時効規定の取扱いがこのように厄介な問題を依然として提起しているということが明らかになろう[786]。さまざまな文化における数を意味する言葉はどれも互いにまったく異なるものであり、そうした数を意味する言葉により呼び覚まされる、無意識のうちに社会を形成する力を持った連帯感を認識したり、評価したり、翻訳したりすることは往々にして難しい。

---

783)　参照されるのは、Großfeld, Grundfragen der Rechtsvergleichung,in:FS für R. Lukes, Köln u.a., 1989, S. 657である。
784)　Bengt Sigurd, Round Numbers, Languages in Society 17 (1988) 23; ders., Ord om ord, Kap. 6: Runda tal, Lund 1972.
785)　参照されるのは、Großfeld./Wessels, Zeit, ZvglRWiss 1990, 498である。
786)　参照されるのは、RGZ 7, 21; Kegel, Internationales Privatrecht, 6.Aufl., München 1987, S. 181である。

IV　置き換え

われわれは数を機械的に翻訳してはならない。われわれがしなければならないのは、数を「übersetzen（翻訳する）」ことではなく、数を「über-tragen（置き換える）」ことである。ドイツの作家、ゲーテは次のように考えていた。

> "詩の形式は異なっており、どの形式もそれが及ぼす効果は大きく、神秘的である。わたくしの『ローマの悲歌』の内容をイギリスの詩人バイロンの『ドン・ジュアン』の抑揚と詩節で置き換えようとすれば、そこで述べられたことはまったく破廉恥なことであるという印象を与えるに違いない。"[787]

このことは法の比較全般における指導原理となり得よう。ドイツの文化哲学者、オスヴァルト・シュペングラーが数をテーマとして選んだのは、どのようにして「ある問題がそれを取り巻く環境に映し出されたイメージの中に具体的に現れているか」を示し、どのようにして数が「人間の現存在という観念の表現となり、複製となっているか」を示そうとしたからであった[788]。ある見方を他の見方へ翻訳することは難しく、多くの場合、感情移入することが必要となろう。

V　法の統一

「数をめぐる問題」が国際的かつ具体的な局面でわれわれの前に現れるのは、法を統一しようとする場合である。期限や集団の規模を統一すべきだとされることはよくある——が、どのようにしてそれを実行することができるだろうか。どの参加者も、数で折り合うことがいかに難しいかをよく知っている。どんな提案もそれぞれに固有の文化に基づいて行われている——いかなる提案も

---

[787]　Goethe, Gedichte (Hrsg. Trunz), München 1982, S. 580.
[788]　Untergang des Abendlandes, S. 69, 75.

それ以上詳細に根拠付けることができるものではない。往々にして誰も特定の数を選ぶ理由を知らないところから、誰もが自分で提案した数を放棄することを恐れている。その結果、妥協も難しくなっている。

　この点に関する比較的最近の例は国連国際動産売買法における消滅時効規定（第8条）である。この場合、ほぼ同じ規模の強さを持った二つのグループが対立していた。一方は3年案を支持し、他方は5年案を支持していた。両者とも自己の主張を基礎付けることができなかった[789]。どちらも最初は譲ろうとはしなかった。折り合いがついたのは4年であった（「これが妥協策として受け入れられたからである」）。この期限を「理性的なもの」とみなしていたのは、当初は、少数派であった四か国だけであった[790]。われわれの場合、ヨーロッパ連合における法の調整でも、これに似た問題が生じると予測される。もし特定の数を支持する理由を知ることができれば、討議も容易に進むことであろうし、未知の事柄に不安を抱くことなく、譲歩できる余地も広くなろう。

VI　記号の影響力

　数を媒介としてわれわれが取り組んでいるのは、文化の記号一般に関わる問題である。われわれが見てきたように、われわれ法律家は、われわれが自国内でも国際的にも遭遇する、音を立てる記号と音を立てない記号がそれぞれに有する固有の影響力を文字通りまじめに受け取らなければならない。これらの記号は文化的な同一性のもとで形成され、それぞれの活力を保障している。「隠喩が滅び去ったとき」、それゆえ、記号とイメージが人の目には見えてももは

---

[789]　United Nations Commission on International Trade Law, Yearbook, Bd.1: 1968-1970, S. 224; Bd. 3: 1972, S. 97.
[790]　United Nations Commission on International Trade Law, Yearbook, Bd. 3: 1972, S. 123, また、Supplement 62; 参照されるのは、United Nations, United Nations Conference on Prescription (Limitation) in the International Sale of Goods, New York, 20 May-14 June 1974, Official Recording, New York 1975, S. 119, 177 である。

や何の意味も持たなくなったとき、「世界は消滅する」[791]。われわれは往々にして記号をたんに思考や意欲の道具としてしかみていない——そしてまさしくこうした錯覚から、記号がわれわれに対して「無言の力」を有するという結果が生じている。この「どのようにして」という問いは同時に「何を」という問いをも表している。「どのようにしてウィットを伝えられるか」——このような問い掛けの仕方は、ウィット以外にも、広くあてはまる。法の比較において、われわれは、記号システムが思考および法に対して及ぼす影響力を感じ取っている。しかしながら、われわれは、そうした影響力が個々の項目についてどこまで遠く及ぶのかを知ることはない。

　ドイツの地理学者、チルヒがこの問題をわれわれに示したのは、こんにちわれわれが用いている地図の「北という方角」についてであった。地図を左の方向へ90度回転させてみよう——中世に天国とか聖地とかと言われた地域へ向かうことを示す「Orientierung（東の方角、つまり正しい方向を示す）」という表現はどのように変わるのだろうか——あるいは右へ90度回転させると——オランダの諸州の地図の中で「西に置かれた部分」はどうなるであろうか。また地図を逆さまにする（南の方角へ向ける）と、その姿はわれわれには未知のものにみえる——われわれにはこのような発想は見当もつかないことであろう。チルヒがそこで言葉について述べたことは、同様に、その他のあらゆる文化の記号についてもあてはまる。

> "まったく変わることのない頑なさをもって、言葉はつねに決まった視点にしがみついており、そうした視点からいつも世界を見ている。われわれをそうした視点から解き放つこと、そうした視点が持っている制約をわれわれに知らせること、——そしておそらく完全にということはないであろうが——これらを達成することは粘り強い努力によってしかできない。"[792]

---

791) Archibald Mac Leish, The Metaphor. その出所は、ders., The Human Season, Boston 1972, S.135; 参照されるのは、Thurman W. Arnold, The Symbols of Government, New York 1962 である。

792) Tschirch, Weltbild, Denkform und Sprachgestalt, Berlin 1954.

われわれはこうしたイメージをさらに補充しなければならない。向かうべき主要な方向が違っているというだけではない。それ以外の細部についても強調されたり、秘匿されたりすることがあり、色合いでさえもしばしば変えられる。

　われわれは複数の記号体系が相互に依存関係にあることを認識している。これらの体系は互いに作用し合い、そして法にも影響を及ぼしている——それは永遠の循環のようなものである。それでも、環境も記号も、そして世界のイメージもさまざまな文化においては異なっている。人々は、部分的にであれ、異なった「しるしと証し」を見ている。それゆえ、どのような革命も特に過去の「イメージ」を（文字通り）排除してきた。歴史上みられた「聖画像破壊主義者」は彼らが行ったことの意味を正確に知っていた。イメージや記号が有する力に関して彼らが持っていた知識をわれわれも肯定的な意味で利用することとしよう。というのは、こうした知識が法を比較する場合にはつねに前提となるからである。イメージや記号は、制度的な性質を持っているし、文化について「考え」ているし[793]、また彼らの集団的な記憶となっているからである。

793）　参照されるのは、Mary Douglas, Wie Institutionen denken, Frankfurt/M. 1991 である。

第21章　時

I　序　論

　時を表すその他のイメージの存在、そして時に関する体験の相違、これらも、法を比較する場合、同様に顧慮されなければならない[794]。一般に、われわれは時についてじっくりと考えることはない。というのは、時は、表向き、「話の本題ではない」(フランスの喜劇作家、モリエール)からである。しかし、すぐに疑念が生まれよう。ドイツ語の「Königswort（王様の言葉）」、つまり動詞をわれわれは「時制を示す言葉」と名付けている。「Zeit」は、言語統計によれば、われわれの言葉では最も頻繁に用いられる名詞である。われわれは、さまざまな「Zeitalter（時代）」について話している。「Zeitraum（時期）」や「Raumzeit（四次元）」という言葉はわれわれの環境について述べたものであるし、われわれは、「時をひとつのまとまりとして捉えること」がいかに大切かを知っている。われわれがこのように時と出会う場合、われわれはまだ驚きから覚めていないが、われわれは——むろん、これだけが根本問題だというわけではないけれども——哲学の根本問題に出会うことになる（ここで参照されるのは、ドイツの哲学者、ハイデッガー『存在と時間』、ドイツの女性哲学者、エディト・シュタイン『有限の存在と永遠の存在』、そしてドイツ生まれの理論物理学者、アインシュタイン『四次元』といった書物のみである）。『時間：生命の秘密』という表現[795]もある。われわれは、時間が「存在という視点からのものの見方」(カント)として、ま

---

794) Großfeld, Rechte Zeit, in: Backhaus/Bonus (Hrsg.) m Die Beschleunigungsfalle, Stuttgart 1994, S. 111; Großfeld/Wessels, Zeit, ZvglRWiss 1990, 498.

795) そのような表題を有する書籍として、Heinz Haber, Stuttgart 1989 がある。参照されるのは、Julius T. Fraser, Die Zeit – vertraut und fremd, Basel u.a. 1988; Norbert Jürgen Schneider, Die Kunst des Teilens, München 1991 である。

た「存在の地平」(ハイデッガー)として、主観的な要素を含んでいること、すなわち、それぞれの文化では時間の経験が異なっていることに容易に気付いている。

II　法と時との関連

われわれの法は「時と関わっている」。われわれの法は時が抱える根本的な問題を克服し、時に関して現に提起されている諸問題に答え、将来を希望のあるものにし、そして時には「瞬間に対して時間という長さを与え」ようとする。「どんな法的できごともその特性に対応した『時間的構成』を備えている」[796]。いつでも、われわれは期待できるか否かという見込みについて判断している。

深く立ち入って考えようとすれば、われわれは捉えがたい、途轍もない現象に遭遇する。そうした現象がわれわれの生活とわれわれの個性を作り上げている(ゲーテの言葉「全能の力を持った時間でさえも、わたくしを一人前の男に鍛え上げることがなかった、といえるだろうか。誰でも「時間の流れの中で自分なりの性格」を磨き上げている。」)。ドイツ民法典は第1条で時の決定から始めている。そこにある法制度ではもっぱら時間が問題となっている。たとえば、法人は「永遠に続く財産主体」として現れ、契約は将来に向けた拘束として現れる[797]。その他の諸制度は時間を通して定義されている。たとえば、利息や婚姻(第1356条第1項第1文「生涯にわたって締結された」)がそうである。「Ehe auf Zeit (一時的な婚姻)」は法の予定する「Ehe (婚姻)」ではない[798]。「Treue (信義)」という

---

[796]　Gerhart Husserl, Recht und Zeit, Frankfurt/M. 1955, S.28; ders., Zeit und Recht, FS Edmund Husserl, S.111; Max Baumann, Recht/Gerchtigkeit in Sprache und Zeit, Zürich 1991; Epstein, The Temporal Dimension in Tort Law, Chicago L.Rev. 53 (1986) 1175; ders., Past and Future: The Temporal Dimension in the Law of Property, Washington University L.Q. 64 (1986) 662; von Keller, Pandekten, 2.Aufl., Bd.1, Leipzig 1866, S.170; Brage, Der Mensch und seine Zeit, Gedächtnisschrift Geck, Köln u.a. 1989, S. 91.
[797]　Großfeld, "Unsterblichkeit" und Jurisprudenz, FS Kummer, Berlin 1980, S. 3.
[798]　Malfer, Ehe und Zeit, Stimmen der Zeit 206 (1988) 137. 婚姻という意味の言葉「Ehe」が関連するのが古高ドイツ語の「ewa」=ewig (永遠) か、それとも古代インド語の「eva」=Lauf (行路)、Sitte (風習) かという点は明らかではない。

概念もここに挙げられるべきである。われわれはいくつかの法制度を、時間を通して、相互に限界付けている。たとえば、売買は利用権の譲渡が「常時」なされる場合であるのに対して、賃貸借（リース）は利用権の譲渡が「特定の時間に限って」なされる場合である（参照されるのは、ドイツ租税基本法第39条第2項第2号第1文である）。時が法律関係に対して及ぼす影響力についてはあまり研究されていない[799]。

III 時のイメージ

それぞれの文化における時間の捉え方はグラデーションをみるように異なっている。よく知られているのは、西洋の時に対するイメージと東洋のそれとの違いである。西洋のイメージは時を、どちらかというと直線的で瞬間に完了する点のようなものとみており（「矢」、参照されるのは、イタリアの神学者・哲学者、アクィノのトマス（トマス・フォン・アクィナス）の言葉、「どのような活動もいずれかの目標に向けられている（omne agens agit propter finem）」である）、厳密に規定している（「すべてのものは固有の行程を持っている。この空の下にあるどんなできごとにも特定の時がある。」「イエス・キリストは……神により予定された時を示す証を与えた。」）。すべてが「それに固有の」時をそなえており、「ちょうどいい」時にあると考えられている。その背後に存在するのは、神が世界を創造したこと、神が最初の行いを通して世界に生命を与えたこと、そして、世界はいつかきっと「主の住まいのもとにある」神のもとで最後の晩餐を経て終末を迎えるであろうこと、これらを認める考えである。われわれが抱いている、時を直線的なも

---

[799] Großfeld/Gersch, Zeitliche Grenzen von privaten Schuldverträgen, JZ 1988, 937; Franz Bydlinski, Zulässigkeit und Schranken "ewiger" und extrem langdauernder Vertragsbindung, Wien 1991; Helmut Max Dietl, Institutionen und Zeit, München 1991; Southern Bell v. Florida East Coast RY. Co. 339 F. 2d 854 (5th Cir. 1968); BGH, JZ 1990, 37. これにはシャック（Schack）の評釈が付されている；Großfeld/Irriger, Intertemporales Unternehmensrecht, JZ 1988, 531; Oetker, Das Dauerschuldverhältnis und seine Beendigung, 1994; ders., Die Verjährung – Strukturen eines allgemeinen Rechtsinstituts, Baden-Baden 1994.

のとして捉えるイメージは、こうした個々人の創造神に対する信仰の結果である（あるいは、その前提というべきであろうか）。

しかしながら、われわれの場合、輪廻という考えがまったく消え去っているわけではない。聖書もこうしたことを教えている。

> "現に行われていることは、ふたたび行われるであろう。人がすでになしたことを、人は繰り返し行うであろう。日の下には新しいものは何もない。"[800]

ともかくも、ここには、時が有する、永遠に循環し続ける「輪」としての性質をより強く体験している東洋に対する違いがある。時は、その複雑さのせいで、人間の手の届かないものであるとみなされている[801]。時についてのわれわれの見方は無理解に遭っている。東洋では、時間は永遠に繰り返されるリズムとして現れている。

時に対するイメージと言葉とは互いに影響を及ぼし合っている。西洋の歴史意識はたくさんの「われわれの言葉で書かれた過去のできごと」と切り離すことができない。ヒンドゥー教徒の場合、すなわち、北部インドの方言についての表現集では、たとえば、昨日、今日、明日の区別を表す単語がない。われわれが見出す単語は二つだけ、すなわち、「aj」（＝「今日」）と「kal」（＝「今日以外」）であるが、「kal」は「昨日」も「明日」も意味することができる[802]。東アフリカのマサイ族は「将来」を示す単語を知らない。彼らの考えでは、彼らは「将来」を重視していない（おそらく、将来は自明のことであり、心配することは何もないと思われているからであろう）。

---

[800] 前述した引用については、旧約聖書伝道の書第3章第1節、新約聖書テモテへの第一の手紙第2章第5節および第6節、旧約聖書詩篇第104篇第27節、第23篇第6節、旧約聖書伝道の書第1章第9節をみよ。参照されるのは、Stephen Jay Gold, Time's Arrow, Time's Cycle, Cambridge, Mass. u.a. 1987である。

[801] André Jacon, Temps et langage, Paris 1967.

[802] Huth, Begegnung von Ost und West, Stimmen der Zeit, 205 (1987) 685, 693. このほか、参照されるのは、Arnaldo Momighiano, Zeit in der antiken Geschichtsschreibung, in: ders., Wege in die alte Welt, Berlin 1991, S. 38 である。

"過去のできごとはわれわれを感動させる。それは、父や祖先から受け継がれたものである。もちろん、こんにち行われていることもそうである。しかし、明日行われるであろうことがわれわれの手に触れることはない。"[803]

キリスト教が初めて彼らに対し将来という視点を開いた。しかし、その言葉は、直線的な時の観念を表現していないし、時の経過という因果関係に基づく観念、原因と結果という観念も欠けたままである[804]。

時の見方を取り上げるとき、われわれは、西洋の思考と東洋の思考との間にある一般的な相違にもぶつかる。

"西洋の精神的態度は、「分析し、区別し、細分化し、帰納的で、個人主義的で、知性的で、客観的で、学問的で、普遍化し、概念的で、図式的で、非個人的で法に依存し、組織化を進め、力を行使し、自負心をもち、他者に対して自己の意思を無理強いする傾向がある」。これに対して、東洋のメンタリティの本質的な特徴は……次のように性格付けることができる。すなわち、「統合的で、まとめる方向に向かい、一本化し、区別せず、演繹的で、非体系的で、独断的で、直観的(ないし感情的)で、非論証的で、精神面では個人主義的でありながら社会的には集団主義的である」。"[805]

---

[803] Pro-missio, Nr. 3, Sept. 1986, S. 1.
[804] Wendorff, Zeitbewußtsein in Entwicklungsländern, Universitas 43 (1988) 1264, 1268; ders., Dritte Welt und westliche Zivilisation, Opladen u.a. 1984; Borsur, Some Indonesians Think Time is Right to Become Punctual, Wall Street Journal–Europe v. 17. 08. 1988, S. 1; Keith Thomas, Vergangenheit, Zukunft, Lebensalter, Berlin 1988; Gerald J. Withrow, Die Erfindung der Zeit, Hamburg 1991; Coveney/Highfield, Anti-Chaos, Der Pfeil der Zeit in der Selbstorganisation des Lebens, Reinbeck 1981.
[805] D. T. Suzuki, in: Fromm/Suzuki/de Martino, Zen-Buddhismus und Psychoanalyse, Frankfurt/M. 1972, S. 13f.

IV 絶対的な時と相対的な時

われわれは、時の絶対的な見方と相対的な見方との間でも、違いを見出している[806]。時は古代ギリシアの哲学者、アリストテレス、イギリスの物理学者、ニュートン、そして普通の人々にとっては絶対的なものであったし、今もそうである[807]。しかし、われわれははたして数えることができる絶対的な時を知っているのだろうか。時が前に進むだけなのか、それとも後戻りもするものなのかということをわれわれは知っているのだろうか[808]。

相対的な時は、ドイツ生まれのアメリカの理論物理学者、アインシュタインが考えた時の概念である[809]。それでも、やはり、旧約聖書詩篇第90篇第2節が次のように言っている。

"山が生まれる前に、
大地と宇宙が発生する前に、
おお、神よ、あなたはとこしえからとこしえまで。"

そして、この後に第4節が次のように補足している。

---

806) Hawkins, Eine kurze Geschichte der Zeit, Reinbeck 1988; これについては、Becker, Gott und die moderne Physik, Christ in der Gegenwart 40 (1988) 397; Günter Paul, FAZ v. 25.06.1988, Nr.145; Heidegger, Der Begriff der Zeit, Tübingen 1989; Louise Robinson Heath, Concept of Time, Chicago 1936; Gerald James Whitrow, Die Erfindung der Zeit, Hamburg 1991; J.R. Lucas, The Future, Oxford 1989.
807) Trasybulos Georgiades, "Namen und Erklingen", Die Zeit als Logos, Göttingen 1985.
808) Reinhard Breuer, Die Pfeile der Zeit, Frankfurt/M. u.a. 1987, S.43; Heinemann (Hrsg.), Zeitbegriffe, München 1986; Boltzmann, Vorlesungen über Gastheorie, 2.Teil, Leipzig 1898, S.256 = Sambursky (Hrsg.), Der Weg der Physik, DTV, München 1978, S.587; Carl Friedrich von Weizsäcker, Aufbau der Physik, München 1985, S.47; Fahr, Zeit und kosmische Ordnung, München 1995; Mainzer, "Zeit", München 1995.
809) Banesh Hoffmann, Einsteins Ideen, Darmstadt 1988; Schmutzer, Die fünfte Dimension, Spektrum der Wissenschaft 1988, Heft Januar, S.52; Schwingr, Einsteins Erbe – Die Einheit von Raum und Zeit, Heidelberg 1987, S.53; Seelig (Hrsg.), Helle Zeit – Dunkle Zeit. In memoriam Albert Einstein, Braunschweig u.a. 1987.

"そこでは、千年は、神よ、あなたにとって、
昨日過ぎ去った一日のようなものであり、
夜の見張り番のようなものである。"[810]

こんにち、われわれは、同時性を確保することさえも行っている[811]。時は流れているか。時はジャンプするか、そして一定の量を持った時がジャンプするのか[812]。

V 客観的な時と主観的な時

そもそも、時は存在するか[813]。時は、もしかすると、われわれが通り過ぎるのに対して、動いているように見える岸辺のようなものなのかもしれない。フランスの哲学者、アンリ・ベルクソンは時を心的な現象であり、人間の意識の根本的な所与であるとしかみていなかった。彼によれば、時間は純粋な時の持続によって得られる心的な経験である[814]。ドイツの詩人、リルケは次のように悲嘆の言葉を述べている。

"おかしな言葉だ。「時間を追い払う」とは。
それ以前に、時間を手に入れることができるか否か、それ自体が問題となろう。"
（『C. W. 伯爵の遺産』より、第一部第10列）

VI アウグスティヌスとアクィノのトマス

時。それは解きほぐすことのできない謎である。われわれは時を客観的に外

---

810) 参照されるのは、新約聖書ペテロの第二の手紙第3章第8節およびドイツの詩人、ヴォルフガンク・ミュラー（Wolfgang Müller）の詩、Königswinter: Der Mönch von Heisterbach である。
811) F. David Peat, Synchronizität, Die verborgene Ordnung, Bern u.a. 1989.
812) Tholen/Scholl (Hrsg.), Zeit-Zeichen, Weinheim 1990.
813) これについては、Richard Soralij, Time, Creation and the Continuum, London 1983; Sens, Auf der Suche nach der zeitlosen Uhr, Merkur 39 (1985) 1126.
814) Bergson, Zeit und Freiheit, Jena 1911.

部から観察することができない。というのは、われわれは「時間の中にはめ込まれている」からである。アウグスティヌスは、「時という言葉ほどわれわれが慣れ親しみ、習熟したものはないということを知っていた」[815]。それでも、彼は、次のように嘆いていた。

"それでは、一体、時とは何か。誰もこの点をみずからに問わないのは、自分自身がそのことをよく知っているからである。しかし、自分が質問者に対してそのことを説明しようとすれば、自分自身がそのことを知らないという点に気付くであろう。"[816]

"けだし、過去に起きたことはもはや存在しておらず、将来のことは……まだ起きていないからである。"[817]

"現時点で存在している時はそれが過去の側へ流れてゆくだけであるという理由だけで、現時点で存在する時も時そのものであることに変わりはないというならば、一体われわれはどのようにして時が存在すると言えるのだろうか。この点を問うのは、もはや存在しないことが時の存在を認める唯一の根拠であるはずだからである。その結果、このような場合には、あるものがもはや存在していないということを探求するときにのみ、われわれは時について述べることができることとなろう。"[818]

現在はそれ以上のものなのか、そして、過去から未来への移行、もはや存在しないものからまだ存在しないものへの移行とはまったく別のものなのか。現在は、永遠に続く流れの中の、主観的に捉えられたひとつの切片にすぎないのか。この切片ははたして測定することができるのだろうか。たとえば、音楽や言葉において行われているように、3秒という長さをもった切片といった言い

---

[815] Augustinus, Bekenntnisse XI, Kap.14 u. 22; 参照されるのは、新約聖書使徒行伝第1章第7節である。「あなた方は誰も、父なる神がその全能の力を持って定められた時間や期限を知ることができない」。Wendorff., Der Mensch und die Zeit, Wiesbaden 1988; Heidegger, Der Begriff der Zeit, Tübingen 1988; Julius T. Fraser, Die Zeit: Vertraut und fremd, Basel, 1988; Heinemann, Zeitbegriff, München 1986; Bieri, Zeit und Zeiterfahrung, Frankfurt/M. 1972; Rohs, Die Zeit des Handelns, Königsstein/ TS 1980; Boslough, The Enigma of Time, National Geographic 177 (1990) Nr. 3, 109.

[816] Bekenntnis XI, 14.

[817] これについては、Gadamer, Über leere und erfüllte Zeit, in: Gadamer, Kleine Schriften III = Idee und Sprache, Tübingen 1972, S. 221.

[818] Bekenntnis XI, 14.

方で時を測定することができるのだろうか[819]。

　キリスト教徒は時をどのように区分し、どのような限定を付して考えるべきか[820]。神が天地を、それとともに時を造る前は、どうであったか（神は時が現れるまではどのような存在であったのか）[821]。古代キリスト教の教父、アウグスティヌスはその答えを知らなかった。しかし、イタリアの神学者、アクィノのトマス（トマス・フォン・アクィナス）はこの問いに対していささかも動じなかった。彼は、『異教徒に対抗するためのキリスト教神学 (Summae contra gentiles)』[822] の中で、この問題に合理的に答えることはできないと述べている。それゆえ、神という時の創造主を理性的に信頼する余地はなお残されている[823]。時の有限性に関するトマスのこの論証から思い出されるのは、数学の集合論における連続性という仮説[824] である。デンマーク系ユダヤ人でドイツの哲学的数学者、ゲオルク・カントルはおそらくこの論証から着想を得たのであろう。

　"君たちは時の中で生活しているが、時を知らない。
　このように、君たち人間は、君たちが何によって、何の中に存在しているかを知らない。"
　　　　　　　（ドイツの詩人、パウル・フレミング『時間についての思索』）

VII　宗　教

　時に対するイメージ、「時についての意識」、これらは宗教と結び付いている[825]。われわれのヨーロッパ法の思考では時点と時には各構成部分があるの

---

819) Pöppel, Gegenwart – psychologisch gesehen, Universitas 43 (1988) 1249, 1253f.
820) これについては、Augustinus, Vom Gottesstaat, Buch 11 Kap. 6, Buch 12 Kap. 20, 21.
821) Pagels, Die Zeit vor der Zeit, Berlin u.a. 1987.
822) II, 31-29.
823) Zimmermann, Thomas von Aquin, in: Klassiker des philosophischen Denkens (Hoerster Hrsg.), Bd.1, 3.Aufl., DTV 1985, S. 109, 120.
824) 参照されるのは、David/Hirsh, Erfahrung Mathematik, Basel u.a.1985, S. 239 である。
825) Edmund Husserl, Zur Phaenomenologie des inneren Zeitbewußtseins, Haag 1966, Husserliana Bd.X.

で、ヨーロッパ法はこの点についての好例といえよう。ヨーロッパ法はキリスト教における時の理解を表している[826]。キリスト教は「時」を考慮した宗教である。キリスト教は、「期限を付された時という地平の中に宇宙それ自体を時間で捉え」ようとする[827]。神は特定の時にイエス・キリストの中に「究極の存在として」現れる[828]。そこから生まれたのが、「かつて・いま・そして」、「以前・以後」、キリスト生誕の前後で区別する「紀元前・紀元後」という排列を有する宗教であった。キリストの誕生というできごとこそが文字通り決定的な「時点」である。

新約聖書ヘブル人への手紙（第11章第1節）の作者の教えによれば、「さて、信仰とは、人が望んでいることがらを確信することである」。信仰は未来のできごとに向けられたものである。臨終の日についての信仰の前提には時の終わりという認識がある——そのほか、「永久に来ない日」という言い方もある。ここで示されているのは、言葉に対する信仰との間で得られる双方向の影響である。時は永遠のものとはみなされていないので、言葉が永遠を表すシンボルとなっている。

特徴的なのは、時点と時の各構成部分、そして時の各構成部分の排列の順序、これらの制約の中で思考が行われるという点である。神が影響を及ぼすのは特別の時点（「正しい時に」旧約聖書詩篇第1篇第3節、第104編第27節）および時の各構成部分に対してである。そうした例として、「名誉は父に」の最後の決まり文句は次のように述べている。

"このように、今でも、いつでも、そして永遠に。"

このようにみると、永遠は時の各構成部分の間を離して並べたものだといえよう。このことは、ギリシア語の「Aeon（ギリシア文字で書く）」が「Ewigkeit

---

[826] 以下の説明については、Oscar Cullmann, Christus und die Zeit, 2.Auf., Zürich 1962; Hans Maier, Die christliche Zeitrechnung, Freiburg u.a. 1991.
[827] Metz, Theologie gegen Mythologie, Herder-Korrespondenz 1988, S.187, 188.
[828] Metz, a.a.O. 191.

（永遠）」と「Zeitabschnitt（時の各構成部分）」とを同時に意味するという点にも示されている。それゆえにこそ、「Aeonen」（複数に注意）について述べることができるのであろう（「永遠から永遠へ」、「世紀から世紀へ＝永久に」というようにである）。永遠の時と有限の時との間に言葉の上での区別はない。われわれは「永遠」でさえも「秒」を用いて数えている。これについては、ドイツの言語学者、グリム兄弟の『羊飼いの少年たち』が証拠になろう（「そして、山全体が削られてなくなっていったときに、永遠から分離して、最初の秒が通り過ぎていった」）。

　キリスト教は時を不連続の単位（点）の中に置き、数えられる無限の集合であるとみている。これと対立するのがギリシアの哲学者、ゼノンの見方である。彼は、時を数えることはできず、時はひとつの連続であると考えた。デンマーク系ユダヤ人でドイツの哲学的数学者、ゲオルク・カントルの、数えられる集合と数えられない集合という考えがここにはすでに現れている[829]。「幾何学の神（deus geometra）」[830]や「数を数える神」といった中世にみられた時に対するイメージが、時に対してわれわれがどのような関係をもっているかを示している。すなわち、時は、同じように、構成され、数えられている——時は西洋法を理解するための鍵である。

　時折り、われわれは、幾何学から、数から、時点および時の各構成部分から離脱することを切望する。しかし、われわれは、そうしたことができるのだろうか。

　　　　"われわれが学んできたのは、
　　　　時間割りを作成することであった。
　　　　そして、できる限り厳密に時計に従って生活することであった。
　　　　それでも、われわれにはほかにも学んできたことがある、
　　　　それは、時を超越して幸せに過すことである。"[831]

---

829) これについては、Hermann Weyl, Die Stufen des Unendlichen, Jena 1931; Herbert Meschkowski, Probleme des Unendlichen, 2. Aufl., Braunschweig 1983; ders., Hundert Jahre Mengenlehre, DTV, Wiss. Reihe 4142.
830) Ohly, Deus geometra, in: Kamp/Wollasch (Hrsg.), Tradition als historische Kraft, Berlin u.a. 1982, S.1; Bühler, Imago Mundi - Bilder aus der Vorstellungswelt des Mittelalters, Geschichte in Wissenschaft und Unterricht 41 (1990) 457, 473.
831) Holger Hüttemann, Abitur '88, FAZ v. 13. 08. 1988, Nr.127, S.27.

VIII 時に関する体験

　これと同様に、時に関する体験も文化による制約を受けている[832]。「時が休止し」たり、また「時が停止し」たりする。その場合、時は何をしているのか。少なくとも、時は何もしていない——われわれ自身が時そのものである。ドイツの詩人、ベルトルト・ハインリッヒ・ブロッケス（1680年-1747年）は彼の詩『時』の中で次のように述べている。

　　"われわれは相変わらず、時が迅速なものであるべきだということを望んでいる。
　　われわれは時を描く場合、すぐに背中に羽根を背負った絵を描く、
　　それでいてすぐにわれわれは不平をつぶやく。ああ、どのようにして時は流れ去るのか、過ぎ去るのか、と。
　　それでも、誰でも、時の性質を
　　適切に研究しようとすれば、
　　確実に認められていることがある、
　　それは、過ぎ去るものは神の創造物のみであって、時ではない、ということである。"

　このように、一方では、時が「停止し」、他方では、時は「急速に進む」。一方は「時を持ち」、他方は「時を持たない」。時は何を行っているのか、そして、実際のところ、時とは何なのか。
　スイスの作家、ゴットフリート・ケラーは次のように答えている。

　　"時は動いていない、時は停止している。
　　われわれは時を通して移動する。
　　時は隊商の活動のようなものである。
　　われわれはそこにおける巡礼に相当する。
　　そこに存在するものは、形式もなければ、色もついていない、
　　それが持っているのは形態だけ、
　　君たちがそこで姿を現したり、消したりする場合、
　　君たちが、再度、消え去ってしまうまでの間。"

---

832) Pöppel, Grenzen des Bewustseins, Über Wirklichkeit und Welterfahrung, Stuttgart 1985.

それでも、これだけでは、主観的な物事を表すにはまだ十分ではない。われわれが感じている過去、現在および未来の長さはそれぞれ異なっている。

> "時の歩みは三倍である。
> 未来はしぶしぶとした表情で引き寄せられてくる、
> 今現在は、矢のように速く逃げて行く、
> 永遠に停止しているのは過去である。"
> 　　　　　（ドイツの詩人、シラー『孔子の言葉』）

「良き旧き時代」が高く評価されることとこのこととは結び付いているのだろうか[833]。

われわれが動ける範囲内でという限定がある場合でさえ、それぞれの世代で、また人によって、得られる時に関する体験もまったく異なっている[834]。

> "そもそも、われわれが話すときの「時」は単数のものである。それは、あたかも、われわれがひとりひとりの個人的生活をストップ・ウォッチで計測することができるかのような前提のもとに行われている。しかし、現実をみるとわかるように、われわれは、誰も同一の時を持っていない。普通の時計が男女についても、子供と大人についても、仕事と余暇についても、それぞれまったく同じパターンで秒と分を刻んでいる場合には、われわれは普通の時計を間違えることもない。"[835]

こうした時に関する体験は、われわれの生活の経過とともに、変わっている。

> "以前はまだ
> そこに行くことができていた
> 年ごとに
> ……
> 今、わたしを駆り立てている
> それは、秒である。"
> 　　　　　（スイスの詩人、ディーター・フリンクリ）

---

833) Hans Delbrück, Die gute alte Zeit, Preußische Jahrbücher 71 (1893) 1.
834) 参照されるのは、Helga Nowotny, Eigenzeit, Frankfurt/M. 1989 である。
835) Wachinger, Ehe, München 1986, S.12f.

個人的な「自分だけの時」、われわれの誰にとっても、自分に固有の時が自己に起きた物事を諮る尺度になっている[836]。アメリカの小説家、ヘミングウェイの『誰がために鐘は鳴る』を考えてみよう——その答えは人によりそれぞれ異なっている。われわれは冗談めかして「将来は、それがかつて存在したままの姿では、もはや存在しない」という——しかし、そこでは、まじめな意味で、この問題の背景にある重要な問題が示唆されている。

IX 時に関する見方の違い

われわれが考慮しなければならないのは、文化が異なれば、われわれが直接みたり経験したりするのとはまったく異なって時間がみえたり経験されたりするということ、すなわち、われわれのものとは時のリズムが別だということである。アラビアでは「忙しさは悪魔の贈り物」と言われているのに対して、アメリカの政治家、ベンジャミン・フランクリンによれば、時は「金」のように貴重なものである。時のリズムは、われわれの生活感情にとっても、われわれの生活方法にとっても、決定的なものである（ドイツの詩人、ノヴァーリスによれば、すべての生活方法はリズムである）。われわれはこのことを日曜日のリズムで身をもって知っているが、このリズムはその他の文化では異質のものである。とりわけ中世における自然な時のリズムから、機械的に測定され技術的に利用される近代の時のリズムへの移行の例が、このことをよく示している[837]。スコラ哲学によって、「時は精神活動に奉仕するという考え」が生まれた。そこでは、時は区分され、測定されるものであり、それゆえ、連続するものとし

---

836) Payk, Zeit – Lebensbedingung, Anschauungsweise oder Täuschung, Universitas 43 (1988) 1255, 1258; Arthur E. Imhof, Die Lebenszeit, München 1988.
837) 参照されるのは、Wendorff, Geschichte des Zeitbewustseins in Europa, 3.Aufl., Opladen u.a. 1985; Otto Mayr, Authority, Liberty & Automatic Machinery in Early Modern Europe, Baltimore u.a.1986; Norbert Elias, Über die Zeit, in: Arbeiten zur Wissenssoziologie (Hrsg. Schröter), Bd.2, Frankfurt/M. 1984, S.177; David Landes, Revolution in Time, Cambridge, Mass. 1983 である。

ては捉えられていない[838]。1309年にミラノにおいて、教会の尖塔に最初の時計が据え付けられた。時計はヨーロッパ文化にとって中核的な道具に祭り上げられた。これにより、時計を「自分の時を預けて置く」代物とみる見方に代わって、時は「前もって計画に組み込ま」れ、「時は消費される」ものとなり、時が「金」のように価値を持つものとなった[839]。ここに「時の絶対的な押付け」が生じた。われわれは、ある世界では、カノン法上の教会による利子徴収の禁止——これによれば、「金銭はそれだけでは金銭を生み出すことはない (nummus non parit nummos)」および「時間はそれだけでは金銭を生み出すことはない (tempus ex se pecuniam parere non potest)」となっている——から切り離されている。利子を受け取る者は、神の持ち物であるはずの時の盗人とみなされ、掟に違反するものとされた。「額に汗して苦労しているならば、汝はパンを口にすることが許される」[840]。全能の神から与えられた時は、ひとの「力の増幅器」として用いられてはならない（これがおそらくは利子徴収の禁止のひとつの根拠であろう）。

中世は大きな成果をもたらしたが、そこでは「分単位での正確な時間厳守」は求められていなかった[841]。われわれは今では分単位どころか「秒単位で厳密に行動し」ようとするようになっている——一体誰が秒針のない腕時計を持とうとし、また「ストップ・ウォッチ」を持たずに競争しようとするだろうか。われわれは、こうした時期区分が「人為的な」[842]ものであるとは、もはや感じなくなっている——たとえ、時が際限なく流れてゆくこと、時がわれわれの限界付けをそれ自体の中に持ち込んでいないこと、これらをわれわれが知

---

[838] Le Goff, Für ein anderes Mittelalter, Berlin 1983, S.37; A. Maier, Die Subjektivierung der Zeit in der scholastischen Philosophie, in: Philosophia Naturalis 16 (1951) 361; Whitrow, Time in History, Oxford 1988; Baudson (Hrsg.), Zeit. Die vierte Dimension der Kunst, Weinheim 1985. これについて批判的なものとして、Thiessing, Spektrum der Wissenschaft, September 1986, S.140.
[839] Von Krockow, "Wie uns die Stunde schlägt", Universitas 43 (1988) 1277, 1282.
[840] 旧約聖書申命記第23章第20節、新約聖書ルカによる福音書第6章第35節。Le Goff, Wucherzinsen und Höllenqualen, Stuttgart 1988.
[841] Wörterbuch der Antike, 4.Aufl., Stuttgart 1956. 見出し語 "Zeitalter", S.875.
[842] Esch, Zeitalter und Menschenalter, Historische Zeitschrift 239 (1984) 309.

っているとしても、この点に変わりはない。人間が時に関する感情をもって最初から生まれているわけではないことも、われわれはよく知っている。人が抱く時間や空間の概念は、人がその成長に際して包まれている特定の文化により決定されるものである[843]。

　時は存在をみるときのひとつの見方である——そして、この見方にはいろいろなものがある。時に関する名称は、どれだけ遅れているかをわれわれに伝えているわけではなく、その名称がある特定の文化にとってどんな時を意味しているかという点をわれわれに伝えている。時の見方はおそらく、何よりもまず、自然環境を通して、文化的記号の伝統を通して、それぞれに形成されている、ある特定の思考や経験を表現したものであろう。それゆえ、われわれが持っている時の見方は、環境や文化的記号が異なるところでは、まともなやり方ではほとんど伝えることができないであろう。このように考えると、「時」を翻訳することは大変難しい。

X　文化的特色

　時がどのような位置を占めるかという点は、最も強く現れる文化的特色のひとつである[844]。

> "時の理解と同じくらいその本質を特徴付けているような文化記号は、ほかにはほとんど存在しない。世間をみて新時代を画するという感覚、人間の行動、人間の意識、人間の生活リズム、そして、人間と物事との関係、これらがそうした文化記号の中に具現化され、またそうした文化記号と結び付けられている。"[845]

---

843)　Gurjewitsch, Das Weltbild des mittelalterlichen Menschen, München 1980, S.29; Weischedel, Das heutige Denken zwischen Raum und Zeit, Universitas 22 (1967) 1233.

844)　参照されるのは、David Peat, Synchronizität（前注811）; Clifford Geertz, The Interpretation of Cultures, New York 1973, S.393　である。ドイツ基本法第73条第4号参照。

845)　Gurjewitsch, Das Weltbild（前注843）S.98.

「規模の神話」は「時の神話」[846]でもある。時の観念はある文化が持っている秩序付けの体系に固有のものである。われわれは「決まった時間の中で」経験を得て、「時の法則に服している」。これに対して、ユダヤ民族は「時を超越した」、「永遠の存在」だと自分たちを見ている[847]。

　時が持つこのように大きな意味をどの文化もみずからの努力でこのように感じている。そのことは、時というリズムのもとで始まった。ヨーロッパ人たちが初めて日本を訪れたとき、そこで彼らが出会ったのは、日本における時の単位が相対的なものだという点であった。日中の6時間をみると、夏は長く、冬は短い。夜間はその逆であった。それゆえ、決まった長さで1時間が計算されるヨーロッパの時計は日本では役に立たなかった。こうしたことはまだある。1639年に寛永の鎖国令が公布されたとき、ヨーロッパの時計は「キリスト教という邪教の道具」として破壊された。これらの例は決して遠い昔のできごとなのではない。

　ユダヤ教とキリスト教の聖書は時の決定とともに、すなわち、「初めに神は天と地とを創造された」という言葉とともに始まった。この言葉には、次の展開として、「創造主である神」、「時の神」がすでに含まれている。「旧約聖書」と「新約聖書」から構成されるのがキリスト教の聖書である。イエスの誕生は「時の転換」である。マルコのもとで述べられたイエスの最初の言葉は時についての言葉である。いわく、「時は満ちた」[848]と。ここで考えられるのは、また、われわれの（抽象的・数学的な）1週間を7日とするリズムであり、そして、旧約聖書から新約聖書への歩みが「週の最初の日」についていえば安息日から日曜日への歩みをもたらしたという点である——この日曜日は今ではふたたび「週末」に置かれている。まさしく劇的な変更というべきであろう。

---

846) Metz, Theologie（前注827）S.187, 191.
847) Rosenzweig, Der Stern der Erlösung, Frankfurt/M. 1988, S.333, 338.
848) 前述の諸点については、旧約聖書詩篇第90篇第2節、新約聖書マルコによる福音書第1章第15節、新約聖書ガラテヤ人への手紙第4章第4節をみよ。

"ひっくり返され、逆立ちさせられた
数千年を経た秩序
仕事は休息の後に、
就業日は祝日の後に、
人間の姿の後に神の姿が現れる。"[849]

XI　同一集団への帰属意識

「時」の相違は同一集団への帰属意識を作り出し、社会的階層の存在を明らかにする。たとえば、ユダヤ教の安息日であるサバトはユダヤ人に対してのみ、同一集団への帰属を示す記号として、与えられるものである。

"そしてまた、わたくしはあなた方に週ごとの式典を与えた、
この式典はひとつのしるしになった
わたくしとあなた方との間で、
このしるしは、わたくしという存在が
式典を神聖なものとして崇めるものであるという点を知るためのしるしである。"

このサバトはユダヤ人を他の民族から区別するものである——そして、そうあるべきである。

"そこで、わたくしは言った。扉を閉ざすように、と。
そして、わたくしは言った。週ごとの式典が終わるまで扉を開けてはならない、と。"[850]

---

849)　Zulehner, Das Gottesgerücht, Düsseldorf 1987, S. 26f.; これについては、Waldenfels, Das Christentum im Pluralismus heutiger Zeit, Stimmen der Zeit 206 (1988) 579, 585; 参照されるのは、Häberle, Feiertagsgarantien als kulturelle Identitätsmerkmale des Verfassungsstaates, Berlin 1987である。

850)　旧約聖書エゼキエル書第20章第12節、旧約聖書ネヘミヤ記第13章第19節。Eviater Zerubabel, The Seven Day Circle, New York u.a. 1985, S. 22; ders., Hidden Rhythms – Schedules and Calendars in Social Life, Chicago u.a. 1981, S.70, 71. 参照されるのは、Joshua Monoach, The People of Israel – the People of Time, in: Akavia (Hrsg.), Calendar for 6000 Years, Jerusalem 1976, S. XI（ヘブライ語）である。

キリスト教徒は、日曜日によって、みずからとユダヤ人とを区別しようとしている。キリスト教の復活祭の数え方は、自分たちの復活祭とユダヤ教徒の復活祭にあたるパシャフェストとがぶつかることを避けようとしている[851]。ユリウス暦かグレゴリオ暦かをめぐる争いはキリスト教の宗派間での争いでもあった。

XII 法規に示される時

1. 概　説

時に対するイメージや時に関する体験がどのような意味を持つのかという点をわれわれはほとんど意識していない。法律用語でしばしば示唆されているのが時の同一性である。法律用語は、まったく同一の言葉が以前にもこんにちにおけるのと同一の内容を有していたという見せ掛けを行っている。そして、それでいて、時に対するイメージや時に関する体験はあらゆるものに関係している——この点についてわたくしはすでに以前に示唆したことがある。しかし、その影響は一層大きくなっている。すべての規範が時に関わる構造を持っており、解釈や法の適用は時に関して橋を架けるような役割を果たしている[852]。どの発言も厳密な意味では繰り返すことができない。というのは、いつも、時が経過しているからである。古代ギリシアの政治家、ソロンは時に関して行われる跳躍の範囲を狭めようとした。そこで、彼は彼が下す規則（論題）に有効期限を設けた。その年数はギリシアの著述家、プルタルコスによれば100年と、またギリシアの歴史家、ヘロドトスによれば10年とされている。憲法で根拠付けられているのは、旧世代が、多数を占める若い世代を支配することである。古典的な権力分立は時の次元からみた理念型である。すなわち、立法権

---

851) Moritz Cantor, Vorlesungen über Geschichte der Mathematik, Bd.1, 1907, Neudruck New York u.a. 1965, S. 572.
852) Gerhardt Husserl, Recht und Zeit（前注796）S. 23. 参照されるのは、Starck, Nomos und Physis, in: Gedächtnisschrift G. Küchenhoff, Berlin 1987, S.149, 152; Ehlers, Rechtsverhältnisse in der Leistungsverwaltung, DVBl. 1986, 912である。

は将来を、行政権は現在を、司法権は過去を担当している。「刑法における諸学説」では、「刑事責任」については過去のことが、犯罪予防については将来のことがそれぞれ念頭に置かれている[853]。法律および裁判が遡及効を持つことから、いつも新たな問題が提起されている[854]。「過去の清算」、「世代間契約」および「廃棄物処理」はすべて時を念頭に置いている。当事者の同意もないままに行われる、若い世代への負担の押し付けもその一例である。われわれの一週間のリズムやわれわれの祝日は、憲法（基本法第140条、ワイマール共和国憲法第139条）および「祝日法」を通して、文化的な同一性の目印として、保護されている[855]。

「先んずれば人を制す（いちばん先に来た者がいちばん先に粉を挽く）」とか「時において先んずる者は権利において優先する」とかという文章はわれわれの法秩序の根本原理を述べたものである（権利の序列、長子の優位）。これと同じことがあてはまるのは、「遅滞なき」給付についてである。この給付は「わたくしは、汝が与えるために、汝に与える（相互主義）」の理論に時間的意味を与えたものである。「継続的債務関係」からは多くの特殊な法律問題が生じている[856]。死後の「生命の存続」でさえも法律的問題となり得る[857]。損害賠償は失われた時のために存在しているのだろうか[858]。成功報酬を得る弁護士の場合、「時間による」手数料は不適法である[859]。

---

853) Gerhardt Husserl, a.a. O. S. 52.
854) 参照されるのは、Klaus Vogel, Rechtssicherheit und Rückwirkung zwischen Vernunftrecht und Verfassungsrecht, JZ 1988, 833; Robbers, Rückwirkende Rechtsprechungsänderung, JZ 1988, 481; Muckel, Kriterien des verfassungsrechtlichen Vertrauensschutzes bei Gesetzesänderungen, Berlin 1989; Pieroth, Die neuere Rechtsprechung des Bundesverfassungsgerichts zum Grundsarz des Vertrauensschutzes, JZ 1990, 279 である。
855) 参照されるのは、BVerwG, JZ 1989, 486, 488（これにはリヒャルディの評釈が付されている）; Häberle, Der Sonntag als Verfassungsprinzip, Berlin 1988である。
856) Otto v. Gierke, Dauernde Schuldverhältnisse, Jherings Jahrbuch 6 (1914) 355.
857) Schack, Weiterleben nach dem Tode – juristisch betrachtet, JZ 1989, 609. 参照されるのは、BGH, NJW 1990, 1986 (Nolde-Bilder); Schweiz. BG, BGE 114 II 159 ("ewige" Verträge) である。
858) BGH, JZ 1989, 344（これにはグルンスキィの評釈が付されている）.
859) LG München I, NJW 1975, 937.

2. 諸事例

(1) 期間

われわれの法文化が念頭に置いているのは——われわれがすでにみたように——時点および時の各構成要素である。われわれがそうした例と出会うのは年齢による段階的区分（民法典第2条、第104条、第107条）、条件（民法典第158条-第163条）、承諾（民法典第184条、第185条）、期限（民法典第186条-第193条）、特に時効期間（民法典第194条-第225条）の場合である。「時間通り」という表現からも新しい問題が生じている[860]。

(2) 論理的に考えられる瞬間

こうした時を区切る思考の頂点に位置するのが「論理的に考えられる瞬間」である。これをわれわれは「法律的に考えられる瞬間」とも名付けている（たとえば、民法典第185条第2項第1文第2の場合がそうである）[861]。われわれがここで取り上げている、時の「各構成要素」が存在しないということをわれわれは知っている。付言すれば、ライヒ裁判所もこうした存在しないものを取り扱っていた。もちろん、企業会計法において、われわれが12月31日24時と1月1日零時との間にある時点を考える場合には、そうした時の各構成要素が特に重要となる。この「時」に何が起きるのか。財政裁判所はこの問題と繰り返し取り組んできた——財務行政官庁はさらに進んで「真夜中に関する命令」を設けている。この命令は現在では法人税法ガイドライン第53条第2項に取り入れられている。連邦財政裁判所は1988年に対外租税法第14条第1項の意味での中間所得の参入について次のように述べた。

> "中間所得は従属会社の業務年度（Wirtschaftsjahr）が信仰する前の最後の（letzten）（原文のまま）論理的に考えられる瞬間に発生する。"[862]

---

[860] Lehmann, Just in time: Handels- und AGB-rechtliche Probleme, BB 1990, 1849.
[861] Wieacker, Die juristische Sekunde, in: FS Erik Wolf, Frankfurt/M. 1962, S.421; Beseler, Logische Minuten, in: Fritz Schulz I, Weimar 1950, S.45; Marotzke, Die logische Sekunde – ein Nullum mit Dauerwirkung ?, AcP 191 (1991) 177.
[862] DB 1988, 2283, 2286.

はたして、「最後の段階の直前の段階に」論理的な瞬間が存在するのだろうか。無から無へと時を並べることができるのだろうか[863]。

ドイツの哲学者、ニーチェが教えているように、われわれが用いているのは、音を立てるが、「存在していない」ものである。「線、平面、肉体、原子、分割できる時、分割できる空間」[864]、これらがそうである。彼の考えはさらに次のように述べられている。

> "世の中を理解するために、われわれは、世の中を算定しなければならない。世の中を算定するために、われわれは、常に一定不変の評価根拠を持たなければならない。われわれは現実にはこのような一定不変の評価根拠を見付けられないので、われわれは何か——原子——をでっち上げることになる。"[865]

いずれにせよ、「法律的に考えられる瞬間」に関するわれわれの思考にとって参考になるのは、「世界は意志と観念である」という言葉である（ドイツの哲学者、ショーペンハウアー）。そうした意志と観念の翻訳を試みることにしよう。

(3) 法の同一性

これと同様に、歴史的経緯における法の同一性という点で、時間厳守という視点から時を捉える考えも重要である[866]。同一性の要請を考えれば、法を「時間から解放すること」が必要になろう。しかし、われわれはこれとは別の

---

863) これに皮肉を述べているものとして、Wrobel, Die juristische Sekunde in ihrer Dauer, in: Göbel/Hucko/Wrobel, Von der Stimme in den Wolken zum Bundesgesetzblatt, Köln 1983, S.85.

864) Nietzsche, Werke in drei Bänden (Hrsg. Schlechta), 8. Aufl., München 1977, Bd. 2, S. 120.

865) A.a.O. Bd.3, S. 896.

866) Dürig, Zeit und Rechtsgleichheit, in: Tradition und Fortschritt im Recht, FS der Tübinger Juristenfakultät, Tübingen 1977, S.21, 22. また、Kloepfer, Verfassung und Zeit, Der Staat 13 (1974) 457; Häberle, Zeit und Verfassung, Zeitschrift für Politik 21 (1974) 111; ders., Zeit und Verfassungskultur, in: Peisl/Mohler (Hrsg.), Die Zeit, München 1983, S.289; Kirchhof, Verwalten und Zeit, Hamburg 1975; Maunz-Dürig-Herzog, Grundgesetz, Art.3 Rdnr.194-232 をもみよ。

ことを行っている。時点を用いれば、同一性を恣意から切り離すことができる。期限と年齢層を基準とするのは多かれ少なかれ恣意的なものであり[867]、決算日を決めるルールも往々にして好きなように決められている[868]。連続は個々の点の連なりとして現れ[869]、「時点で満たされている」[870]。移行過程を寛大に考える感情が往々にして欠けている[871]。法の変更はいつでも、従前の法に対する関係では、法の非同一性を「現実化している」[872]。法の変更によって行われているのは旧法と新法との間にある破談個所を補正することであろう[873]——けれども、そのような意味で合理的だとされる時点によって、われわれはしばしばこのような負担から解放されている。以前に行われていたことはこれから行われることとはまったく別のことなのである。

(4) 時の抵触

「技術的な」範囲内でさえ、難問が、いやそれ以上に、時の抵触が生じ得る[874]。最初に挙げられるのは暦の相違である。グレゴリオ暦（1991年）、イスラム暦（1369年）、ユダヤ暦（5752年）、日本の暦（平成2年）、というように異なっている。時間帯が違えば、ある法律の施行を記載することも、期限や年齢を厳密に算定することも難しくなろう[875]。意思表示の適時性いかんという点で重要なのは、どの時間帯によって、適時性が決定されるのかという点である。これを

---

867) Mayer-Maly, Die Grundlagen der Aufstellung von Altersgrenzen durch das Recht, FamRZ 1970, 617.
868) Dürig (前注866) S.23.
869) Dürig, S.24.
870) Dürig, S.26.
871) Dürig, S.28.
872) Dürig, S.24.
873) Dürig, S.28.
874) これについては、Wochner, Örtliche Zeitkonflikte im Privatrecht, ZVglRWiss 88 (1989) 105; Dicey/Morris, Conflict of Laws, 11.Aufl., London 1987, S.59; Carlestein/Harkes/Thrift (Hrsg.), Human Activities and Time Geography, New York, N.Y. 1980; Grimaldi, The Critical Function of Time in Technology Transfer, Proceedings Fourth International Conference on MNE, Chinese Culture University, Taipeh 1988.
875) 細かな点については、Wochner (前注874), a.a.O., 111.

決定するのは、その意思表示がどの時間帯において行われているかという点であろう[876]。

XIII　企業会計法

1. 時の観点

　企業会計法では、時はすべてを決定するほど重要なテーマである。われわれは「企業活動の継続性 (going concern)」(商法典第252条第1項第2号) に基づいて評価を行い、それゆえ、その企業が将来において存続しているであろうと仮定している。これに相当することは企業活動に対する評価の場合にも行われている。そこでわれわれが取り上げるのは決算日と将来の収益価格である[877]。

　われわれはいつでもある特定の時期 (期間) に挙げられる経済的成果を評価しようとする。この作業は点から点へというように区切って行われている。われわれが遭遇するのは、「瞬間という短い時間にまで厳密に」突き詰められた時間意識である。最初に挙げられるのは決算日主義である。一般に、われわれは決算日に応じて、12月31日の終わりまでに年度末決算書を作成している。この決算日主義 (よりよく言えば、決算時点主義) は企業の活動過程を正当に評価するものではない。というのは、企業の活動は特定の時点で停止するものではなく安定して引き続き行われているものであり、われわれがどんな名称を付与しているかとかどんな時間的サイクルで評価するかとかいったことをまともに気にかけてはいないからである。その結果、静的な企業会計帳簿と動的なそれとの間に、また財産の状況を表す資産帳簿と収益の結果を表す成果帳簿との間には違いが生まれる余地がある。

　　"どんな中間決算書も生きた経営体およびそのリズムと衝突するという事態を……避けることはできない。どんな中間決算書も、ギロチンのような思いやりのなさをもって、きわめて繊細な経営全般にかかわる関連性を計算書によってばらばらに

---

876) Wochner, a.a.O. 121.
877) Großfeld, Unternehmensbewertung im Gesellschaftsrecht, 3.Aufl., Köln 1993.

してしまっている——そしてこうした状況をわれわれは決算書と呼んでいるのである。"878)

「瞬間という短い時間にまで厳密に」突き詰めることは再度極端に押し進めることであり、すでに述べたように、存在しないはずの時点を探求することとなろう。すなわち、24時と零時との間の「時」を探求することがそうである。それ以上に、企業会計法上の諸考慮を要するのが、この「時間」にそもそも企業会計上考慮すべきことが起きているかどうか、つまり、零時の時点での最初の決算書が24時の時点での最終決算書とは異なる外観を呈しているかどうかという点である（その例は、ライヒ・マルクでの決算書からドイツ・マルクでの決算書への移行である）。最近の例としては次のものが挙げられよう。

"複数の会社間で合併が……行われる場合において、二つの営業年度を法律的に考えられる瞬間を基準として区切るやり方を採用するものとされているときは、このことを買収する側の会社の、発足段階の決算書において顧慮することができる。この場合、発足段階の決算書は先行する営業年度の最終決算書から逸脱している。"879)

2. 世界的規模の経営を反映した決算書

時の意識に関する問題が決定的な意味を持つのは、われわれがある多国籍企業につき単一のコンツェルン決算書、つまり、「世界的規模の経営を反映した決算書」のみを作成する場合である。この場合、われわれは全世界におけるさまざまな事象をドイツ法上の基準に従って分類しなければならない（代用）。しかし、われわれはどのようにして時を置き換え、どのようにして時に対する異なったイメージや時に関する異なった体験をわれわれのさまざまな基準の下で考慮するのか。この問題は日付変更線を越えるときに初めて提起されるという

---

878) Rieger, Einführung in die Privatwirtschaftslehre, 2.Aufl., Erlangen 1959, S.209f.; これについては、Jürgen Weber, Zur wirklichkeitsnahen Abbildung periodenübergreifender Kosten, Hochschulnachrichten aus der Wissenschaftlichen Hochschule für Unternehmensführung Koblenz 2 (1989) 23.

879) Adler/Dürig/Schmalz, Rechnungslegung und Prüfung der Unternehmen, 5. Aufl., Stuttgart 1987, § 252, Rdnr. 15.

わけではない。すでにして、決算日の選択からして文化的に操作される余地がある。たとえば、「主たる売上日（その典型はクリスマスである）による」というようにである。しかし、決算日が異なれば、企業に対するイメージも違ったものとなろう。

　これと同じことは時の各構成要素についてもあてはまる。この点についてわれわれはこれ以上立ち入る必要はないであろう。アメリカ合衆国にちょっと目を転ずれば十分である。そこで算定されている時間の長さは比較的短いものである。われわれが決算書で目にする思考のリズムは四半期ごとのものである。「簡潔な思考」という言葉が北アメリカのそれを特徴付けている。こうしたやり方は、長期間経営した後に初めて減価償却が行われるような投資をためらわせることを表し、また、ウォール街でみられるような短期の結果を志向する証券取引所の消耗戦を表している。決算日が違えば、投資のリズムも違ったものとなろう。このことが実務上大きな意義を有することは半導体の技術発展に関する日米関係の例にみられたとおりである。

　　"その際、日本の産業にとっては、長期に亘って行われた投資による利潤の最大化という「息の長さ」が助けとなった。アメリカのメーカーがその間いつも念頭に置いていたのは、すぐ次の四半期における利潤の発生のみであった。両者間で販売戦略の違いが生まれたのには、こうした事情があった。"[880]

　これに似たことをドイツの化学産業も経験してきた。新しい製品の開発には長い時間を要するが、そのことは多くのアメリカの「株主」の機嫌を損なった。というのは、彼らは投下資本を迅速に回収しようとしていたからである。

　　"多くの企業は、アメリカの株式市場に登場するために、生産設備の一部を売却し、株主に配当金を分配した。その結果、企業の株式を引き受ける者が最終的にこれ以上いないといった状況、つまり、資本金割れという事態が生まれた。このことは、長期的な経営計画に基づいて運営されているドイツの化学会社にもみられる。"

---

[880]　Oderich, FAZ v. 23.12.1986, S.9.

アメリカ合衆国におけるドイツ会社ヘンケルについて、次のような記事がウォール・ストリート・ジャーナル誌上に掲載された。

> "ヘンケルは普通はやらないことをしている。そのやり方は、利益を上げる点ではアメリカの短い期間を強調し、将来計画については西ドイツの長い期間を強調するというように、両者の混合である。"[881]

多くのヨーロッパ企業はニューヨーク証券取引所で自社株が取引されることを望んではいない。というのは、そうした取引を通してアメリカの「時間の抑圧」(四半期という抑圧)にさらされることを恐れているからである。

これらのことはすべて決算日主義に悪影響を及ぼしている。決算日が近接して並ぶ間隔が短ければ短いほど、ますます広い範囲にわたって人は決算日主義に頼るようになる。というのは、決算日主義が採用されると、一定の時点の状況を示す静的な決算書と現実の状態を反映する動的なそれとの間にみられる文化間の相違が明確になるからである。この時間に関する感情は「企業活動の継続性」の原則にも関連しているし、また決算書において一定の数値でコンスタントに償却されるべきか逓減的に償却されるべきか、あるものがまだ「新しい」のかそれとももう「古い」のか、貴重なのは「新しいもの」か「古いもの」か(たとえば、フランスの蒸留酒、コニャックの場合)といった問題にも関連している。通貨を換算する場合にも時との関連付けはこの種の問題を生じさせている。われわれが選んでいるのは「歴史的な」為替相場(すなわち、資産購入時の相場)か、それとも、決算日相場(すなわち、帳簿を閉鎖した決算日の相場)か[882]。

3. 帰結

われわれが、時に関する意識の点でわれわれのものとは異なった意識に基づいて作成されている決算書をつなぎ合わせるならば、そこに作り出される姿は歪んだものとなる。商法典第299条に規定されているような決算日だけを統一

---

[881] O'Boyle, Henkel Makes Mark With Acquisitions, Wall Street Journal 25./26.11.1988, S.5.
[882] Großfeld, Bilanzrecht, 2.Aufl., Heidelberg 1990, Rn.736–742; 767–772.

的に用いることは行われていない。というのは、われわれは、まさしくそうすることによって、外国企業がその固有の文化によって有している姿を捉えそこなう可能性があるからである。われわれは世界的規模の経営を反映した決算書の前提にあるものをしばしば見落としている。というのは、われわれはわれわれの見方を世界的規模で「自明のもの」とみなしてしまっているからである。しかし、ここでも強調されるべきであるが、外国で行われていることは決して国内で行われていることと同じではない。そこには、往々にして、「翻訳の基準」自体が欠けている。どのようにすれば、われわれは時に関する外国の意識——時に対するイメージ、そしてそれと同時に時に関する体験——を捉えることができるのだろうか。どのようにして、われわれは時を翻訳しているのだろうか。

　企業会計法分野における「実務家」はこれらの考慮を突拍子もないものと、また「文芸趣味の高じたもの」と感じていることであろう。しかしながら、こうした「非実用的な」考慮こそが、思弁的な検討こそが、まさしく法律学にとって新たな道を切り開くのである。「実務」は「現状」を志向している——けれども、法律学は未来を志向して考えるものである。この点は、時についても同様である。

　われわれがみてきたことは、次のようにまとめることができよう。外見上はこのように非法律的なテーマと考えられる「時」も法の比較にとっては重要である——いやそれ以上に格別の重要性を持っている。

第22章 宗　　教

I　概　　説

　われわれは、法に関する文化全体を意味のあるものとして示す試みとして、宗教についても考察を加えなければならない。ただ、ここでは、この点についての記述を簡単にすることができよう。というのは、宗教、法、法の比較、これらについてはすでにたくさんの研究が行われており[883]、また宗教が法に対して及ぼす影響も明らかにされているからである。そうした例としては、キリスト教の法、イスラム教の法、ユダヤ教の法、ヒンドゥー教の法などがある。ヨーロッパでは、われわれの考え方はユダヤ教／キリスト教の伝統のもとに作られてきた――われわれの立脚点が個人主義的であることもこれとまったく同様の理由による。われわれは法律をどういうわけか「神聖なもの」と、「正しくかつ善なるもの」と感じている[884]。

---

883) Fikentscher, Vergleichende Methodenlehre, Bd.1, Tübingen 1975; Harold Berman, Law and Revolution, Cambridge, Mass. 1983; Eckert/Hattenhauer (Hrsg.), Bibel und Recht, 1994; Hall, Paul, The Lawyer, J.L. and Religion 3 (1985) 331; Kratsch, Justiz, Religion, Politik, Tübingen 1990; Erich Fromm, Das jüdische Gesetz, maschschr., Diss. Heidelberg 1925; Peter Noll, Jesus und das Gesetz, Tübingen 1968; Peter Schneider, Die Anwendung des Liebesgebots Jesus, in: Gedächtnisschrift Peter Noll, Zürich 1984, S.115; Geddert, Recht und Moral, Berlin u.a. 1984; Barradie, Gottes-Recht und Menschen-Recht, Baden-Baden 1983; Marty, On a Medical Moraine: Religious Dimension of American Constitutionalism, Economy L.J. 39 (1990) 9; Calhoun, Misreading the Judeo-Christian Tradition and the Law, Univ. Dayton L.Rev. 15 (1990) 383; Smolin, The Judeo-Christian Tradition and Self-Censorship in Legal Discourse, Univ. Dayton L.Rev. 13 (1988) 345; Radin, The Gral of Law, Washington Univ. L.Qu. 1951, 1; Pahud de Mortanges, Die Archetypik der Gotteslästerung als Beispiel für das Wirken archetypischer Vorstellung im Rechtsdenken, Freiburg/Schweiz 1987; Wojciech Sadurski (ed.). Law and Religion, Aldershot 1992.
884) 新約聖書ローマ人への手紙第7章第12節。

われわれヨーロッパ人は、たいていの場合、ドイツの神学者、カール・ラーナーが書いているように、「匿名のキリスト教徒」である。われわれが最初に出会う法のテクストは聖書であり、最初に出会う宗教法律家はイエスとパウロであった[885]。「法的特色」が示されているのは特にプロテスタント教会の場合である。ドイツの教会法学者、ハンス・ドンボァは、ルター派の弁明のための教えがそうであるように、どのキリスト教神学も法律的には整備されていないと全面的に考えていた[886]。カトリック教会は、固有の教会法があるとはいえ、これとは著しく異なっている。宗教がもたらす帰結がどのようなものかという点は明らかである。たとえば、教会による利子徴収の禁止[887]やドイツの社会経済学者、マックス・ヴェーバーのいう意味での「資本主義の精神」[888]の場合がそうである。

宗教によって、われわれの行動、文化および文明が作られている。宗教は「どこでも謎に満ちたからし粒」のようなものであり、「ひとつの国の教養全体」から発している[889]。道徳の規則も宗教によって基礎付けられている。

"完全に合理的に考えることのできる知識人も、人々が宗教的な意味での信仰によって宗教にすがるきっかけを得るようになったという理由こそが、われわれのこんにちの文明を……支える根拠となり得たという点を、いやいやながらでも認めなければならない。"[890]

---

885) Thomas Rhywe, Faith Establishes the Law, Ann Arbor, Mich. 1981; Watkin, Paul of Tarsus, J. Legal History 9 (1988) 119; Hans-Joachim Klimkeit (Hrsg.), Biblische und außerbiblische Spruchweisheit, Wiesbaden 1991.
886) Dombois, Das Recht der Gnade, Bd.3, Bielefeld 1983, S.25; これについては、Riedel-Spangenberger, Rechtstheologie im Gespräch, Catholica 2 (1986) 125, 131; Rüthers, Reformation, Recht und Staat, in: Politische Theorie des Johannes Althusius, Rechtstheorie, Beiheft 7, 1988, S. 43.
887) 前述277頁 ; Ruth, das Kanonische Zinsverbot, FS Heymann, Berlin 1931, S. 336. 参照されるのは、Talmud, Bava Metzia, Teil 4, Kap. 5である。
888) Max Weber, Die protestantische Sekten und der Geist des Kapitalismus, in: ders., Gesammelte Aufsätze zur Religionssoziologie, Bd.1, Tübingen 1947, S. 207.
889) Eichendorff, Werke, Bd.3, Winkler, München o.J., S. 903.
890) Friedrich A. von Hayek, Evolution und spontane Ordnung, Zürich 1983, S.25.

信仰は、往々にして、共通の社会的制度を支える唯一の根拠となっている。このことがあてはまるのは、たとえば宣誓の場合である。1877年の民事訴訟法はキリスト教徒とユダヤ教徒とを宣誓の際に対等としていた。というのは、両者とも、一神教を信奉していたからである[891]。

　　"宗教の基盤は
　　親縁関係の感情である。"[892]

それゆえ、民事訴訟法を比較する場合には倫理的・宗教的な基盤にも注意を払わなければならない[893]。

II　地理、言葉、文字、数、時

　宗教というテーマは、すでに取り上げられたさまざまなテーマと、密接に結び付いている。このことが明らかになるのは地理と宗教との関係を考える場合である。文字の神からパンとワインの神（すなわち、これがわたくしの肉体である(hoc est enim)）へ——この言葉は、荒れ野を出て神から約束されたカナンへ移動することをも意味している[894]。われわれはどこでも地理的に作られた神の姿を見出している（光の神——参照されるのは、「Zeus（古代ギリシア人の最高神ゼウス）」、「deus（古代ギリシア劇に登場する神デウス）」、「divus」といった言葉の語根である——このほかにも、言葉の神、水の神、パンの神、ワインの神、雷神、風神がいる）。これらの神は人間の姿にも[895]、それとともに法の観念にも影響を及ぼしている。法はある文化における神の姿と人間の姿を反映したものである。

---

891)　Die gesammten Materialien zur Civilprozeßordnung (Han Hrsg.), Bd.1, Berlin 1880, S.341; Claußen, Der Judeneid, Deutsche Rechtswissenschaft 2 (1937) 166.
892)　Ernst Wilhelm Eschmann, Nachschnitte, FAZ v. 16.01.1988, Nr.13, Bilder und Zeiten.
893)　Ze'ev W. Falk, Law and Religion: The Jewish Experience, Jerusalem 1981, S.10.
894)　Adamson, The Law and the Festival of Unleavened Bread (Massat.), J. Legal History 11 (1990) 114.
895)　August Brunner, Gottesbild und Menschenbild, Stimmen der Zeit 203 (1985) 363.

これと同じように、言葉も宗教とかなり近い関係にある[896]。両者はたったひとつの精神的根源から生まれたものであるが、心情面での力は異なっている。「一方は超感覚的なものを感覚的に捉えるのに対し、他方は感覚的なものを超感覚的に捉えている」[897]。両者は切っても切り離せないほど密接な相関関係に立っている[898]。このことは言語慣用と魔法をかけるときの慣習との結び付き（魔法をかけるときの呪文「ホークスポークス」という表現）や魔法をかけるときの慣習と法慣習との結び付きを表している。魔法をかけるときの慣習と法慣習は時として合流し、「魔法をかけるときの法慣習」となる[899]。

われわれがそこで出会うのは「神聖な」言葉である。イスラム教の教典コーラン（クルアーン）は次のように述べている。

"こうしてわれわれは神の啓示をアラビア語のコーランとして下した。"[900]

このような決まり文句によって、「そこに神があることが実感できる」ほどに「世の中のことについて述べた、中身の濃い詩」がわれわれに伝えられていることと思われる[901]。「このように、信仰は聞くことから生まれている」[902]。それゆえ、ここで話題になっているのは「信仰を内容とした語学学校」[903]である。その帰結は次のように述べられている。

"ここでは、どんな言葉も「正しく」なければならない。それは、言葉を摑み損ね

---

896) Rosenzweig, Der Stern der Erlösung, Frankfurt/M. 1988, S.335.
897) Cassirer, Philosophie der symbolischen Formen, 2.Teil, Das mystische Denken, 5.Aufl., Darmstadt 1969, S.126.
898) Cassirer, Sprache und Mythos, Leipzig u.a. 1925, S.72.
899) Von Künßberg, Hühnerrecht und Hühnerzauber, in: Jahrbuch für historische Volkskunde 1 (1925) 126, 135.
900) コーラン第20章第112節。
901) Drewermann, Geist und Sprache, Christ in der Gegenwart 37 (1985) 169.
902) 新約聖書ローマ人への手紙第10章第17節。旧約聖書申命記第4章第12節「声ばかり」、同第5章第22節「大いなる声をもって、ほかのことは言われず」。
903) Gerhard Ebeling, Wort und Glaube, 3.Aufl., Tübingen 1967, S.V; 参照されるのは、「イスラエルよ、聞きなさい」、旧約聖書申命記第5章第1節である。

ると、物事を捉え損なうこととなり、それによって、神の掟に背く罪を犯すこととなるからである。"904)

翻訳が往々にして禁止されるのは、こうした理由による905)。もし宗教が言葉を神聖なものとみなしているならば（聖書では「初めに言葉があった」。アラーが「羽根ペンの使い方を教えた」。）、ひとは他のどんな言葉にも他のどんな文字にもその言葉を移し変えてはならない。ただし、翻訳が救世主メシアの行為として現れるときは除外されている。

"言葉の壁があることを唯一の理由として、神のお告げを人に知らせないままにしておいてはならない。"906)

聖霊降臨祭のできごと（「舌が炎のように分かれて現れる」）は、神の聖霊への信仰と言葉による意志の疎通への信仰（「誰もが、彼らの生まれ故郷の言葉で使徒たちが話しているのを聞いた」）とが一体のものであることを示している907)。

ここでも、この点は宗教が法に接近する上でのごくささやかな一歩となっている。

"律法の根拠は聖書の中だけにあるのではなく、天の秩序を通して形作られている、あらゆる偉大な文化のうちにある。ともに目に見えかつ知られた世界秩序によってのみ、社会が作られ、話すことができるようになる。"908)

---

904) Rupp, Otfried von Weißenberg und die spätantike Bibeldichtung, Wirkendes Wort 7 (1956/57) 334, 340.
905) Zirker, Die Rede Gottes an Mohammed und die Menschheit, Stimmen der Zeit 206 (1988) 134.
906) フランツ・ローゼンツヴァイクのこの引用の出所は、Georg Steiner, Nach Babel, S.259.
907) 新約聖書使徒行伝第2章第3節および第6節。精神と言葉と現実が合致する場合、認識は完全なものとなる。
908) Herbert Schade, Kunst und Verantwortung, Stimmen der Zeit 203 (1985) 314; 参照されるのは、旧約聖書イザヤ書第61章第8節「主なるわたしは公平を愛し」である。言葉の歴史については、さらに、Großfeld, Sprache, Recht, Demokratie, NJW 1985, 1577-1586をみよ。

われわれは地理を取り上げる場合でも、言葉、文字、数、そして時を取り上げる場合でも、宗教と出会っている。神は話し、書き、そして数える存在である。神は時を造った。宗教は常にいたるところに存在する。聖なる大地、聖なる言葉、聖なる文字、聖なる数、聖なる時、というようにである。

III 課 題

1. 序 説

宗教を通して、全体的視点が、価値ある視野が、包括的かつ最終的なものとしての現実が「心の中から」得られることとなる[909]。宗教は文化を超越して存在するものではなく、宗教それ自体が文化である[910]。ユダヤ教／キリスト教という宗教では、人間が環境に拘束される状況においても人間の自主性が強調されている。ユダヤ教／キリスト教という宗教が、われわれの法に対して多くの最終目標とすべき基準を、たくさんの価値を与えている[911]。

2. 生活の助け

宗教は、生活することを助ける手段として存在することを意図したものである。ユダヤ教／キリスト教の伝統もこのことを示している。「イスラエルよ、（掟を）聞きなさい。そうすれば、あなた方は生きることができるだろう」とモーセは叫んだ[912]。この掟は次のようなものである。

"どの日もみずからの助けとなるように、われわれ自身の生命を保つことを行いな

---

[909] N. Luhmann, Funktion der Religion, Frankfurt/M. 1977; Kugler, Religiöse Erfahrung – humanistisch und christlich, Stimmen der Zeit 203 (1985) 125, 127.
[910] Wolfgang Reinhard, Christliche Mission und Dialektik des Kolonialismus, Historisches Jahrbuch 109 (1989) 353; Horst Gründer, Mission, Kolonialismus und Emanzipation in Schwarzafrika, ibid. 371.
[911] 参照されるのは、Buchholz, Populäre Eheliteratur und partikuläre Rechtsreform: Nürnberg anno 1803, Jus Commune 12 (1984) 165 である。
[912] 旧約聖書申命記第4章第1節。

さい。あなたが日々行っているように。"[913]
"神の律法と掟とを守りなさい。わたしが今日あなたに命じたものを。そうすれば、あなたとあなたの後にくる息子たちは幸せになるだろう。"[914]
"あなたの父と母を敬いなさい。神があなたに与えた耕作地であなたが過ごす幸せな日々を得るために。"[915]
"わたしは主、あなたの神である。
わたしは、何があなたのためになるかをあなたに教える。"[916]

宗教は、生活についても述べている。

"あなたは生き永らえるであろう。"[917]

それゆえ、律法と教義は生きる喜びをもたらす要素であるとみなされている。

"神とイスラエルとの契約の基礎を成す十戒を記載した石板を納めた、いわゆる契約の聖櫃に入れられているものは、あなたがたが負っているものである。"[918]

それゆえ、宗教は「生きることを促進するもの」である——宗教は全面的にこの世にあるものと考えられる[919]。宗教こそは勇気と生命を与えるものである。

---

913) 旧約聖書申命記第6章第24節。参照されるのは、同第30章第11節ないし第14節である。
914) 旧約聖書申命記第4章第40節。
915) 旧約聖書出エジプト記第20章第12節、旧約聖書申命記第5章第16節。
916) 旧約聖書イザヤ書第48章第17節。
917) 旧約聖書申命記第30章第6節。これについては、旧約聖書レビ記第18章第5節。「あなたはわたしが下した教義と定めを守らなければならない。これらを守る者は生き永らえるであろう。」これについては、新約聖書ローマ人への手紙第10章第5節。
918) Leo Baeck, Das Wesen des Judentums, 7.Aufl., Wiesbaden 1984, S.297.
919) Karlheinz Müller, Der Jude und "sein" Gesetz, Christ in der Gegenwart 37 (1985) 135.

"神は死んだ者の神ではなく、生きている者の神である。"[920]

このように述べているのが新約聖書である。宗教は「生命を永らえるのに仕え」[921]、世の中で「病を癒し、よりよく活動する」ことを求めている[922]。宗教は感情の面でのさまざまな力を目覚めさせ、強めるものであり、宗教がなければ、生活は存在し得ない。

このことは法の中にも定着している。たとえば、安息日の掟における社会政策的な行為がそうである[923]。その延長線上にあるのが、日曜日の保護、キリストの愛の掟[924]、不作為の幫助に対する刑罰規定（刑法典第323c条）などである。人権もまた宗教に由来している[925]。

3. 治　療

このようにして聖書に対する信仰が生まれたのも、法が「治療する」力を有するからである。このことが始まったのはシナイ山においてであった。

"その地で主は民びとのために律法と公平を立てられ、その地で律法と公平を吟味し、そしてこう言われた。
もしあなたがあなたの神、主の声を聞き、
そしてあなたの目にまさしく正しいと映っていることを行い
その戒めに耳を傾け、

---

[920]　新約聖書マタイによる福音書第22章第23節、新約聖書マルコによる福音書第12章第27節。
[921]　パウロの言葉、新約聖書ローマ人への手紙第7章第10節。
[922]　Karlheinz Müller, Die schriftliche Thora, Christ in der Gegenwart 36 (1984) 431.
[923]　旧約聖書出エジプト記第20章第8節ないし第11節、旧約聖書申命記第5章第12節ないし第15節。
[924]　新約聖書ルカによる福音書第10章第27節、新約聖書マタイによる福音書第22章第39節、新約聖書ローマ人への手紙第13章第9節、新約聖書ガラテヤ人への手紙第5章第14節。旧約聖書レビ記第19章第9節および第10節も顧慮せよ。
[925]　参照されるのは、新約聖書ガラテヤ人への手紙第3章第28節、新約聖書コリント人への第一の手紙第12章第13節、新約聖書ペテロの第一の手紙第1章第17節である。ペテロが述べている「父」は、「個人の人柄や地位などを問題とせずに、ひとそれぞれの仕業に注意を向けている者」である。

そしてすべての定めを守るならば、
わたくしがかつてエジプト人たちに下したいかなる病も
わたくしはあなた方に下さないであろう。
それは、わたくしが主であり、わたくしがあなたを治す医者だからである。"[926]

モーセを継いだイスラエル人の指導者、ヨシュアは、律法に「定められている」ことを行う者に対して「幸いと収穫」を約束した[927]。イエスが奇跡によって行う治療はこうした伝統のもとに行われている[928]。

4. 死の克服

治療という効果よりももっとはっきりと感じられるのは、宗教が死を克服する手段だという点である[929]。「死を忘れるな（memento mori）」とか「死は確実なり、時は不確実なり（mors certa, hora incerta）」とかという言葉はキリスト教を構成する重要な部分である[930]。キリスト教徒は次のような言葉を述べて祈りをささげている。

"暗闇の中で
主は
悩みを解決される。"[931]

5. 最後の審判

われわれの法の根底には、聖書における神の観念、すなわち、みずからが法

---

926) 旧約聖書出エジプト記第15章第26節。
927) 旧約聖書ヨシュア記第1章第8節。
928) これについては、Kertelge, Die Wunderheilungen Jesus im Neuen Testament, in: Beinert (Hrsg.), Hilft Glaube Heilen?, Düsseldorf 1985, S. 31, 36; Lohfink, "Ich bin Jahwe, dein Arzt"（旧約聖書出エジプト記第15章第26節), in: "Ich will euer Gott werden", Stuttgart 1981, S.11; Deseleers, Jahwe – der Arzt meines Volkes, Geist und Leben 55 (1982) 294.
929) これについては、Franz Borkenau, Ende und Anfang, Stuttgart 1984.
930) 部分的にこれと異なるのが、Peter Noll, Diktate über Sterben und Tod, Zürich 1984 である。
931) Ernst Ginsberg, Abschied, 6.Aufl., Zürich 1965, S.238.

であるとする神の観念があり[932]、また、最後の審判への信仰がある[933]。その影響は法実務にも及んでおり、裁判する者に対し、その独立性を濫用しないように促している。ドイツの法学者で詩人、セバスティアン・ブラントは『阿呆船』で次のように教えている。

> "あなたがわたくしを裁くのであって、わたくしがあなたを裁くのではないように、彼はあなたとわたくしを裁くであろう。
> 誰でも自分の生き方に基づいて
> 彼が下したこの判決を評価している。"[934]
> "ここでは正義にかなっていないとされる者が
> そこでは正義を確実に見出している。"[935]

ノルトライン・ヴェストファーレン州の町ゾーストの都市法（1120年頃）は次のように説き聞かせている。

> "裁判官は自分の椅子に怒り狂った獅子のような表情で座っていた。彼は右足を自分の左足の上に載せ、そして、厳しい判断と審判を下すように考えていた。神は、椅子の上に座って、最後の審判を下した。"

ドイツの作家、ラインホルト・シュナイダーはこれに似たことを彼の詩『首切り刀』で書いている。

民事法で私的自治に対してなぜ高い評価が与えられているのかという理由も、「最後の審判」のことを考慮しなければ、考えにくいであろう。そのように考えない場合、個々の判決が有する「社会的信頼性」を保障しているもの

---

[932] 参照されるのは、旧約聖書イザヤ書第42章第1節ないし第4節および旧約聖書エレミヤ書第33章第16節である。そこには、「主ヤハウェはわれわれの正義である」と書かれている。

[933] 新約聖書マタイによる福音書第25章第31節ないし第46節、新約聖書ヘブル人への手紙第9章第27節。イギリス生まれでアメリカ植民地時代の代表的詩人、エドワード・テイラー（1642-1729年）の詩『瞑想』も参照。新約聖書ヨハネの第一の手紙第2章第1節。助け主は父なる神とともにある。

[934] 第2章第23行ないし26行。

[935] 第2章第31行ないし32行。

が、価値に関する一般的関連性や福利という法の目的の中にすでに含まれているということになるのだろうか。ここで参照されるのは、ドイツ民法典第2064条および第2065条である。これらの規定では遺言証書の有効性について被相続人の判断が必要とされている。被相続人は自己の判断を他の者に委ねてはならない。被相続人は遺言を有効なものとするための責任を代理人に押し付けることはできないし、「最後の審判」に際して、代理人の過ちを理由に「言い逃れる」ことはできない[936]（参照されるのは、これと正反対のドイツ民法典第166条である）。

"幸せにかつ満足して死ぬ者は、自分の財産を適切な相続人に委ねるものである。"

形而上的な関連がないときは、「世俗社会の」統制機構が登場する——アジアにおけるその例は「面目丸つぶれ」という考え方であり、厳格な階級組織を伴う序列[937]がそうであり、共産主義社会では共産党の支配、法の党派性がそうである。われわれがそこで目にしているのは、次の引用に示されたものである。

"宗教として登場するものは、往々にして、天にまします神の世界に移し変えられた社会学でしかない。"[938]

6. 混合物

世俗の社会に現れるものの多くは、その根拠をみると、宗教の影響を受けている。そうした宗教的な根拠があって初めて、分類の正当性が許容されるのである。そのような例として、日本でも、西洋の個人主義がみられることがあ

---

936) これについては、Großfeld, Höchstpersönlichkeit der Erbenbestimmung und Auswahlbefugnis Dritter, JZ 1968, 113.
937) Ludwig, Schwierige Vereinfachung, Merkur 37 (1983) S.279, 283f.; Kirsch/Mackschied, China – Ordnungspolitik in einem konfuzianischen Land, Baden-Baden 1988, S.66.
938) Ernst Wilhelm Eschmann, Nachschnitte, FAZ v. 16.01.1988, Nr.13, Bilder und Zeiten.

る。それは、われわれの場合に行われている「Vorname（個人名）」が「Familienname（家族に共通する名称）」よりも前に置かれるというやり方が、日本でもみられるからである（むろんこのことが日常の言い回しにおいても常に適合しているわけではない）。しかし、こうした現象の類似性は事態の本質を捉えてはいない――そのことはわれわれがすでにみたとおりである。というのは、個人名はヨーロッパでは（カトリック教徒の場合には）聖人に応じて、また（プロテスタントの場合には）旧約聖書の中から選ばれているからである。そのために、個人名は英語では「christian name（洗礼名）」といわれている（それゆえ、カトリック教徒は「洗礼名の日」を自分の誕生日よりも優先している）。個人名はこのように秩序と関連している。つまり、個人名によって示唆されているのは、大規模で、最終的には宗教的な意味を持つ価値と責任のシステムである。個人名はこのシステムを思い出させる役割を果たしている（洗礼名にゆかりのある守護聖人）。こうした慣行が崩壊したのは最近のことである。

　また、これとは逆のことも行われている。現世で生活してゆく際の考え方や生活目標、文化に関する技術、これらが崇高なものとして崇められる度合いは宗教を通して高められている。その結果、これらを道徳的に批判する余地はなくなっているし、それ以上にその正当性を証明する必要もなくなっている。聖なるものは神聖だ――話はそれで終わっている――。しかし、一体何が聖なるものの対象となっているのだろうか。おそらく、生存をめぐる個人的および文化的な闘争において宗教が有する最も重要な世俗的効果こそがその対象となっていることであろう。このように、往々にして、きわめて世俗的な諸目標が宗教によって支えられている。

7. 法の強化

　法の比較においてわれわれがつねに問わなければならないのは、どのような宗教的希望が法の遵守と結び付けられているのか、どのような宗教的不安が法の侵害と結び付けられているのか（「不法が財産を増やすことはない」）、将来のどのような価値が法の遵守を求めるのか、といった点である。これらの問いに対する答えはいずれも宗教をどう捉えるかにかかっている――というのは、宗教

は希望と恐怖とを永遠不滅という説明を通して引き伸ばしたり、また強めたりすることができるからである[939]。

IV　記号の操作

　宗教の及ぼす影響が特に後々まで残るのは、宗教が意識されていない場合である。宗教は大地と天との関係を規律しており（地の神、天の神）、大地が「神」なのか「臣下」なのかを決定している[940]。宗教は時と永遠との関係を定義し、同一であることと同一ではないこととの関係を定義し（階級制度、神の前での平等）、「純粋」と「不純」との関係（たとえば、食べ物の場合）を、集団形成と「異宗教・異民族との間の混合婚」との関係を定義している（これら二つの集団は同じように料理の注文を通して形成されるが、そこには食事を共にするための共同体は存在しない）。宗教は「面目丸つぶれ」とか「個人の良心」が果たす役割を決定し、自然にできたルールと形而上的なルール（集団統制や最後の審判）との関係を整理する。唯一神への信仰があれば、すべての物事について世界中どこでも同一の基準で評価することができるし、そうしなければならない普遍的な法への信仰を導くことも容易になろう。宗教はこのようにしてただひとつだけの純粋な法理論の登場を促進する。

　宗教の力が強大になる理由はほかにもある。それは、宗教が文化のイメージや記号の在り方を決め、そのことを通じて「民族の感覚に訴える部分」に影響を及ぼしているからである[941]。ある宗教（旧約聖書）では抽象的な記号が優遇

---

939)　参照されるのは、Hans-Joachim Klimkeit, "Gerechtigkeit" in der persischen Spruchweisheit, in: ders. (Hrsg.), Biblische und außerbiblische Spruchweisheit, Wiesbaden 1991, S.69, 80 である。

940)　参照されるのは、旧約聖書創世記第1章第28節である。「なんじら、地を従わせよ」。Khoury, Speise und Mahl, FS Schott, Berlin 1993, S.217.

941)　Schiller, Was kann eine gute stehende Schaubühne eigentlich leisten？－1784; 参照されるのは、Kohler, Phantasie im Recht, Westermann's Illustrierte Deutsche Monatshefte 97 (1905) 239 である。

されている（JHWHのように、四文字で書かれた記号）[942]のに対して、他の宗教（新約聖書）では、具体的なイメージを持つことが強いられている（イエス）[943]。宗教はイメージや記号が有する無言の力と関わりがあるだけでなく、それ以上にこの力を操作している。法に対する支配力の最も強い源が宗教であるといわれる理由はおそらくこの点にあろう。言葉という記号、文字という記号、時という記号、数という記号、これらの記号はすべて宗教によって生かされている。

このほか、宗教は、認識する場合のタブーをも作り出している。宗教は、何を質問してもよいか、何を答えてもよいかを、前もって「書き表している」。「さて、このように認識するという言葉で意味されているものは一体何だろうか」と呻いていたのはドイツの作家、ゲーテであった。宗教は、誰がその子供の「正しい名前」を呼ぶ（＝歯にきぬを着せずにものを言う）ことが許されるかを決めている。この決まりを守らないときは、「ずっと以前から、十字架に掛けられ、火刑に処された」。

宗教はこのようにずっと以前から——往々にしてそれと意識されることはないが——法と平行して歩んできた。

> "どのような力によってたくさんの人々から成る共同体が保たれてきたのかという点に関する歴史をみると、すでに動物界でよく知られているような、同一種の間に生まれる素朴な感情と並んで、まず現れるのが共通の言葉の存在である。しかし、これらの力のほかに、人種と言葉を異にする人々をずっと強力につなぎとめることができた力がまだ二つある。そのひとつは共通の信仰であり、そして他のひとつは、最も強い力を持ったものであるが、共通の法であった。"[944]

---

942) 旧約聖書出エジプト記第20章第4節、旧約聖書申命記第5章第8節。「あなたは自分のために刻んだ神の像を作ってはならないし、上は天にあるもの、下は地にあるもの、地の下の水の中にあるもののどのようなかたちも作ってはならない」。
943) 新約聖書ヨハネによる福音書第1章第14節、「そして言葉は肉体となり……」、新約聖書マタイによる福音書第26章第26節ないし第28節、新約聖書マルコによる福音書第14章第22節ないし第24節、新約聖書ルカによる福音書第22章第19節ないし第20節。パンとぶどう酒—「これはわたくしの身体である」。
944) Werner Heisenberg, Ordnung und Wirklichkeit, München 1989, S.152.

V　法の比較

　宗教と法との関連からみた世界のイメージをその価値を変えないで翻訳することができるか。この点は中国に派遣されたキリスト教宣教師団における問題でもあったが、その結果、イエズス会修道士とドミニコ会修道士およびフランシスコ会修道士との間で宗教儀式をめぐる争いが生じた。この争いは1742年になってようやく、ローマ教皇の大勅書、つまり Ex quo singulari という三つの単語をもって書き始められるその命令により、中国に派遣された宣教師団にとって都合が悪いという理由から、イエズス会修道士に不利な判断が下され、解決をみた[945]。しかしながら、この問題はその後も残されたままである。天にまします父の姿を母なる大地の姿と取り替えることができるのだろうか。それができるとすると、「この世ならぬもの」を「この世にあるもの」と交換しなければならないのだろうか。「なんじら、地を従わせよ」という文章を翻訳することはまだほとんどできていない。この文章を「地球という惑星を荒らす」ための挑発だと捉えることをどのようにすれば阻むことができるだろうか。キリスト教のシンボルである「パンとぶどう酒」が感情に訴える価値を、たとえば日本人に対してたんに「米と酒」という言葉に置き換えて伝えることができるのだろうか。

　しかし、このイメージから連想される連帯感をわれわれははたして予見することができるだろうか。というのは、イメージは「予想外の」影響を及ぼすことがあるからである。たとえば、「神の国における永遠の生」という表現は、多くのアフリカ人に、二つの解決不能の難問を示している。すなわち、「永遠の」という概念は彼らには「長い時間」を示し、「生」という概念は「健康」を意味している。こうして、「神の国における永遠の生」という表現から「長期間生きられる健康」という意味が生まれ、「あの世」のことが「この世」のことになってしまっている。

---

945)　Werner Eichhorn, Die Religionen Chinas, Stuttgart u.a. 1973, S.363.

この点について、オーストリア北部の町シュタイルに設けられた修道院の総管区長、ヘーケレンは次のようにはっきりと書いている。

"われわれはミサの場で平和の賛歌である「神羔誦（しんこうしょう）」を歌ったり、話したりする。「神の子羊、キリストよ、世の中の穢れを取り去りたまえ、主よ、あわれみたまえ」と。ところで、ニューギニアで、あるグループの宣教師たちはこの「神羔誦」をメラネシアのやり方で新しく表現しようとした。その言葉遣いは、「神の豚よ、世の中の穢れを取り去りたまえ、主よ、あわれみたまえ……」となっていた。この表現をみると、おそらくわれわれは少し驚くことであろう。われわれがユダヤの伝統かイスラムの伝統を持つ人間であるとすれば、こうした言葉遣いはきっと大騒ぎになることであろう。それは、ユダヤやイスラムの伝統のもとでは、豚が不浄な動物だからである。われわれの場合にも豚という動物はたくさんの否定的なイメージと結び付けられている。しかし、ニューギニアでは、豚はまさしく最も大切な家畜である。豚という動物は先祖と、神とかかわりを持っており、神聖な動物である。……キリストは神の子羊である。神の子羊の中に、われわれは、永遠で、不滅の報いを見出している。キリストはもちろん、子羊そのものでもなければ、――ライオンはダヴィデの氏族から発している――時として考えられているようなライオンそのものでもなく、ひとりの人間である。それでも、われわれは、動物がこのように広く深い意味を持つシンボルとして用いられている状況を受け入れている。メラネシアの人々もこのことを厳密に表現しようとしている。「神の豚よ、世の中の穢れを取り去りたまえ」と。それは、キリスト教がメラネシアに初めて伝えられたとき、子羊はその地のひとびとに知られていなかったが、豚はかれらに最初から知られていたからである。この点はどうすればよいのか。"[946]

文化的な環境、社会的構造、社会のイメージ、これらはわれわれのものとはまったく異なっている。

"われわれヨーロッパ人はもちろんヨーロッパ中心の考え方をしている。われわれは、これら宗教的な言葉や儀式がまったく純粋に西洋のものであるのに、われわれの宗教的な言葉や儀式が地球上の他の地域に対してどのような馴染みのない――異国情緒を持った――影響を及ぼすかという点をしばしばまったく考えていない。われわれはこんにちでも軽はずみに、キリスト教的な信仰がアフリカやアジアの「文化に入り込んでいる」とか、実際にはメラネシアのものや中国のものになっている

---

[946] Heekeren, Polyzentrik, in: Christ in der Gegenwart 38 (1986) 242.

とかということがある——しかし、われわれの宗教的な言葉や儀式がどのような結果をもたらしているかという点についてわれわれはほとんど考えていない。"[947]

　宗教や宗教的イメージが法に対して影響を及ぼしていることを思い出すならば、法の比較が息詰まるような緊張を強いるものであることが明らかになろう。

947）　Heekeren, a.a.O.; 参照されるのは、Erb, Stealing Women and Living in Sin, Anthrop. 86 (1991) Heft 1-3 である。

第23章　認識と置き換え

I　好　　機

われわれは時として覚悟を決めなければならない問題に出会うことがある。それは、「法を比較する場合にこれ以上うまく行えないのではないかとあきらめてしまうかどうか」という問題である[948]。ドイツの法史家、コシャカーは、それゆえ、法の比較に対して独自の性質を与えることを認めなかった[949]。まったく未知の文化のもとにある人々を理解することは不可能であるということもわれわれは聞き知っている。現地の言葉を理解してジンバブエで働いていた修道女はアフリカにおける40年の生活を振り返って次のように述べている。

> "わたくしには、本当のところ、アフリカ人のことは分かりません。彼らに何が起きているのか、わたくしには予測すらつきません。"[950]

それでも、われわれは楽天的に考えている。「人間の心の奥底にある動機」は誰でも同じであり[951]、突き詰めてゆけばわれわれは同じ人間であることが

---

948) Hans Joachim Boecker, Recht und Gesetz im Alten Testament und im Alten Orient, Neuenkirchen-Vluyn 1976, S.11.
949) Koschaker, Was vermag die vergleichende Rechtswissenschaft zur Indogermanenfrage beizusteuern ?, FS Hirt, Bd.1, Heidelberg 1936, S.145, 150.
950) Peter Peterson, Sind wir noch zu retten ?, Stuttgart 1984. 参照されるのは、また、Enzensberger, Museum der modernen Poesie, Bd.2, Suhrkamp Taschenbuch Nr.476, Frankfurt/M. 1960, S.781; Hess-Lüttich/Papiór (Hrsg.), Dialog. Interkulturelle Verständigung in Europa, Saarbrücken 1990 である。しかしながら、これと異なるのが、Shoson (Kenneth Yasuda), A Papper Pod – A Haiku Sampler, Rutland u.a. 1976, Introduction である。
951) Del Vecchio, Voraussetzungen und Bewertungskriterien in der Rechtsvergleichung, ZVglRWiss 54 (1962) 1.

分かる[952)]、ということをわれわれは知っているというようにである。

> "いつでも進んで、他の文化に属する人々の気持ちになって考えようと努めている者は誰でも、彼らがその感情表現の仕方という点で取り立てて言うほどわれわれと異なることはないという点を確認するであろう。"[953)]

比較的長く外国に滞在したことのある者は誰でも——もし外国の環境に適応できたと感じていたときは——こうした指摘に賛同するであろう。人々は人間的な性質を互いに分かち持っており、経験や認識の核心部分は共通である。こうした考え方を前提としているのが法の比較における「法的なルールはどこでも同じであるという同一性の推定（praesumito simitudinis）」の理論であるが、われわれはもちろんこの理論を過度に拡張して用いてはならない[954)]。むろん、法の比較は社会秩序の比較を意味するが、法の比較が過去においても認識のための有力な手段であったことはすでに実証されている（認識方法としての法の比較）。

II 新たな接近方法

地理、言葉、文字、数、時、そして宗教、これらに目を向けることによって、法の比較が必要以上に難しくなっていると読者は思われるかもしれない。というのは、このように絡み合った網の目をすべて解きほぐすことは、われわれには望み得ないからである。

---

952) Llompart, Rechtsbewußtsein und Verantwortungsgefühl in Japan der Gegenwart, Jahrbuch für Rechtssoziologie und Rechtstheorie 14 (1983) 285, 17; Lewontin, Menschen – Genethische, kulturelle und soziale Gemeinsamkeiten, Weinheim 1986. 参照されるのは、前注36である。

953) Eibl-Eibesfeldt, Die Biologie des menschlichen Verhaltens, München–Zürich 1984, S.247.

954) Zweigert, Die "praesumito similitudinis" als Grundsatzvermutung rechtsvergleichender Methode, in: Rotondi, Inchiesta di diritto comparado, Bd.2, Palermo u.a. 1973, S.735; Markesinis, Subtle Ways of Legal Borrowing, FS Lorenz, Tübingen 1991, S.717.

"それでも、あらゆる意味を同時に考慮することで、
歌全体をそれぞれの意味に合わせて解読することができると思う者などは誰もいない。"[955]

しかし、われわれが、本質的な部分に潜んでいる難問をすこしでも軽減することができるならば、たとえ簡素にはできないとしても、われわれが間違える部分は少なくて済むであろう。法を形成するさまざまな力、法の構造を一変させるさまざまな力があることをわれわれが自覚するときに初めて、われわれは未知の文化の中を手探りで進むことができ、未知の文化をその内部から、そのイメージと記号によって理解することができよう。このように「視点を変更」することによってしか、われわれは、われわれの言葉への置き換えや、われわれのイメージへの適切な置き換えができるようにはならない。

さらに、地理、言葉、文字、数、時および宗教は、われわれに希望を与えている。というのは、たとえ法の比較におけるさまざまな障害を克服することができないとしても、それでもそうした障害を減らすことができるからである。このことがあてはまるのは、とりわけヨーロッパ連合における法の比較についてである。それは、ヨーロッパ連合では、われわれは最も重要な文化的諸要素、たとえば、環境（温暖な気候）、社会において言葉が占める位置、言葉の構造（インド・ヨーロッパ語）、文字（ラテン文字によるアルファベット）、宗教（キリスト教）、時（直線としての把握）、数、これらを共有しているからである。これらの座標系は、われわれの場合、似たようなところに位置している。法を比較し、法を調整するチャンスは残されている。ヨーロッパ全域にわたって諸文化の間を架橋する試みは歴史的に形成されてきた文化的な結び付きのひとつである（シルクロード）。こうした結び付きは、たとえば、日本や台湾からの訪問者にも注目されている[956]。ギリシア彫刻の影響は中国の図像芸術、仏像にも及んでいた[957]。これらの間には異なる部分がたくさんあるが、しかし、すべて

---

955) Goethe, Die Geheimnisse.
956) 参照されるのは、Jaspers, Vom Ursprung und Ziel der Geschichte, Erster Teil, Weltgeschichte, München 1949 である。
957) Hafner, Die Geburt der chinesischen Bildkunst, Antike Welt, 1986, Heft 2, S.21, 25.

が異なっているというわけでもない。それ以上に、多くのことは互いに親密な関係にある。

Ⅲ　差異のグラデーション

　結局のところ、問題は程度の相違でしかないということになろう。ほぼ「どこでも」われわれは「あらゆるもの」を見出すことができているが、ただ重点の置き方には違いがある。ゲーテの秘書を勤めたエッカーマンは、中国の小説は「たぶんきわめて異様にみえる」に違いないと考えていた。これに対するゲーテの答えはこうであった。

> "人が考えることにそれほど大きな隔たりはない。……かの地の人間が思索し、行動し、そして感じることは、われわれがそうするのとほぼ同様である。"

　もちろん、法文化の担い手は不可解な謎を持った人間である。しかし、「不可解な謎を持った人間」がわれわれを互いに結び付けている[958]。

> "われわれはみな、怪しげな出自を持った祖先を共通にする相続人である。われわれの中で動いているものが何か、われわれの中で働きかけているものは何か、これらを知っている者は一体誰であろうか。"[959]

　それでも、このことはわれわれを落胆させるものではなく、われわれに冷静な見方と緊張感の増大とをもたらしている。法の比較はわれわれにとってチャンスを提供するものであり、「新しい目で世界を見」させるものである——法の比較によってわれわれは未知の世界と自己の世界とを新たに見ることができる。その限りにおいて、法の比較は未知のものに対するわれわれの理解を深め、その結果、われわれは大きなかつ全体的な視野で未知のものを跡付けることができる。法の比較はわれわれを自己に固有のものから隔て、その結果、わ

---

958) Llompart（前注952）.
959) Christian Morgenstern.

れわれは全体を展望することができるようになる。

IV 置き換え

テクストを構成する秩序、価値に関する秩序、そして行動に関する秩序、これらを翻訳することは難しい。おそらく、われわれは言葉の落とし穴に陥り、そこから逃れることができないであろう[960]。法が言葉を用いたゲームであるとすれば、人はどのようにしてひとつのゲームから別のゲームへ飛び移るべきであろうか。カードゲームの一種である「Doppelkopf（ドイツのヴェストファーレン州で好まれているトランプカードによる遊びの一種、同色同一数字のカードを揃え、その合計枚数を競う）」のルールをチェスや囲碁のそれに置き換えることはできない。ある言葉によって「暗示される内容」、つまり、その言葉が持っている詩情を取り出して、どれか別の言葉へと移すようなことは不可能である。王様が着ている立派な衣服が雇い人の身にまとう粗末な衣に替えられてしまうように、母語を翻訳すると簡単に違う意味に変えられてしまうこともあろう。現代ルーマニアの詩人、マリウ・ソチェスクはその詩『翻訳』の中でこうした翻訳の難しさを次のように記している。その場合、なお問題があったので、彼は翻訳することを、

"神に誓って、全面的に断念した。"

それゆえ、われわれは外国では、言葉と事実とを同時に出発点に据えなければならない（この状況に関して連想されるのはパウロの言葉：「対面して行う」であ

---

[960] これについては、Dedicius, Vom Übersetzen, Frankfurt/M. 1986; Kassühlke, Die Sprache der Bibelübersetzung zwischen Tradition und Mission, in: Klaus Mönig (Hrsg.), Sprechend nach Worten suchen, München u.a. 1984, S.134; Walter Benjamin, Die Aufgabe des Übersetzers, Frankfurt/M. 1970; Schadewald, Das Problem des Übersetzens, Die Antike 3 (1927); Martin Luther, Sendbrief vom Dolmetschen; Wolfskehl, Von Sinn und Rang des Übersetzens, in: ders., Bild und Gesetz, Berlin/Zürich 1930, S.196.

る)961)。名前と言葉は置き換えることができず、置き換えることができるのはイメージだけである962)。法の観念も置き換えは困難である。というのは、認識、内容および方式がひとつの組織的統一体を成しているからである。そこでは、「ひとつのものが他のものを制約し、必要とし、生み出している」963)。

個々のルールを機械的に書き写すことはつねに誤りである。われわれは、生きていると考えることのできるものから受精させることができるにすぎない。所有者と占有者との関係(ドイツ民法典第987条-第1003条)や四角関係がある場合の関係者間での返還請求権(ドイツ民法典第812条)について微細な点を取り上げることは、法の比較では、一般に問題にならない。法の比較はひとつの独創的な芸術である。法の比較は自己の現在の精神的態度から出発して新しいイメージを創作するものでなければならない964)。

"ある生活領域で生まれた考えをいずれか他の生活領域に移植する場合、その考えは「それが生まれた時間から切り離される」ことになろう。そうした考えは、四次元空間により条件付けられた現実——そこでさまざまな考えが生まれ成長し、かつ、そこから栄養を受けてきた——という土壌から「取り出され」てしまっている。このように新しい生活領域に移し変えることができるものは、ただ、新しい土壌で成長し、しかもそうした新しい風土でも成長することのできるもののみである。"965)

オーストリアの詩人、ヴァインヘーバーは『翻訳者』において次のようにみていた。

"いったいどのようにすればよいのだろうか。「Übersetzen(向こう岸へ渡す)」というのはどういうことなのか。わたくしが「Übersetzen(向こう岸へ渡す)」と名

---

961) Usener, Über vergleichende Sitten- und Rechtsgeschichte, in: ders., Vorträge und Aufsätze, Leipzig u.a. 1907, S.103, 108.
962) Usener, Mythologie, ebd. 37, 41.
963) そのようなものとして、詩人については、Thomas Mann, Goethes Laufbahn als Schriftsteller, in: Leiden und Größe der Meister, Frankfurt/M. 1982, S.180, 186.
964) Clauß, Das Verstehen des sprachlichen Kunstwerkes, FS Edmund Husserl, Halle/Saale 1929, S.53, 69.
965) Gerhart Husserl, Recht und Zeit, Frankfurt/M. 1955, S.12.

付ける行為は、それでも、もうすでに着手されていることであるが、こちらの岸辺から見知らぬ岸辺へ向けて跳躍することである。"

彼自身のこの問いに対する答えは次のようなものである。

"わたくし自身がいつもそうしているように、わたくしは思い切って全力で翻訳を行うことはしない。
翻訳が苦痛に感じられることは、翻訳を行うこちら側でも翻訳されるあちら側でもまったく同じである。
そして、神が物語ったところでは、封印が解かれる。"

それゆえ、「Übersetzen（翻訳する）」こと自体、ひとつの創造的な行為である。この行為についてドイツの詩人で法律家でもあるノヴァーリスは次のように言っている。

"翻訳することは、あたかも独自の作品を完成させるかのように、十分に意を尽くして作品を作ることである。そうすることはきわめて困難であり、成功することもきわめてまれである。"

第24章 結　　章

I　法を比較する際の方法

　われわれは法の比較における基本的諸問題のいくつかを取り上げ、それらの問題に接近する道筋を見出してきた。しかし、われわれはまだこれらの問題に対する確実な答えを見付けてはいない。法の比較には、まだ大きな課題が残されている。ヨーロッパの伝統に従って形成されていない世界で法の比較を成功させようとすれば、法の比較にはなお挑戦し続けなければならない課題がある。というのは、郷土史や法文化的研究、そして心のこもった感情移入を伴わない技術的・機能的な比較（フランスの聖人、クレルヴォーの聖ベルナルドゥス（1091年-1153年）の言葉：「ものごとはすべて人が好むようにしか認識することはできない（Res tantum intelligetur quantum amatur）」）などは、たんに言葉や文字、数の研究でしかなく、表面をなでただけであり、誤解を招くもとだからである。われわれは未知の文化が持っている、さまざまなものを作り出す諸力を利用して、その座標軸を測定し、その文化が持っている、暗黙の、無意識の、また隠されている自己理解（さまざまなタブー）をほんのわずかでも感じ取らなければならない。というのは、未知の文化を染め上げているのはこうした細部のひとつひとつのことがらだからである。このようにすることによって、法の比較は社会秩序を比較するものとならなければならないであろう。

II　詩的な想像力

　法の比較はこのような内容を有するものであるが、時として、そうした法の比較は法律学に固有の領域を捨て去り、「人類学」となってしまっているのではないかといった非難が向けられている。けれども、自国固有の文化が設けて

いる限界を乗り越えて法を比較しようとすれば、人類学の知識を持たなければやっていけないという理解こそ、まともな考えである。というのは、人間に関する知識だけでなく、人間を駆り立てるさまざまな力をわずかでも感じ取ったり、自然からさまざまな印象を得たりすることも、人間の行動を操作する文化的なイメージや記号も、これらはすべて法の比較に含まれているからである。これらのことは、決して法律学の文献だけで調査することはできない。法律家が、(現在の法曹養成教育法の意味における)実務的解釈を行うだけの法律家という小さな枠内にとどまっているならば、そんな法律家は法の比較にはまったく向いていないし、国際性も欠けているということになろう。

　優れた文学作品や神学の教典を用いることに対しては、確かに、異論の余地があるかもしれない。「詩としては優れているが、法学の文献ではない」と言ったようにである。しかし、われわれは、こうした異論に怯えて、立ち止まってはならない。プロイセンの軍人、グナイゼナウは当時の国王から向けられた、あたかも欄外の書き込みのような、本筋とはいえない非難に対し、「誇らしい威厳」をもって、「玉座の安定性は詩によって支えられている」と答えた。このことは、玉座のように安定したものと考えられ決まりきったイメージで語られる、法についても、法律学についても、法の比較についても、すべてそのままあてはまる。というのは、これらの根底にはいつも——念入りに行われる「手仕事」の部分を除けば——感情と理非弁別とが交じり合ったもの、そして全体の関連性をどのように捉えるかという点でのセンス(「ars」=美術工芸品)が存在しているはずだからである。そうでないとすれば、法も法律学も法比較も、たんに冷たい、不毛の法の技術しかみない存在——この点については、「過剰な要求を突き付けられ」、それと同時に「どの要請も極端に切り詰められた」わが国の法曹養成教育を惨憺たる例として挙げることができる——へと道を踏み誤ってしまうことであろう。

　文学作品は、人間の意識や自意識、人間の意識や自意識と経験との関係、これらについて考える上で十分に頼りになる情報源である。文学作品によって人間の内面的な実際の姿と外面的なそれとが伝えられ、世の中の「真の、公平な見方」が提供されるときは、文学作品が果たす役割も大きいものとなる。

第24章 結　章　*319*

"人間性は、ひとの経験について述べた詩人の言葉によって伝えられ、永遠に続く安定性をもたらす。"966)
"一篇の詩は人々の生活の本当の姿であり、そこに表現されたものが永遠の真実を示している。"
　　　　　　　　（イギリスの女流小説家、シェリー『詩歌の擁護』）

それゆえ、「民話や詩」を通しても「永遠の真実を伝える世界の歴史」を知ることができる（ドイツの詩人、ノヴァーリス）。偉大な詩人たちはしばしば依拠する情報源をより奥深く分析することによって新たな物事を創造している967)。しかし、

"まったく同じ水が、人間や芸術を破滅させることがある。"
　　　　　　　　（ドイツの女流詩人、ヒルデ・ドーミン）

われわれも、法を比較する場合、こうした情報源を放棄することができない。

"著名な『茶の本』において……岡倉覚三（天心）は日本人の価値観と行動パターンを西洋の世界に対して説明した。この本ではこんにちの日本の労使関係が説明されているだけではない。この本は日本における労使関係を理解しようと試みる誰にとっても絶対に必要なものを述べている。ゲーテはもちろんドイツの労使関係を説明したり分析したりしたわけではないが、ゲーテの作品に書かれた知識がなければ、ドイツ人以外の者には、共同決定制度の背後にあるものを十分に捉えることは期待できないであろう。"968)

ここに述べられたことは確かに幾分か割り引いて受け取らなければならない

---

966)　Thomas Mann, Goethes Laufbahn als Schriftsteller, in: Leiden und Größe der Meister, Frankfurt/M. 1982, S.180, 189.
967)　Zweigert, Zur Ergiebigkeit dichterischer Aussagen für die Rechtswissenschaft, FS Spörl, Freiburg u.a. 1965, S.658, 662.
968)　Schregle, Comparative Industrial Relations: Pitfalls and Potential, International Labour Review 120 (1981), S.15, 28f.

であろうが、それでも、その核心部分は正しい。

III　辛抱強い楽観主義

　本書で主張された見方は、法の比較とは、多くの者がこれまでに考えていたよりもずっと難しいという印象を読者に与えるかもしれない。けれども、当初の目標を実現しようとすれば、王道はない（すなわち、決して平坦な道はない）。われわれが現実を認識しようとすれば、われわれはこれらの障害があることを否定したり、無視したり、飛び越えたりすることはできない。むしろ、どの法も、どの法比較も、まず初めにこの障害を乗り越えることに照準を合わせるべきであろう。というのは、そのようにしなければ、「真実と正義」が同時に実現されることはないからである。

　われわれがわれわれの理解のみに従って機能的考察を進めるならば、そうした機能的考察は決して正しいものではない。というのは、その場合には、われわれは未知の座標軸を捉えそこなうことになるからである。正しい理解は、環境、言葉、文字、数、時に対する意識、そして宗教、これらから生じるものである。どの要素も他の要素との間で相互に影響を及ぼし合っている。われわれがこうした文化的な世界の姿のおおよそのところを感じ取る（これ以上のことは往々にして達成されないであろう）ときに初めて、われわれは細かいことがらが置かれるべき場所を正しく測定し、われわれにとってさらに引き続き存在し続けるさまざまな文化を考慮した秩序の比較という意味での法の比較という作業を有意義に進めることができよう。このように行動する場合には、法の比較は、他に比べ物のないほど魅力のある、ひとつの知的な冒険となろう。そうした法の比較には、高度の想像力と自己規律が求められている。

　改めて強調する必要があるのは、いずれにせよ、法の比較は決して「駆け足でみて回る旅行者」のような存在ではないという点である。法の比較に手を染める者は誰でも、心を込めて、辛抱強く、そして粘り強く、未知の文化の全体像に耳を傾けなければならないし、直接に面と向かい合って未知の文化を経験しなければならない。もちろん、われわれは、世界が今なお多様であること、

そして「世界の多様性がさらに進む方向にあること」を認めなければならないのかもしれない。それでも、われわれは楽観的であってもよいのではなかろうか。

"ああ、東は東、西は西
二つのものが出会うことはない、
神の、偉大な裁きの場において
大地と天がほどなく立ち上がるまでは。
それでも、東も西も存在しないときがある、
そこには、境界もなければ、種類もなく、誕生もない、
たとえ、二人の剛の者が地球の果てから、
やってきたとしても、
この二人が差し向かいで立っているときは。"
　　　　　　　（イギリスの小説家、ルディヤード・キップリング）

参考文献リスト

Aarnio, Anlis: Linguistic Philosophy and Legal Theory, in:Krawietz, Werner (u.a. Hrsg.), Argumentation und Hermeneutik in der Jurisprudenz, Berlin u.a. 1980, S. 17

Abraham, Hans Fritz: Vom Beruf des Juristen als Ausdruck seiner Persönlichkeit, FS Pinner, Berlin u.a. 1932

ders.,: Vom Recht, das mit uns geboren, Berlin 1929

Adam, Konrad: Ein Kind, ein fach, ein Lehrer, FAZ v. 26.02.85, Nr. 48, S. 1

Adler, Hams/Dürig, Walter/Schmaltz, Kurt: Rechnungslegung und Prüfung der Unternehmen, 5.Aufl., Stuttgart 1987

Adler, MortimerJ.: The philosophical Mistakes, New York 1985

Anz, Johanners: Vom Recht, das mit uns geborn ist, Zeitschrift für Rechtsphilosophie 6 (1932/34) S. 121

Appell, Rainer: Der verfälschte Freud, FAZ v. 09. 04. 1986, Nr. 82, S. 33

Aquin, Thomas von: Das Wort (Hrsg.Pieper), 3. Aufl., Münster 1955

Atiyah, Patrick S.: Lawyers and Rules: Some Anglo-American Comparisons, Southwestern Law Journal 37 (1983) 545

Aubin, Hermann/Trings, Theodor/Müller, Josef: Kulturströmungen und Kulturprovinzen in den Rheinlanden, Bonn 1926

Auer, Alfons: Umweltethik. Ein theologischer Beitrag zur ökologischen Diskussion, Düsseldorf 1984

Augros, Robert M./Stanciu, George N.: The New Story of Science: Mind and the Universe, New York, Bantam Books, 1986

Augustinus, Aurelius: Bekenntnisse, in: *Karl Hoenn* (Hrsg.): Dei Bibliothek der alten Welt. Augustinus. Bekenntnisse. Vollständige Ausgabe, eingeleitet und übertagen von Wilhelm Thimme, Zürich 1950

ders.: Vom Gottesstaat, in: *Karl Hoenn* (Hrsg.): Augustinus, Vom Gottesstaat, Bd. ll. Vollständige Ausgabe, eingeleitet und übertagen von Wilhelm Thimme, Zürich 1955

Baeck, Leo: Das Wesen des Judentums, 7.Aufl., Wiesbaden 1984

Bahr, Roland R.: Das Tatemonohogoho in der höchstrichterlichen Rechtsprechung Japans, Köln u.a., 1980

Bartels, Hans Joachim: Methode und Gegenstand intersystemarer Rechtsvergleichung, Tübingen, 1982

Barthes, Roland: Das Reich der Zeichen, Frankfurt/M. 1981

Barton, John H. (u. a.): Law in Radically Different Cultures, St. Paul, Minn., 1983

Baudson, Michael. (Hrsg.): Zeit. Die vierte Dimension der Kunst, Weinheim 1985

Becker, Thomas: Gott und die moderne Physik, Christ in der Gegenwart 40, 1988

Ben-Dasan, Isaiah: The Japanese and the Jews, 4.Aufl., New York u.a. 1982

Benn, Gottfried: Gedichte Destillationen, 3.Aufl., Wiesbaden 1957

ders.: Worte (Gedicht) in: Gottfried Benn Sämtliche Werke, Stuttgarter Ausgabe in Verbindung mit Ilse Benn, Hrsg. Gerhard Schuster, Band I Gedichte 1, Klett-Cotta, Stuttgart 1986

Bergengruen, Werner: Gerechtigkeit, in: Werner Bergengruen, Die Heiraten von Parma, Novellen, Hamburg 1942, S. 110–113

Bergsdorf, Wolfgang: Politische Terminologie – Historischer Wandel und Politikvermittlung, in: Sarcinelli (Hrsg.): Politikvermittlung, Stuttgart 1987, S. 101

Bergson, Henri: Zeit und Freiheit, Jena 1911

Berkeley, George: The Principles of Human Knowledge, in: The Works of George Berkeley Bishof of Cloyne (Luse/Jessop Hrsg.), London u.a. 1948

Beseler, Gerhard von: Logische Minuten, in: FS Fritz Schultz I (1950), 45

Betz, Otto: Unsere fünf Sinne, Christ in der Gegenwart 39 (1987) 245

Beyerle, Franz: Der „Arme Heinrich" Hartmanns von Au als Zeugnis mittelalterlichen Ständerechts, in: Kunst und Recht, FS für Hans Fehr (Bader u.a. Hrsg.), Karlsruhe 1948, S. 28

Bieri, Peter: Zeit und Zeiterfahrung, Frankfurt/ M, 1972

Binkowsky, Johannes: Tyrannei durch Sprache, Würzburg 1977

Birus, Hendrik: Vorschlag zu einer Typologie literarischer Namen, Zeitschrift für Literaturwissenschaft und Linguistik 17 (1987) Heft 67 S. 38

Biser, Eugen: Der Schuldner des Wortes, Stimmen der Zeit 201 (1983) 734

ders.: Wort und Schrift, Diakonia, Internationale Zeitschrift für die Kirche 16 (1985) S. 312

Bitterli, Dieter: Geschichtsschreiber am Rande der Wüste, Swissair Gazett 1984

Blaese, Hermann: Schillers Staats- und Rechtsdenken, FS Hans Fehe, S. 48

Bleich, Susanne: Die literarische und die juristische Hermeneutik, Ein Vergleich, NJW 1989, 3197

Bobek, Hans: Die Hauptstufen der Gesellschafts- und Wirtschaftsentfaltung in geographischer Sicht, Die Erde 90 (1959)

ders.: Stellung und Bedeutung der Sozialgeographie 2 (1948) 119, 124

Boecker, Hans Joachim: Recht und Gesetz im Alten Testament und im Alten Orient, Neuenkirchen-Vluyn 1976

Bohr, Niels: Atomphysik und menschliche Erkenntnis, Braunschweig 1985

Boltzmann, Ludwig: Vorlesungen über Gastheorie, 2. Teil, Leipzig 1989

Borkenau, Franz: Ende und Anfang, Strttgart, 1984

Boslough, John: The Enigma of Time, National Geographic 177 (1990) Nr. 3 (S. 109)

Boventer, Hermann: Religion, Medien und die religiöse Sprachnot, Zeitschrift des deutschen Instituts für Bildung und Wissenschaft (1988) 13

Braga, Sevold: Der Mensch und seine Zeit, in: W. Fiedler und G. Ress (Hrsg.), Verfassungsrecht und Völkerrecht, Gedächtnisschrift Geck, Köln u.a. 1989

Brant, Sebastian: Das Narrenschiff, 8. Kap. Vers. 5-6, Stuttgart, Leipzig 1845

ders.: Das Narrenschiff, 19. Kap. Vers 45-46, Stuttgart, Leipzig 1845

Breuer, Reinhard: Die Pfeile der Zeit, Frankfurt/M. u.a. 1987

Broekmann, Jan M.: Text als Institution, in: Mayer-Maly (Dorothea)/Weinberger (Ota)/Strasser (Michaela), Recht als Sinn und Institution, Berlin, u.a. 1984

Brunner, August: Gottesbild und Menschenbild, Stimmen der Zeit 203 (1985) 363

Buber, Martin: Moses, 2. Aufl., Heidelberg 1952

ders.: Zur Verdeutschung des letzten Bandes der Schrift. Beilage Zum 4. Bd., Die Schriftwerke, 5. Aufl., Heidelberg 1980

Buchholz, Stephan; Populäre Eheliteratur und partikuläre Rechtsreform: Nürnberg anno 1803, Jus Commune 12 (1984) 165

Bujo, Bénézer: Gibt es seine spezifische afrikanische Ethik? Stimmen der Zeit 207 (1989) 591

Bülow, Edeltraud: Der Wortschatz des Ethischen und die Grundwerte – Diskussion, Tübingen 1984

Busquet/ Lecoultre: The Honey Man, Silver Kris, Sept. 1985, S. 45

Butler-Adam, John: Manuskript „Reading Landscapes as Text", May 1986

Carlestein, Tommy Herker, Don Thrift, N. J. (Hrsg.): Human Activity and Time Geography, New Yord, N. Y. 1980

Cassirer, Ernst: Philosophie der symbolischen Formen, 2. Teil: Das mysthische Denken, 5. Aufl., Darmstadt 1969

ders.: Sprache und Mythos, Leipzig u.a. 1925

ders.: Vom Wesen und Werden des Naturrechts, Zeitschrift für Rechtsphilosophie 6 (1932/ 34) 1

Chiba, Masaji: The Unofficial Jural Postulates Underlying Attitudes Towards Law, Zeitschrift für Rechtssoziologie 3 (1982) 59

Christensen, Ralph: Was heißt Gesetzesbindung?, Berlin 1989

Clemens, Rudolf: Die elektronische Willenserklärung - Chancen und Gefahren, NJW 1985, 1998

Coulmas, Florian: Reden ist Silber, Schreiben ist Gold, in: Zeitschrift für Literaturwissenschaft und Linugistik 15 (1985) Heft 59, S. 84

Cullmann, Oskar: Christus und die Zeit, 2.Aufl., Zürich 1962

Cyran, Wolfgang: Muttergottheiten und Fruchtbarkeitssymbole, FAZ v. 09. 03. 1985, Nr. 58, Beilage „Bilder und Zeiten", S. 2

Danet, Brenda: The magic flute: A prosodic analysis of binomial expressions in legal Hebrew, in: TEXT, an interdisciplinary journal for the study of discourse, 1984 Volume 4–1/3, Special Issue: studies oflegal discourse, Edited by Brenda Danet, Mouton Publishers, Berlin, New York, Amsterdam, S. 143

Davis, Philip J./Hersh, Reuben: Erfahrung Mathematik, Basel u.a. 1985

de Groot, René: Problems of Legal Translations from the Point of View of a Comparative Lawyer, in: Gerwer u.a. (Hrsg.), Netherlands Reports to the Twelfth International Congress fo Comparative Law, Sidney/Melbourne, 1986, The Hague 1987

Del Vecchio, Giorgio: Voraussetzungen und Bewertungskriterien in der Rechtsvergleichung, ZVglRWiss 64 (1962), 1

Delbrück, Hans: Die gute alte Zeit, Preußische Jahrbücher 71 (1893) 1

Dicey/Morris: Conflict of Law, 11. Aufl., London 1987

Diederichsen, Uwe: Recht und Rechtswirklichkeit – Stufen der Rechtsverwirklichung. FS 10jähriges Bestehen Deutsche Richterakademie, 1989, S. 57

Diesselhorst, Malte: Die Lehre des Hugo Grotius vom Versprechen, Köln u.a. 1959

Dölemeyer, Hans Joachim: Wege der rechtsvereinheitlichung, Festgabe Coing, Frankfurt/M. 1972, S. 65

Domin, Hilde: Lyrik, abgedruckt bei Rainer Kunze (Hrsg), Über den Dorn, Frankfurt/M. 1986

Dornseiff, Franz: Buchstabensystematik, Leipzig 1916

Drewermann, Eugen: Geist und Sprache, Christ in der Gegenwart 37 (a985) 169

Dumoulin, Heinrich: Geschichte des Zen-Buddhismus, Bd. 1, Bern 1985

ders.: Östliche Meditation und christliche Mystik, Freiburg, München 1966

ders.: Begegnung mit Buddhismus. Eine Einführung, überarb. Neuausg. Freiburg 1991

Dürig, Günter: Zeit und Rechtsgleichheit, in: Tradition und Fortschritt im Recht, FS der Tübinger Juristenfakultät, Tübingen 1977, S. 21

Eberhard, Wolfram: Lexikon chinesischer Symbole, Geheime Sinnbilder in Kunst u. Lteratur. Leben und Denken der Chinesen, Köln 1983

Ebner, Ferdinand: Das Wort und die geistigen Realitäten, Pneumatologische Fragmente 1952

Eckmann, Horst: Rechtpolitivismus und sprachanalytische Philosophie, Berlin 1969

Eheling, Gerhard: Wort und Glaube, 3.Aufl., Tübingen 1967

Ehrhardt, Harald: Der Stabreim in altnordischen Rechtstexten, Heidelberg 1977

Eibl-Eibesfeldt I.: Die Biologie des menschlichen Verhaltens, München u.a. 1984

Eischer, Peter: Der brennende Dornbusch, Christ in der Gegenwart 37 (1985) 25

Eimes, Peter D.: Sprachwahrnehmung beim Säugling, Spektrum der Wissenschaft, März 1985, S. 76

Einstein, Erberd: Geometrie und Erfahrung, in: Sambursky (Hrsg.), Der Weg der Physik, DTV 1978

El Baradie, Adel: Gottes-Recht und Menschen-Recht, Baden-Baden 1983

Elias, Norbert: Über die Zeit, in: Arbeiten Zur Wissenssoziologie (Hrsg. Schröter), Bd. 2, Frankfurt a. M. 1984

Elsener, Ferdinand: Deutsche Rechtssprache und Rezeption, in: Tradition und Fortschritt im Recht, FS der Tübinger Juristnfakultät, Tübingen 1977, S. 47

Endres, Franz Carl: Palestine – Volk und Landschaft, Leipzig 1977

Enzensberger, Hans Magnus: Museum der modernen Poesie, Bd. 2, Suhrkamp Taschenbuch, Nr. 476, S. 784

Epstein, Richard A.: The Temporal Dimension in Tort Law, Chicago L. Rev. 53 (1986) 1175

Erler, Adalbert: Rechtsstil und Zeitstil, FS Hans Lentze zum 60. Geburtstag, München/Innsbruck 1969

Erman, Heinrich: Publicus Juventus Celsus und das Kammergericht, GrünhutsZ 31 (1904) 569

Esch, Arnold: Zeitalter und Menschenalter, Historische Zeitschrift 239 (1984) 309

Esser, Josef: Wert und Bedeutung der Rechtsfiktionen, Frankfurt a.M. 1940

Fazziali, Edoardo: Gemachte Wörter – 214 chinesische Schriftzeichen/Vom Bild zum Begriff, Bergisch Gladbach 1987

Febure, Lucien; La terre et l'évolution humaine. Renaissance du Livre, 1920

Fehr, Hans: Das Recht in der Dichtung, Berlin 1931

Fetscher, Iring: Zum Verhältnis von Merheitsprinzip und Demokratie, FS Wassermann, Neuwied 1985

Fiedler, Conrad: Über die Beurteilung, Leipzig 1876

ders.: Über die Beurteilung von Werken der bildenden Kunst, Leipzig 1876

Fikentscher, Wolfgang: Methoden des Rechts in vergleichender Darstellung. Tübingen, Bd. 1 1975; Bd. 2 1975: Bd. 3 1976; Bd. 4 1977; Bd. 5 1977

Fischer, Hermann: Augustin Hemingshaus – 53 Jahre Missionar und Missionsbischof. Kaldenkirchen 1946

Fleiner-Gerstar, Thomas: Wie soll man Gesetze schreiben? Bern 1985

Fleischhanderl, Karin: Hat die Sprache ein Geschlecht?, FAZ v. 09.01. 1988 Nr. 7 S. 23

Franke, Otto: Über die chinesische Lehre von den Bezeichnungen, Leyden 1906

Frankenberg, Günter: Critical Comparisons; Rethinking Comparative Law, Harvard Int'l L. J 26 (1985) 441

Fraser, Julius T.: Die Zeit - Vertraut und fremd, Basel u.a. 1988

Friedlaener, Max: Anwaltstragik und Dichtung, FS Pinner, Berlin u.a. 1932

Frisk, Hjalmar: Griechisches Etymoligsches Wörterbuch, Heidelberg 1970

Frohnhofer, Herbert: Die Stellung der Frau im frühen Christentum, Stimmen der Zeit 203 (1984) 844

Frühwald, Wolfgang: „Von der Poesie im Recht", Jahres- und Tagungsbericht der Görres-Gesellschaft 1986, S. 40

Fuchs, Ernst: Recht und Wahrheit in unserer heutigen Justiz, Berlin 1908

Fuchs, Maximilian: Recht und Entwicklungsländer, ZVglRWiss 80 (1981) 355

Gadamer, Hans-Georg: Über leere und erfüllte Zeit, in: Gadamer, kleine Schriften III= Idee und Sprache, Tübingen 1972, S. 221

Gaedick, Walter: Der weise Narr in der englischen Literatur von Erasmus bis Shakespeare, Berlin 1928

Gamkrelidse, Thomas W./Iwanow, Wjatscheslaw W.: Die Frühgeschichte der indoeuropäischen Sprachen, Spektrum der Wissenschaft, Mai 1990 S. 130

Gast, Wolfgang: Vom juristischen Stil, BB 1987, 1
Geddert, Heinrich: Recht und Moral, Berlin u.a. 1984
Gellner, Ernest: Leben im Islam, Stuttgart 1985
ders.: Muslim Society, Cambridge 1981
Gorgiades, Trasybulos: „Namen und Erklingen", Die Zeit als Logos, Göttingen 1985
Gerber, Gustav: Die Sprache als Kunst, 2 Bde., München 1885
Gernet, Jacques: China und das Christentum; Aktion und Reaktion, Paris 1982
Gessner, Volkmar/Hassemar, Winfried: Gegenkultur und Recht, Baden-Baden 1985
Gierke, Otto von: Dauernde Schuldverhältnisse, Jherings Jahrbuch, 6 (1914) 355
Giesbrecht, Friedrich: Die alttestamentliche Schätzung des Gottesnamen und ihre religionsgeschichtlichen Grundlagen, Königsberg 1901
Gillessen, Günther: „Nomadenleben" auf fünf Etagen. Aus der Vergangenheit eines Bergdorfs im Willis/ Kunstvolle Existenz am Rande der Vegetation, FAZ v. 18. 04. 1985 Nr. 90 S. 9
Ginsberg, Ernst: Abschied, 6. Aufl., Zürich 1965
Gipper, Helmut: Diskussionleitung, in: *Johannes Leo Weisgerber*. Die Sprachgemeinschaft als Gegenstand sprachwissenschaftlicher Forschung, Köln u.a. 1967
Glasenapp, Helmut von: Die Weisheit des Buddha, Baden-Baden 1946
Goebl, Hans: Linguistische Macht über Namen, in: Magie: Sprache, Grazer Linguistische Studien 23 (1985) 7
Goehrke, Carsten: Die Anfänge des mittelalterlichen Städtewesens in eurasischer Perspektive, Saeculum 31 (1980) 194
Goethe, Johann Wolfgang von: Die natürliche Tochter, 1. Aufzug, 3. Auftritt, in: Goethes Werke, Stuttgart, Tübingen 1827–42, Bd. 9, 1828
Goetze, Alfred: Nomina ante res, Heidelberg 1917
Gold, Stephen Jay: Time's Arrow, Time's Cycle, Cambridge, Mass. u.a. 1987
Goodmann, Nelsen: Weisen der Welterzeugung, Frankfurt/M. 1984
Gordon, Michel W.: Nach Drobning. Differences between English and American Law. Deutsch-Amerikanische Juristenvereinigung, Newsletter 4/84, 66
Granet, Marcel: Das Chinesische Denken, München 1963
Grimm Jacob: Deutsche Grammatik, Berlin 1870
ders.: Über die Altertümer des deutschen Rechts, 1841, in: Kleinere Schriften und Vorreden, Hildesheim 1966
ders.: Von der Poesie im Recht, in: Zeitschrift für geschichtliche Rechtswissenschaft 2

(1816) 25

Grimm Jacob u. Wilhelm: Grimms Wörterbuch, München 1984

Grimme, Hubert: Einflüsse der Steppennatur Arabiens auf die altarabische Sprache, Petermanns Geographische Mitteilungen 70 (1924) 216

Großfeld, Bernhard: Bilanzrecht, 2. Aufl., Heidelberg 1990

ders.: Die Einkommensteuer, Tübingen 1981

ders.: Geography and Law, Michigan L. Rev. 82 (1984) 1510

ders.: Höchstpersönlichkeit der Erbenbestimmung und Auswahlbefugnis Dritter, JZ 1968, 113

ders.: Macht und Ohnmacht der Rechtsvergleichung, Tübingen 1984

ders.: Sprache, Recht, Demokratie, NJW 1987, 1577

ders.: Sprache und, Recht, JZ 1984, 1

ders.: Unsere Sprache: Die Sicht des Juristen, Opladen 1990

ders.: „Unsterblichkeit" und Jurisprudenz, FS Kummer, Bern 1980, S. 3

ders.: Zivilrecht als Gestaltungsaufgabe, Heidelberg u. a. 1977

Großfeld, Bernhard/Diekmann, Hans: Gemeinsame Grundlagen des europäischen Bilanzrechts, WPg 1988, 419

Großfeld, Bernhard/Gersch, Hans-Georg: Zeitliche Grenzen von privaten Schuldverträgen, JZ 1988, 937

Großfeld, Bernhard/Irriger, Ulrich: Intertemporales Unternehmensrecht, JZ 1988, 531

Großfeld, Bernhard/Jäger, Wilhelm/Lenfers, Guido: Tradition und Zukunft im Genossenschaftsrecht, in: Bonus/Großfeld/Jäger/ (Hrsg.), Die Genossenschaft im Spiegel des Rechts, Münster 1989

Großfeld, Bernhard/König, Thomas: Das Internationale Gesellschaftsrecht in der Europäischen Gemeinschft, RIW 1992, 433

Großfeld, Bernhard/Yamauchi, Koresuke: Das internationale Gesellschaftsrecht Japans, AG 1985, 229

Guardini, Romano: Sprache, Dichtung, Deutung, Würzburg 1962

ders.: Brief an einen jungen Freund über guten Gebrauch der deutschen Sprache, Mainz 1962

Günther, Ludwig: Recht und Sprache, Berlin 1898

Gurjewitsch, Aaron J.: Das Weltbild des mittelalterichen Menschen, München 1990

Haag: Das gibt zur Veranlassung ..., Der Rotarier 1986, 102

Haas, Rudolf: Recht und Sprache, München 1989

Haber, Heinz: Die Zeit: Geheimnis des Lebens, Stuttgart 1989

Häberle, Peter: Zeit und Verfassung, Zeutschruft für Politik 21 (1974) 111

ders.: Zeit und Verfassungskultur, in: Peisl/Mohler (Hrsg.), Die Zeit, München 1983, S. 289

ders.: Feiertagsgarantien als kulturelle Identitätsmerkmale des Verfassungsstaats, Berlin 1987

ders.: Präambeln in Text und Kontext von Verfassungen, FS Broermann, Berlin 1982, S. 211

Haft, Fritjof: Juristische Rhetorik, Freiburg (Brsg.) u.a. 1978

Haisenberg, Werner. Ordnung und Wirklichkeit, München 1988

Hamblock, Herman: Der Mensch als Störfaktor im Geosystem, Opladen 1986

Hard, Gerhard: Die Störche und die Kinder, die Orchideen und die Sonne, Berlin u.a. 1987

Harder, Richard: Bemerkungen zur griechischen Schriftlichkeit, in: ders., Kleine Schriften, München 1956

Hart, H. L. A.: Essays on Bentham: Jurisprudence and Political Theory, Oxford 1982

Hartke, Wolfgang: Gedanken über die Bestimmung von Räumen mit gleichen sozialgeographischen Vorfällen, Erdkunde 13 (1959) 426

Hassinger, Hugo: Geographische Grundlagen der Geschichte, Freiburg/Brsg. 1931

Hattenhauer, Hans: Zur Geschichte der deutschen Rechts- und Gesetzessprache, Hamburg 1987

Hawkins, Stephen W.: Eine kurze Geschichte der Zeit, Reinbeck 1988

Hayek, Friedrich A. von: Evolution und spontane Ordunug, Zürich 1983

Heck, Philipp: Übersetzungsprobleme im frühen Mittelalter, Tübingen 1931

Heenen, Jacques: L'influence du droit comparé sur le projekt belge de réforme des sociétés commerciales, in FS Coing, Bd. 2, Frankfurt/M. 1982, S. 125

Heiberg, J. L.: Théories antiquees sur l'influence morale du climat, Scientic 27 (1920) 463

Heidegger, Martin: Der Begriff der Zeit, Tübingen 1989

ders.: Unterwegs zur Sprache, Tübingen 1959

Heinemann, Gottfried (Hrsg.): Zeitbegriffe, Freiburg, München 1986

Heinz: The Life of Theodore Winthrop, 1848, Yale Alumni Magazin, Febr. 1985, 33

Heinz, Eckhart: Rechtsregeln als Gegenstand sprachlicher Kommunikation ARSP 1972, 29

Heinzelmeier, Helmut: Tausend Kilometer Sahel, FAZ v. 02.03. 1985 Nr. 52 (S. 9)

Heisenberg, Werner: Sprache und Wirklichkeit in der modernen Physik, in: Schritte über

Grenzen, München 1971

ders.: Der Teil und das Ganze, DTV, 8. Aufl., München 1984

ders.: Physik und Philosophie, Ullstein, Berlin 1984

Heller, Hermann: Staatslehre, 6. Aufl., Tübingen 1983

Herder, Gottfried: Die Meisterung der Schrift durch die Griechen, in: Pfol (Hrsg.) Schrift, Scheriben, Schriftlichkeit, Tübingen 1983, s. 1

Herder-Dorneich, Philipp: Theorie der sozialen Steuerung. Die Theorie der Scheine, Baden-Baden 1986

Hertz, Wilkelm: Vom Recht, das mit uns geboren ist, Zeitschrift für Rechtsphilosophie 1 (1914) 95

Herzog, Roman: Von der Akzeptanz des Rechts, in: Rüthers/Stern (Hrsg.), Freiheit und Verantwortung im Verfassungsstaat, München 1984

Hoheischel, Karl: Geographische Umwelt und Religion in der Religionswissenschaft, in: M. Büttner u.a. (Hrsg.), Grundfragen der Religionsgeographie, Berlin 1985, S. 123

Hoffmann, Benesh: Einsteins Ideen, Darmstadt 1988

Hokamer: Sprache in Wort und Bild, Der Rotarier, 1986, 97

Holldack, Felix: Grenzen der Erkenntnis ausländischen Rechts, Leipzig 1919

Holzhauer, Heinz: Der gerichtliche Zweikampf, in: FS Schmidt-Wiegand, Berlin u.a. 1986, S. 263

Honnefelder, Gottfried (Hrsg.): Was also ist Zeit? Erfahrungen der Zeit gesammelt von Gottfried Honnefelder, Frankfurt/M. 1989

Horn, Dieter: Rechtssprache und Kommunikation, Berlin 1966

Hülle, Werner: Versuch einer Annäherung an Goethe als Jurist, DRiZ 1982, 88

Hurwicz, Elias: Die Seelen der Völker, Ihre Eigenarten und Bedeutung im Völkerleben, Ideen zu einer Völkerpsychologie, Gotha, Perthes 1920

Husserl, Edmund: Zur Phänomenologie des inneren Zeitbewußtseins, Haag 1966, Husserliana Bd. X

Husserl, Gerhart: Recht und Zeit, Frankfurt/M. 1955

ders.: Zeit und Recht, in: Jahrbuch für Philosophie und phänomenologische Forschung, Ergänzungsband; FS für Edmund Husserl, Halle an der Saale 1929

Huth, Werner: Begegnung von Ost und West, Stimmen der Zeit 205 (1987) 685

ders.: Gefahren der Meditation, Stimmen der Zeit 203 (1985) 389

Hüttemann, Holger: Abitur 88, FAZ v. 13. 08. 1988 Nr. 127, S. 27

Illich, Ivan/Sander, Barry: Das Denken lernt Schreiben, Hamburg 1988

Imhof, Arthur E.: Die Lebenszeit, München 1988

Isaiah, Ben-Dasan: The Japanese and the Jews, New York u. a. 1972

Jacon, André: Temps et langage, Paris 1967

Jäger, Wilhelm/Großfeld, Bernhard: Wohnungsgenossenschaften im Wettbewerb, Tübingen 1981

Jantzen, Jörg: Parmenides zum Verhältnis von Sprache und Wirklichkeit, München 1976

Jauns, Gustav: Wann ich das Wort überschreite, Salzburg 1988

Jaspers, Karl: Vom Ursprung und Ziel der Geschichte, Erster Teil, Weltgeschichte, München 1949

Jayme, Erik: Emerico Amari (1810–1870) und die Begründung der Rechtsvergleichung als Wissenschaft, FS Firsching, München 1985, S. 143

Jeand'Heur, Bernd: Sprachliches Referenzverhalten bei der juristischen Entscheidungstätigkeit, Berlin 1989

Jenssen, Christian: Der Mensch und die Sprache, Der Rotarier 1986, 84

Jhering, Rudolf von: Der Zweck im Recht, Leipzig 1877

Jung, Karl Gustav: Symbole der Wandlung, Gesammelte Werke, Bd. 5. Olten u.a. 1973

ders.: Psychologische Typen, Gesammelte Werke, Bd. 6, Zürich u.a. 1925

Jünger, Ernst: Autor und Autorschaft, Stuttgart 1984

Kampits, Peter: Gegen den Traum vom Geist: Ferdinand Ebner (*Walter Methlage* u.a. Hrsg.), Salzburg 1985, S. 88

Kalinowski, George: Zur Semantik der Rechtssprache, in: Krawietz (Hrsg.), Argumentation und Hermeneutik in der Jurisprudenz, Berlin 1980, S. 239

Kantorowicz, Hermann, Ulrich: Der Begriff des Rechts, Göttingen 1957

ders.: Rechtswissenschaft und Soziologie, in: Verhandlungen des ersten deutschen Soziologentages v. 19.–22. Okt. 1910 in Frankfurt/M., Tübingen 1911, S. 275

Kantorowitz, Gnaeus Flavius: Der Kampf um die Rechtswissenschaft, Heidelberg 1906

Kassühlke, Rudolf: Die Sprache der Bibelübersetzung zwischen Tradition und Mission, in: Klaus Mönig (Hrsg.), Sprechend nach Worten suchen, München u.a. 1984 (S.134)

Kaufmann, Arthur: Beziehungen zwischen Recht und Novellistik, NJW 1982, 606

ders.: Recht und Gnade in der Literatur, NJW 1984, 1062

Kaufmann, Georg: Zum Verhältnis von Bild und Text in der Renaissanse, Opladen 1980

Keller, Adalbert von: Pandekten, 2. Aufl., Bd. 1, Leipzig 1866

Kertelge, Karl: Wort Gottes, in: Neues Handbuch theologischer Grundbegriffe (Hrsg. Peter Eicher), München 1985 (S. 296)

Kiener, Franz: Das Wort als Waffe, Göttingen 1983

Kilian, Wolfgang: Rechtssoziologische und rechtstheoretische Aspekte des Vertragsschlusses, FS Wassermann, Neuwied, 1985, S. 715

ders.: Literatur und Jurisprudenz - Anmerkung zum Berufsbild des Juristen, DRiZ 1985, 18

Kimura, Naoji: Das Christentum als Sprachproblem in Japan, München 1986

Kirchhof, Paul: Verwalten und Zeit, Hamburg 1975

Kirchner, Hildebert: Von „Rechts wegen", Zum Verständnis einer überkommenen Rechtsformel, in FS Pfeiffer, Köln u.a. 1988

Kirschner, Josef: Manipulieren - Aber richtig, München u.a. 1974

Klimkeit, Hans J.: Die Begegnung von Christentum, Gnosis und Buddhismus an der Seidenstraße, Opladen 1986

Kloepfer, Michael: Verfassung und Zeit, Der Staat 13 (1974) 457

Kluge, Friedrich: Etymologisches Wörterbuch der deutschen Sprache, 20 Aufl., Berlin 1967

Knoch, Otto: Torheit, Weisheit und Besonnenheit als Grundhaltung des Christen, FS Ratzinger, St. Ottilien 1987, Bd.1 S. 441

Kobayashi, Hiroaki: Wirtschaftsmacht Japan in Konkurrenz zu Deutschland, Frankfurter Vorträge zum Versicherungswesen, Karlsruhe

Koschacker, Paul: Was vermag die vergleichende Rechtswissenschaft zur Indogermanenfrage beizusteuern?, FS Hirt, Bd. 1, Heidelberg 1936, S. 145

ders.: Keilschriftsrecht, Zeitschriften der Deutschen Morgenländischen Gesellschaft 89 (1935) 1

Kötz, Hein:Deutsches und englisches Recht - Justiz im Stilvergleich, Max-Planck-Gesellschaft, Jahrbuch 1985, S. 26

Krahe, Hans: Indogermanische Sprachwissenschaft, Einleitung und Lautlehre, Bd. 1, 3. Aufl., Berlin 1958

Kramer, Ernst A.: Zum Problem der Definition des Rechts, Österr. Zeitschrift f. öff. Recht 23 (1972) 105

Kranemann, Benedikt: Das neue Alphabet, Christ in der Gegenwart 39 (1987) 224

Kraus, Karl: (出典) Oksaar, Sprache als Problem und Werkzeug des Juristen, Archiv für Rechts- und Sozialphilosophie 53 (1967) 91

Krawietz, Werner: Identität oder Einheit des Rechtsystems? Rechtstheorie 16 (1985) 233

ders.: (u.a. Hrsg.): Argumentation und Hermeneutik in der Jurisprudenz, Berlin u.a. 1980, S. 17

Krockow, Christian Graf von: „Wie uns die Stunde schlägt", Universitas 43 (1988) 1277

Kroeschell, Karl: Recht und Rechtsbegriff im 12. Jahrhundert, in: Probelme des 12. Jahrhunderts, Vorträge und Forschungen, Bd. 12, Konstanz u.a. 1960 (S.310)

Kügler, Hermann: Religiöse Erfahrung – hummanistisch und christlich, Stimmen der Zeit 203 (1985) 125

Künßberg, Eberhard Freiherr von: Hühnerrecht und Hühnerzauber, in:Jahrbuch für historische Volkskunde 1 (1925) 126

Kwun, Yungback: Entwicklung und Bedeutung der Lehre von der „Natur der Sache" in der Rechtsphilosophie bei Gustav Radbruch, Diss. Saarbrüken 1964

Lamer, Hans: Hans und Paul Kroh: Wörterbuch der Antike, 4. Aufl., Stuttgart 1956

Lampe, Ernst-Joachim: Richterliche Überzeugung, FS Pfeiffer, Köln u.a. 1988

Lane, Harlane: Mit der Seele hören, Die Geschichte der Taubheit, München 1988

Laotse: Das Buch von Tao, Fischer Bücherei Bd. 89

Le Goff, Jacques: Wucherzinsen und Höllenqualen, Stuttgart 1988

ders.: Für ein anderes Mittelalter, Berlin 1983

Lenz, Siegfried: Warum Bendix Grünlich so heißt, FAZ v. 29.06. 1985 Nr.147, Beilage Bilder und Zeiten, S. 2

Leupold, Dagmar: Wie Treibholz, Pfaffernzeiler 1988

Lévi-Strauss, Claude: Der Ursprung der Tischsitten, in: Mythologica, Bd. 3, Frankfurt/M. 1973, S. 504

Lewin, Bruno: Sprachbetrachtung und Sprachwissenschaft im vormodernen Japan, Opladen 1982

Lewontin, Richard: Menschen-Genetisches, Kulturelle und soziale Gemeinsamkeiten, Weinheim 1986

Liebrucks, Bruno: Sprache und Bewußtsein, 7 Bde., Bern 1964-1979

Llompart, José: Rechtsbewußtsein und Verantwortungsgefühl in Japan der Gegenwart, Jahrbuch für Rechtssoziologie und Rechtstheorie 14 (1983) 285

Lohfink, Norbert: „Ich bin Jahwe, dein Arzt" (Ex. 15, 26), in: „Ich will euer Gott werden", Stuttgart 1981, S. 11

Löwenthal, Leo: Schriften, Bd. 4, Frankfurt/M 1984

Lubbock, Perey: The Craft of Fiction, London 1965

Lüderssen, Klaus: Notizen über Goethes Verhältnis zum Recht, Gedächtnisschrift Noll, Zürich 1984, S. 75

Ludwig, Karl-Heinz: Schwierige Vereinfachung, Merkur 37 (1983) 279

Luney, Percy R.: Business Negotiations with Japan, Duke L. Magazine, Winter 1988, S.19

Luther, Martin: Sendbrief vom Dolmetschen und drei andere Schriften weltlichen Inhalts, Leipzig 1887

MacCormack, William J.: Law and Punishment: The Western and the Traditional Chinese „Legal Mind", in: The Legal Mind, Essays for Tony Honoré, Oxford 1986

MacCormick; Neil/Bankowski, Zenon: Special Acts, Legal Institutions and Real Law, in: The Legal Mind, Essays for Tony Honoré, Oxford 1986

Maier, Anneliese: Subjektivierung der Zeit in der scholastischen Philosophie, in: Philosophia Naturalis 16 (1951) 361

Maier, Hans: Sprache und Politik, Zürich 1977

ders.: Sprache und Politik – Können Begriffe die Gesellschaft ändern?, in: ders., Anstöße, Stuttgart 1978

Maierhöfer, Fränzi: Einzelgänger wie alle anderen, Stimmen der Zeit 206 (1988) 273

Malfer, Benno: Ehe und Zeit, Stimmen der Zeit 206 (1988) 137

Mallarmé, Stéphane: Oeuvres complètes, Paris 1965

Mann, Thomas: Das Gesetz, Erzählung, Frankfurt 1983

Mannheim, Hermann: Rechtsgefühl und Dichtung, Zeitschrift für Rechtsphilosophie 3 (1921) 251

Mark, Walther: Werdegang und Wandlungen der deutschen Rechtssprache, Marburg 1933

ders.: Wege und Ziele der geschichtlichen Rechtsgeographie, 1926, FS Träger, Berlin 1928

Martinek, Michael: Der Rechtskulturschock, JuS 1985, 92

Martiny, Dieter: Rechtsvergleichung und vergleichende Rechtssoziologie Zeitschrift für Rechtssoziologie 1 (1980) 65

Maunz, Theodor/Dürig, Günter/Herzog, Roman: Grundgesetz (Kommentar), München 1958

Mayer-Maly, Theo: Die Grundlagen der Aufstellung von Altersgrenzen durch das Recht, FamRZ 1970, 617

Mayr, Otto: Authority, Liberty & Automatic Machinery in Early Modern Europe, Baltimore u.a.

McLuhan, Marshall: Die magischen Kanäle, Hamburg 1970

Meister Eckhart: Von der Selbsterkenntnis: Schmidt-Noerr (Hrsg.), Meister Eckhart, Vom Wunder der Seele, Reclam, Stuttgart 1984

Mergulis, Stepehen T.: Privacy as a Behavorial Phenomenon, Journal of Social Issues 33 (1977) S. 1

Merkel, Reinhard: Der Aufbau der kindlichen Erfahrungswelt unter dem Einfluß des Fernsehens, Stimmen der Zeit 109 (1984) 827

Merkl, Abolf: Das doppelte Rechtsantlitz, (österr.) jur. Bl. 47(1918) 426

Meschkowski, Herbert: Hundert Jahre Mengenlehre, DTV wiss. Reihe 4142

ders.: Probleme des Unendlichen, 2. Aufl., Braunschweig 1983

Metz, Johann Baptist: Theologie gegen Mythologie, in: Herder-Korrespondenz, Freiburg 1988, S. 187

Mieses, Matthias: Die Gesetze der Schriftgeschichte - Konfession und Schrift im Leben der Völker, Wien u.a. 1919

Mincke, Wolfgang: Eine vergleichende Rechtswissenschaft, ZVglRWiss 83 (1984) 315

Moewes, Winfried: Grundlagen der Lebensraumgestaltung, Berlin u.a. 1980

Mohler, Arim (Hrsg.): Wirklichkeit als Tabu, München 1986

Morgenstern, Christian: Frühling (Gedicht), in: Ich und die Welt, Sämtliche Dichtungen, Basel 1971

Muckel, Stefan: Kriterien des verfassungsrechtlichen Vertrauensschutzes bei Gesetzesänderungen, Berlin 1989

Müller, Karlheinz: Die schriftliche Thora, Christ in der Gegenwart 36 (1984) 451

ders.: Der Jude und „sein" Gesetz, Christ in der Gegenwart 37 (1985) 135

Müller, Friedrich: Juristische Methodik, 3. Aufl., Berlin 1989

Müller, Georg: Vorwort zu Rosenstock-Huessy, Zurück in das Wagnis der Sprache, Berlin 1957

ders.: Zum Problem der Sprache, Kerygma u. Dogma 2 (1956) 179

Müller, Klaus E.: Die bessere und die schlechtere Hälfte, Frankfurt/M. 1987

Müller-Dietz, Heinz: Sittlichkeit und Kriminalität, NJW 1984, 1069

Müller von Königswinter, Wolfgang: Der Mönch von Heisterbach, in: K. Macke (Hrsg.), Dichtungen eines rheinischen Poeten, Berlin

Münch, Joachim: Ausländische Tenorierungsgewohnheiten contra inländische Bestimmtheitsanforderungen, RIW 1989, 18

ders.: Kultur und Recht, Zeitschrift für Rechtsphilosophie 1 (1914) 345

Münkler, Herfried: Der harmlose Sekretär, FAZ v. 21. 11. 1952, S. IV

Munsterberg, Hugo: Zen-Kunst, Köln 1978

Murakami, Junichi: Einführung in das Japanische Zivilrecht, Grundlagen des Japanischen Rechtssystems,Kurseinheit 1, Hagen 1989

Muscheler, Karlheinz: Relativismus und Freiheit, Heidelberg 1984

ders: Herman Ulrich Kantorowicz, Berlin 1984

Muth, Ludwig: Brauchen wir eine Theologie des Lesens?, Stimmen der Zeit 206 (1988) 539, 818

Naucke, Wolfgang: Versuch über den aktuellen Stil des Rechts, Schrift der Hermann-Ehlers-Akademie, Bd. 19, Kiel 1986

Nietzsche, Friedrich: Werke in drei Bänden (Hrsg. Schlechte), 8. Aufl., München 1977

Nada, Yosiyuki: La conception du contract du Japonais, Journal de la société de Legislation comparée 1975, 411

ders.: The Character of the Japanese People and their Conception of Law, in: Tanaka, The Japanese Legal System, Tokio 1976

ders.: La conception du droit de Japonais,Etudes Julliot de la Morandière, Paris 1964

Noll, Peter: Diktate über Sterben und Tod, Zürich 1984

ders.: Jesus und das Gesetz, Tübingen 1968

Nordhofen, Eckhard: Dre Denker als ein anderer Mensch, FAZ v. 04. 10. 1988 Nr, 231, S. L 19

Novalis (Friedrich von Hardenberg): Werke und Briefe, Winkler, München

Nowotny, Helga: Eigenzeit, Frankfurt/M. 1989

Nyssen, Wilhelm/Sonntag, Franz-Peter: Der Gott der wandernden Völker, Olten u.a. 1969

O'Boyle: Henkel Makes Mark with Acquisitions, Wall Street Journal-Europe(Brüssel) v. 25./26. 11. 1988, S. 5

Ockham, Wilhelm von: Texte zur Theorie der Erkenntnis und der Wissenschaft (Hrsg. Imbach), Reclam, Stuttgart 1984

Oderich, Peter: „Lehren aus dem Halbleiter-Krieg", FAZ v. 23. 12. 1986, S. 9

Ogris, Werner: Jacob Grimm und die Rechtsgeschichte: Jacob und Wilhelm Grimm, Göttingen 1986

Oguro, Tatsuo: Ihr Deutschen – Wir Japaner, Düsseldorf u.a. 1984

Ohly, Friedrich: Deus geometra, in: Kamp/Wollasch (Hrsg.), Tradition als historische Kraft, Berlin u.a. 1982, S. 1

ders.: Gesetz und Evangelium, Zur Typologie bei Luther und Lucas Cranach, Münster 1985

Oksaar, Els: Sprache als Problem und Werkzeug des Juristen, Archiv für Rechts- und Sozialphilosophie 53 (1967) 81

Olender, Maurice: Les Langues du paradis. Arjiens et Sémites: un couple providential,

Paris 1989

Pagels, Heinz R.: Die Zeit vor der Zeit, Berlin u.a. 1987

Panzer, Marianne: Tanz und Recht, Frankfurt a.M. 1938

Papke, David R.: Law and Literature, Law Library Journal 73(1980) 421

Paul, Günter: „Das Universum – ohne Anfang und Ende", FAZ v. 25. 06. 1988, Nr. 145, Beilage Bilder und Zeiten

Pauli, Wolfgang: Phänomen nach physikalischer Realität, in: Sambursky (Hrsg.), Der Weg der Physik, DTV München 1978

Payk, Theo Rudolf: Zeit–Lebensbedingung, Anschauungsweise oder Täuschung, Universitas 43 (1988) 1255

Peat, F. David: Synchronizität, Die verborgene Ordnung, Bern u.a. 1909

Petersen, Peter: Sind wir noch zu retten?, Stuttgart 1984

Petev, Valentin: Methodenfragen im englischen Recht, Rechtstheorie 15 (1984) 213

Pfister, Christian: Klimageschichte der Schweiz 1525–1860, Bern u.a. 1988

Phillips, O. Hood: Shakespeare and Lawyers, London 1972

Picard, Max: Der Mensch und das Wort, Erlenbach-Zürich 1955

Pieper, Josef: Arbeit, Freizeit, Muße, in: Stifterverband für die deutsche Wissenschaft, Jahresversammlung Baden-Württemberg, Okt. 1986, S. 11

ders.: Was heißt „Gott spricht"?, in: ders., Über die Schwierigkeit, heute zu glauben, München 1974

ders.: Was heißt Interpretation? Opladen 1979

ders.: Wie heißt man wirklich?, in: ders., Über die Schwierigkeit, heute zu glanben, München 1974

Pieroth, Bodo: Die neue Rechtsprechung des Bundesverfassungsgerichts zem Grundsatz des Vertrauensschutzes, JZ 1990, 279

Planhol, Xavier de: Les Fondements géographiques de l'histoire de l'Islam, Paris 1968

Platon: Sämtliche Werke, Berlin 1950

Pöhlmann, Robert von: Hellenische Anschauung über den Zusammenhang von Natur und Geschichte, Leipzig 1979

Polanyi, Michael: Personal Knowledge Towards a Post-Critical Philosophy, Chicago 1962

ders.: The Tacit Dimension, Gloucester, Mass. 1983

Pöppel, Ernst: Gegenwart – psychologisch gesehen, Universitas 43 (1988) 1249

ders.: Grenzen des Bewußtseins über Wirklichkeit und Welterfahrung, Stuttgart 1985

Puhl, Stephan: Gesetz und Recht sind und waren China fremd,FAZ v. 08. 04. 1990, Nr. 84,

S. 12

Pusch, Luise F.: Das Deutsche als Männersprache, Frankfurt/M. 1984

Quine, Willard Van Orman: Theorie und Dinge, Frankfurt a.m. 1985

Rahn, Guntram: Rechtsdenken und Rechtsauffassung in Japan, München 1990

Ranieri, Fillipo: Stilus Curiae, Zum historischen Hintergrund der Relationstechnik, Rechtshistorisches Journal 4 (1985) 75

Raupach, Hans: Die Sowjetunion als sozialistischer Wirtschaftsstaat, Paderborn 1972

Real, Gustav K. L.: Legislative Rechtsvergleichung und Gesetzgebungstechnik in der Praxis, RabelsZ 49 (1985) 52–89

Reymond: Strafgesetzbuch in Versen, 7. Aufl. 1982

Riedel-Spangenberger, Ilona: Rechtstheologie im Gespräch, Catholica 2 (1986) 125

Rieger, Wilhelm: Einführung in die Privatwirtschaftslehre, 2. Aufl., Erlangen 1959

Robers, Gerhard: Rückwirkende Rechtsprechungsänderung, JZ 1988, 481

Rodingen, Hubert: Ansätze zu einer sprachkritischen Rechtstheorie, ebd. S.161

ders.: Rhetorik im Recht, Rethorik 2 (1981) 85

Roegele, Otto B.: Die Wirklichkeit überholt die Begriffe, Rheinischer Merkur Nr. 6 v. 2. 2. 1985

Roellecke, Gerd: Die politische Abständigkeit der Literatur am Beispiel von Günter Grass „Treffen in Telgte", in: Gedächtnisschrift Noll, Zürich 1984, S. 91

Rohlfs, Gerhard: Romanische Lebensübersetzungen aus germanischer Grundlage (materie romana, spirito germanico) München 1983

Rohs, Peter: Die Zeit des Handelns, Königstein/TS 1980

Rokumoto, Kahei: Legal Problems and the Use of Law in Tokio and London, Zeitschrift für Soziologie 7 (1978) 228

Rosenfeld, Helmut: Die Magie des Namens, Bayerisches Jahrbuch für Volkskunde Regensburg 1950

Rosenstock-Huessy, Eugen: Der ewige Prozeß des Rechts gegen den Staat, Zeitschrift für Rechtsphilosophie 2 (1919) 219

ders.: Die Sprache des Menschengeschlechts, Bd. 2, Heidelberg 1964

ders.: Frankreich-Deutschland, Mythos oder An-rede, Berlin 1954

ders.: Jacob Grimm, Spracherlebnis, in: ders., Geheimnis der Universität, Stuttgart 1958

ders.: Ja und Nein, Heidelberg 1968

Rosenzweig, Franz: Der Stern der Erlösung Frankfurt 1988

ders.: Die Schrift und Luther, Kleinere Schriften, Berlin 1937 *ders.*: Nachwort zu Fehuda Haleis, Kleinere Schriften, Berlin 1937

Ross, *Werner/Walter, Rudolf*: Im Haus der Sprache, Freiburg u.a. 1983

Ross, *Thomas*: Wüstensand und Mikrochips, FAZ v. 01. 06. 1985, Nr. 125, Beilage „Bilder und Zeiten", 1f.

Rühmkorf, Peter: agar agar-zaurzaurim. Zur Naturgeschichte des Reims und der menschlichen Anklangsnerven, Reinbeck 1981

Rupp, Heinz: Orfrid von Weißenburg und die spätantike Bibeldichtung, in: Wirkendes Wort 7 (1956/57) 334

Rüthers, Bernd: Reformation, Recht und Staat, in: Politische Theorie des Johannes Althusius, Rechtstheorie, Beiheft 7, 1988, S. 43

Ruth, Rudolf: Wucher und Wucherrecht der Juden im Mittelalter, Deutsche Rechtswissenschaft 2 (1937) S. 111

Sager, Peter: Es war einmal ..., ARAL Journal, Herbst 1985, 8

Sambursky, Shmuel (Hrsg.): Der Weg der Physik, DTV, München 1978

Schack, Haimo: Weiterleben nach dem Tode – juristisch betrachtet, JZ 1989, 609

Schade, Herbert: Kunst und Verantwortung, Stimmen der Zeit 203 (1985) 314

Schaeder, Grete: Vom symbolischen und sakramentalen Sinn, Christ in der Gegenwart 37 (1985) 45

Scheele, Paul-Werner: Die Schöpfung als Buch Gottes, FS Ratzinger, Bd.1, St. Ottilien 1987

Schildbach: Zwölfhundert Jahre deutsche Schriftsprache, Der Rotarier 1986, 89

Schlosser, Horst Dieter: Politikvermittlung als Sprachproblem, in: *Sarcinelli* (Hrsg.): Politikvermittlung, Stuttgart 1987, S. 101

Schott, Adelheid: Schrift und Schreiben im Alten Ägypten, München 1989

Schmidt, Carl: Nennen/Teilen/Weiden, in: ders., Verfassungsrechtliche Aufsätze aus den Jahren 1924–1954, Berlin 1958

Schmidt, Friderike: Recht und Sprache, DRiZ 1985, 98

Schmidt, Peter: Denken als Erkenntnisfunktion und als innere Haltung, Neue Züricher Zeitung v. 17. 12. 1983, Nr. 294, S. 9

Schmidt, Richard: Macchiavelli und Michelangelo, Zeitschrift für Rechtsphilosophie, 2 (1919) 101

Schmidt-Rohr, Georg: Die Sprache als Bildnerin der Völker, Jena 1932

Schmidt-Wiegand, Ruth: Jacob Grimm und das Genetische Prinzip in Rechtswissenschaft und Philologie, Marburg 1987

Schmutzer, Ernst: Die fünfte Dimension, Spektrum der Wisstenschaft 1988, Heft Januar (52)

Schneider, Peter: Die Anwendung des Liebesgebots Jesus, in: Gedächtnisschrift Peter Noll, Zürich 1984, 115

Schneider, Peter: Balzac und das Jahrhundert Audiokraten, NJW 1984, 1057

Schneider, Wolf: Wörter machen Leute – Magie und Macht der Sprache, Reinbeck 1979

Schnitzer: Ist massive Rezeption fremden Rechts gerechtfertigt?, Problémes contemporains de droit comparé, Bd. 1, Tokio 1982

Schnur Roman: Einflüsse des deutschen und österreichischen Rechts in Polen, Berlin 1985

Scholten, Heribert: Die Steuermentalität der Völker im Spiegel ihrer Sprache, Köln 1952

Schöndorf, Harald: Thomas Hobbes, Vater der modernen Staatsphilosophie, Stimmen der Zeit 206, 1988 (263)

Schönherr, Fritz: Sprache und Recht, Wien 1985

Schosen, Kenneth Yasuda: A Papper Pod – A Haiku Sampler, Rutland u.a. 1976

Schregle, Johannes: Sprachliche Überlegungen zur Arbeitsrechtsvergleichung, RdA 1989, S. 255

Schwalbe, Hans: Japan, 2. Aufl., München 1979

Schwenger, Hannes: Im Jahr des großen Bruders, München u. a. 1983

Schwinger, Julian: Einsteins Erbe – Die Einheit von Raum und Zeit, Heidelberg 1987

Seeger: Sprachverhalten von lugendlichen, Dre Rotarier 1986, 105

Seelig, Carl (Hrsg.): Helle Zeit - Dunkele Zeit, In memoriam Albert Einstein, Braunschweig u.a. 1987

Seibert, Thomas M.: Von Sprachgegenständen zur Sprache von juristischen Gegenständen, ARSP 1972, 43

Seidl-Hohenveldern, Ignaz: Landkarten im Völkerrecht, Salzburg 1989

Seiler, Hans-Jakob: Das linguistische Universalienproblem in neuer Sicht, Opladen 1975

ders.: Sprache und Gegenstand, Opladen 1985

Sens, Eberhard: Auf der Suche nach der zeitlosen Uhr, Merkur 39 (1986) 1126

Seuse, Heinrich: Jungclausen, Das Zarte und das Milde, Christ in der Gegenwart 37 (1985) 309

Shakespeare, William: Was Ihr wollt, 3. Aufzug, 1. Szene

Sorabig, Richard: Time, Creation and the Continuum, London 1983

Splett, Jörg: Liebe zum Wort, Frankfurt/M. 1985

参考文献リスト　*343*

Starck, Christian: Über Narrengerichte, NJW 1988, 280
ders.: Nomos und Physis, Gedächtnisschrift G. Küchenhoff, Berlin 1987, S. 149
Steinen, Wolfram von den: Notker der Dichter und seine geistige Welt, Bd. 1, Bern 1948
Steiner, George: Language and Silence, London 1967
ders.: Nach Babel, Frankfurt/M. 1983
ders.: Some Block Holes, Buletin Am. Academy of Arts and Sciences 41 (1987) Sp. 12
Stiefel: Probleme der Rechtsvergleichung, Deutsch-amerikanische Juristenvereinigung, Newsletter 3 (1985) 65
Straus, Erwin: Vom Sinn der Sinne, Berlin 1956
Strömholm, Stig: Die tatsächlichen Grundlagen de Rechtsnormen, FS Zweigert, Tübingen 1981 (909)
Strolz: Schöpfung und Sprache, NZZ v. 25./26. 12. 1985, Nr. 299, S. 28
Strotz, Walter: Tao – die Lehre vom rechten Weg, Christ in der Gegenwart 37 (1985) 357
Stürner, Rolf: Das nicht abgetriebene Wunsckind als Schaden, FamRZ 1985, 753
Suzuki, Daisetsu T./Fromm, Erich: Zen-Buddhismus und Psychoanalyse, Frankfurt/M. 1972
Tanaka: The Japanese Legal System, Tokio 1976
Taylor, Eduard: S. 38, Meditiation, 1. Joh. 2, 1. An Advocate with the Father
Tembrink, P. Josef: Uese Dichter Augustin Wibbelt, in: Heimatverein Vorhelm, Uese Dichter Augustin Wibblet, Vorhelm 1978
Teuteberg, Hans Jürgen: Die Ernährung als psycho-soziales Phänomen, Hamburger Jahrbuch für Wirtschafts- und Gesellschaftspolitik 24 (1979) 263
Tholen, Georg Chr./Scholl, Michael (Hrsg.): Zeit-Zeichen, Weinheim 1990
Thomas, Keith: Vergangenheit, Zukunft, Lebensalter. Berlin 1980
Thomsen, George: Aischylos und Athen, Berlin 1957
Thonde, Eckhard: Geographische Verhaltensforschung, Marburger Geographische Schriften, Heft 61 (1947) 9
Thurnwald, Richard: Die menschliche Gesellschaft, Bd. 5, Werden, Wandel und Gestaltung des Rechts, Berlin u. a. 1934
Tiersma, Peter Meijes: The Language of Offer and Acceptance, Speech Acts and ths Question of Intent, Calif. L. Rev. 74 (1986) 189
Timpe, Dieter: Moses als Gesetzgeber, Saeculum 31 (1980) 66
Todorov, Tzvetan: Die Eroberung Amerikas. Die Frage nach dem anderen, Frankfurt/M. 1985

Triepel, Heinrich: Vom Stil des Rechts, Heidelberg 1947

Trier, Jost: Venus-Etymologien um das Futterlaub, Köln u.a. 1963

Trömel-Plötz, Senta: Frauensprache – Sprache der Veränderung, Fischer Taschenbuch 1982

Tschirch, Fritz: Frühmittelalterliches Deutsch, Halle 1954

ders.: Weltbild, Denkform und Sprachgestalt, Berlin 1954

Twinning, William/Miers, David R.: How to Do Things with Rules, 2.Aufl., London 1982

Usener, Hermann: Mythologie, in: ders., Vorträge und Aufsätze, Leipzig u.a. 1907, S.37

ders.: Götternamen, Versuch einer Lehre von der religiösen Begriffsbildung, Bonn 1896

ders.: Über vergleichende Sitten- und Rechtsgeschichte, in: ders., Vorträge und Aufsätze, Leipzig u.a. 1907, S. 103

Vahlenfeld, Hans Wilhelm: Durch die Niederlage zum Sieg, Rheinischer Merkur, Christ und Welt v. 17. 08. 1985, Nr. 34, S. 7

Vogel, Klaus: Rechtssicherheit und Rückwirkung zwischen Vernunftsrecht und Verfassungsrecht, JZ 1988, 833

Wachinger, Lorenz: Ehe, Einander lieben – einander hassen, München 1988

Waerden, Bartel Lendert van der: Einfall und Überlegung, 3.Aufl., Basel 1973

Waldenfels, Hans: Das Christentum im Pluralismus heutiger Zeit, Stimmen der Zeit 206(1988)579

Walsh, Roger N.: Frances Vaughan (Hrsg.), Psychologie in der Wende, Bern 1985

Watzlawick, Paul (Hrsg.): Die erfundene Wirklichkeit, München 1988

Watzlawick, Paul: Gebrauchsanweisung für Amerika, 7.Aufl., München 1984

Wavell, Bruce L.: Language and Reason, Berlin u.a. 1986

Weber, Max: Die protestantischen Sekten und der Geist des Kapitalismus, In: ders., Gesammelte Aufsätze zur Religionssoziologie, Bd. 1, 1922

ders,: Die römische Agrargeschichte in ihrer Bedeutung für das Staats- u. Privatrecht, Tübingen 1986

Weber, Jürgen: Zur wirklichkeitsnahen Abbildung periodenübergreifender Kosten, Hochschulnachrichten aus der Wissenschaftlichen Hochschule für Unternehmensführung, Koblenz 2 (1989)

Weggel, Oskar: China, 2. Aufl., München 1987

Weinberger, Ota/Mayer-Maly, Dorothea/Strasser, Michaela: Recht als Sinn und Institution, Berlin u.a. 1984

Weischedel, Wilhelm: Das heutige Denken zwischen Raum und Zeit, Universitas 2 (1967)

1233

Weisgerber, Bernhard: Beiträge zur Neubegründung der Sprachdidaktik, Weinheim 1964

Weisgerber, J. L.: Die Sprachgemeinschaft als Gegenstand sprachwissenschaftlicher Forschung, Köln u.a. 1967

ders.: Grundformen sprachlicher Weltgestaltung, Köln u.a. 1963

ders.: Muttersprache und Geistesbildung, Göttingen 1941

ders.: Vom Weltbild der deutschen Sprache, Düsseldorf 1950

Weisgerber, Leo: Theudisk, Der deutsche Volksname und die westliche Sprachgrenze, in: Hans Eggers (Hrsg.), Der Volksname Deutsch, Wege der Forschung, Bd. 156, Darmstadt 1970

Weiß, Egon: Die Wirksamkeit der Rechtsvergleichung in der Gesetzgebung, RabelsZ 5 (1931) 80

Weizäcker, Carl Friedrich von: Aufbau der Physik, München 1985

Wellander, Erik: Studium zum Bedeutungswandel im Deutschen, Upsala 1917

Wendorff, Rudolf: Der Mensch und die Zeit, Wiesbaden 1988

ders.: Dritte Welt und westliche Zivilisation, Opladen u.a. 1984

ders.: Geschichte des Zeitbewußtseins in Europa, 3. Aufl., Opladen u.a. 1985

ders.: Zeitbewußtsein in Entwicklungsländern, Universitas 43 (1988) 1264

Werner, Johannes: Verneinen und Verschweigen – Geschichte und Gegenwart eines sprachlichen Prinzips, Universitas 40 (1985) 399

Wesel, Uwe: Frühformen des Rechts in vorstaatlichen Gesellschaften, Frankfurt/M. 1985

Weyl, Hermann: Die Stufen des Unendlichen, Jena 1931

Whitrow, G. J.: Time in History, Oxford 1988

Whorf, Benjamin Lee: Language, Thought and Reality, New York 1956

Wickert, Erwin: China von innen gesehen, 3. Aufl., Stuttgart 1982

Wieacker, Franz: Die juristische Sekunde, in: FS Erik Wolf, Frankfurt/M. 1962, S. 421

Wimmel, Walter: Die Kultur holt uns ein, Die Bedeutung der Textualität für das Geschichtliche Werden, Würzburg 1981

Wipfelder, Hans Jürgen: Werner Bergengrün - ein Dichter des Rechts, NJW 1984, 1079

Wittfogel, Karl August: Die orientalische Despotie, Köln u.a. 1962

Wittgenstein, Ludwig: Philosophische Untersuchungen, Frankfurt/M. 1971

Wochner, Manfred: Örtliche Zeitkonflikte im Privatrecht, ZVglRWiss 88 (1989) 105

Wohlwill, Joachim F./Weisman, Gerard O.: The Physical Environment and Behaviour, New York 1981

Wrobel, Hans: Die juristische Sekunde in ihrer Dauer, in: Göbel/Hucko/Wrobel, Von der Stimme in den Wolken zum Bundesgesetzblatt, Köln 1983, S. 85

Wundt, Wilhelm: Elemente der Völkerpsychologie, Leipzig 1912

Wyss, Stephan: „Fluchen". Ohnmächtige und mächtige Rede der Ohnmacht, Freiburg/ Schweiz 1984

Zimmer, Dieter E.: Redensarten, Zürich 1986

ders.: So kommc der Mensch zur Sprache, Zürich 1986

Zimmermann, Albert: Thomas von Aquin, in: Hoerster (Hrsg), Klassiker des philosophischen Denkens Bd. 1, 3. Aufl., DTV 1985

Zirker, Hans: Die Rede Gottes an Mohammed und die Menschheit, Stimmen der Zeit 206 (1988) 134

Zöchling, Dieter: „Freispruch für Tosca - Jago soll hängen", Fiktive Prozesse, München u.a. 1986

Zulehner, Paul Michael: Das Gottesgerücht, Düsseldorf 1987

Zweigert, Konrad: Die „praesumtio similitudinis" als Grundsatzvermutung rechtsvergleichender Methode, in: *Rotondi*, Inchiesta di diritto comparato, Bd. 2, Palermo u.a. 1973, S. 735

Zweigert, Konrad/Puttfarken, Hans-Jürgen (Hrsg): Rechtsvergleichung, Darmstadt 1978

解　説

浅　利　朋　香

1. はじめに

　筆者は、1997年度に「比較法文化論」を履修した。山内惟介教授の「比較法文化論」は、いつも語源に始まり、文化や歴史や童話など人々の生活全般に亘り、より深く掘り下げるものであった。しかし、当時の筆者には山内教授が行う「比較法文化論」の方法が異文化に感じられ、その必要性さえ実感できなかった。その後、筆者はグロスフェルト著『法比較の根本問題（Kernfragen der Rechtsver-gleichung）』（以下適宜、原著者及び原著と略記）を読む機会を得た。本書を１年次在学中に手にしていたら、どれほど多くのことを講義から吸収できたであろうか。現在の「比較法文化論」受講者に本書の概要を紹介しようとする意図はこの点にある。

　法文化比較の必要性は高い。人は一般に異文化に触れて新たな思索の契機を得、それを内在化させていくものだからである。それは法の学修においても言えるのではないか。原著者も「自国の国境の外にあるさまざまな事象について開かれていない法秩序は、国際的規模で発展する機会を失う。その結果、このような法秩序は硬直し、無菌状態に置かれてしまう」（原著１〜２頁）と指摘する。この解説では、こうした問題意識から、原著者の「比較法文化論」の要点のいくつかを読者に紹介したい。

　本書で取り上げられる項目は「法比較の方法」のほか、「地理」、「地理と言葉」、「言葉」、「法律用語」、「法の比較」等多様であり、その全体を紹介することはできない。以下ではまず個別的観点の例として地理及び言葉を取り上げ、その後、総論をなす法文化比較の対象及び方法に触れる。このような順序をたどるのは、経験上個別具体的な事象からみていく方が理解しやすいからであ

る。これにより原著者の構想する「比較法文化論」の特色が容易に理解されよう。

2. 個別的説明

　原著者が諸国の法に影響を与える要素として特に重視するのは各地域に固有の地理と言葉である。それは、これらに着目することにより、諸国の実定法間にみられる相違をひととおり説明できると考えるからである。それでは、地理や言葉はどのようにして法に影響を与えているか。

1　地　理

　原著者は、地理が法に与える影響を間接的なものと考えている。地理と法を結ぶ要素として列挙されているのは、言葉の表現内容、思考方法、そして言葉に対する信頼性である。その理由は、法が言葉で表現されていること、思考方法に基づく価値基準に応じて法が作り出されること（後述「2 言葉」を参照）、法への信頼性の有無が法遵守の上で重要であること、これらに求められる。

　(1)　言葉の表現内容に関して取り上げられるのは、日本とドイツとの対比である。周知のように、日本法は広い範囲に亘ってドイツ法の影響を受けているが、私人間の関係を規律する法典の名称には、「民法典」（日本）と「市民法典」（ドイツ）という違いがある。そうした差異が生じるのはなぜか。この点は名称の決定に影響を及ぼす要素に違いがあると説明される。ドイツでは、名称はその対象物にとって適切か否かにより決められる（原著71頁）。これに基づき、対象物とされる法にとって適切か否かを決める基準を、原著者は法の名宛人が精神的拠り所とするか否かに求めているようである。この前提には、法が秩序維持手段として遵守されるためには、法が人々の精神的拠り所でなければならないと考えられている点があろう。

　このように、日本とドイツの法典名の相違は、人々の精神的拠り所の違いとして説明されている。つまりドイツ人の住む場所が都市であったところから、都市を精神的拠り所として「市民」という名称が付されたというようにである。他方、日本人については明示されていないが、人々の精神的拠り所が都市にはないと考えられているようである。

それならば、なぜドイツ人は都市を精神的拠り所とし、日本人はそうしなかったと原著者はみるのだろうか。この点は、都市によって侵略者から防衛できたか否かに関わる。というのも、人々が生命の危機にさらされたときにその危機を救ったものが、その後もずっと人々の精神を支え得ると考えられるからであろう。この点に関わる地理的要素が地形の違いである。つまり、「地続きの平地」(ドイツ)では都市に拠って防衛する可能性が高いのに対して、山地が多いところ(日本)では防衛機能の一部は峻険な地形に委ねられている。著者はこの点を次のように説明している。

"日本の多くのまち (Städte) は教会を核にしてまとまってできたものではなく (都市計画に及ぼす宗教的影響力が日本にはない)、ばらばらに「生まれてきた」ものである。そのため、まちどうしの境界線がはっきりしない (まちの周りに外壁がない――英語の「town (囲い地)」及びドイツ語の「Zaun (囲い)」参照)。このようなまちはそこで生活している人の精神的拠り所ではない (したがって「市民」という言葉は適切な表現ではないだろう)。今日理解されているように、ルクセンブルクやハンブルクのようなヨーロッパの多くの都市の成立は、ヨーロッパが地続きで平地であるという地理的状態ゆえに、人々には防衛の必要性があったことに由来する……。……これまでの説明で地理と都市がヨーロッパ法にとってどのような役割をもっているかが明らかになろう。こうした説明から、なぜドイツの法律では「市民法典」と呼び、「私法典」とか「民法典」と呼ばないのか、なぜ日本ではこれに対応するものがないのかという点も同様に明らかになる。" (原著25頁)

(2) 思考方法に関して取り上げられるのは、「囲い込み」に関するイングランドとアメリカ合衆国との対比である。これらの地域は言語的にも法的にも非常に類似していると考えられている。けれども、家畜を囲う義務を牧畜民と農民のいずれが負うかに違いがあるのは、公正という言葉の内容の違いに求められている。このような理解が可能なのは、この言葉を根拠として裁判が行われた事案が頻繁にみられるからである。公正、すなわち「それぞれの環境に照らして適切で合理的である」(原著30頁) ことの具体的内容は、地理的状況の相違に応じて各社会ごとに異なる。多数決による意志決定が優先される民主主義社会では、社会秩序維持のために、多数を占める部分に有利になるように「公正」の概念も操作されがちである。

上の説明を前提とすると、イングランドとアメリカ合衆国との間の相違は、社会が重要視する産業の違いに由来する。つまり、イングランドでは農業が奨

励されているのに対し、アメリカ合衆国では牧畜を重視していたという点がそうである。この差は原著者によれば、狭い島国（イングランド）か広大な大陸（アメリカ合衆国）かという広さの違いに求められる。つまり、狭い島国では個人が利用可能な土地が狭く、人口密度も高くなる。そこでは狭い土地で高い生産性を保持しなければならないことから、土地の反復利用の頻度が高い農業が奨励されることとなる。この前提にあるのは、牧畜には家畜が動き回る広い土地が必要だという認識であろう。これに比べて、広大な大陸ではそれほど人口密度は高くならないので、狭い土地におけるほどには食糧自給の高さが要求されない。これにより、農業を奨励する必要はなく、むしろ自由に動き回る家畜が未開発の土地の開墾を助けることから牧畜を重視したものと解される。イングランドとアメリカ合衆国とで重視されるものごとに違いがあるのはこうした地理的要因に求められ、これが法の違いにも影響している。このことは次のように説明されている。

　　"……ここで問題となっているのは、誰が牧場に柵を設置しなければならないかという点である。この点についてアメリカ合衆国の中西部と南西部では、牧場経営者と農民が争っていた。イングランド法によると、農民ではなく牧場経営者が家畜を柵で囲い込まなければならなかった。もし牧場経営者がそれを怠れば、家畜が牧場から出て隣の農家の畑に損害を与えた場合にその損害を賠償しなければならなかった。このことは、人口密度が高く農業が奨励されている国の需要にかなっている。これと地理的状況を異にするアメリカ合衆国では「囲い込む」（fencing in）という原則はこれと反対の「柵をめぐらして締め出す」（「fencing out」）に変わったのだ。したがって、農民は自分の畑を、自由に動き回る家畜から自分で守らなければならなかった。"（原著34〜35頁）

(3)　言葉に対する信頼性についての好例は、定住民と遊牧民との対比である。原著者によれば、稲作を営むアジア人は前者の例とされる。また牧畜生活を営むヨーロッパ人は後者の例とされる。この差はそれぞれの住む地域における地質の差として説明される。すなわち、土地が農業に適している（アジア人）か否（ヨーロッパ人）かという点である。この差に着目するのは、地質が生活形態に影響を与えるからである。つまり、前者では農業を営む定住生活を送ることが可能となるが、後者では遊牧生活を送ることとなる。こうした生活形態の相違は、個人の利用可能な土地が空間的に限られているか否かに起因する。と

いうのも、われわれは一般に利用可能な空間的範囲を活用した行動をとるからである。つまり、定住生活の場合に行動の自由は狭く限られるが、遊牧生活の場合にはそうした行動の自由に対する制限は緩やかなものでしかない。土地全体からみると、これにより人口密度にも差が生じる。原著者はこのことが人々の関わり合い方に違いをもたらすと考えている。それは人々相互の関係における密接性の程度の違いである。人口密度の高いアジアの方が、それが低いヨーロッパの場合よりも相互の関係はずっと密接であると原著者はみる。この点を考慮するのは、このことが人々の間を行き交う言葉の使い方に影響すると考えられるからであろう。

このように、地質の差からアジア人とヨーロッパ人との間には意思疎通の手段として重視されるのが態度（アジア人）か言葉（ヨーロッパ人）かという違いが生じる。この前提にあるのは、人々の関係が密接ならば、距離的に態度が目に見える範囲に意思を伝える相手がおり、精神的にも態度の意味内容がわかるほどの近い関係にあるという認識であろう。反対に人々相互の関係がそれほど密接ではない場合、距離的にも精神的にも態度だけで意思を伝えることは困難なため、空間的に視覚よりも広い範囲で認識可能で、かつ客観的な意思伝達手段である言葉に頼らざるをえない。表現された言葉を信頼するか否かの差異がアジア人とヨーロッパ人との間に存在するのはこの差に由来するとみられる。

上に示された言葉を信頼するか否かの差異を具体的事象に当てはめると、「約束」という言葉は、拘束力の有無に還元された形でアジア人とヨーロッパ人との間に現れる。そして、原著者はこの違いを契約の法律的な拘束力の有無と結び付けている。この前提には、契約締結の際、「約束」という言葉が交わされることが多いという認識であろう。この点に関する説明は以下のようなものである。

> "野田教授の説明によるとアジア人とヨーロッパ人とで契約に対する感じ方が異なるのは、言葉に対する態度が違っているからである。アジア人は口約束をしても、そんなに厳格に、長期に亘っては拘束されていないと感じるようだ。……（アジアで）「はい」と返事をすることが求められるのは往々にしてそれが社会的に礼儀正しい振る舞いだからであって、義務を伴うものではない……。これと反対にヨーロッパでは人々の立脚点は「言葉の中」にある。……以上の内容から注目すべき

は、「約束」という言葉には二通りの意味が存在するということである。つまり、この言葉の意味は拘束力があるという意味もあるし、また、ないという意味もある（ここにはこの言葉の理解に関して錯誤がある）。"（原著47頁）

　ここで争点となっているのは、なぜ同じ「約束」という言葉に信頼性の違いが生まれるのかという点である。その原因を著者は地理の差異に求めている。
　　"……おそらくこの点には、諸文化の地理的な原因が考えられよう。定住生活を営む同種の社会では、人々はそこから逃げ出すことができず、常にお互いに依存し合って生活する。……そこでは言葉ではなく、面目を失うか否か、集団から無視されるか否かということが人々を支配している。それに対して遊牧民は言葉を信用しなければならず、その結果、無条件に言葉を信頼することが可能である。
　　言葉を用いる実定法による規制は、生活様式について言えば、ある種の空間的広がりを前提としており、この空間的広がりは人口密度の違いに由来する。……このように、言葉に対してとる態度もまた、人々の関係が相互にどの程度密接に関わっているかに左右される。"（原著47〜48頁）

　(4) 地理が法に影響を与える三つの類型についての説明は上のとおりである。これらの説明にもみられるように、地理という用語についての原著者の定義はきわめて広い。すなわち、地理とは第一に一定の場所を占める土地をいう。個々の土地が異なる自然環境にある以上、地理が諸文化間で同じになることはない。こうした自然環境をわれわれは有史以来ずっと利用してきている。その利用の仕方に応じて生活、宗教、風土、人口、産業等にも違いが現れることとなる。自然環境を共有するところからこれらの要素の間には相関関係が成り立つ（例えば、名古屋は海岸に面した三角洲があったため船舶が接岸しやすく、商工業が発達して大都市となったが、それに応じて工場建設のために三角洲が埋め立てられた）。これらの要素はどれも自然環境の差から異なる色合いをもつ。また、これらの要素の関連性も必ずしも同じものとは限らない。このように地理に関連する複雑な要因によって諸文化の運命が決定される。原著者はこの点を強調するためにルードルフ・フォン・イェーリンクによる以下の主張を借用する（フォン・イェーリンクの言う「大地」が著者の言う地理に相当するようである）。
　　"フォン・イェーリンクはセム人の環境（バビロン）とアーリア人の環境（インド＝ヨーロッパ）とを対比し、次のように判断した。
　　「諸民族が歴史上とってきた行動に決定的な影響を及ぼす様々な要因の中でも特に、……その民族の居住地が断然第一位を占めている。……というのも、法、道

徳、風俗、宗教は時とともに変わり、その居住地だけが常に同一のものであり続けるからである。……そうした影響力をもつ居住地こそ、諸民族の生活全体を決定し、諸民族の歴史さえも決定する。……」
　「大地」とはフォン・イェーリンクにとって、……「民族が移住することで地球上の一定の場所を占めていることに付随する要素のすべてであり、かつその一つ一つ」である。彼はこの言葉に他の民族に対する地理的近さをも含めて考えた。彼が考える大地とは「文化史的、政治的な、また簡単に言えば歴史的な意味」でのそれである。そして、「ある民族の運命全体はその民族がどの大地に住んでいるか、他のどのような民族と接しているかに左右されている」。"（原著27〜28頁）

2　言　葉

　原著者は、言葉が思考に影響を与えること、思考が社会経験を通して法に影響を及ぼすことを強調する。こうした二段階構成をとるのは、言葉もまた他の媒介物を介して法に影響を与え得ると考えているからであろう。原著者の思考過程を明らかにするには、まずその前提部分の意味内容が明らかにされなければならない。

　(1)　言葉が思考に影響を与えるという表現の意味は、各言葉の特徴が及ぼす力として説明される。その中でも第一に強調されるのは、言語メカニズムの影響である。その例は諸言語間の親族関係である。そうした関係は「話す」を意味するドイツ語の「reden」と、「理性」を意味するフランス語の「raison」やラテン語の「ratio」との間にみられる（原著53頁）。これはヨーロッパでは言葉による意思の伝達が理性にかなうとされていることが同じヨーロッパの言語上の力に現れたものである。

　この他にも言語メカニズムの典型として考えられるのは文法であろう。たとえば、日本語の基本語順は、主語、目的語、述語（動詞）である。この語順が示すように日本語の場合、関心が向けられる対象が登場する順序は、何かまたは誰かという主体の特定から始まり、次に、何を、何に対してという主体と客体との間に存在する関連性を経て、最後に行為の内容へと至る。他方、英語やドイツ語では原則として主語、述語（動詞）、目的語という順序が採られている。これらの言語の場合、何か又は誰かという主体の特定の後に向けられる関心の対象はどうしたという行為の内容である。こうした基本語順の制約内で論者が強調したい事柄が前に置かれることや、聞き手にとって新しい情報が後に

置かれることがある。このようなしくみに自由に言葉を当てはめることで、われわれは他人に意思を伝えようとする（つまり、他人の思考に影響を及ぼす）。この言語メカニズムと思考との関係を、原著者は詩人が詩情を表現する際の技法の一つである韻をふむことに対応させている。つまり、韻という言葉のメカニズムが詩人の思考に影響を及ぼし、豊かな詩情を表現させる。このことは次のように説明されている。

　"また、フランツ・ローゼンツヴァイクは韻を例として言葉の力を示している。
　「いつも不思議に思うのが、特に、詩を作るときに韻をふむのはなぜか、すなわち、いつもは言葉の規則に忠実に従う召使が詩的な想念を表現するために、規則から離れて言葉を自由に駆使する主人へと変身するのはなぜかということである。言葉に忠実に従う召使がみなそのように規則を守るのは、それが本質的に召使たる地位にある者の定めだからである。そうであるとすれば、詩作に用いられる言葉に自らが制約されている詩人は、韻をふむことを心静かに受け入れられるようになる。」
　このような言葉がもつ魔力はただ韻と詩人との関係にのみ当てはまることではなく、言語構造とわれわれとの関係にも当てはまる。……
　どの文化にもカオスがある。そうしたカオスは、言葉のきまりから生じている。それは、複数の言葉を話す人は考え方も色々だからである。この典型的な例は、「ドイツ語的」に考えるか、それとも「フランス語的」に考えるかと言うことだろう。"（原著54～55頁）

このように、原著者は「言語により思考の展開も異なる」（原著53頁）と主張する。このことは、さらに次の三つの説明によって補強されている。まず、挨拶の決まり文句における相違に関しては、北ドイツで使われる「進み具合はどうですか」とい意味の「Wie geht's?（ごきげんいかがですか）」（おそらくこれは、聖書においてキリスト教徒に課されている伝道の使命（新約聖書マタイによる福音書第28章第19節）に由来するのであろう）と、南ドイツで用いる「神に挨拶をする」という意味の「Grüß Gott（こんにちは）」と、中国で言われている「もう食べましたか」という意味の「你吃了嗎？（Nǐ chī le ma?）」があげられている。（原著56頁）。ここには人々が宗教的色彩を帯びた思考をたどるか、それとも具体性が強く表れた思考をたどるかという違いが表されている。このような相違は、人々の関わり合いの中で挨拶が交わされていることから、人々との付き合いに対する考え方に違いをもたらす。つまり、ドイツでは人々は神を共有すると考えており、他方、中国では具体的なことまで立ち入って尋ねることができると

考えているのであろう。

　また、欧米の多くの国々と中国等との対比では、氏名表記上家族名が後（欧米の多くの国々）か、前（中国等）かという違いが示されている。このような名称に関する配列の違いは、思考過程にも違いをもたらす。すなわち、前者は前にある言葉が後にある言葉を拘束する、つまり、前に置かれる言葉の枠内でのみ後に来る言葉が意味をもつ。したがって、個人を強調するためには個人名が前に置かれなければならないと考える。これに対して、後者の場合は、聞いて美しいか否かという音の調子が名称にとって大切である。したがって、個人を強調するために個人名を前に置く必要性はないと考える。このように、名称に関する配列の違いが思考の過程を左右する結果、同一の事柄でも表現方法に違いが生じている。このことは次のように説明されている。

　　"重要なのは、血縁を示す家族名が「氏名表記の前の部分」であるのか（例えば……今日なお中国で見られる名前）、それとも「氏名表記の後の部分」であるのかということである。重要なのは、前に来ている名が価値基準を拘束し、個人的なことを抑圧しているのか否か、……それとも、前に来ている名はただ聞こえを良くしているだけで、個性を強調しているのか否かという点である。"（原著56頁）

　さらに原著者は、原著の序章においても言葉が思考に及ぼす影響をイングランドとアメリカ合衆国との対比により次のように例示している。

　　"驚いたことに、すでに日常語においてさえ、イングランドの「控えめな表現」とアメリカの「誇張した表現」が対立している。……わかりやすい例はドイツの自動車「Audi」である。この自動車はドイツとイングランドでは「Audi 100」として販売されていたが、アメリカ合衆国では「Audi　5000」となっていた。"（原著6頁）

　「Audi」社製の同じ自動車を「Audi 100」（イングランド）と呼ぶか、「Audi 5000」（アメリカ合衆国）と呼ぶかという違いがみられるこの例では、メーカーは、消費者に対して良い商品イメージを与えるか否かという基準を採用した。英語には名称を決める際に語調ではなく、言葉の内容が重視されるという考え方がある。こうした理解を前提としながらも、イングランドの人々は「控えめな表現」を好み、アメリカ合衆国の人々は国土の広さの影響を受けて大きく「誇張した表現」を好むという事実がみられる。その結果、イングランドではドイツと同じように少ない数字「100」を用いるのに対し、より大きい「5000」をアメリカ合衆国では使用する。それは、このことがより宣伝効果の高い表現

だからである。

　上に示されたさまざまな言葉の特徴は生来のものではなく、幼い頃に母親が話しかける母語を通じて形成される。したがって、母語が違えば思考の展開も異なり得る。この点は次のように説明されている。

　　"諸文化間で異なる言葉の特徴の形成は、ごく幼少期に「母語」を通じて始められる。母親は言葉を用いて文化的価値やものごとの認識方法を子供たちに教え込む。それゆえ、日本の母親が赤ちゃんに話しかけるときの言葉はアメリカの母親の場合と異なるのだ。"（原著55～56頁）

　原著者によると、こうして形成された独自の言葉が言語共同体の価値秩序を示す。このことは、たとえばイヌイット語には雪に関する表現（apun（地上の雪）、qanikca（地上の固い雪）、utak（雪のブロック））が多く、日本語には魚の表現が多彩なことからも明らかになろう。この二つの言語が雪や魚を表すために細かい区別をするのは、それぞれの言語共同体の生活上必要だからである（魚の消費量が多い日本では調理法等を魚の種類や成長過程に応じて詳細にわける必要がある）。これに対して、そうした必要性を感じない言語共同体にはこの二つの言葉にみられるような多様な単語は存在しない。このように、文化の価値秩序を忠実に反映した言葉を用いる過程を、われわれは幼少期から経験している。このことによって、言語共同体が重要とみなすものを人々は自然にそのようなものとして理解し、自らも用いるようになる。このような形で言葉は思考に影響を与えている。この点に関する著者の説明は以下のとおりである。

　　"言葉は複数の単語をもたらす。このことによって言葉が示しているのは、言語共同体が何を本質的なものとみなしているかという点である。言語共同体は、言葉で表すものとして選ばれた特定のものを重要なものとみなしている。子供たちはそのような言葉を用いて話し、考え、認識し、判断をする。そしてこれを決してやめることはない。"（原著56頁）

(2)　次に、思考が社会経験を通して法に影響する点についてである。ここで考えられているのは、たとえば、思考が具体性を有するか否か、宗教的色彩を帯びているか否か等により社会経験の内容も異なるという点である。このことは、宗教的意味を有する表現がそうした宗教を信ずる者の間でしか常用されていないという事実からも明らかになろう。他方、社会経験という表現で考えられているのは、文字通り各自の日常的な生活体験である。生活体験の相違が法

の内容に反映される典型は次のような例である。日常的に飽食の状態を経験している者は一日にパン一個しか口にできない状況を貧しいと感じる。これに対して、飢餓で苦しむ生活を経験している者は同じ状況を豊かであると認識する。こうした認識から、前者の場合、人々の最低限の生活にはパン一個では足りないという基準を法として考えることとなる。後者では法の基準としてパン一個でも十分だと考える。このように、社会経験の相違によって異なった価値基準が考えられ、それに対応する法が作り出されることとなる。これにより実際の社会状況を反映した利害調整が可能となるからである。このような形で思考が法に影響を与えていることを、原著者は次のように説明している。

　　"法、つまり社会秩序は環境から直接生まれてくるわけではなく、人々の環境に対する解答から生まれる。……つまり決定的な点は、観察者がどのように環境を経験しているかである。社会経験とは経験する主体と経験をされる客体との関係である。事実それ自体は海のように何も述べておらず、人々の内面にあるものの味方を介して初めて言葉が出てくる。……
　　トマス・フォン・アクィナスもラテン語で次のように述べている。
　　「Quidquid recipitur, ad modum reipiedi recipitur」（受け入れられているものは、受け入れられるものに固有のやり方で受け取られている）。
　　……また、物理学者ハイゼンベルクの証明によると、
　　「我を世界からはっきりと切り離すことはできない。」
　　このように、経験する者自身は個々の経験の中に同時に含まれた存在である。
　　われわれが捉えている現実は自己の「内面から」見たものである。というのも、われわれが現実を解釈する場合の前提が、われわれの思考だからである。このように主体に関する要素によって形作られるのが、文化に固有の「思考様式（modes of thought）」であり、固有の社会経験である。"（原著57〜58頁）

3　限　界

　このように、原著者は地理と言葉が法に影響を与えると主張する。しかし、原著者自身、上の主張の適用範囲に限界があることを承認する。まず、地理が法に与える影響を制限する要因には、次の三点が列挙されている。第一に、法の内容形成には人々自身の力が働くという点である。すなわち、「環境に制約されることはあっても……決して強制されることはない」人々の考えには「選択の余地がある」（原著40頁）ので、地理的に決まりきった価値秩序ではあっても、それがどの程度採用されるかは人々の判断に委ねられる。第二に地理を

手がかりに文化の価値基準を確認しようと試みても、人々が移動を繰り返す結果、複数の文化が混ざり合う可能性がある点も制約要因となる。第三に、長く続けられてきた慣習は地理に関係なく無条件に取り入れ続けられるという点もある。こうした慣習が人々の価値基準の一部をなし、法を形成する場合も考えられるからである。このような要因により、必ずしも地理のみに着目することで法比較が可能となるわけではない点を原著者は次のように述べている。

"環境と人は、ともにそれぞれ独立した力をもつものとして存在している。人々が自分の居場所を決定するときには評価を伴っている。そのような評価をした結果、「環境に合っていると思う感情」は、……それぞれの時代によって変化する可能性がある（たとえば、土地は「徹底的に利用する」ものとされる場合もあるし「守るべき」ものとされる場合もある）。

このように、地理的な手がかりを過大視してはならない。それは、複数の文化が混ざり合っていることがあるからである。……

その上、人々の行動はもともと生態学的に制約されているものなので、その行動する生活圏も頻繁に変えられたり、一つの行動が違う環境のもとでもずっと続けられることがあり得る。というのも、伝統としてずっと変わらずに固定された姿や印として表れるものがそれを可能にするからである。したがって、様々な規範はただ現在の環境によってのみ説明されうるわけではない。われわれが多くの慣習を、内容を確認することなしに取り入れるのは、簡単に言えば、そうした慣習がそれまでずっと行われてきたからである。"（原著41～42頁）

また、原著者によれば、言葉が法に与える影響も次の二つの点で制限される予知がある。第一に、社会を統治する者の言葉が直接社会のルールとなるような独裁社会のもとでは、統治者により概念が都合良く変えられ得る点である。第二に、統治者が現実に即したルールを念頭に置いていても、必ずしも言葉で正確には表現できない点もある。これらの制約要素については次のように述べられている。

"言葉は、上からでも横からでも、または下からでも現実に適応させて用いることができるが、その過程を決定するものは文化が階級化されていると感じられるか、それとも一律であると感じられるかの違いである。反対に、言葉は現実に適応できないという異なった視点に行き着くのは、社会の体制が「プロレタリアートの支配」ではなく「王権神授説」に基づいている場合である。つまり、支配者が概念を訂正するときや、カエサルは「文法家以上の存在ではない（non supra grammaticos）」と言われるようなときは、言葉を現実に適応させることはできない。"（原著62頁）

3. 一般的説明——対象・方法——

　地理と言葉が法に影響を与えるという原著者の主張の根底には、法文化比較の対象と方法に関する原著者なりの考えがある。すなわち、比較の対象を「文化や文明の領域」にまで広げること、そして異文化間の共通性を名称から連想されるイメージ（Bild）や実像（Wirklichkeit）の中で認識する方法を用いること、これら二点である。これらの内容はどのようなものか。以下でも原著者の思考過程に沿って、この順に述べていく。

　(1)　「文化や文明の領域」にまで比較の対象を広げるのは、法比較の上で考慮されるべき様々な制度がそうした領域に存在しているからである。この前提には、法比較をするとき、われわれが日常的に経験する個々の制度だけではなく、そうした制度を生み出した背後の諸事情まで含めて総合的に考えなければならないという理解がある。この点を考慮するからこそ検討対象となる当面の個々の制度のほかに、これと関連する複数の制度をも同時に考慮しなければならないという認識が生じる。たとえば、婚姻の成立から解消までを包含する婚姻法を考えるときも、離婚の際に慰謝料をどの程度実際に確保できるかに関わる裁判制度や債権回収制度が、既婚者や離婚者をめぐる職場の労働条件を考えると労働法が、子供の誕生を考えると教育制度等他の法制度や、これらの制度の基礎にある宗教や伝統等にも目配りをしなければならない。このように、実定法におけるどの制度も、法秩序全体との整合性の確保が必要となる。こうした法秩序の背景にある政治、経済、文化活動等に関わる人々の行動が宗教、風俗、伝統、環境等に制約されているために、同一の名称で表されていても文化や文明の各単位ごとに個々の制度の内容は異なり得る。逆に、名称は異なっていてもその機能は同一であるという場合もあり得る。この点を誤解してしまうと、人々に遵守されて一定の効力をもたらすような「生きている法」を比較することはできない。「文化や文明の領域」、にまで法比較の対象を広げて考えるべきであるとする理由はこのように説明される。

　それならば、「文化や文明の領域」、そして「様々な制度」という表現の具体的内容は何か。原著者はこの点を、「地誌学や図像学や誌や歴史的起源」（原著10頁）と言い換えるほか、言語学や宗教等にも言及する。このことから考える

と、これらの言い換えは例示であろう。この点に関する原著者の説明は次のとおりである。

　"自明の理ではあるが、われわれは外国の社会秩序制度をその他の様々な制度と関連させて見なければならない。そうでなければ、われわれは、一頭の象に触っている六人の盲目と同じである。六人の盲目が引き出している結論では、——各自が触れている箇所を反映して——象は壁や、槍や、蛇や、丸太や、団扇や、紐と同じものになっている。……同じように、比較のために個々の制度をばらばらにしても実りは乏しい。同一の名称が二つの法で用いられていても、異なる評価基準に由来するために異なる結果をもたらすこともあり得る。他方で、全く同一である可能性も偶然にある。したがって、認識の対象を実定法の関連性に限定するだけでは足りない。……それゆえ、われわれは文化や文明の領域にも配慮しなければならない。なぜなら、そうした領域には様々な制度が存在しているからである。というのも、文化と社会秩序の間には需要と供給の相関関係があるからである。どの文化も全体として一つの総体をなしている。そして、あらゆる部分に文化が表されており、部分が文化の本質を表している。法もまた「そして個々のどの制度も」この精神を体現しており、つまり法はこの精神から生まれている。したがって、法は「文化的態度」を示している。"（原著11～13頁）

(2)　次に、異文化間の共通性を個々の対象物について用いられる名称から連想されるイメージと実像の中で認識するという法文化比較の方法についてである。比較という言葉で表される内容は使われる場面により様々であり、「各論者において複数の素材の間にあるはずの差異の側により多く着目するか、結果としての同一性により多く着目するかという点ではなお選択の余地があり得る」（山内惟介「比較法学における「比較」の概念について——その思考過程解明の試み——」『Toward Comparative Law in the 21st Century』1559頁（中央大学出版部、1998年））。このうち原著者が異文化間の共通性に着目するのは、これにより異文化理解が可能となるからである。この前提にあるのは、複数のものの間にある相違とは、その部分については互いに相容れない点、すなわち、お互いを排除し合う壁となるという認識であろう。そうした壁があっては、異文化を正しく理解することはできないからである。ここで考えられているのは、宗教や慣習の違いから互いに排斥し合っている事柄についても、そこに共通性を見いだすことで互いに認め合えるという点である。その例は、婚姻制度における一夫一婦制（monogamy）と複婚（一夫多妻制、一妻多夫制（polygamy））である。一夫一婦

制を採る日本では、いくつもの婚姻を重ねる複婚に対してしばしば違和感が抱かれる。その一方で離婚や再婚が認められているため、時期を異にするものの複数の婚姻生活を経験する者も少なくない。このような死別や離婚後の再婚という形式での一夫一婦制は、同時型の複婚ではないものの、複数の婚姻の成立を承認する。この共通性に着目することで複婚をより多く理解することができよう。

　このような共通性は一目見てすぐに認識できるわけではない。そのため、共通性を認識する何らかの手がかりが必要となる。それとして、原著者は差異の利用を考える。それは、差異の前提に必ず存在する違いを測る共通のものさしに着目するというものである。というのも、ある一つのものさしで測れば相違であっても他のものさしでは共通性であり得る点が考えられるからである。このように、まず複数の比較対象物間にある差異を発見し、次にその差異の基準となったものさしと交換可能で、かつ比較の対象物が同じ目盛りを指すような他のものさしを探求する。このようにして共通性を認識できると原著者は考えるのであろう。

　こうした共通性の認識を名称から連想されるイメージと実像の中で行わなければならないと原著者が強調するのは、名称が共通であっても、「何がその文化内部の社会秩序であるのか」、「何が個々の文化を特徴付けているのか」、「どのような『座標』が個々の事象を細かく決めているのか」、これら三点が諸文化間で異なり得るからである。この三点に着目するのは、第一に、どのような社会秩序の中でその言葉が使われているか、第二に、当該社会亜秩序のもとでは個々のものごとの内容がどのような考え方を基礎として決められているか、第三に、そうして内容を形成されたものごとはどのような価値基準に基づいてその文化に組み込まれ、人々に用いられているか、この三点の違いにより、同じ言葉や状況の解釈も異なると考えられているからである。この点を重視するのは、こうした相違が多くの場合、名称には現れていないことによる。人々は往々にして表面に現れている名称だけをみようとするので、共通ではないことを共通であると誤認することがある。こうした誤認を避けるために、名称から連想されるイメージと、その名称が用いられる実像とをみなければならない。

この二つに右の三つの相違が表されていることは、前述したように、婚姻や契約に対する考え方の相違からも明らかであろう。このような法文化比較の方法に関する説明は以下のとおりである。

"われわれは法を比較するとき、はじめから諸々の法の間にある「相違」に着目してはならない……。違いを強調するよりも重要なのは、共通性を認識することである。なぜなら共通性から諸文化間に橋が架けられ、それによって諸文化間の壁をなくすように了解し合うことができるからである。われわれが共通性のほかに相違をも付け加えるときは、外国法のもっているイメージがゆがめられてしまう。……しかし、一目見ただけでもひどく違っている文化間に、橋を探しだしたり建設したりすることができるのだろうか。表面に現れているものは相違であるが、それでもわれわれは異なるものの中に自国に固有のものを認識し、逆に自国に固有のものの中に異なるものを認識することができるだろう。そしてこのことは、法比較において相互にとって耐久性のある橋となり得るだろう。法比較は、このようにして共通性を見いだし橋を架けることができるという楽天的な考え方を招いている。……

「しかし、所与の条件は……個々の民族により異なっている。個々の民族が考えたり判断したりするときに依拠する見方はその民族に固有のものであり、かつその時代に固有のものである。……個々の考え方や判断の下し方のスタイルは往々にして非常に異なっているので、そのスタイルを人々は知らなくてはならない。」

以上のところから再三に亘ってわれわれが法比較を論じる際の出発点とされているのは、何がその文化内部の社会秩序であるのか、何が個々の文化を特徴付けているのか、どのような「座標」が個々の事象の位置を細かく決めているのか、という点である。何が文化に固有のスタイルを作っているのか。そして、そのスタイルを形成しているどのような要素にわれわれは注意を払わなければならないのか。また、固有のスタイルがどのようにものごとの上に反映されているのか。

このように、橋を探すときわれわれは単純に概念（名称）だけを比較してはならない。というのも、われわれは概念から連想されるイメージと実像とを探さなければならないからである。"（原著17～18頁）

(3) 法文化比較の対象及び方法についての原著者の説明はこのように行われている。みられたように、これらの前提にある原著者の目的意識は異文化理解である。この背景には、19世紀の中国や20世紀のドイツ民主共和国（旧東ドイツ）のように、外部への通路を遮断したことでかえって外国からの侵攻を受けたり、秩序が腐敗して指導者が独裁的行為に走り、それに対する民衆の不満が爆発した歴史的事実に対する批判的な問題意識が原著者にあるものと思われる。

4. むすびに代えて

　原著者が構想する法文化比較は、「文化や文明の領域」にまで対象を広げ、異文化間の共通性を名称から連想されるイメージと実像の中で認識することにより、異文化理解を実現しようとするものである。その過程で特に重視されるのは、地理と言葉が法に及ぼす影響である。しかしながら、こうした説明によってもなお、原著者の主張には若干の疑問が残されている。そこで以下では、限られた素材を手がかりに原著者の主要な主張の成否を筆者の視点から検討してみたい。以下、読者の理解に資するべく、法文化比較の対象、方法の順に述べる。

　(1)　まず、原著者が法文化比較の対象として主張する「文化と文明の領域」の捉え方についてである。こうした白地的表現の捉え方は人により様々である。その一つに分類方法がある。原著者の記述方法の特徴は、大陸や国を単位とした分類方法である（原著者の比較の多くは国と国、国と大陸である）。この分類方法は、一国の法が及ぶ範囲はその国の領域内に限られるという伝統的な国家主権の考えや、一般的に大陸や国による分類方法が従来から頻繁に採られている点に依拠しているのかもしれない。しかし、世界を約二百の単位にしか区別しないこのような大分類にどのような意味があるのだろうか。この点を問うのは、一国内でも地域や学校、もっと言えば家族や個人を単位としたより細かい区別も考えられ得るからである。それは、各単位ごとに独自の言葉やきまりや習慣がそれぞれの秩序維持手段として存在する事実があるからである。命名方法に関する例をあげれば、ケニヤのボラン族の場合、子供は出生直後に仮の名前を付けられるが、八歳頃の名付けの儀式まではまだ生まれていないように扱われる。ルオ族は妊婦が流産しそうな場合、子供が生まれる前に命名する。というのも、亡くなった親族が自分の名を付けて欲しいと願っているものと考え、それを実現するためである。また、カンバ族は生まれて三日後に親族が集まる中でいろいろな名前を読み上げ、赤ん坊が泣き止んだ名を付与する（アジア経済研究所企画、松本脩作・大岩川嫩編『第三世界の姓名　人の名前と文化』284～286頁（明石書店、1994年））。ザンビアのある村では、トマトをたくさん売って儲けた人が「マクワチャ（お金）」というあだ名で呼ばれ、このあだ名が往々に

して本名よりも知れ渡っている（前出、松本・大岩川編、304頁）。どの人々も名前を大切なものと考えていても、命名に対する考え方は同じ大陸内でも、一国内でも多種多様である。また、最近の新聞（2000年8月16日付日本経済新聞朝刊27面）によると、あるカリフォルニア在住の家族は、妻が日系三世のアメリカ人、夫はイタリア・ポルトガル系ブラジル人、娘はアメリカ人、息子はブラジル人と、国籍は異なっていても強い絆で結ばれ、日本語、英語、ポルトガル語と少しずつ違う姓名が記されたパスポートを携えて移動している。また、人生の半分をメキシコで過ごしたブラジル人は、ポルトガル語と都市インテリ風スペイン語とを使い分けており、この点ではもはや純粋のブラジル人ともメキシコ人ともいえない。これらの例が示すように、現在われわれは居ながらにして世界のあらゆる情報をメディアから入手し、また実際にどこへでも行くことができる。これにより、人々の精神活動や行動範囲から国境という物理的限界が消え、「複数の言語が流動しながら結び合わされ、国家的・民族的な帰属意識もしばしば宙づりにされる」（前出、日経27面）。このことは「無数の異なる『世界』像」（前出、日経27面）をもたらしている。こうした事実を考えれば、大陸や国を優先的な分類基準とする根拠を原著者は示す必要があろう。

(2) 次に、差異に着目して異文化間の共通性を認識するという原著者の法文化比較の方法についてである。この手法を用いようとすると、当然、差異か否かの判断基準は何か、共通か否かの判断基準は何か、共通性と差異を発見するための基準は何か、これらの基準を支える根拠は何か等の疑問が生じる。しかし、原著者自身はこの点に答えていない。差異か否かの基準については、原著で取り上げている範囲、すなわち「環境と……一つの見方としての実体……がどのように法文化と法制度を作り出してきたか」から除かれていると説明されている。この前提にあるのは、ここでは実際の法比較の過程ではなく、法比較に際して考慮すべき要素は何かが論じられるという原著者の考えであろう。このことを概念（名称）の他に、概念から連想されるイメージと実像をも探求することを強調する（前述364頁）原著者は、そうした説明に続けて次のように述べる。

　"それならば、どのような状態を実像が違うと言うのか。また、どうすれば実像

の違いが見られるのか。なぜその実像は違うと見られているのか。ここではこれらの問題点をすべてにわたって取り上げ……ない。なぜなら、原著者がここで検討しようとすることは、どのようにして環境と、そして様々なイメージや印によって作り出された一つの見方としての実体（世界「像」や世界「観」、より良く言えば、おそらく世界「体験」）がどのように法文化と法制度を作り出してきたか、——このことは法の比較にとって何を意味するのか、という点のみだからである。"（原著18〜19頁）

　ここにみられるように、原著者は具体的な比較を通した差異の発見を幾度も実践している。前述のように、原著者が地理の差異として例示しているのは、山地が多い（日本）から地続きの平地（ヨーロッパ）かという地形や、島国（イングランド）か大陸（アメリカ合衆国）かという広さや、地質である（前述348〜352頁）。また、言葉の差異の例としてヨーロッパの多くの国々の言葉と中国語等との違いや、イギリス英語とアメリカ英語との共通性や、日本語とアメリカ英語との違いにも触れている（前述355〜357頁）。
　しかしながら、このように限られた説明だけでは原著者の考える法比較を読者が実践することは難しいのではないか。というのは、これらの地理的要素はどれほどの空間的範囲でどの程度違いがある場合に差異をもたらすのか、これら複数の基準はどのような根拠により支えられているか、といった諸点への解答如何で差異となるか否かも異なり得るからである。このように考えるのは、原著者の考えが他の考えに優先することが比較の第三項たる客観的基準により証明されない限り、他の考えも並存し続けることとなるはずだからである。このことは言葉についての比較にもそのまま当てはまる。それは、言葉の差異を判断する要素として示されている名称の配列や語順についても、差異を決定する要素か否かは何により決定されるのか、個々の言語的要素はどの空間的範囲に適用され、どのような違いがあるときに差異とみなされるのか、各問いに対する解答の根拠は何か、これらもなお空白のままに残されているからである。
　このように、原著者には差異か否かを決定するなんらかの判断基準が存在するはずであるのに、この点は明示されていない。原著者が具体的な差異の指摘を通じて法比較の説明を行っている以上、個々の判断ごとに依拠した基準も、その基準を支える根拠も原著で取り上げる範囲に必然的に含まれていなければ

ならないのではないか。

　もちろん、こうした原著者の手法の適否に対する最終的な評価は比較を行う者の目的に応じて異なり得る。筆者の経験上特に強調したいのは、この主題に関心を抱く者が早い時期にこうした外国の高名な専門家による分析に触れ、原理的な諸問題についてじっくりと考えることが学修上特に有用だという点である。「比較法文化論」を受講される方々が、時には戸惑い、時には感動しながら、筆者とともに一層深く思索を続けられることを期待したい（この解説は、原著者の思索の一端を紹介したにすぎない）。

訳者あとがき

　本書は、*Bernhard Großfeld*, Kernfragen der Rechtsvergleichung, J.C.B. Mohr (Paul Siebeck) Tübingen 1996, 316S. の全訳である。巻末には、原著に収録されている詳細な文献目録に加えて、読者の理解に資するため、共訳者、浅利朋香氏の手になる簡明な解説を付した（この解説は、当初、浅利氏「『比較法文化論』への招待—グロスフェルト著『法比較』を読んで—」として、中央大学出版部刊『中央評論』233号（2000年10月）118-129頁および同234号（2000年12月）135-141頁に掲載されたものである）。原著の表題を逐語的に直訳すれば、「法の比較における中核的諸問題」となろうし、原著の内容を重視すれば、「法文化比較の基本問題」とも訳出できようが、原著者の比較法分野における多くの研究成果の中で本書が占める位置を総合的に考慮した結果、本書では意識的に『比較法文化論』という表題を採用することとした。むろん、ここにいう「比較法文化論」という表現の意味は、あくまでも、原著者グロスフェルト教授が構想する「法の比較 (Rechtsvergleichung)」を前提としたものである。原著者には本書のほかにもこの主題に関する著作が少なくないが、本書の内容的拡がりを考えれば、こうした表現にも意味があるのではなかろうか。

　原著者、ベルンハルト・グロスフェルト教授については、筆者自身すでに繰り返し紹介したことがある（上記『中央評論』233号118頁のほか、グロスフェルト教授著（山内訳）『多国籍企業の法律問題—実務国際私法・国際経済法—』（中央大学出版部、1982年）の「訳者あとがき」、グロスフェルト教授（山内訳）「言葉、法、民主主義」『比較法雑誌』18巻4号37頁以下の「訳者まえがき」、および、グロスフェルト教授著（山内訳）『国際企業法—多国籍企業組織法—』（中央大学出版部、1989年）の「訳者あとがき」参照）。1933年12月30日にドイツ北西部のオランダ国境に近いバート・ベントハイムに生まれたグロスフェルト教授は、フライブルク・イン・

ブライスガウ、ハンブルクおよびミュンスターの各大学で法律学を学び、司法国家試験に合格後、1960年に『Die Privatstrafe（懲罰賠償制度）』の研究で法学博士号を、1963年にアメリカ合衆国のイェール・ロースクールで法学修士号を、1966年にテュービンゲン大学でフィーケンチャー教授の指導下に作成された『Aktiengesellschaft, Unternehmenskonzentration und Kleinaktionäre（株式会社、企業集中および少数株主）』の研究で民法、商法、経済法、国際私法および比較法についての大学教授資格をそれぞれ取得された。同教授は1966年にゲッティンゲン大学教授に就任し、1973年から1998年までミュンスター大学教授を歴任された後、1998年に満65歳の定年により同大学を退官された。現在は同大学名誉教授の地位にある。こうした経歴が記すように、グロスフェルト教授の研究領域はきわめて広範に及んでいるが、わが国ではもっぱら商法、経済法、国際経済法等の専門家として知られている。グロスフェルト教授の功績を讃えて1999年に刊行された浩瀚な記念論文集、Hübner, Ulrich & Ebke, Werner, Festschrift für Bernhard Großfeld zum 65. Geburtstag, Verlag Recht und Wirtschaft GmbH, Heidelberg, 1999, 1423S. の末尾には、1998年までに刊行されたグロスフェルト教授の著作がすべて収録されている。比較法一般に関する主要な著作としては、Macht und Ohnmacht der Rechtsvergleichung, 1984; Unsere Sprache: Die Sicht des Juristen, 1990; Zeichen und Zahlen im Recht, 1993; Zeichen und Zahlen im Recht, 2.Aufl., 1995; Zauber des Rechts, 1999; Rechtsvergleicher - verkannt, vergessen, verdrängt, 2000 などが知られよう（なお、最近の比較法一般に関する研究成果には、Alphabetisumus im Zivilrecht, JZ 1999, 430; Das Recht in Goethes Iphigenie auf Tauris: zum 250. Geburtstag des Dichterjuristen, JZ 1999, 809; Spiel und Wette in Literatur und Recht, Zs. f. vergleichende Rechtswissenschaft 1999, 209; Josef Kohler: Brückenbauer zwischen Jurisprudenz und Rechtsethnologie, RabelsZ 2000, 696; Sinn und Methode der Rechtsvergleichung, in: Festschrift für Otto Sandrock, 2000, 329; Neue Rechtsvergleichung, in: Festschrift für Dieter Henrich, 2000, 211; Patterns of Order in Comparative Law: Discovering and Decoding Invisible Powers, Texas International L.J. 2003, 291; Rechtsdogmatik/Rechtspolitik, JZ 2003, 1149;Globalization and the Limits of Language (s): Comparative Legal Semiotics, Zeitschrift f. Rechtstheorie, 2004 などがある。

その他の分野における成果については、ドイツの月刊文献雑誌「Karlsruher Juristische Bibliographie」の各号を参照されたい)。

　ここに、非力をも省みず、原著の訳出を試みた第一の理由は、現代のヨーロッパにおける比較法研究の水準に比して、わが国における比較法研究の成果に物足りなさを感じた点にある。わが国でもすでに、体系書として、五十嵐清教授著『比較法入門』(日本評論社、1968年)、大木雅夫教授著『比較法講義』(東京大学出版会、1992年) 等が、論文集として、西賢教授著『比較法の課題』(晃洋書房、1972年)、五十嵐教授著『現代比較法学の諸相』(信山社、2002年)、青木人志教授著『動物の比較法文化』(有斐閣、2002年) 等が、随想集として、野田良之博士著『内村鑑三とラートブルフ』(みすず書房、1986年)、同著『栄誉考柏随想』(みすず書房、1986年) 等が、翻訳書として、K. ツヴァイゲルト／H. ケッツ著（大木雅夫教授訳）『比較法概論 原論—私法の領域における—上・下』(東京大学出版会、1974年)、D. ヘーンリッヒ教授編（桑田三郎教授編訳）『西ドイツ比較法学の諸問題』(中央大学出版部、1988年) 等が、また比較法学会の機関誌『比較法研究』(有斐閣、年刊) 等も刊行されている。しかしながら、これらの先行業績はいずれもそれぞれの個別研究がなされた当時の研究成果に依拠したものであって、現代のヨーロッパにおける研究成果を必ずしも十分にカヴァーし得ていないように思われる。また、本書訳出の第二の意図は、1993年度に開設された中央大学法学部国際企業関係法学科における1年次生必修科目「比較法文化論」の当初からの担当者として、履修者諸氏に有益な参考文献を提供しようと考えた点にある。日常的に内外諸国法制の比較を行うことが求められる国際私法領域を専攻する筆者自身、かねてより比較法学への関心を抱いてはいたが、手探りの状況で研究を進める上で最も参考になったのがグロスフェルト教授による多くの研究成果であった。そこには、筆者自身、約20年前にグロスフェルト教授のもとで親しく教えを受ける機会に恵まれたという個人的な事情もある。しかし、原著には、そうした個別的事情を超えて、この主題に関心を抱く者にとって多くの示唆に富む記述がみられるものと思われる。むろん、読書が著者と読者との対話の一形態であるところから、読者がどのよう

な問題関心を抱いて本書を読み進めようとされるかに応じて、それぞれに行間から得られる示唆の質も量もまったく異なり得よう。この点は、同じ鏡を見ても正対するか斜に構えるか等に応じて、目に入る鏡像に違いが見られることと同様である。本書が、筆者の「比較法文化論」を受講される方々を含めて、広く比較法に関心を寄せるすべての人々に対し、少しでも思索の契機を提供することができるならば、さらに、本書を契機として、比較法分野の研究を志す若い世代への学問的刺激を提供することができるならば、訳者としてこれに過ぎる幸いはない。

　本書の翻訳に際しては、第1章から第11章までを共訳者浅利氏が担当され、第12章から第24章までを筆者が担当した。第1章から第24章までの全体を通じて表現や表記の統一にあたったのは筆者であり、この意味において本書訳出の最終的な責任はすべてこの筆者にある。また、本書に頻繁に引用されている旧約聖書および新約聖書の翻訳にはもっぱら日本聖書教会発行『聖書』(1968年刊行) の表現を参考にした。ここに特記して謝意を表したい。また、最後まで残った疑問点についてはすべて原著者の御教示を仰いだ。グロスフェルト教授から原著の贈呈を受けたのは原著刊行直後の1996年4月19日のことであったが、主として、筆者自身の身辺における諸事情から、脱稿まで思いのほか時間を要することとなった。本書の訳出について早くに許可を与えられたグロスフェルト教授はもとより、原著につき翻訳の許諾を与えられた出版社 J.C.B. Mohr (Paul Siebeck), Tübingen の翻訳部門担当 Jill Sopper 氏には訳出の遅れについてお詫びしなければならない。末文ではあるが、本書の出版に当たり、特に好意的な配慮を惜しまれなかった元中央大学出版部の矢崎英明氏および出版部の平山勝基氏に対しても、編集上の御高配に心から感謝したい。

　　　2004年3月22日

　　　　　　　　　　　　　　　　　　　　　　　　山　内　惟　介

索 引

● ア 行

アイエテス　43
挨拶　62
アイスキュロス　107
アイブル＝アイベスフェルト　173
アインシュタイン　95, 169, 263, 268
アウグスティヌス　64, 164, 195, 234, 236, 240, 270
アウクソ　49
アウスレンダー　204
アタイヤ　6
アタナシウス　240
アダム　33
アテナ　107
アナクシマンドロス　238
アブラカダブラ　190
アブラハム　42
アブラム　162
アポロン　71
アラー　295
アリストテレス　60, 84, 125, 247, 268
アルゴナウタイ　43
アルト　32
アレイオス・パゴス　107
アンデルセン　94, 158
イェーリンク　30, 31, 32, 36, 37, 47, 352
イエス　42, 72, 96, 158, 162, 164, 187, 279, 292, 299
イザヤ　94
イブン・ハルドゥーン　40
イメージの交換　136
イヨネスコ　90
ヴァイスゲルバー　89
ヴァイセンベルク　147
ヴァインヘーバー　163, 190, 198, 203, 314
ヴァインレープ　219
ヴァプネウスキィ　100
ヴィッケルト　124
ウィット　135
ヴィットゲンシュタイン　86, 137, 153, 243, 246
ヴィッベルト　157
ウィンスロップ　165
ヴェーバー　292
ヴェストファーレン　37, 48, 157, 300, 313
ウォーフ　59, 60
ヴォルフ　107
エープナー　77
エイレネ　49
エウノミア　49
エッカーマン　312
エックハルト　167
エドワード三世　202
エプナー＝エシェンバッハ　136
エマーソン　25
絵文字　225
エラスムス　160
オーピッツ　100
岡倉覚三　319
オッカム　85
オットー一世　29
オリエント　11

● カ 行

カードーゾ　104
解釈法学　111
ガイジン　131
カインのしるし　186
ガウディ　234
カエサル　69, 123
書かれた理由　200
囲い込み　38, 349
カシュニッツ　73
ガセット　134
カバラ　244, 245

索　引　*373*

カフカ　　104, 209
ガブリエル　　176
神の小羊　　42
ガリレイ　　251
カルポ　　49
感覚　　94
ガン　　159
カント　　263
カントル　　271, 273
カントロヴィッツ　　102, 106, 111
企業会計法　　1, 2, 3, 252, 286
キップリング　　321
機能的法比較　　9
給付主義　　110
教会法　　4
キリスト　　61, 241, 265, 272
キリスト教信仰　　4
ギルヴィッチ　　118
グーテンベルク　　209
クサヌス　　242
グッドマン　　68, 87
グナイゼナウ　　318
グミュール　　255
クライスト　　103
クラウス　　67, 192
グリム　　74, 75, 77, 93, 100, 103, 157, 208, 273
グリメ　　205
グリュフィウス　　100
グリルパルツァー　　33, 91
クルティウス　　210
クレー　　178
クレルヴォー　　177, 317
クワイン　　137
ゲーテ　　2, 73, 77, 80, 81, 85, 90, 94, 100, 108, 118, 121, 144, 151, 156, 165, 167, 170, 177, 182, 209, 217, 259, 264, 304, 312, 319

ゲームのルール　　154
計画経済　　110
経済法　　2
ケクレ　　164
ケラー　　274
言語学　　69, 100
言語構造　　61
言語体系　　136
言語地理学　　47
言語法則　　141
言語メカニズム　　59, 353
厳密性　　92
コーク　　201
ゴードン　　36
コーラン　　294
孔子　　108
国際会社法　　3
国際契約法　　1
国際私法　　134, 258
コシャカー　　24, 135, 309
ゴットシェート　　101
ゴムリンガー　　159
コルデラ　　35
ゴルトベルク　　245
婚姻法　　18
コンスタンティヌス大帝　　187

● サ　行

サヴィニィ　　100, 209
サウル　　37
ザカリア　　176, 177
ザクセン・シュピーゲル　　103, 230
サバト　　280
サピール　　134
サムエル　　162
産業　　349
シェイクスピア　　24, 85, 87, 103, 161
ジェスチャー　　69, 130

シェリー　319
始皇帝　123
思考方法　65
島国　5, 34
氏名権　81
社会秩序の比較　15
宗教法律家　292
十戒　32, 205, 206, 297
シュタイン　263
シュティーフェル　7
シュトルム　81
シュナイダー　300
シュペー　100
シュペングラー　243, 252, 259
シュレンマー　242
ショー　6
ショーペンハウアー　284
ジョーンズ　100
ショウソン　147
ショパン　236
シラー　71, 151, 157, 176, 275
シルクロード　239, 311
ジレージウス　82, 156
人格権　81
神学　318
神道　54
信頼　53, 94, 97, 120, 350
人類学　235, 317
神話　53
水車小屋　37
スコラ哲学　276
スタイナー　23
ストラボン　29
スピノザ　246
西洋の思考　267
ゼノン　273
禅宗　167
善と公平の術　24

相互主義　282
荘子　54
創造者の言葉　72, 78
相続　37
象　13
訴訟法　7
訴訟行動　56
ソチェスク　313
ソロン　281

● タ　行

タブー　17, 66, 155, 304, 317
タルムード　193, 198, 249, 250
タロ　49
知恵の木　86
知は力なり　242
趙高　124
チルヒ　67, 261
ディケ　49
ティベリウス　123
テイラー　300
デュムーラン　148
デュレンマット　104
デルフィ　71, 87
ドーミン　74, 84, 109, 142, 319
トゥキュディデス　108
道教　35, 148
トゥホルスキー　104
東洋の思考　267
トゥルンヴァルト　106
トマス・フォン・アクィナス　65, 84, 265, 271, 357
トマス　96
ドンボァ　292

● ナ　行

名は予兆なり　81, 106
ニーチェ　52, 284

索　引　*375*

ニュートン　158, 168, 268
ノートカー　177
ノヴァーリス　96, 113, 162, 163, 178, 251, 276, 315, 319
農業　349
ノストラダムス　185
野田良之　50, 249

● ハ　行

バークリー　85, 86
ハイゼンベルク　65, 94, 142, 168, 169, 170, 357
ハイデッガー　203, 263, 264
ハイネ　75, 79, 194, 209
バイロン　259
ハインリッヒ一世　28
パウロ　43, 61, 79, 154, 155, 160, 170, 186, 193, 200, 292, 298, 313
ハヴロック　214
パシャフェスト　281
バッハ　235
バベルの塔　164
ハムラビ法典　197
腹芸　54
バラム　160
ハルダー　212
パンデクテンの現代的慣用　229
比較法的解釈　1
美術工芸品　318
ヒポクラテス　29
ピュタゴラス　234, 238, 239
ピラト　194
ヒンク　75
ファウスト　183, 185
フィートラー　85, 159
フィロン　240
仏教　148
ブッシュ　235

フムボルト　100
ブラーフマン　145
ブラジウス　21
ブラックバーン　137, 138, 139
プラトン　83, 85, 238, 239, 246
フランクリン　276
ブラント　103, 300
フリンクリ　275
ブルーノ　251
プルタルコス　281
ブレナン　138
フレミング　271
ブロック　32
ブロッケス　216, 274
文化の様式　21
フンボルト　59, 67, 68, 135
ヘーゲル　203
ヘーケレン　306
ベーコン　242
ヘァムリン　179
ヘッベル　104
ペテロ　42, 175, 298
ベヒラー　166
ヘミングウェイ　276
ヘラクレイトス　115
ベルクソン　269
ベルシャザル　194
ヘルダーリン　208
ヘロドトス　281
ベン　20
ボーア　95, 142, 169
ホークスポークス　294
ホーフマンスタール　152, 163
ホームズ　8
ホーライ　49
法の継続形成　7
法の様式　15
ポップ　236

法律なければ刑罰なし　84
法律なければ犯罪なし　220
ポェーテン　74
保険監督法　3
ホラーツ　251
ボルスト　154

● マ　行

マイモニデス　198
マイヤー　256
マラルメ　87
マリノフスキー　80
マルクス　73
マルケルス　123
マルコ　279
ミュラー　269
ミュンスター　48, 212, 250
ミュンヒハウゼン　111
ムクシュ　105
無知の言葉　89
メェーザー　30
メガネ　119
メシア　295
メツラー　205
メフィストーフェレス　185
メルケル　151
モーセ　42, 94, 164, 192, 193, 197, 299
モーセ五書　199, 219
モジアーニ　205, 206
モリエール　263
モルゲンシュテルン　45, 165
モンテスキュー　29

● ヤ　行

約束　351
ヤコブ　87, 93
山内惟介　183, 347, 360
山上憶良　146
ユスティニアヌス帝　249
ユンガー　52
ヨシュア　299
ヨハネ　42, 51, 72, 164, 176

● ラ　行

ラーナー　292
ライプニッツ　59
ラッセル　93
離婚法　18
律法　99
リュッケルト　157
リュッベ　118
リルケ　269
ルーズヴェルト　88
ルター　52, 73, 206, 207, 209
レーヴェンタール　23
レッシング　209
ローゼンツヴァイク　60, 83, 96, 354
ローゼンロート　240
ローマ法の現代的慣用　148
老子　34, 54, 55, 56
ロス　40
ロンバルドゥス　185

● ワ　行

ンジェンガ　19

訳者紹介

山 内 惟 介

1946年　　香川県に生まれる
1971年3月　中央大学法学部法律学科卒業
1973年3月　中央大学大学院法学研究科民事法専攻修士課程修了
現在　　　中央大学法学部教授

主要業績

『海事国際私法の研究』（中央大学出版部、1988年）
『国際公序法の研究』（中央大学出版部、2001年）
『国際私法・国際経済法論集』（中央大学出版部、2001年）
『国際会社法研究　第一巻』（中央大学出版部、2003年）
グロスフェルト著（山内訳）『多国籍企業の法律問題』（中央大学出版部、1982年）
グロスフェルト著（山内訳）『国際企業法』（中央大学出版部、1989年）
グロスフェルト教授（山内訳）「言葉、法、民主主義」比較法雑誌18巻4号37-93頁
「比較法学における『比較』の概念について」日本比較法研究所創立50周年記念論文集（中央大学出版部、1998年）
「比較法学における異同の確認基準について」法学新報107巻9・10号
「比較法学における優劣の判断基準について」比較法雑誌34巻3号
「国際私法における"比較法"の意義について（一）（二）（三・完）」法学新報109巻5・6号；110巻5・6号；111巻1・2号

浅 利 朋 香

1978年　　東京都に生まれる
2001年3月　中央大学法学部国際企業関係法学科卒業
2003年3月　中央大学大学院法学研究科国際企業関係法専攻博士課程前期課程修了

主要業績

「『比較法文化論』への招待—グロスフェルト著『法比較』を読んで—」中央評論233号および234号
『実践　国際取引法』（共著）（中央大学出版部、2001年）
「オーストリア国際私法における法人の従属法等について」中央大学大学院研究年報31号法学研究科篇
エプケ著『エプケ教授講演集 経済統合・国際企業法・法の調整』（中央大学出版部、2002年）（質疑応答部分）
「オーストリア国際私法における法人の従属法について（一）（二・完）」法学新報110巻5・6号、同110巻7・8号

比較法文化論

2004年10月28日　初版第1刷発行
2009年4月30日　初版第2刷発行

訳　者　　山　内　惟　介
　　　　　浅　利　朋　香

発　行　者　　玉　造　竹　彦

〒192-0393 東京都八王子市東中野742-1

発　行　所　　中央大学出版部

電話 042(674)2351　FAX 042(674)2354

© 2004　山内惟介・浅利朋香　　　ニシキ印刷・三栄社製本

ISBN 978-4-8057-0716-6